ANDREAS DUTTER

♋ Zodiac Love ♓

STARLIGHT IN OUR DREAMS

Roman

KNAUR

Besuche uns im Internet:
www.knaur.de

Hat dir dieses Buch gefallen? Lesetipps und vieles mehr rund um unsere romantischen Lieblingsbücher findest du auf Instagram: @knaurromance

Aus Verantwortung für die Umwelt hat sich die Verlagsgruppe Droemer Knaur zu einer nachhaltigen Buchproduktion verpflichtet. Der bewusste Umgang mit unseren Ressourcen, der Schutz unseres Klimas und der Natur gehören zu unseren obersten Unternehmenszielen. Gemeinsam mit unseren Partnern und Lieferanten setzen wir uns für eine klimaneutrale Buchproduktion ein, die den Erwerb von Klimazertifikaten zur Kompensation des CO_2-Ausstoßes einschließt. Weitere Informationen unter: www.klimaneutralerverlag.de

FSC www.fsc.org MIX Papier | Fördert gute Waldnutzung FSC® C083411

Originalausgabe März 2023
Knaur Taschenbuch

Ein Imprint der Verlagsgruppe
Droemer Knaur GmbH & Co. KG, München

Dieses Werk wurde vermittelt durch
die Literarische Agentur Michael Gaeb, Berlin.
Redaktion: Anika Beer
Covergestaltung: SO YEAH DESIGN, Gabi Braun
Coverabbildung: © Collage unter Verwendung
von Motiven von shutterstock.com
Illustrationen im Innenteil: emojis von Cosmic_Design / Shutterstock.com
Satz: Adobe InDesign im Verlag
Druck und Bindung: CPI books GmbH, Leck
ISBN 978-3-426-52980-5

2 4 5 3 1

Bei manchen Menschen lösen bestimmte Themen ungewollte Reaktionen aus. Deshalb findet ihr am Ende des Buches eine Liste mit sensiblen Inhalten.

Für Dich,
für Mich,
für Uns alle.

Kapitel 1

Felix

Das Geburtshoroskop ist wie eine Landkarte, die dir helfen soll, einen Weg durch dein Leben zu finden. Deine Geburtsdaten – wie Tag, Monat, Jahr, Uhrzeit und Ort – bestimmen dabei die Position der Landmarken: Planeten. Sternzeichen. Konstellationen, die für dich, an diesem Tag, an diesem Ort, einzigartig sind. Reflektiere die Sterne, und du reflektierst dich selbst.

Was machte ich mit einem chaotischen Verstand wie meinem? Und einem rastlosen Herzen dazu?

Seitdem ich aus dem Taxi gestiegen war, quälten mich meine Versagensängste nämlich durchgehend. Auf wundersame Weise hatte ich es dennoch geschafft, die paar Schritte in den Innenhof zu stolpern. Mein rasender Puls packte die Geräusche der Leute um mich in Watte, und gemeinsam mit dem einsetzenden Piepen in meinem Ohr schottete mich mein Geist von der Außenwelt ab. Bis zu diesem Punkt hatte ich lediglich funktioniert und meinen akribisch ausgearbeiteten Plan verfolgt. Eine Art Sicherheitsleine für meine Panik. Doch nun war sie gerissen, und alle meine Zweifel kehrten zum ungünstigsten Zeitpunkt geballt zurück.

Am wichtigsten Tag meines Lebens.

Während Menschen wie im Zeitraffer an mir vorbeiliefen, ploppten Worte in mir auf, die in Neonschrift blinkten und sirenengleich »Warnung, Irrtum, Fehlschluss« schrillten.

Mein Handy flutschte beinahe zwischen meinen verschwitzten Fingern hindurch. Gerade rechtzeitig fing ich es auf und steckte es weg.

Stimmt, meine Eltern hatten vorhin angerufen. Ich würde sie später zurückrufen. Meinen Neubeginn musste ich allein meistern. Und Vorwürfe von ihnen konnte ich in diesem Moment nicht vertragen. Ich hatte schon genug, mit dem ich klarkommen musste. Trotz meiner Sorgen wollte ich das Auslandsstudium durchziehen. Endlich raus aus meinem Schneckenhaus, die Welt entdecken und weg von dem Umfeld, in dem ich mich schwertat, ich selbst zu sein. Das Lieblingsland meiner Oma erforschen – ja, das waren meine Ziele.

Ich stand also da und starrte auf das *University College Cork.* Einerseits zog mich das UCC mit seinem magischen Charme an – es sah aus wie eine uralte Zaubererakademie –, andererseits wurde beim Anblick des herrschaftlichen Gebäudes der alte Selbstsaboteur in mir noch lauter als zuvor. Diese Stimme, die immer dieselben Phrasen abspulte: *Was hast du dir nur gedacht? Was, wenn dir die Stärke hierfür fehlt? Wenn du dich, wie es alle in deiner Familie erwarten, blamierst? Mit eingezogenem Schwanz zurückkehrst?*

Ich seufzte so laut, dass ich das Gefühl hatte, es würde durch den gesamten Innenhof hallen. Rasch ließ ich meinen Blick umherschweifen. Nein, niemand beobachtete mich. Um aus meiner Trance zu erwachen, versuchte ich mich auf die mystische Umgebung zu konzentrieren. Während ich die Kletterpflanzen betrachtete, die sich am jahrhundertealten Gestein hochkämpften, lockerte sich meine Anspannung ein wenig. Meine verkrampfte Schulter pochte zwar noch von der schweren Umhängetasche, die ich seit Stunden mit mir herumtrug, dennoch trösteten mich die herbstlich kalte Luft und der Geruch von Regen, Nebel und frisch gemähtem Gras.

In der Ecke des Hofes entdeckte ich eine Parkbank, auf die ich zusteuerte. Direkt nachdem ich mich auf das knarzende Holz gesetzt hatte, spürte ich die Müdigkeit in meinen Gliedern. Schleichend nahm sie mehr und mehr Besitz von mir. Ich lehnte mich zurück und begutachtete die Studierenden, die durch die Tür neben mir schritten. Erwartungsvolle Gesichter wechselten sich mit scheuen Blicken ab. Gefühlt waren es jede Menge Leute, doch es konnte nur ein Bruchteil der über zwanzigtausend sein, die das UCC besuchten. Ein Student trug sogar einen senffarbenen Umhang. Wo konnte ich mich für die Zauberkurse einschreiben?

Ein Banner mit der Aufschrift *Aula Maxima* flatterte im Wind. Endlich sah ich all diese Orte, die ich mir monatelang online reingezogen hatte, mit eigenen Augen. Deshalb wollte ich nach der Ankunft zuerst zum UCC fahren, obwohl die Kurse erst morgen begannen. Nur so konnte ich begreifen, dass ich nach Irland gezogen war.

Um meinen Neustart festzuhalten und als Beweis, dass ich nicht träumte, holte ich mein Handy hervor. Mein erstes Irland-Selfie wartete auf mich. Doch bevor ich meine Zukunft starten konnte, holte mich meine Vergangenheit in der Form meiner Eltern abermals ein.

Fünf verpasste Anrufe inzwischen. Drei von meiner Mutter. Zwei von meinem Vater. Die Notizen wischte ich mit einem Kopfschütteln vom Bildschirm. Leider waren das nicht die einzigen Benachrichtigungen aus der Hölle. Wo wir wieder bei meiner Zukunft wären. Denn ein von mir selbst eingerichteter Countdown erinnerte mich nun an den kommenden Tag. Da würde mein erster Arbeitstag in meinem Nebenjob beginnen. Anders konnte ich mir das Studium langfristig nicht leisten. Das Erbe von meiner Oma reichte bedauerlicherweise nicht ewig.

Neues Land, neue Menschen, neuer Bildungsweg, neuer Job

und ein hoffentlich neues Ich. Definitiv zu viel für meine zartbesaitete Fische-Seele. Meine Oma wäre auf jeden Fall eine große Unterstützung für mich gewesen. Sie hätte mich durch das UCC geschleift, von allen ein Geburtshoroskop erstellt und mich mit selbst gemachtem Hummus verwöhnt. Doch sie war nicht da. Sie würde nie wieder da sein.

»Hey, du.« Eine junge Frau mit schwarzem, fein säuberlich geflochtenem Zopf, der über die Schulter bis zur Mitte ihres UCC-Hoodies fiel, kam auf mich zu und reichte mir einen Flyer mit der Aufschrift *Welcome to UCC.* »Bist du neu hier?« Auf ihren Wangen zeigten sich jeweils zwei Grübchen.

Obwohl ich dank meines Großvaters, der aus England stammte, wie meine Mutter zweisprachig aufgewachsen war, verlernte ich binnen eines Augenaufschlags zu sprechen. In diesem Moment wünschte ich mir wieder einmal, besser auf Menschen zugehen zu können.

Da meine Antwort etwas auf sich warten ließ, musterte sie mich fragend mit ihren braunen Augen.

»Ich …« Verdammt, warum benahm ich mich immer so merkwürdig? Da erhielt ich endlich die Chance, mich neu zu erfinden, und klammerte mich stattdessen an meine Unsicherheiten. »Sorry, ich bin etwas müde vom Flug.«

»Verstehe ich.« Sie schmunzelte. Ein Lächeln, das mich erleichterte und sicher fühlen ließ.

»Ich komme aus Österreich.« Dass meine Sitzgelegenheit nebelfeucht gewesen war, bemerkte ich erst beim Aufstehen. Klasse, und sie hatte bestimmt ein entsprechendes Muster auf meinem Hintern hinterlassen.

»Oh. Wie aufregend. Du hast gar keinen starken Akzent. Aber warte …« Das UCC-Mädchen kramte in ihrer Tasche und zog eine Broschüre hervor. »Dann bringt dir das bestimmt mehr. Es gibt Führungen für zugezogene Studierende, Hilfen, um sich einzufinden, und Sprachkurse. Letzteren scheinst du nicht zu brauchen. Ich bin übrigens Yoshiko.«

»Felix.« Den Flyer und die Broschüre nahm ich gern entgegen. Ein wenig Hilfe schadete nicht. Sie lagen ein wenig gewellt in meiner Hand. »Danke. Ziemlich überwältigend alles.«

»Das habe ich mir damals auch gedacht, und ich komme nur aus Dublin.« Yoshiko näherte sich mir. »Unter uns«, fuhr sie verschwörerisch fort und hielt sich die Hand vor den Mund: »Sie sind ganz nett hier.«

Ein belustigtes Schnauben entfuhr mir. »Das beruhigt mich. Ein wenig.«

»Dann bis bald. Wir sehen uns.« Yoshiko fixierte die nächsten ebenso verloren wirkenden Neuankömmlinge, doch dann wandte sie sich mir noch einmal zu. »Äh, Felix. Du kannst dir aussuchen, mit wem du die Führung durchs UCC machen willst.«

Kurzerhand pflückte sie die Broschüre aus meiner Hand und blätterte so hastig um, dass die Seiten zerknitterten, teilweise sogar einrissen.

»Hab ja erwähnt, wir sind nett. Nun. Nicht alle. Wie heißt der Typ noch gleich?« Yoshiko schnippte mit den Fingern. »Mach besser keine Führung mit … ähm.«

»Yoshi?«

Sie sog ertappt die Luft ein, gefolgt von einem schmachtenden Ausdruck, der über ihre Miene huschte. Yoshikos schwarzer Zopf peitschte mir ins Gesicht, so rasch drehte sie sich zu dem schlaksigen, hochgewachsenen Typen mit der Hornbrille um.

»Du hast dich nicht in die Liste der Helfenden eingetragen. Wir müssen das gleich abschicken, sonst bekommst du den Tag heute nicht angerechnet.« Seine tiefe Stimme passte zu seiner mürrischen Miene. Trotzdem wirkte er mit seinen funkelnden Augen ganz freundlich, als mimte er den ernsten Aufseher nur.

»Mist, du hast recht, Alvin.« Yoshiko schaute mich entschuldigend an.

»Ist okay, geht ruhig.«

Sie drückte mir den Flyer wieder in die Hand.

»Werde schon nicht den fiesen Endboss erwischen.« Gedanklich schickte ich eine Bitte ans Universum, dass mir das erspart bliebe.

»Alles klar. Bis bald.«

Alvin nickte mir zu, und weg waren die beiden. Die Broschüre stopfte ich zu meinem Buch über Grad-Astrologie, dem Flugticket, das mich an meinen Horrorsitznachbarn erinnerte, Anti-Anxiety-Tropfen, die offensichtlich nicht wirkten, und einem veganen Schokoriegel, auf dessen Rückseite es hieß, er könne Spuren von Eiern sowie Milch enthalten, in meine Tasche.

Endlich konnte ich mich meinem Selfie widmen und hielt mein Handy in Position.

»Was zum Teufel?« Meine aschblonden Haare standen vom Wind und Nebel in alle Richtungen ab. Nicht auf eine attraktive *Seht-mich-an-ich-bin-gerade-aufgestanden-und-trotzdem-perfekt-gestylt*-Art, sondern auf eine *Ich-habe-keine-Ahnung-von-Frisuren*-Weise.

»Besser wird es nicht, Felix«, flüsterte ich mir selbst zu und lächelte gequält in die Kamera.

Irgendwann würde ich über dieses Bild lachen. Bis es so weit war, zog ich mir meine Kapuze über und schritt in meiner feuchten Jeans der nächsten Herausforderung entgegen: meiner Mitbewohnerin.

Seit geschlagenen zehn Minuten stand ich vor dem Backsteinreihenhaus in der St. Brigid Street. Meinem neuen Zuhause. Über mir zogen graue Wolken wie lebendige Wesen vorbei. Bunte Eingangstüren unterschieden die Gebäude voneinander. Hinter einer dunkelgelben Tür lag mein neues Leben. Gäbe es diese Farbvariante nicht, die Cara mir als Erkennungszeichen genannt hatte, wäre es dennoch unschwer zu erkennen gewesen, welches Haus ihr gehörte. Es war das einzige in der Straße, an dem bunte Lichterketten hingen und Vorhänge im Fenster mit ihren Sonnen- und Mondzeichen sowie ihrem Aszendenten.

Das Faible für Astrologie, welches ich nicht öffentlich auslebte, um nicht aufzufallen, hatte mich zu Cara geführt. Wir hatten etliche Sprachnachrichten und Mails ausgetauscht. Das hätte mir die Sicherheit geben sollen, genau jetzt an dieser Haustür anzuklopfen. Leider gab es die harsche Realität der direkten Kommunikation, mit der ich kaum klarkam. Hätten wir es nicht bei den Nachrichten belassen können? Spontaneität war doch wirklich nicht notwendig. Wir konnten uns die Antwort ausführlich überlegen, ohne etwas Falsches von uns zu geben. Ich ließ meine Finger knacken, und dasselbe Geräusch gab beim Kopfkreisen auch mein Hals von sich. Es half alles nichts. Mit meinem ganzen auf eine Messerspitze passenden Mut hob ich meine Faust. Gleich würde ich klopfen.

Doch bevor meine Hand die Tür berührte, öffnete sie sich, und ein fluffiger schwarzer Vokuhila mit violetten Strähnen wippte mir entgegen.

»Hey, Felix.« Cara breitete ihre Arme aus, wodurch ihre perlenbesetzten Festivalbänder runterrutschten und dumpf aneinanderklackerten. »Ich habe gedacht, du stehst da noch drei Stunden.« Ihre Umarmung wurde von einer Lavendelduftwolke begleitet, und bei dem Kuss auf die Wange spürte ich, wie ihr klebriger dunkler Lippenstift auf meine Haut abfärbte.

»Hi.« Ihr Empfang überrumpelte mich. Die Bedeutung ihrer Worte sickerte nach und nach zu mir durch. »Warte, was? Du hast mich gesehen?«

»Jap, kein Ding. Muss dir nicht unangenehm sein.«

Unangenehm war untertrieben.

»Wollte dich nicht hetzen. Dein Gepäck ist bereits angekommen.« Cara nahm meinen kleinen Koffer, bei dem eine Rolle abgebrochen war. Leider war mir das erst bewusst geworden, nachdem ich die Kopfhörer am Flughafen aus den Ohren genommen und das laute, stolpernde Geräusch beim Hinterherziehen gehört hatte.

»Komm rein.«

Eigentlich hatte ich eine übertrieben dekorierte Wohnung mit Planeten, Tierkreiszeichen und Bildern vom Universum erwartet. Die stilvolle mediterrane Einrichtung überraschte mich.

»In deinen TikTok-Videos sieht es bei dir astrologischer aus«, bemerkte ich verlegen und legte meine Umhängetasche aus hellem Kunstleder ab.

»Ich brauche außerhalb meines Arbeits- und Schlafzimmers etwas Abstand von all dem. Wenn Astrologie nicht nur dein Hobby ist, sondern du damit Geld verdienst, kann das schnell zu viel werden.« Cara bedeutete mir, ihr zu folgen, und wich einer Pflanze im Hängetopf neben der Griechenlandfahne aus. »Aber die Leute, die meine Videos und Fotos liken, wollen zusätzlich zu meinem Wissen auch dieses Flair haben.«

Das leuchtete mir ein. Zum Glück liebte Cara dieses Social-Media-Ding. Sonst hätte ich ihren Aufruf, in dem sie jemanden suchte, der in das frei gewordene Zimmer ihres Hauses einzog, nicht gefunden.

Wir betraten die längliche, enge Küche mit zusammengewürfelten türkisfarbenen, dunkelgelben und purpurnen Schränken. Es roch nach …

»Kaffee. Ist das Kaffee?«

»Veganer irischer Kaffee.« Cara hob den Zeigefinger, um das zu betonen. »Zur Feier des Tages dürfen wir ein bisschen Klischee reinbringen, oder?« Sie setzte sich mit einem zufriedenen Gesichtsausdruck auf den Unterschrank im Landhausstil, der dabei verdächtig knarzte.

Cara beugte sich ein wenig vor und fing meinen Blick auf. »In echt sind deine Augen noch leuchtender.«

Mehr als ein beschämtes Lächeln brachte ich nicht hervor. Komplimente verunsicherten mich. Keine Ahnung, wie ich damit umgehen sollte.

Ich blieb stehen, lehnte mich aber ein Stückchen vor und erhaschte endlich einen Blick auf das Heißgetränk mit der fluffigen Sahnehaube. »Wow, du rettest mir das Leben. Darf ich?«

»Na klar, ist doch für dich.« Lachend präsentierte sie mit ihrer Hand den Kaffee und schob ihn mir entgegen.

Ohne Umschweife fiel ich über das braune Gold mit dem starken Whiskey-Geschmack her. Dehydriert und hungrig, wie ich war, schmeckte das Getränk wie der Himmel auf Erden.

»Wie hat es dir im UCC gefallen?« Auf der Durchreiche stand eine Wasserflasche aus Plastik, die sich Cara schnappte. Nach ihrer Frage trank sie, bis die Flasche knackte.

»Es ist ein Traum. In den YouTube-Videos hat es schon einzigartig ausgesehen. In echt ist es noch überwältigender. Dass dort noch keine Fantasyserie gedreht worden ist, wundert mich. Was meinst du?« Cara strahlte etwas Zauberhaftes und gleichzeitig Bodenständiges aus. Ich konnte gar nicht anders, als aus mir herauszukommen.

Sie legte den Kopf schief. »Stimmt, darüber habe ich nie nachgedacht. Das mit der Serie kommt bestimmt noch. Am UCC herrscht einfach eine fabelhafte Atmosphäre. Auch wenn es ein paar komische Leute gibt. Na ja, leider hat es bei mir mit dem Studium ja nicht geklappt. Eltern können einem das Leben echt schwer machen … Aber wem sage ich das? Wir haben ja über unsere Familienprobleme gesprochen.«

Ich nickte. Cara und ich hatten die letzten Monate seit ihrem Aufruf beinahe täglich Kontakt gehabt. Beinahe, als würden wir uns ewig kennen. Das Verhältnis zu meinen konservativen Eltern hatte sich zwar in den letzten Jahren etwas gebessert, völlig akzeptiert fühlte ich mich dennoch nicht.

»Oh, bevor ich es vergesse …« Fingernägel mit Sternenhimmelmuster zeigten wie ein Pfeil hinter mich, und mit meinem Irish Coffee an den Lippen drehte ich meinen Kopf hinterher.

»Diese Tür darfst du niemals öffnen. Einzige Regel.«

»Okay.« Na toll, jetzt wollte ich natürlich überhaupt nicht

wissen, was sich dahinter verbarg. »Warum?« Ich wandte mich grinsend zu ihr.

»Haha. Felix, das werde ich dir bestimmt verraten. Der Whiskey steigt dir zu Kopf.« Verstanden. Keine Infos für mich. Innerlich hakte ich die Tür ab. Vorerst.

Das tat er tatsächlich. Meine Wangen fühlten sich warm an, und ich konnte mir vorstellen, wie mir die Röte ins Gesicht gewandert war. Leider sah ich damit wie ein Manga-Charakter aus. Denn ich gehörte zu den Auserwählten, die einen komischen Sympathikusnerv und helle, dünne Haut vorzuweisen hatten, weswegen ich gern knallrot anlief.

»Und neben dieser einen einzigen Regel gibt es noch ein paar andere. Selbstverständlich.«

»Selbstverständlich. Das ist irische Logik.« Cara und ich lachten gleichzeitig auf. »Die da wären?« Gespannt nahm ich noch einen Schluck Kaffee.

»Abgesehen von den normalen menschlichen Regeln, die du, mein kleiner Fische-Freund, sowieso zu ernst nimmst, schick mir eine kurze Whatsapp mit einer Aubergine, bevor du …«, Caras Augenbrauentanz und der anzügliche Blick sagten alles, »du weißt schon was mit wem auch immer machst, damit ich mir Kopfhörer aufsetzen kann.«

Ich begann mit einem leichten Trommelwirbel auf der hölzernen Arbeitsfläche, bevor Cara weitersprach.

»Und keine laute Musik nach zweiundzwanzig Uhr – kommt nicht von mir, die Nachbarschaft dreht sonst durch.«

Mit meinem Zeigefinger tippte ich mir gegen die rechte Schläfe. »Alles hier drinnen notiert.«

»Perfekt.« Cara hüpfte auf den Boden mit den schwarz-weißen Schachbrettmusterfliesen und öffnete den Kühlschrank. »Wenn du magst, können wir einkaufen gehen. Kann dir ein bisschen was von der Stadt zeigen.«

»Ehrlich gesagt bin ich etwas platt, die neuen Eindrücke haben mich erschlagen. Wäre es in Ordnung, wenn ich ein Bad nehme?« An die Badewanne auf Caras Bildern erinnerte ich mich, da ich der größte Badewannen-Fan der Welt war.

»Klar. Ist ja dein neues Zuhause. Dann gehe ich allein. Wie wäre es mit Burgern heute Abend?«

Cara sagte die Wahrheit. Es handelte sich um mein neues Zuhause. *Wow.*

»Klingt toll. Wenn du Kichererbsen, Käferbohnen, Haferflocken, Zwiebeln, ein paar Nüsse und Tomatenpaste mitbringst, kann ich die Pattys machen.« Einen Moment überlegte ich, ob etwas fehlte. Vor mir erkannte ich ein buntes Gewürzregal mit Garam Masala, Kreuzkümmel, Salz, Pfeffer und Chilipulver und eine getrocknete Knoblauchkette an einem Nagel daneben. Müsste reichen.

»Ich liebe dich jetzt schon, Felix.« An der Stofftasche, die Cara von der Wand nahm, hingen noch Zwiebelschalenreste, und eine Rechnung lugte unten aus einem kleinen Loch heraus. »Bin gleich wieder da. Dann bezahle ich diesen, du den nächsten Einkauf, ja?«

»Sehr gut. Ich werde in der Wanne liegend meinen Arbeitsweg nachforschen.« Als hätte ich das nicht schon Hunderte Male gemacht.

»Ach, das. Da gibt es noch eine Kleinigkeit.« Langsam hängte Cara sich die Stofftasche mit der Aufschrift *Astro-Logic-y* um.

Wenn jemand sagte, etwas sei eine Kleinigkeit, war es nie nur eine Kleinigkeit. »Welche?«

»Dein neuer Chef beim Herrenausstatter. Dank eines Bekannten konnte ich dir den Job besorgen, und ich kenne ihn von früher. Er ist ein wenig … eigen.«

Kapitel 2

Owen

Das umgangssprachliche Sternzeichen ist eigentlich das Sonnenzeichen. Es gibt an, in welchem Sternbild die Sonne bei unserer Geburt stand. Darüber hinaus zeigt es unsere grundlegendsten Überzeugungen auf.

Ein allerletztes Mal las ich die Mail von Professor FitzClarence und wich auf dem Gehweg wie mechanisch den Menschenmassen vor mir aus: *Das Online-Interview wird entscheidend sein, bereiten Sie sich darauf vor! Auch kleidungstechnisch!*

Zur idealen Vorbereitung eines Jobinterviews gehörte wohl auch, ein passendes Outfit zu wählen. Wennschon, dennschon. Ehrlicherweise hatte ich mir bis gestern keine Gedanken über meine Kleidung gemacht. Offenbar hatte ich da Defizite.

Abrupt hielt ich vor der *Waterstones*-Buchhandlung in der Innenstadt an und begutachtete mein Spiegelbild im Schaufenster. Was sollte bitte an einem weißen Unterhemd und einem grün-schwarz karierten Holzfällerhemd falsch sein? Schulterzuckend beschleunigte ich meine Schritte wieder und eilte über die Straße. Das Hupen des Autos, das wegen mir abbremsen musste, ignorierte ich gekonnt. Hätte ich zwei Meter später beim Zebrastreifen rübergehen können? Klar, hätte ich. Manchmal brauchte ich etwas Risiko.

Andy Murphy's tat sich vor mir auf. Der Herrenausstatterladen war Googles bester Tipp. Laut Rezensionen mit eigenwilligem Besitzer und seinem einzigen Sohn als Angestellten.

Das kleine Geschäft wirkte mit seinem Vintage-Look hochwertig. Die Anzüge in der Auslage erstaunten mich ebenfalls. Ich hätte bei so einem Laden eher Mode aus den Fünfzigern erwartet. Diese hier waren jedoch schick und zeitgemäß. Auch die dunkelbraune Holzfassade, der Stuck und die gusseisernen Laternen zeugten von erstklassigem Geschmack. Selbst die Goldschrift vom Beinamen *Gentlemen's Outfitters* passte zum Gesamtbild. Hier konnte ich nichts falsch machen. Ich öffnete die Tür, und das Schild mit den verschlungenen Initialen *A* und *M* wippte mit.

Ein Glöckchen und der Geruch von Stoffen und Lederpolitur empfingen mich. Düfte waren seit jeher meine Leidenschaft. Anfangs fand ich es nur schön, das uralte Parfüm meines Großvaters an jemand anderem zu riechen und die Erinnerung an ihn aufleben zu lassen. Später, als meine Parfüm- und Kerzensammlung anwuchs, bemerkte ich, wie unterhaltsam es war, Duftkomponenten zu erraten oder sie selbst zusammenzumischen. Natürlich war das ein kindisches Hobby, das mich nicht in meiner Karriere voranbrachte. Deshalb blieb es auch mein Geheimnis.

Im Ladeninneren zog sich der ansprechende Stil durch. Das Licht brach sich auf dem hochglanzpolierten dunklen Parkettboden, der bei meinen Schritten leicht knarzte. Neben mir entdeckte ich einen Bilderrahmen mit einer vergilbten Zeitungsseite.

»Tom Holland ist in diesem Laden gewesen?«, wisperte ich.

»Guten Tag.« Ein verschnupft klingender Mann mit belegter Stimme, die dazu etwas piepsig war, kam die Treppe herunter und lächelte mir entgegen. Nachdem er mich eingehend gemustert hatte, erlosch sein Strahlen.

Was stimmte denn bloß mit meinen Klamotten nicht?

»Kann ich Ihnen helfen?« Er klang nun deutlich düsterer.

»Ich suche einen Anzug.«

»Mhm. Für welchen Anlass? Hochzeitsanzüge haben wir im oberen Stock.« Murphy – ich nahm an, dass der Mann der Besitzer war – kratzte sich an seiner faltigen Wange. »Haben Sie ein gewisses Budget zur Verfügung?«

»Ähm, es ist für ein Bewerbungsgespräch.« Wie sooft, wenn ich mich unsicher fühlte, strich ich mir über den Bart. »Die Bezahlung übernehmen meine Eltern.« Leisten könnte ich mir selbst ohnehin keinen. Beim Telefonat mit meiner Mam war mir jedoch das Anzugthema herausgerutscht. Sie hatte sich offenbar so gefreut, endlich mal wieder etwas aus meinem Leben zu erfahren, dass sie angeboten hatte, die Rechnung zu zahlen.

Murphy spitzte die Ohren beim Finanzthema und drückte sich die orangefarbenen Haare mit dem weißen Ansatz glatt. »So ist das also. Eine Maßanfertigung wäre passend.« Seine Stimmlage hatte sich wieder normalisiert. Wenige Sekunden sah er mich an, als wartete er auf etwas, bis er sich in Bewegung setzte. »Dann messen wir Sie mal ab. Ich werde meinen Sohn holen. Einen Moment.«

»Sicher doch.« Der geldgeile Alte lotste mich vor einen Ganzkörperspiegel mit Goldrahmen. Ob ein Maßanzug nicht übertrieben war? Streng genommen reichte auch ein Sakko mit Hemd. Obwohl. Warum nicht? Für meine Abschlussfeier und im Berufsleben wäre er perfekt.

Murphy ging zum Treppenaufgang und zog an einer roten Kordel. Ein Glöckchen bimmelte. Es tat sich nichts. Der Chef des Hauses stapfte eine Stufe hoch und läutete noch mal.

Mehrere Schritte wurden über mir laut, und Sekunden später hastete jemand nach unten.

»Guten Tag«, sagte Murphys Sohn, der einen perfekt passenden dunkelgrünen Anzug trug und sich durch die verwuschelten aschblonden Haare fuhr.

»Hi.«

Murphy räusperte sich hinter mir.

»Ach ja, ich bin Felix. Sie sind mein erster Kunde. Willkommen bei *Andy Murphy's Gentlemen's Outfitters.* Ich darf Sie heute bedienen.« Er hatte die Finger ineinander verkeilt und knetete sie so fest durch, dass es kurzzeitig rote Flecken hinterließ. Das letzte Wort sprach er gequält fragend aus. Sein erster Kunde? Als Sohn des Besitzers? Vielleicht meinte er, die erste Kundschaft heute? Bei so einem Vater konnte der Sohn ohnehin nicht besser sein als der Alte.

Innerlich sackte ich ein wenig zusammen. Ich hatte keine Zeit, für den auszubildenden reichen Sohnemann das Versuchskaninchen zu mimen. »Owen.«

»Also gut, Felix. Nimm das Maßband, das hinter dem Spiegel hängt.«

Mir fiel auf, dass die beiden übertrieben förmlich miteinander umgingen. Diese Stimmung machte den Besuch nicht unbedingt angenehmer.

»Jawohl.« Er huschte mehrmals in die falsche Richtung, bis er das Maßband entdeckte und mit gesenktem Haupt zu mir kam.

Felix vermied es, mich anzusehen. Mir fiel sofort seine besondere Ausstrahlung auf. Den Kerl umgab die Aura eines scheuen Rehs.

»Das Maßband eng um den Brustkorb unter den Achseln anlegen.«

Der Anweisung des Chefs mit seiner eigenwilligen Stimme zu lauschen erweckte in mir das Bedürfnis, mich zu räuspern.

Felix stellte sich vor mich hin, ohne dass unsere Blicke sich kreuzten. Dafür bekam ich eine Ladung seines Parfüms ab, das nach Kamille, Vanille und – das konnte nicht sein – Bittermandel, Jasmin sowie Sandelholz duftete. Wow. Das waren einige meiner Lieblingsduftkomponenten. Während ich meine Arme hob, damit er Maß nehmen konnte, erntete ich einen schnellen Blick von ihm.

»Gucci? *Mémoire d'une Odeur*?«, flüsterte ich.

Felix schmunzelte und nickte kaum merklich, was seine welligen Haare auf und ab wippen ließ. Er schaffte es jedoch nicht, mir dabei in die Augen zu sehen.

»Jetzt die Körpergröße.«

Wie konnte ein Vater derartig streng mit seinem eigenen Kind sprechen?

»*Mit* Schuhen.«

»Ja.« Felix stellte sich zum Abmessen auf die Zehenspitzen, und sein warmer Atem erreichte meine Wange.

Murphy kratzte sich am Kinn und fügte nuschelnd für sich selbst hinzu: »Vielleicht sollten wir ihm provisorisch passende Schuhe von uns bringen.«

Dieser – in meinen Augen übertriebene – Vorstoß und die so angespannte Atmosphäre brachten mich kurzerhand dazu, wieder auf meinen ersten Plan umzuschwenken. »Oh, wenn ich ehrlich bin, bräuchte ich nur obenrum etwas. Das Gespräch ist online.« Ich warf einen Blick über meine Schulter und erfasste Murphys undurchdringlich bis ablehnende Miene. Er hob seine Nase ein Stück mehr.

»Was, wenn Sie aufstehen müssen? Oder etwas präsentieren?« Felix' leise Stimme drang an mein Ohr.

Hatte ich es mir gedacht. Der Sohn war genauso habgierig wie der Vater. Okay, irgendwie hatte er recht. Vielleicht sollte ich für das wichtigste Gespräch meines Lebens auf Nummer sicher gehen. Und sollte ich die Stelle in London bekommen, machte ich in so einem Anzug bestimmt einen guten ersten Eindruck.

»In Ordnung. Dann beeil dich etwas. Ich hab noch was vor.« Mein harscher Tonfall tat mir im selben Moment leid. Nur, wenn sie mich schon ausnehmen wollten, konnte ich auch darauf bestehen, meinen nächsten Termin pünktlich wahrzunehmen. Auf den Mund war ich schließlich nicht gefallen.

»Sicher. Ich gebe mein Bestes.«

Fantastisch, nun hatte ich diesen Felix auch noch zum Zittern gebracht. Mehrfach wechselte sein Blick zwischen seinem Dad und mir.

Vielleicht lag meine Gereiztheit auch an meiner Nervosität. Seit Tagen konnte ich kaum schlafen, essen oder mich entspannen. Die Müdigkeit nagte an mir, meine Lider fühlten sich schwer an. Das Bewerbungsgespräch bedeutete alles für meine weitere Karriere. Es musste klappen. Es gab keine Alternative. Mein Bauch gab komische Geräusche von sich, als ich daran dachte, dass meine Familie nichts von meinen Plänen wusste. Magengrummeln, das niemand in der Öffentlichkeit von sich geben wollte.

Ich schaute mich um und ließ Felix mit der Hilfe seines Vaters seine Arbeit machen. Überall hingen Anzughosen, Krawatten, Accessoires und Hemden, manche waren ausgestellt an Schaufensterpuppen. Über mir erblickte ich einen alten Deko-Hut auf einem Marmorpodest, an dem eine grüne Anstecknadel in Form einer Glocke angebracht war. Laut Gravur auf dem Goldschild darunter existierte der Laden seit dem neunzehnten Jahrhundert und war damals ein Hutladen gewesen.

Mein Kopf wanderte wieder nach unten. Felix und ich, wir waren uns in diesem Moment nahe. Zu nahe. Außerhalb meines Bettes und einer betrunkenen Nacht ließ ich das normalerweise nicht zu. Felix' leuchtend grüne Augen bohrten sich in mich. Sie erinnerten mich an den Smaragd im Ehering meiner Mam. Sein Blick berührte etwas in mir, das ich nicht zuordnen konnte. Murphys Organ unterbrach diese Verbindung jedoch so fix, wie sie sich aufgebaut hatte.

»Die Beine fehlen noch. Der junge Herr hat kräftige Oberschenkel, also messen wir die auch ab. Die Gesäßweite nimmst du an der stärksten Stelle der Hüfte ab.« Nach Murpyhs Anweisung stieß Felix ein ersticktes Stöhnen aus und stolperte einen winzigen Schritt zurück.

»G-Gesäß?«

Ich zwang mich, an etwas anderes zu denken, um wegen seiner Reaktion nicht grinsen zu müssen.

Murphy überhörte Felix oder wollte ihn überhören und führte seine Erklärung fort. »Halte das Band straff. Hopp, hopp, der junge Herr hat nicht ewig Zeit. Ich überprüfe indessen unsere Bestellungen.«

Felix' Wangen färbten sich sanft rot, er kniete sich direkt auf meinen Fuß.

»Aua. Pass doch auf.« Der Schmerz war nicht von Bedeutung gewesen. Er hatte mich nur überrascht.

»Sorry.« Felix sprang auf und hob beschwichtigend die Hände. »Tut mir leid.«

»Das darf nicht wahr sein, was hast du gemacht?«

Der alte Murphy hatte mein »Aua« wohl mitbekommen, dabei war er gerade zum Laptop neben der Kasse gegangen.

»Rauf mit dir. Hol endlich Quinn runter.«

Felix' flehender Ausdruck von eben verschwand und wich, ja, was? Resignation? Kränkung?

Dass sein Vater mit ihm schimpfte, wollte ich nicht. Dass er sich ungeschickt anstellte, war allerdings nicht meine Schuld. Musste er sich eben anstrengen, immerhin erbte er früher oder später einen gut laufenden Laden.

Felix funkelte mich mittlerweile leicht angesäuert an, wofür ich nur ein müdes Lächeln übrig hatte.

Mit zusammengebissenen Zähnen spuckte er ein »Selbstverständlich« aus. Gleich danach schien er seinen Tonfall zu bereuen und setzte eine schuldige Miene auf.

Besagter Quinn war von oben runtergekommen. Anscheinend hatte der Laden doch noch weitere Angestellte. Wenigstens schien dieser Quinn zu wissen, was er tat.

Denn Quinn hatte die Messungen abgeschlossen, und Felix stand vor mir – mit einer hellbraunen Stoffrolle, die er wie ein Baby in den Armen wiegte.

»Nein, der ist es auch nicht«, raunte ich. Um uns herum lagen mehrere Proben und Fetzen von verschiedenen Farben, Mustern und Textilien. Leider konnte ich mich nicht entscheiden, was ich wollte. »Ich habe gesagt, ein Dunkelbraun.« Ich hatte keine Zeit mehr und der Typ keine Vorstellung davon, was ich mir wünschte.

Er warf mir einen *Dein-Ernst?*-Blick zu. Für einen Moment schloss er die Lider wie bei einer Atemübung, wohl um mir seinen Seufzer nicht zu zeigen, und machte dann kehrt.

»Ein anderes Braun.« Mein Kommentar holte ihn wieder in die Realität zurück.

Hinter ihm arbeitete besagter Quinn daran, die Stoffproben wieder einzusortieren. Daneben war eine Kollegin mit einer Baskenmütze, die sich als Nala vorgestellt hatte, in die Hocke gegangen und machte ein Bild von den Stoffen. »Zumindest bekomme ich endlich ein Foto für unseren Social-Media-Account«, bemerkte sie. Seitlich erkannte ich kurz geschorene bunte Haare.

»Von dem ich noch nicht weiß, was ich davon halten soll. Braucht ein Herrenausstatter eine Instantgram-Managerin? Früher hat es meinen Großvater, meinen Vater und mich als Aushilfe gegeben. Später meine verstorbene Frau.« Murphy, offenkundig kein Liebhaber von Fortschritt, richtete das Wort an mich.

»Da sind Sie an den falschen Mann geraten. Ich bin kein Fan von Instagram und diesen sozialen Netzwerken. Alles lächerliche Zurschaustellung.« Klang ich gerade wie ein Opa? Wenigstens hatte ich *Instagram* nicht falsch ausgesprochen.

Ich erntete einen bösen Blick von besagter Kollegin. Immerhin stellte ich gerade ihre Arbeitsstelle infrage. Manchmal hasste ich mich dafür, zu wenig nachzudenken, bevor ich sprach. Andererseits hielt ich damit im besten Fall Menschen von mir fern.

Murphy klatschte in die Hände. »Felix? Der nächste Stoff, bitte.«

»Warte, Vater. Ich hole ihn. Du verlangst einiges von Felix an seinem ersten Tag.« Quinn strich sich eine braune Strähne zurück, die ihm ins Gesicht gefallen war, und erhob sich von den Stoffproben.

Moment. Mein Unterkiefer klappte nach unten. Ein Rattern ging durch meinen Kopf. Felix' erster Tag? Quinn, der Vater zu Murphy sagte? Ich dachte, Felix sei Murphys Sohn. Ups. Kein Wunder, dass er mich wie seinen Erzfeind anfunkelte. Dank mir musste er um seinen Job bangen. Ich schloss meinen Mund wieder und biss mir auf die Unterlippe. *Großes Kino, Owen!* Gedanklich tauchten alle Momente auf, in denen ich Felix vor seinem neuen Chef bloßgestellt hatte.

Na ja, sollte mir egal sein. Jeder war sich selbst der Nächste.

Ich lehnte mich zurück und beobachtete im Spiegel, wie Quinn Felix heimlich einen Stoff in die Hand drückte.

Ich tat, als hätte ich nichts mitbekommen.

»Habe das noch gefunden. Was ist hiermit?« Felix sprach extralaut.

Sein Chef näherte sich mit vor der Brust gefalteten Armen. Er zog skeptisch die Brauen hoch.

Der dunkelbraune Stoff passte tatsächlich. »Das ist exakt die Farbe, die ich wollte.« Nicht zu dunkel, nicht zu hell und nicht zu grünstichig. Perfekt zu meinen rötlichen Haaren.

»Die Farbe nennen wir Lebkuchen.« Quinns beiläufige Bemerkung ließ Felix wieder etwas fröhlicher wirken.

»Lebkuchen?«, hakte ich nach.

»Jap. Richtig weihnachtlich, was?« Nala lächelte Felix aufmunternd zu und überreichte Quinn die Stoffmappe.

»Ich liebe Weihnachten.«

»Ich hasse Weihnachten.«

Der erste Satz war von Felix gekommen, der zweite von mir. Nachdem wir das gleichzeitig ausgesprochen hatten, sahen wir einander an. Felix hob die Augenbrauen und runzelte die Stirn. Was er sich wohl dachte?

»Sehr gut, dann können wir weitermachen. Aus dir kann doch was werden.« Griesgram Murphys Gesichtszüge erweichten sich, und er wirkte Felix gegenüber ein wenig freundlicher.

»Ehrlich gesagt ist es spät. Können wir das ein anderes Mal fortsetzen?« Ich erhob mich und streckte meine Beine durch.

»Wollen wir einen Termin machen? Tut mir leid für die Umstände.« Murphy ging hinter den antiken Tresen neben dem Apothekerschrank voller Fliegen, Krawatten und Manschettenknöpfen.

»Gern.« Ich machte einen großen Bogen, sodass ich an Felix vorbeikam. »Nächstes Mal bist du vielleicht etwas schneller und wirst nicht gleich rot, wenn du mein *Gesäß* abmisst.« Mein Gemurmel nahm nur Felix wahr, dafür hatte ich gesorgt.

Felix' Unterkiefer klappte nach unten. Seine Lippen bewegten sich mehrfach. Er wollte wohl einiges sagen, behielt es aber für sich.

Nachdem ich den Herrenausstatterladen verlassen hatte, eilte ich auf schnellstem Wege zu meinem nächsten Termin. Denn mehr als ein Termin war das bevorstehende Treffen mit meiner Familie für mich nicht.

Zu gern hätte ich gewusst, was Felix auf den Lippen gebrannt hatte. Leider war er zu feige gewesen, den Mund aufzumachen.

Vor dem vereinbarten Restaurant hielt ich. Das Gebäude war in einem Nachtblau gestrichen. Durch die großen Fenster des *Ophiuchus* erkannte ich den Fischgrätboden, die verschiedenen Tische mit den nicht zusammenpassenden Stühlen und meine Familie. Sie alle dort sitzen zu sehen, lachend und tratschend, weckte in mir ein zehrendes Verlangen, dabei zu sein. Wie jedes Mal. Und doch, wie jedes Mal, gab ich dem nicht nach. Es war besser so. Sicherer. Sie von draußen zu sehen musste reichen.

Damit sie mich nicht entdeckten, wich ich zurück und lehnte mich an die Hauswand gegenüber, ohne sie aus den Augen zu lassen. Mein Handy wog schwer in der Hand. Wie von selbst wählte ich den Kontakt meiner Mam aus.

»Hallo, mein Schatz. Hast du einen Anzug gefunden? Ach, erzähl es mir gleich.« Ihre zarte, zerbrechliche Stimme verpasste mir ein Globusgefühl im Hals.

Kein Ton kam aus mir. Mein Blick verlor sich im orangefarbenen Licht der Laternen.

»Owen?«

»Nein, also ja. Nicht ganz.«

Stille.

»Bin gespannt, wie er aussehen wird. Ach, und wir sind schon da.«

Ich schluckte laut.

»Owen?«

»Du, Mam, ich schaffe es heute nicht.«

»Oh.« Am Klang ihrer Stimme erkannte ich die Enttäuschung, die ich ihr beschert hatte.

»Muss los, guten Hunger euch. Bye.« Bevor sie etwas erwidern konnte, hatte ich schon aufgelegt.

Meine Mam hielt ihr Handy noch ein paar Sekunden vor sich, bis eine meiner Tanten sie ansprach und sie ein Lächeln aufsetzte.

»Tut mir leid«, hauchte ich hinaus in die Dämmerung und setzte mich in Bewegung.

Die letzten Sonnenstrahlen, die die Sonne auf die Erde warf, kribbelten auf meiner Haut, und ich merkte, wie mein Herz leichter wurde. Ich liebte die einsetzende Finsternis am Ende eines Tages. Sie verlieh mir ein Gefühl von Unsichtbarkeit, dank der ich vor allen verbergen konnte, wie es in mir aussah. In Gesellschaft der anbrechenden schweigsamen Nacht begab ich mich auf den Nachhauseweg.

Mein Handy meldete sich. Langsam zog ich es hervor und betete, dass niemand von meiner Familie mir geschrieben hatte.

Doch es war Rob. Erleichtert entsperrte ich das Handy.

Verplan nicht wieder deine Führung der Neuankömmlinge morgen. Du hast dich dafür angemeldet, und du stehst in der UCC-Broschüre. 👿

Ich rollte mit den Augen, ignorierte den wütenden Teufel-Emoji und steckte mein Handy wieder weg.

Warum hatte ich mich noch mal vor den Sommerferien dafür gemeldet? Ach ja, für die Extrapunkte bei Professor FitzClarence. Wie ich es hasste, wenn Entscheidungen, die ich in der Vergangenheit getroffen hatte, zur Gegenwart wurden. Ich hatte gar keinen Bock, mich mit den neuen Studierenden herumzuschlagen.

Kapitel 3

Felix

Die zwölf Häuser im Horoskop stehen für die verschiedenen Lebensbereiche und haben je nach Stellung, Planet oder Sternzeichen zur Geburt eine andere Bedeutung in Verbindung zu den anderen Häusern. Felix' Saturn ist im vierten Haus, Zwilling: Seine Vergangenheit ist eine Bürde. Hat das Gefühl, für seine Familie nicht gut genug zu sein.

Du kannst Menschen nicht dazu bringen, dich zu mögen, indem du ihnen noch mehr von etwas gibst, das sie ohnehin nicht wertschätzen.

Dieser Satz meiner Oma hatte sich in meine Seele eingebrannt, und nach meinem ersten Arbeitstag war er präsenter denn je.

Ich lehnte mich im Klappstuhl zurück und massierte mein Gesicht, ehe ich mich erneut dem Sternenhimmel über mir widmete.

Der Balkon im dritten Stock von Caras extrem schmalem Häuschen hatte es mir angetan, und nachdem ich mich zum vierten Mal auf meinem Smartphone vergewissert hatte, dass der Herd aus war, konnte ich den Ausblick endlich genießen. Was wäre, wenn jemand mein Handy klaute und all die Bilder von abgedrehten Öfen und aus der Steckdose gezogenen Bügeleisen entdeckte? Ich würde definitiv vor Scham keine Anzeige erstatten. Uff. Doch selbst ein in Flammen stehender Herd hätte mich heute wahrscheinlich nicht mehr abgelenkt. Zu meiner Verteidigung: Ich war mental nach meinem ersten Arbeitstag völlig ausgelaugt. Das wunderte mich zwar nicht, nur machte es meine leeren Akkus auch nicht voller.

Die finstere Nacht gab mir in all ihrer Unendlichkeit immerhin ein wenig Halt. Auch wenn die Sterne sich schwertaten, sich in ihrer vollen Pracht zu zeigen, glichen sie einer Umarmung meiner Oma. Hach, wie sie das Universum geliebt hatte. Fast bildete ich mir ein, ihren Duft zu riechen. Räucherstäbchen, Vanille, Kaffee und Zimt. Meine Sinne täuschten mir vor, sie hätte mich nicht verlassen. Am liebsten wäre ich tiefer in dieses Gefühl eingetaucht, doch dann riss mich die Erinnerung an ihre Beerdigung aus dem wohligen Rausch, und ihr imaginäres, faltiges Lächeln über mir im Sternenhimmel verschwand. Statt ihrer Berührung spürte ich wieder den festen Griff meiner Mutter wie einen Phantomschmerz an meinem Oberarm. Wie sie mich damals von Omas Grab weggezogen und mir ins Ohr geflüstert hatte, ich solle mich nicht so anstellen. Leichter gesagt als getan, wenn mit dem Sarg auch ein Teil meiner Lebensfreude begraben wurde.

Ich schüttelte das einsame Gefühl, bis heute kein Leben begonnen zu haben, das ich wirklich mochte, in dem ich *mich* wirklich mochte, ab. Stattdessen fragte ich mich: »*Was tue ich eigentlich hier?*« Seitdem ich das *Murphy's* verlassen hatte, wollte ich nur eins: alles hinschmeißen.

Und nach Hause gehen, fügte eine leise Stimme in mir hinzu. Nur, wo war mein Zuhause? Bei meinen Eltern, die mich nur akzeptierten, solange ich nicht zu sehr ich selbst war? Ich seufzte, strich meine Haare zurück und verweilte in dieser Position.

Murphy glich in seiner Strenge einem Admiral der Marine, falls das so hieß, dem ich es niemals recht machen konnte. Wie sollte ich diesem Druck standhalten? Dabei hatte mein Studium noch gar nicht begonnen, und das würde mir auch einiges abverlangen. Woher sollte ich Selbstbewusstsein nehmen, wenn ich um meiner selbst willen ständig kritisiert worden war?

Konnte ich Selbstwertgefühl backen? Gab es ein Rezept dafür? Self-Care war für mich nicht mehr als eine Gesichtsmaske, ein Nuss-Beerenmix und eine Folge *Charmed* vorm Schlafengehen. Oder *Sailor Moon*, falls es mir ganz schlecht ging.

»Felix?« Mein Name ließ mich hochschrecken, und ich sah Cara zu mir kommen. Mist, ich hatte die Schiebetür gar nicht gehört.

»Oh, hey.« Mein Nasehochziehen wurde vom Geräusch der sich schließenden Tür übertönt, und ich wischte mir über die Augen.

Die Lichterkette auf dem Balkon blinkte und rahmte meine Mitbewohnerin in ein sanftes Licht ein. Wie eine mystische Erscheinung trat sie auf mich zu und schlang den schwarzen, bodenlangen Cardigan um ihre Taille.

»Na?« Cara schenkte mir ein Lächeln, das zögerlich auf ihren lila Lippen lag. Der Sitzsack neben mir knisterte, als sie Platz nahm. »Alles gut?«

»Ja, klar.« *Falsches Grinsen aufsetzen: Check.*

»Habe mich ein wenig ausgeruht.« *Niemanden mit meinen Gefühlen belasten: Check.*

»Und dir?« *Von mir ablenken: Check.*

Cara rutschte im Sitzsack herum, und er gab matschige Geräusche von sich, bis sie eine angenehme Sitzposition gefunden hatte. Dann strich sie sich die Haare hinters Ohr und entblößte ihre Piercings. Ihr Blick verlor sich ebenfalls im Nachthimmel. »Fische-Einmaleins: Lieber in der Hölle schmoren, als Hilfe anzunehmen.«

Cara durchschaute mich mehr, als es mir lieb war. Nervös knetete ich meine Finger. Was machte ich in solchen Situationen? Verletzlich gab ich mich anderen gegenüber nicht gern. Nicht seitdem meine Eltern auf mein Outing nicht wie in einer romantischen Gay-Romance-Komödie reagiert hatten. Mittlerweile verstanden wir uns wieder und hatten uns angenähert, was hauptsächlich daran lag, dass ich meinen Mund hielt und meine Eltern anfingen, mir ein wenig entgegenzukommen. Das war in unserer Realität ein Fortschritt. Dennoch hatte ich damals beschlossen, nie mehr ohne emotionale Schutzrüstung vor Menschen zu treten.

»Ähm, der erste Arbeitstag war etwas aufwühlend.« Ich kaute etwas zu fest auf meiner Unterlippe herum. Wieso war ich ein gefühlsmäßiger Totalschaden?

»Wir müssen nicht darüber reden, wenn du nicht magst.«

Neben der erwachsenen Cara fühlte ich mich wie ein überfordertes Kleinkind. Aber ich kannte mich auch. Würde ich sprechen, verkrampfte sich mein Kiefer, meine Kehle schnürte sich zu, und ich bekäme keinen Ton heraus. Aber wenn Cork mein Neuanfang, meine Neuerfindung sein sollte, *müsste* ich mich eigentlich überwinden und es ansprechen.

»Danke.«

»Und der alte Murphy hat dir das Leben schwer gemacht?« Cara zupfte ein welkes Blatt von dem Holzgitter, auf dem sich Efeu hochschlängelte.

»Ja, wie du es gesagt hast, aber …«

»Aber?« Wohl bei dem Gedanken daran, sich geirrt haben zu können, schnellte ihr Blick irritiert in meine Richtung.

»Viel schlimmer ist dieser eine Kunde gewesen. So ein arroganter Arsch, dem ich mitgeteilt habe, es sei mein erster Tag. Der hat nichts Besseres zu tun gehabt, als Murphy ständig meine Fehler aufzuzählen. Und er hasst Weihnachten. Wer hasst Weihnachten? Außerdem, ähm …«

Eine Welle der Peinlichkeit übermannte mich. Ich stützte meine Ellbogen an meinen Oberschenkeln ab und bettete mein Gesicht in meine Hände. »Ich hab mich beim Abmessen auf seine Füße gekniet – unabsichtlich. Natürlich musste er Murphy darauf aufmerksam machen.« Das Bild ploppte vor meinem geistigen Auge auf. Ich vor seinem Schritt, danach sein Gesäß abmessend. *Argh. Unangenehm.*

»Neiin. Was für ein Arsch.« Zwar hörte ich Caras Mitgefühl aus ihren Worten, ihr Mitleid hielt sich aber in Grenzen. Anders konnte ich mir das Gekicher nicht erklären.

Ich sah durch meine Finger zu ihr hoch und hob eine Augenbraue.

»Sorry, es klang zu witzig.« Sofort atmete Cara tief ein und aus und legte eine neutrale Miene auf. Nur ihre Mundwinkel zuckten noch. »Ernsthaft: Wer macht so was? Aber, hey, egal, den siehst du nie wieder.« Sie rutschte samt Sitzsack näher zu mir. »Ach, Mann. Tut mir leid. Ich hätte gehofft, dein erster Tag verläuft besser und du kannst mit einem angenehmen Gefühl in dein neues Leben starten.«

»Schon gut.« Ich setzte mich ein wenig aufrechter hin. »Ich bekomme das hin.« Innerlich überlegte ich mir Suchbegriffe für die Online-Stellensuche und Branchen, die für einen neuen Nebenjob infrage kamen. Identitätswechsel wäre auch nicht schlecht.

»Ich weiß, du wirst mich nicht um Hilfe bitten, aber falls du es dir anders überlegst …« Cara beugte sich vor, bis wir beinah Stirn an Stirn waren. »Ich bin eine Tür von dir entfernt.« Ihre Hand bedeckte meine. »Vergiss das bitte nicht, ja? Es gibt für alles eine Lösung. Okay?«

Sie drückte meine Finger.

Tausend Gedanken der Dankbarkeit schwirrten in mir umher. Es gab einiges, das ich sagen wollte, beließ es jedoch bei einem: »Okay.«

Mein Herz raste, oder bildete ich mir das ein? Ich fasste mir unauffällig an den Hals. Nein, meine Halsschlagader war kurz vorm Platzen. Ich sah die Schlagzeile bildlich vor mir: *Österreicher explodiert in der irischen University of Cork.* Und meine Eltern, die unser komplettes Dorf abfuhren, um alle Zeitungen aufzukaufen, bevor es irgendwer mitbekam.

Jemand rempelte mich an, und ein pudriges Parfüm strömte in meine Nase. Das holte mich aus meinen Gedanken.

»Sorry«, stöhnte ein Typ mit blondem Mittelscheitel und Poloshirt. Er hob im Laufen beschwichtigend die Hände und befestigte danach seine Glockenanstecknadel auf dem Riemen seiner Umhängetasche, die sich bei unserem Zusammenstoß wohl gelockert hatte.

»Schon gut«, sagte ich nicht, da es mir in der Kehle stecken blieb und nur ein zerquetscht klingendes »Schngnt« rauskam.

Getuschel, Gelächter, Schritte und Absätze, die wie dumpfe Pistolenschüsse am Steinboden knallten, vermischten sich zu einer Geräuschwolke aus Leben, in die ich mich hineinstürzte, um mein Studium zu beginnen. Caras Worte von gestern Nacht wiederholten sich gedanklich: *Es gibt für alles eine Lösung.*

Na, hoffentlich.

Ich betrat die Aula Maxima des UCC, und wow, sah das umwerfend aus. Ein dunkles, rotbraunes Parkett tat sich vor mir auf. Links und rechts an den Wänden uralte, schwere Bücherregale, deren Geschichten mich zu sich riefen. Am liebsten wäre ich zu ihnen gelaufen und hätte mich in den leicht vergilbten Seiten verloren.

Mehr und mehr Studierende drängten sich in den Raum und bestaunten die Einrichtung. Das bestätigte meinen Eindruck einer altehrwürdigen Zauberschule. Über den Regalen strahlte die Sonne durch die Bleiglasfenster herein, und an der Decke entdeckte ich ein Plakat, das an der imposanten Holzverkleidung festgemacht war, mit dem Slogan: *Mein UCC, Dein UCC.*

Ich suchte mir einen Sitzplatz in der letzten Reihe und betrachtete weiter die Aula. Die Hartplastikstühle waren unbequem und zu modern für den Raum. Dieses unpassende Detail glichen die goldenen Kronleuchter wieder aus, an denen sich das Sonnenlicht brach und glitzernde Tupfer auf meiner dunkelgrünen Stoffhose verteilte.

Es dauerte eine ganze Weile, bis sich die Unruhe im Raum legte, und ich nutzte sie, um mit meinem Smartphone ein paar verwackelte Bilder zu machen. Ich wählte die schönsten Schnappschüsse aus.

Sieht das nicht mega aus? Vielleicht bin ich an einer Zauberakademie aufgenommen worden? Und die schweren Holztüren wie von einer alten Burg wären was für euer Schlafzimmer, oder?

Als ich fertig getippt hatte, verschwand mein knappes Lächeln, und ich löschte wieder alles aus dem Familienchat. Stattdessen schrieb ich:

Erster Tag hat begonnen. 👍

Abgeschickt.

»Liebe Neuankömmlinge.« Die Ansprache begann und holte mich aus meinen Gedanken. Ich steckte mein Smartphone weg.

»Mein Name ist Professor Jim O'Kelly, und ich bin der Direktor des University College of Cork.« Die Vorstellung des ergrauten Mannes im blauen Anzug, der eine dieser Brillen trug, die nur oben einen Rahmen hatten, fiel knapp aus. »Ich wünsche all unseren UCC-Studierenden und dem gesamten Team ein gesundes und lehrreiches Jahr«, fuhr Professor O'Kelly fort.

Er stand auf einem frisch polierten Holzpodest, und hinter ihm waren Gemälde von verschiedenen Menschen in dicken Goldrahmen in Szene gesetzt. Jedes der Gesichter machte den Anschein, mich kritisch zu begutachten.

O'Kelly legte seine Hände um das Rednerpult und ließ seinen Blick über uns schweifen. »Euer Wohlergehen steht über allem. Dennoch erwarten wir einiges von euch. Wir gehören zu den zwei Prozent der besten Universitäten weltweit, und deshalb muss …« Seine Worte verklangen langsam und verschwanden hinter einer wolkigen Watteschicht aus Zweifeln.

Top zwei Prozent weltweit? War ich hierfür gut genug? Ich sah mich um. Alle lauschten der Ansprache, und in ihren Augen funkelte die Vorfreude auf ihre Zukunft. Warum waren die alle so selbstsicher? Urplötzlich erfasste mich eine Hitzewelle, und ich wischte meine schwitzigen Hände an meiner Hose ab. Im Augenwinkel erkannte ich meine Sitznachbarin, wie sie mich irritiert musterte.

Ich hatte den unstillbaren Drang, auf mein Handy zu sehen. Wenn ich schon merkwürdig war, sollte es niemand mitbekommen, und mein Smartphone lenkte mich ab. Der Sperrbildschirm verschwand, und ich öffnete meine Nachrichten. Ich scrollte hinunter. Ganz nach unten. Ein Fehler. Ein Fehler, der sich wie eine Gewohnheit anfühlte. Das kleine Profilbild meiner Oma lachte mir entgegen, und ich öffnete unseren Chat. Ich brachte es nicht übers Herz, ihn zu löschen. Wenn es mir schlecht ging, las ich oft darin. Dann ging es mir noch schlechter. Wenn ich eines bleiben lassen sollte, dann, einen Ratgeber zur Trauerbewältigung zu schreiben.

Der Nachrichtenverlauf meiner Oma und mir war nicht sonderlich aufregend. Meistens hatte sie mir Emojis oder diese typischen Alte-Menschen-Bilder mit Kaffeetassen und Guten-Morgen-Sprüchen darauf geschickt. Trotzdem killten mich diese Nachrichten.

Du fehlst. Mein erster Tag am UCC beginnt heute. Ist die Architektur nicht umwerfend?

Sofort schickte ich die Nachricht an sie ab und fügte ein verschwommenes Bild von der Aula Maxima hinzu.

Natürlich wusste ich, dass ich niemals eine Antwort bekommen würde. Trotzdem tat es gut. Ich drückte auf die Seite meines Handys, und das Display schwärzte sich.

»Neue Studierende haben die Möglichkeit, sich den Führungen anzuschließen. Es gibt auch einen Online-Rundgang.« Da sprach O'Kelly mein Stichwort an.

Online bedeutete: Keine Menschen, keine peinlichen Momente, an die sich alle auf ewig erinnern würden, und vor allem keine knallroten Wangen. Ich brauchte keine Schande-Glocke wie die aus *Game of Thrones*, ich hatte meine Wangen der Schande.

Ein wenig ärgerte es mich, drei Viertel der Begrüßungsrede nicht mitbekommen zu haben. Na ja, ich kannte das von mir. Hatten meine Gedanken erst ihre Tentakeln um mich geschlungen und mich in den tiefen Sumpf meiner Zweifel gezerrt, gab es kein Entkommen mehr.

Gemeinsam mit allen applaudierte ich O'Kelly und erhob mich. Stühle quietschten über das Parkett. Gleichzeitig begann eine Geigenspielerin, die die gesamte Zeit über auf der hölzernen Empore auf ihren Einsatz gewartet hatte, ein feierliches Stück zu spielen. Beim Verlassen der Aula strich ich durch das Schutzgitter mit einem Finger über die Buchrücken neben mir und ging hinaus in den Innenhof.

Ich hätte schwören können, dass mein Körper zischte, sobald der eisige Wind mich berührte, und die Kühle brachte mich ein wenig runter. Sofort fischte ich meine Kopfhörer aus meiner Hosentasche. Mit Musik konnte ich mich abschotten. Sie umarmte mich mit einer Sanftheit, nach der ich mich sehnte. Das und ein heißes Bad.

Doch als ich mein Handy entsperrte, entdeckte ich wieder den Chat mit meiner Oma, und mit dem nächsten Luftzug kamen mir ihre Worte von damals in den Sinn. Ganz so, als flüsterte der Wind sie mir zu. Es war eine ihrer ersten Lektionen, die sie mir in Sachen Astrologie beigebracht hatte.

Deine Schwächen, die dir laut Geburtshoroskop in die Wiege gelegt wurden, sind nicht unüberwindbar. Wenn du sie kennst, kannst du mit ihnen arbeiten.

Sie hatte recht. Ich durfte nicht nach Hause gehen, mich in mein Schneckenhaus verkriechen und die Führung auf meinem Smartphone virtuell begehen. Bevor mich die Kraft meiner eigenen Mutlosigkeit zerquetschte und ich doch zu Cara ging, schüttelte ich sie ab, steckte mein Handy ein und eilte zum Treffpunkt, den ich aus der Broschüre kannte. Ein Blick auf die schwarze Marmoruhr mit den goldenen Zeigern auf einem der wuchtigen Steintürme zeigte, ich war noch nicht zu spät dran.

Während ich umherirrte, bemerkte ich, dass der eingezeichnete Punkt auf der Karte einer Broschüre in der Realität nicht so leicht zu finden war wie erhofft.

Gefühlt hatte ich einmal den Komplex umrundet, bis ich den mit einer grünen Fahne markierten Treffpunkt gefunden hatte.

Mit stolzgeschwellter Brust legte ich die letzten Schritte zurück. Ich, Felix Novak, überwand mich und trat aus meiner Komfortzone. Mein Magen fühlte sich leichter an, die Luft war wohlig frisch, glitt in meine Lungen und floss wieder hinaus. Dabei wiederholte ich gedanklich mein Mantra: *Blamier dich nicht.*

Drei Studierende verließen gerade mit einer jungen Frau den Treffpunkt. Sie hielt ein kleines Schild in der Hand mit der Aufschrift *Guide*. Ein Typ blieb, angelehnt an einen riesigen Baum mit den grünsten Blättern, die ich jemals gesehen hatte, als letzter verfügbarer Führer zurück. Er stand mit dem Rücken zu mir, und diese Ansicht speicherte ich für später in mir ab. Er pulte mit dem *Guide*-Schildchen Erde aus seinen Schuhen.

»Hey, bin ich hier richtig für den Rundgang?« Warum fragte ich das? Ich wusste die Antwort doch.

Der Guide wandte sich mit einem mürrischen Brummen zu mir. »Ja, was glaubst du, wofür dieses Schild ist?« Er erkannte mich ebenfalls und stoppte abrupt.

»Du.« Mit einem Schritt zurück vergrößerte ich den Abstand zwischen ihm und mir.

Warum ausgerechnet er? War das ein schlechter Scherz? Wer hatte diese blöde Idee gehabt, Menschen aus ihrer Komfortzone zu drängen?

»Felix, richtig?« Er legte dieses arrogante, selbstgefällige Grinsen auf, das der weihnachtshassende Grinch mit dem wohlgeformten Gesäß mir auch im Laden zugeworfen hatte.

Ich fror auf der Stelle fest. Zwei Möglichkeiten tauchten als Windows-Fehlermeldung in meinem Kopf auf: Weglaufen oder Bleiben. Was davon sollte ich anklicken?

Kapitel 4

Owen

Menschen mit demselben Geburtstag sind oft unterschiedlich, da es stets auf den persönlichsten Faktor ankommt: den exakten Augenblick und den Ort der Geburt. Selbst dann können sie sich aber durch ihr Umfeld anders entwickeln.

Eine Frage brannte in mir: Sollte ich mich entschuldigen? Für den Vorfall bei *Murphy's*? Nee. Als Ausgleich dafür hatte ich ihm in der Boole-Bibliothek die besten Ecken gezeigt. Musste reichen. Ich konnte mich nicht für jeden auf der Welt aufopfern. Unser anfängliches Schweigen hatten wir ebenfalls überwunden, was mich zu meinem Endplädoyer führte: Ich war ihm nichts schuldig, und Felix hatte den Vorfall längst vergessen.

»Wie erwähnt, würde ich mich auch einer Society des UCC – früher übrigens ein Kloster namens Gill Abbey – anschließen. Da kannst du Kontakte knüpfen.« Ich lehnte mich zu Felix. »Und macht sich gut in deinem Abschlusszeugnis. Jeder ist in einer. Wir haben, mal überlegen …« Puh, wie viele waren das noch mal? Unauffällig zupfte ich den Spickzettel aus meiner Hosentasche und linste auf das Stück Papier. Nebenbei begutachtete ich schmunzelnd Felix, wie er neben mir herdackelte und sich Notizen mit seinem Handy machte. »… um die hundertelf Societies. Kunst, Politik, Medizin, Religion und so weiter. Und wie alles an dieser Uni haben auch alle von ihnen einen eigenen Instagram-Account.«

»Ja, das habe ich mitbekommen, folge selbst einigen.« Felix sagte das, als wollte er mich beeindrucken. Glaubte er, ich legte ein gutes Wort für ihn ein?

Wir schlenderten einen Weg Richtung Brookfield-Komplex zwischen den unzähligen Bäumen am Campus entlang, die im Sommer einen herrlichen Schatten spendeten. Bei Wind wie heute trugen sie das Rascheln wie eine Melodie über den Campus.

»Okay. Allen würde ich nicht folgen, sonst sperrt dich die App, weil sie denkt, du bist ein Roboter.« Ich sprach etwas lauter, da in der Nähe ein provisorisches Zelt aufgebaut war, das die Instrumente der Live-Band vor Regen schützen sollte. Die indische Musik der Studierenden hatte mich schon die letzten zwei Wochen begleitet. »Das musst du dir nicht aufschreiben.«

»Oh, okay.« Felix sperrte sein Smartphone. »Und wo führt diese Treppe am Ende des Weges hin?«

»Zum Brookfield-Health-and-Science-Komplex. Da bin ich meistens, und das ist auch unser letztes Ziel für heute.«

»Ah, verstehe. Ach, du hast nicht zufällig ein Hustenbonbon dabei?« Nach Felix' Frage klopfte ich meine Taschen ab. Manchmal steckte ich mir kleine Päckchen davon ein, die es bei meinem Nebenjob als Werbemittel am Empfang gab.

»Nein, sorry. Warum?«

»Steh auf die, hab ich von meiner Oma. Sag, in welchen Societies bist du? Wenn ich fragen darf.« Ein Sonnenstrahl stahl sich durch die Bäume neben uns, direkt auf Felix' Nase, und ich erkannte ein paar feine Sommersprossen.

»Vorweg: Ich bin nicht das aktivste Mitglied. Kann dir da keine Starthilfe geben. Bin offiziell bei der *Klinischen Therapie*-Society, dem Alzheimer-Zusammenschluss, in der *Friends of Médecins Sans Frontières*, also Ärzte und Ärztinnen ohne Grenzen, in *Irische Musik* bin ich auch, fällt mir gerade ein, und *Medizinische Forschung und Pharmazie*.«

»Okay.« Felix zog das *O* lang, und seine Lippen verzogen sich zu einem Strich danach. Mir kam es vor, als fühlte er sich veräppelt.

»Gibt es irgendetwas Kreatives?«, fügte er ein paar Sekunden später hinzu.

»Es gibt viel Mis-, ich meine, eine große Auswahl an Societies. Rollenspiele, Theater, Schreiben, eine für Simpsons-Fans, verschiedene Religionen, Astrologie und bla, bla, bla.«

Felix nickte und musste das wohl sacken lassen. Ich glitt mit meiner Hand durch die Blätter eines neuen Baums. Allein deshalb liebte ich die Uni. Die Pflanzenvielfalt an der UCC war der Hammer. »Weißt du, dass der Campus fast dreitausend Bäume hat? Sogar zwei Küstenmammutbäume.«

»Wow.«

»Ja, wir sind der erste Green Campus – seit über zehn Jahren.« Check, noch ein Thema, das ich im Rahmen der Führung ansprechen musste, abgehakt. Dabei sprach ich für mein Leben gern über Pflanzen. »Wir haben hinter dem alten UCC-Society-Büro einen großen Community-Garten, den wir alle betreiben. Du wirst sehen, er ist etwas verwildert. Wir sind nicht der Knaller im Organisieren. Macht aber auch das Flair aus. Bin da leider nicht mehr oft.«

»Überwältigend und ein wenig erdrückend, was es alles gibt.« Dass ihn das UCC etwas erschlug, hatte ich bei Felix mittlerweile schon öfter bemerkt.

Ein paar Stufen später hatten wir die Treppe erklommen und standen vor dem modernen Brookfield-Gebäude mit der Glasfront. Daneben tat sich ein beiges Sandsteingebäude auf, das sich mit dem finsteren Plexiglasanbau und Holzelementen trotz des neueren Baustils perfekt in den Charme des ursprünglichen Klostergebäudes des UCC einfügte.

»Kommst du eigentlich direkt aus Cork?« Felix begutachtete jeden Winkel um ihn.

»Nicht direkt. Geboren bin ich in Dublin, aufgewachsen bin

ich in Carrigaline, nicht weit von Cork entfernt. Meine Mutter lebt dort in unserem Haus und mein Dad eigentlich auch, aber der nimmt sich gerade eine Auszeit.«

»Eine Auszeit?«

»Er hat … Egal. Ist einfach so.« Warum erzählte ich das überhaupt? Normalerweise plapperte ich solche Sachen nicht direkt beim ersten Treffen aus. Streng genommen war es ja auch nicht unser erstes Treffen.

»Verstehe. Und warum bist du *hier*?« Felix musterte mich mit einem Blick aus seinen mysteriösen grünen Augen, aus dem ich nicht schlau wurde, und deutete zum Brookfield-Gebäude.

»Weil ich mich bei meinem Studium auf kognitive Krankheiten spezialisiert habe? Und eine Abschlussarbeit zum Thema ›Psychologischer und traumabezogener Stress im Zusammenhang mit dem Demenzrisiko‹ schreibe?« Mein fragender Unterton veränderte sich zum Schluss hin, denn ich verstand, was er meinte. »Woah, warte, traust du mir kein Medizinstudium zu, oder was?« Nur eine Sekunde lang weiteten sich seine Augen. Das reichte, um ihn zu ertappen. »Ernsthaft?«

»Nein, das habe ich nicht gesagt.« Felix wollte sich am Nacken kratzen, was genau gar nichts brachte, da seine Kapuze ihm bei dieser zweiten enttarnenden Geste in die Quere kam und er den Stoff rieb. Oh, und wie er das tat. Er zog das geschlagene fünf Sekunden durch, als wäre das volle Absicht.

»Das musst du nicht.« Vermutlich geschah es mir recht. Immerhin hatte ich Felix zuerst vorverurteilt.

»Tut mir leid, habe mir Leute, die irgendwas mit Medizin machen, äh –«

»Was?« Ich deutete auf mein senfgelb-schwarz kariertes Hemd. Hatte ich eine Krankheit, die mich hässliche Kleidung nicht erkennen ließ, oder was zum Teufel hatten alle mit meinen Klamotten? »Wie ich rumlaufe?«

Felix sah sich den Griff der Glastür vor ihm an, dann den Sandsteinboden, alles, um mir auszuweichen.

»Hm? Sag.«

»Nein, gar nicht. Eher netter vorgestellt. Oder hilfsbereiter.«

»Nett –« Ich unterbrach mich und drehte mich zur Holzbank neben dem Eingang. »Netter?« Ich wandte mich wieder zu ihm. »Ich bin nett, du schlechter Herrenausstatter.«

Den skeptischen Blick, die hochgezogenen Brauen, den Kopf etwas fragend schief gelegt. All das hatte ich dank meines letzten Satzes verdient. Aber ich hatte das unmöglich auf mir sitzen lassen können.

»Tut mir leid. Ich wollte dir nicht zu nahe treten. Wir reden aneinander vorbei, oder?« Das verlegene, schiefe Grinsen ließ mich ein wenig sanftmütiger werden. Schade, ich genoss einen guten Streit. Bei Felix' Händekneten erriet ich jedoch rasch, dass er sich unwohl fühlte. Ein ungeeigneter Kampfpartner. Da fiel mir ein, warum gab es keine Society fürs Streiten?

»Wir haben die wichtigsten Punkte durch. Der Campus ist riesig.« Ich breitete meine Arme aus und lehnte mich gegen die Glasfront. »Du entdeckst das alles mit der Zeit. So schlimm ist es gar nicht, und die Leute sind hilfsbereit.« Nach dem letzten Wort warf ich Felix einen seitlichen Blick zu. »Netter als ich.«

Wir konnten uns ein belustigtes Schnauben nicht verkneifen. »Aber dort hinten«, Felix deutete über seine Schulter, »gab es noch einen Weg.«

»Ach, das.« Ich zuckte mit den Schultern. »Da ist das alte Crawford-Observatorium. Aber wen interessieren das Universum und die Sterne? Unser Leben spielt sich bei uns ab. Wir haben hier unten genug Probleme und Krankheiten, die noch unheilbar sind.« Ich schweifte ab und stoppte mich selbst. »Und so weiter.«

Spätestens aber Felix' geöffneter Mund, eingerahmt von seinen vollen Lippen, hätte mich aufgehalten. Er inspizierte mich völlig verblüfft.

»Also ich finde das Universum spannend, und mich hätte es interessiert.« Felix ballte flüchtig seine Hände zu Fäusten, ehe er locker ließ. »Herzlichen Dank für die Führung. Ich muss noch –« Er deutete mit beiden Zeigefingern hinter sich. »Hier, Dinge erledigen, die neue Studierende so machen. Sorry für die Störung.«

Was für ein Aufstand wegen ein paar Sternen. »Äh, okay, schönen Tag noch, oder so.«

Felix lief die Treppe nach unten, und ich legte meinen Kopf schief, um ihn unter die Lupe zu nehmen. Er hatte den Hoodie unsauber hinten in seine Jeans gestopft, was mir einen Blick auf seinen ... stopp. Meine Regel, keine Leute vom UCC abzuchecken, galt auch, wenn sie kurz vorm Studienantritt standen. Meine Karriere hatte Vorrang, also musste mein College-Ich seriös bleiben.

Nach meiner Führung mit drei anderen Studierenden hatte meine beste Freundin Róisín vor dem Boole Vier auf mich gewartet. Da wir beide Medizin studierten, konnten wir uns auch gemeinsam zum nächsten Termin begeben. Abgesehen davon kam sie gerade von ihrem Nebenjob bei einem Catering-Unternehmen. Auf dem Weg dorthin erzählte ich ihr auch, wie es mit Felix gelaufen war. Als wir den Saal betreten und uns einen Platz ausgesucht hatten, war ich auch mit meiner Geschichte fertig geworden.

Das Auditorium im Boole Vier beinah leer zu sehen kannte ich gar nicht. Ich drückte einen der Klappstühle nach unten und setzte mich. Ein Bein schwang ich auf den Tisch, dessen helles Holz bessere Tage gesehen hatte.

»Unfassbar dieser Typ, oder?« Meine Stimme hallte im größten Hörsaal des UCC wider.

Róisín schob meine Füße wieder von der Arbeitsfläche und setzte sich darauf. »Owen.«

Warf Róisín mir ernsthaft durch ihren langen, geraden Pony einen vorwurfsvollen Blick zu?

»Du weißt genau, wie du sein kannst. Wer, wenn nicht du,

genießt seine Rolle als Lehrer sonst so sehr?« Sie strich sich die Haare mit ihren Fingern als Kamm zurück, und der Pony stand wirr ab.

»Du hast mich damals gefragt, ob ich deine Arbeit Probe lese.«

»Probe lesen, nicht auseinandernehmen und mich mitten in der Nacht anrufen, um mir eine schlaflose Nacht zu bescheren, indem du mir zehn Minuten lang erzählst, dass ich die Symptome von Aphasie falsch gedeutet habe.«

Gerade als ich meinen Zeigefinger hob, halb mahnend, halb intervenierend gemeint, unterbrach sie mich mit einem »Ah, ah, ah«.

»Ich höre.« Mit einer wedelnden Handgeste verdeutlichte ich ihr, sie dürfe fortfahren, und nahm mich zurück.

»Und eine Panikattacke, weil du meintest, meine Quellenangaben seien nicht richtig, und ich würde ein Plagiat riskieren, inklusive.« Róisín verschränkte ihre Arme vor ihrem grauen, eng anliegenden Rollkragenpullover. »Bitte, du bist dran.«

Angriffslustig knackte ich mit meinen Händen. »Hatte ich nicht dennoch recht und rettete deine Note?«

Róisíns Augenbrauen sausten hoch, und von außen erkannte ich, wie sie ihre Zunge gegen die Wange drückte. »Das, das, das tut gar nichts zur Sache. Es geht ums Prinzip. Du bist oft nicht nett.«

»Hm.« Ich ging in Abwehrhaltung und verschränkte meine Arme.

»Vielleicht, eventuell …« Ich verfolgte die dünnen dunklen Holzlatten, die nebeneinander der Länge nach an drei Wänden angebracht worden waren. Vorne auf der Bühne für das Lehrpersonal war alles in Kobaltblau gestrichen. »In einer anderen Dimension …«

»Owen.«

»… hast du recht.« Ich hielt meine Hand hoch, streckte nur meinen Zeigefinger und Daumen aus, ließ einen winzigen Spalt zwischen den beiden Fingerkuppen frei. »Aber nur so viel.«

Róisín bückte sich vor, schloss ein Lid und schaute mich durch die kleine Lücke mit ihrem eisblauen Auge an. »Das reicht mir.« Grinsend steckte sie ihre Hände in die Jeans.

Dankbar musterte ich sie und wunderte mich, dass sie es mit mir aushielt. Seit unserem Studienbeginn wuchs unsere Freundschaft langsam, langsam wie eine Schnecke, eine kranke Schnecke. Wissenschaftlich gesehen brauchten wir Menschen leider soziale Kontakte, und deshalb liebte ich ihre Nähe. Leider. Eine Schwachstelle in meinem Schutzschild, die ich nicht mehr loswerden konnte. Nicht mehr loswerden wollte.

Die Tür öffnete sich. Ich drehte meinen Kopf und sah über die Sitzreihen hinweg, die mit jeder Stufe weiter hoch reichten, zu FitzClarence. Ritualmäßig umgriff er den linken Teil seiner großen, runden Brille mit dem dünnen, silbernen Gestell und richtete sie. »Wusste ich doch, dass ich Sie beide hier finde.«

Róisín und ich warfen uns belustigtes Zwinkern zu, da wir samstags oft ein Trinkspiel spielten: Einen Shot für jedes Brillerichten von Montag bis Freitag von Fitz. »Sechstes Mal«, flüsterte ich zu Róisín.

»Owen.« Kichernd knuffte sie mich mit ihrem Ellbogen in die Seite.

»Was gibt es, Professor?« Ich erhob mich und ging in den Gang, der die linken und rechten Sitzreihen verband.

»Ich habe Ihre letzten außerakademischen Aufgaben, die Sie zugunsten des UCC erledigt haben, in Ihr Punktesystem eingetragen. Bedauerlicherweise, Mr. O'Hickey, dürfen Sie für die volle Punktzahl als Guide keine schlechten Beurteilungen haben.«

»Hä? Wer soll mich schlecht beurteilen? Ich bin der Sonnenschein in Person.« Ich kratzte meinen Bart am Kinn.

Róisín und FitzClarence räusperten sich gleichzeitig.

»Kommt schon. Synchron auch noch?« Dafür strafte ich Róisín mit einem Kratzen über den Tisch.

Wie erwartet schüttelte es Róisín einmal kurz durch, da sie dieses Geräusch hasste. »Wie *nett* von dir, Owen.«

»Wer hat denn was über mich geschrieben?«

»Nun, das darf ich aus Datenschutzgründen nicht preisgeben. Der Wortlaut war: *Unfreundlicher Guide und unvollständige Führung – ich meine, das Observatorium habe ich nicht gesehen. Das steht laut Broschüre auf dem Plan.*« FitzClarence beendete sein Zitat, was ihm sichtlich unangenehm war, und strich seinen weißen Kittel glatt.

»Felix.« Wie mich das nervte. Nur deswegen? Ich brauchte diesen Punkt, ich brauchte alle Punkte, die ich kriegen konnte. Nichts durfte ich dem Zufall überlassen. Dieser Job war mir so wichtig, nur mit ihm konnte ich einen Beitrag leisten, die Krankheit, die meine Familie belastete, ein bisschen weniger bedrohlich zu machen. Es musste einfach klappen, und dieser –

»Sie wissen, um wen es sich handelt?« FitzClarence unterbrach meine Gedanken.

»Allerdings.« Róisín konnte sich ihren schadenfrohen Unterton ruhig sparen.

»Liegt ein Irrtum vor?«

»Allerdings«, sagte ich unverhohlen mürrisch.

»Verstehe. Wir kennen das von Rezensionen im Internet. Ist auch kein Weltuntergang. Ich sehe Sie beide später in meiner Sprechstunde, falls Sie noch Fragen bezüglich Ihrer Arbeiten haben.« Abermals richtete er sich die Brille und schloss die Tür. Wie gewohnt schmetterte er sie zu laut hinter sich zu, und sein »Mist« drang von draußen zu uns.

»Sieben Mal.« Róisín führte die gedankliche Strichliste fort. Sie fasste sich an den Bauch und ließ ihre Magenschmerzen für dieses Wochenende vorahnen. Dazu folgte ein schweres Ausatmen.

»Das wird ein harter Samstag«, stimmte ich ihr zu. »Na ja, wir sehen uns dann gleich bei seiner Sprechstunde, ja?«

»Owen.«

Ich sprang gerade die erste Stufe zur nächsten Sitzbankebene hoch und erstarrte darauf. »Was?« Langsam machte ich kehrt.

»Du willst nicht etwa diesen Felix suchen, oder?«

»Aber er hat mich falsch bewertet.«

»Hat er das?«

»Róisín. Auf wessen Seite bist du?«

»Auf Felix'.« Das kam etwas zu sehr aus der Pistole geschossen, sodass es mich entwaffnet zurückließ. »Es ist ein Punkt, ist doch egal«, sagte sie, während sie sich ihre Umhängetasche überzog.

»Egal?« Meine Augenbrauen bewegten sich Richtung Nase. Das enttäuschte mich, ausgerechnet von ihr. »Du weißt, wie wichtig jeder scheiß Punkt ist. Ich brauche diesen Job in England. Diese Stelle am MICD gibt es nicht jedes Semester, und ohne den Kontakt von Fitz dürfte ich mich gar nicht bewerben, da will ich ihn auch nicht enttäuschen. Weißt du, wie genial das Forschungsinstitut für Parkinson und andere kognitive Erkrankungen dort ist? Für meine Karriere –«

»Deine Karriere. Deine Karriere. Owen. Du musst auch leben.« Róisín näherte sich mir und legte ihre Hand auf meine Schulter.

»Was mache ich an den Wochenenden? Mir fehlt nur noch die fertige Abschlussarbeit, und dann kann ich im März nach London ans MICD, falls sie mich nehmen.« Da besuchte ich keine Kurse mehr, obwohl ich ohnehin nur noch die Stunden bei FitzClarence hatte, um meine Arbeit zu perfektionieren, und das Tutordasein hatte ich letztes Semester auch beendet, um mehr Zeit für meine Bewerbung zu haben.

»Du weißt genau, dass Fitz deine Abschlussarbeit liebt, er würde sie dir längst abnehmen, sonst hätte er dir keine Empfehlung fürs MICD geschrieben. Außerdem: Partys und Sex sind nicht das Leben. Das sind deine Verdrängungsmechanismen.« Wie ich es hasste, wenn sie ihre sanfte Stimme aufsetzte, als wäre ich eines ihrer Versuchskaninchen.

»Hör auf mit deinem Psychologiegequassel.«

Róisíns Kiefermuskeln spannten sich an, und ich erahnte

den Sturm, der meinetwegen in ihr tobte. »Okay.« Sie atmete lang aus. »Wie du meinst. Es sind deine Entscheidungen. Sei nur nicht so obsessiv damit. Oh. Versprich mir, Felix nicht zu sehr in die Mangel zu nehmen. Du bist nämlich *wirklich* nicht nett.«

Ich sah Róisín hinterher. Mein Handy vibrierte, und als ich es aus der Hosentasche geholt hatte, fiel die Tür hinter Róisín ins Schloss. »Doch, bin ich.«

Kopfschüttelnd linste ich auf das Display und erkannte einen eingehenden Anruf meiner Mam.

Ich steckte mein Smartphone wieder weg.

Fein – Vielleicht war ich doch nicht der Netteste. Ich hasste es, wenn das Leben mir einen Spiegel vorhielt. Auch Róisíns Worte hallten nach. Legte ich obsessives Verhalten mit meiner Karriere an den Tag? Das Trommeln meiner Finger auf der Tischplatte erfüllte den Saal. Nein, tat ich nicht. Um das zu beweisen, ließ ich die Sache gut sein. Ein Punkt würde mich nicht den Job kosten. Außer Felix lief mir zufällig über den Weg. Spräche ich es dann an, wäre es der Zufall, der mir in die Karten spielte. Da konnte ich nichts für, oder?

Hm, wann war noch mal mein Termin im *Murphy's?* Vielleicht sollte ich dem Laden noch einen Besuch abstatten und nachfragen.

Kapitel 5

Felix

Der Aszendent zeigt unsere Wirkung auf andere Menschen auf. Felix' Aszendent ist der Wassermann im ersten Haus, und andere sehen ihn oft als kreativ und offen an, obwohl er ein Träumer ist.

Der Wasserfall hinter mir lenkte mich mit seinem wohltuenden Plätschern vom Owen-Vorfall ab. Ja, so schlimm stand es, dass Owen seine eigene gedankliche Akte bekam, in der ich Vorfälle mit ihm dokumentierte.

Niemals hatte ich damit gerechnet, dass Caras Textnachricht der Wahrheit entspräche. Sie hatte mir nämlich einen Standort geschickt und geschrieben, ich solle mich mit ihr dort treffen, es würde mich auf andere Gedanken bringen. Im Hinterhof des *Milky Feather Café*, das einen Wasserfall im Garten hatte, entspannten sich meine Glieder. Ein Wasserfall. Kein natürlicher, Immer-Schon-Dagewesener. Trotzdem. Ein Wasserfall.

Während Cara sich den nächsten Löffel ihres Fruchttellers in den Mund stopfte, warf ich nochmals einen Blick über meine Schulter.

Nope, keine Einbildung. Er war da. Eiskaltes Wasser – das wusste ich, weil ich meine Hand in den Auffangteich gesteckt hatte – sprudelte am tonfarbenen Gestein hinab. Daneben prangte das Logo des Cafés. Ein ausgeschüttetes Glas, dessen milchiger Inhalt wiederum die Worte *Milky Feather* ergab. Die Geräuschkulisse war zugegeben etwas laut, erinnerte mich jedoch auch an diese ASMR-Trendvideos, in denen Leute Geräusche um ein Mikrofon herum machten, die zur Beruhigung dienen sollten. Ich hatte das versucht. Leider half es mir nicht, jemandem zum Einschlafen beim Essen zuzuhören oder wie mit Pinseln über Mikros gestreichelt wurde.

»Hier bitte, tut mir leid noch mal.« Die Kellnerin stellte meinen Milchreis vor mir ab. »Das muss ich überhört oder vergessen haben.«

Meine Wangen wurden heiß. Ich verwandelte mich wieder in Anime-Felix mit den roten Bäckchen. Das Leben tat sein Bestes, um mich zum Verzweifeln zu bringen. »Das macht nichts. Ich rede oft leise, und mein Englisch ist auch nicht das beste.«

Auf Caras *»Felix!«* folgte ein Räuspern.

Die Kellnerin zog ihren hohen Zopf fester und lächelte mich an, als wüsste sie nicht, was sie darauf erwidern sollte.

»Danke«, beendete ich meinen peinlichen Eierschalentanz, um die Kellnerin davon zu überzeugen, dass ich kein nerviger Gast war – Mission fehlgeschlagen. Sie ging.

»Felix, du kannst ruhig etwas sagen, wenn du einen veganen Milchreis willst und die Kuh zu blöd ist, sich das zu merken. Du hast laut und deutlich gesagt, *vegan*, sogar mit Kokosmilch, um ihrer Nachfrage zuvorzukommen und ihr Arbeit abzunehmen.« Ein Stück Kirschhaut hing an Caras Mundwinkel, das sie nach ihrem Vortrag einsog.

»Ich weiß, ich weiß. Stimmt schon.« Ich nahm meinen goldenen Löffel – mit denen die veganen Speisen serviert wurden, um sicherzugehen, die Bestellung stimmte, mein vorheriger war bronzefarben gewesen – und schaufelte den köstlich duftenden Milchreis auf.

Cara hatte nicht übertrieben damit, dass dieser Laden brillant war. Auf TikTok hatte ich auch bereits einige Essensvideos dazu gesehen. Verständlich, immerhin bot der Wasserfall eine umwerfende Kulisse. Der Goldlöffel wanderte in meinen Mund, und ich vergaß mein Unwohlsein wegen Caras Milchreisaufstand. Vanille, Kokosmilch, Zitronenschalen und Zimt tanzten auf meiner Zunge, hielten inne und forderten jeweils Ahornsirup, Apfelmus, ein Pfirsichstück sowie süße, weiche Reiskörner zum Tango auf.

»Das ist. Also. Wow. Oh mein Universum, ist das genial.«

»Jaaa, nicht?« Cara deutete mit ihrem Löffel zu mir und bewegte ihre Schultern fließend zu *Chicago* von Alexz Johnson mit.

»Hier müssen wir öfter vorbeikommen.« Ich hob den Löffel wieder an. »Also, wenn du magst.«

»Natürlich. Aber es gibt mehr köstliche Läden.«

Die Hintergrundgeräusche der sich unterhaltenden Gäste im *Milky's* vermischte sich zu einem Brei, aus dem ich bisher keine konkreten Gespräche heraushörte. Doch ein Fetzen bohrte sich in mein Ohr und erweckte meine Aufmerksamkeit.

»Ich habe einen veganen Milchreis bestellt mit Erdbeersirup.« Eine helle sanfte Stimme hinter mir, die an einem der Bambustische näher zum Wasserfall saß, sprach wohl mit der Kellnerin, die auch meine Bestellung vergeigt hatte.

»Hallo?«

»Was?« Mein Fokus schwenkte auf Cara um.

»Ich habe auf dein Handy gedeutet. Es hat vibriert.« Erneut zeigte sie auf mein Handy, ehe sie sich ihrem veganen Irish Coffee widmete. Langsam kam mir der Verdacht, dass sie den bei meiner Ankunft nicht ganz uneigennützig zubereitet hatte.

Belustigt über diese Erkenntnis hob ich mein Handy hoch und wischte den Sperrbildschirm weg, den heute Kit Connor zierte. Eine Nachricht meiner Mutter.

Was machst? 😭😭😭

Hast schon a Ginnes trunken? Gfallts dir eh noch? 😂😂😂😂😂

Sie meinte wohl das Guinness-Schwarzbier. Ich schrieb knapp:

Hahaha, nein, noch nicht. Jaja. 😂

Ich lachte nicht, schickte es aber ab.

»Sag, willst du nicht mitkommen? Ich habe heute Kampfsporttraining. Vielleicht wär das was für dich?« Ob Cara merkte, dass mich die Nachricht nachdenklich gestimmt hatte? Die Nachricht meiner Mutter wirkte nett, ja. Wissen wollte sie das alles aber aus einem bestimmten Grund: Bräche ich das Studium am UCC ab, würde es im Dorf die Runde machen, und das wäre ihr superpeinlich. Die Meinung ihrer Heimat verkörperte ihre gesamte Existenz, alles, was sie ausmachte. Deshalb verdrängte sie auch, wer und wie ich wirklich war.

»Alles gut?« Mist, Cara hatte ich völlig vergessen.

»Ja, meine Mutter hat mir komische Nachrichten geschickt. Nee, ich glaube nicht, dass das was für mich ist.«

»Hm, okay, und warum nicht?« Eine violette Strähne fiel wieder auf Caras Wange, die sie ständig wegpustete.

»Keine Ahnung. Ich und Kampfsport? Das ist Unangenehmlevel dreitausend.« Der Zimt, der über den Milchreis gestreut war, roch bis zu mir. Ich vermischte ihn mit dem Rest, und die weiße Köstlichkeit nahm einen hellbraunen Ton an. »Außerdem hoffe ich, dass meine Unsicherheiten bald etwas weniger werden. Ich würde Cork und das UCC gern mehr genießen.« Ich verlor mich im weißbraunen Strudel und stocherte im Reis herum.

»Ich weiß, wie du dich fühlst. Damals, als wir von Griechenland nach Dublin gezogen sind, habe ich mich genauso gefühlt, und du verstehst wenigstens die Sprache. Als Cassandra Mitsou, die nur Griechisch spricht, habe ich es anfänglich nicht leicht gehabt. Und Kinder können gemein sein.« Den letzten Satz fühlte ich auf vielerlei Ebenen. Abgesehen davon wusste ich gar nicht, dass Cara Cassandra hieß. Vor mir erschien ihr Name, und ein Zauberstab strich die Buchstabenreihe *ssand* aus ihrem Namen, und übrig blieb Cara.

»Das glaube ich dir, tut mir leid.«

Cara winkte ab. »Das ist Sekt von gestern.« Sie überlegte kurz und winkte der Kellnerin. »Zweimal Sekt, bitte.«

Nickend tippte sie das in ihr kleines Kellnerinnengerät ein und ging.

»Wo war ich?« Cara klaubte mit ihren Fingern eine Traube auf und schob sie sich zwischen die dunkelpinken Lippen, die von einem schwarzen Lipliner eingerahmt waren, passend zum Kristall ihres Piercings am Kinn.

»Du wolltest mir zeigen, wie sehr du mich verstehst, um mich zu beruhigen.«

Cara lachte auf. »Ich liebe deinen Humor, Felix.« Sie schluckte laut hinunter. »Worauf ich hinauswollte: Du bist neu, du achtest auf alles mehr, als wenn du in deiner Heimat wärst und nun durch Dings liefest.«

»Dir fällt kein Ort in Österreich ein? Nichts?«

Cara schnippte mit ihren Fingern. »Warte.«

»Wien«, flüsterte ich.

»Wien. Wenn du durch Wien laufen würdest. Jemand, der sich nicht deine Gedanken macht, hätte Owen, die Kellnerin und Murphy längst wieder aus seinem Kopf verdrängt. Denk lieber daran, was für eine scharfe und todeswitzige Mitbewohnerin du hast.« Egal, wie theatralisch Cara sprach, um mich aufzuheitern, der Kern ihrer Aussage entsprach der Wahrheit. Er spiegelte wider, was das Mantra meines Lebens sein sollte: *Hör auf zu überlegen, was andere von dir halten oder ob du peinlich bist: Keine Sau interessiert sich für dich.*

»Du hast recht.«

»Ich weiß. Ich kenne dein Geburtshoroskop. Also bist du ohnehin rund um die Uhr hypersensitiv bei Veränderungen. Du kennst die Schwächen deines Geburtshoroskops. Nutze das Wissen. Das Leben bringt dich nicht umsonst ständig in solche Situationen.« Wenn Cara in ihren Astrologiemodus wechselte, war sie ernst, professionell und stark – wie meine Oma.

»Damit ich verzweifle?« Ich drehte den goldenen Löffel im Milchreis.

»Um daran zu wachsen.« Es war, als wäre in Cara ein Teil der Seele meiner Oma und sie passte weiter auf mich auf. Das war Quatsch. Schöner Quatsch.

»Weißt du was? Ich werde versuchen, mich nicht mehr runterziehen zu lassen. Es gibt Ärsche, und ich darf deshalb nicht negativ sein.« War gespannt, wie lange diese Denkweise dieses Mal bei mir anhielt.

»Streich das *Versuchen.* Aber ja. So ist es.« Cara applaudierte, was uns ein paar Blicke bescherte.

Die Kellnerin stellte unsere Sektgläser ab, und Cara reichte mir meines. »Auf uns. Auf Cork. Auf ein neues Kapitel.«

»Auf veganen Milchreis.«

Unsere Gläser klimperten aneinander, und im selben Moment leuchtete mein Handy auf. Ich setzte zum ersten Schluck an und las im Augenwinkel, wer mich anrief: Vater.

Auf den Gehwegen wuselten die Menschen umher, und ich mittendrin. Bunte Häuser reihten sich aneinander, und ich genoss es, die neue Umgebung zu erkunden. Die Stadt Cork hatte mich in Windeseile verzaubert. Auf eigene Faust mit meiner neuen Heimat vertraut zu werden klang nach einem Plan, einem spannenden Plan. Die Zeit mit Cara liebte ich nicht weniger. Aber in mir spürte ich dieses Kribbeln, das mir sagte: »Du brauchst das heute.« Alleine konnte ich runterkommen, überlegte nicht, wie ich ging oder sprach, und konnte mich fallen lassen. Leute schritten an mir vorbei, und ich checkte unauffällig ihre Outfits für meine eigene Inspiration. Wenn ich beobachtete, wie sie sich in ihrer Kleidung bewegten und wie die Farben harmonierten, erweckte das in mir neue Ideen für Kombinationen.

Ob ich bei *Murphy's* vorbeigehen sollte? Der Herrenausstatter war in der Nähe, und eventuell konnte ich ein paar Pluspunkte sammeln. Das wäre außerdem ein Test, um meine Schüchternheit zu überwinden. Vielleicht konnte ich sogar ein bisschen mehr über Quinn und Nala erfahren. Kontakte knüpfen war der erste Schritt, um mein Schneckenhaus zu verlassen.

Zuvor bog ich jedoch noch in eine andere Straße ein, eilte an einem hellblauen Haus mit weißen Fenstern vorbei, schob mich durch die Absperrung einer Baustelle zur Straßenerneuerung und erblickte ihn. Den River Lee.

Ich atmete lange aus. Wenige Schritte später umgriff ich das zartgrüne Eisengeländer vorm Fluss, stieg auf die erste Querstange und lehnte mich vor. Sofort sog ich den Duft des Flusses ein. Der River Lee war nämlich das Erste gewesen, das ich zu Hause bei der Suche nach Cork Stadt auf der Onlinekarte entdeckt hatte. Die Bäume im selben Abstand am Gehweg, das Geländer, die Sitzbank hinter mir in derselben Farbe, der dunkle Fluss, die Häuserreihe auf der gegenüberliegenden Seite. Alles stimmte.

»Oma, ich bin da.« Wie mich meine Rührseligkeit nervte.

Da fiel mir mein Handy ein, und ich griff hastig danach. Zu überstürzt, da ich vorkippte. »Wahh.« Mit einem schwingenden Arm balancierte ich mich wieder aus und hüpfte von der Stange.

Nächste Schlagzeile: Österreicher stürzt in den River Lee.

Mit dem Handy bewaffnet, machte ich ein Foto von dieser Szenerie und schickte sie in den Chat mit meiner Oma. Oben sah ich in klein ihr Profilbild. Das Lachen, bei dem sie ihre Zähne zeigte, die leicht auf ihrer Unterlippe auflagen, beinah, als bisse sie sanft darauf. Die braunen, welligen Haare, die sich unter den Ohren einkräuselten.

Siehst du das? Es ist gigantisch hier. Ich wünschte, du wärst bei mir. Aber ich habe veganen Milchreis gegessen. Genial, oder? Papa hat angerufen, soll ich ihn zurückrufen?

Im selben Moment, in dem ich die Nachricht abschickte, vibrierte mein Handy wieder.

»Vater.« Sein Name war ein Wispern, mehr nicht.

»Ja?« Mein Herz raste. Ich spürte es sogar im Hals pulsieren.

»Servus, Felix. Na? Wie geht's dir?«

»Hallo.« Warum klang meine Stimme eingedrückt? »Eh gut, dir?«

»Jo, passt alles. Wie is' die Uni so? G'fallts dir?«

»Keine Angst, ich komme nicht nach Hause und blamiere euch«, sagte ich nicht. Stattdessen beließ ich es bei einem: »Ja, alles super. Heute habe ich eine Führung bekommen. Megagroß, der Campus. Daran gewöhne ich mich noch.«

»Ja eh. Und diese Carla? Schaut urnett aus.«

»Cara. Mhm. Ja.«

Darauf folgte eine Stilleperiode. Nichts Neues, wenn ich mit meinem Vater telefonierte. Ich merkte, dass er mich mochte. Trotzdem fehlte uns der Draht zueinander. Wir sprachen selten allein miteinander. Wenn, dann mit anderen zusammen. Sobald wir zu zweit in einem Raum waren, herrschte leider diese peinliche Stille, die niemand zu unterbrechen wusste. Jedes Mal bemerkte ich dieselben Gedanken im Kopf meines Vaters, die aus seinen Augen sprachen: *Wir müssen reden. Wir sind Vater und Sohn. Wir können uns nicht anschweigen. Sag etwas! Frag etwas!*

Am schlimmsten waren Autofahrten mit ihm. Da stellte ich mich meistens schlafend. Ich wünschte mir ein besseres Verhältnis zu ihm. Keine Ahnung, ob das möglich war, merkte ich doch ständig, wie schade er es fand, dass ich seine klischeehaften *männlichen* Hobbys nicht teilte. Gegipfelt hatte das in dieser einen Autofahrt, in der er mir eine Männerband zeigte, die einen auf extrem maskuline Seemänner machten und darüber sangen, dass sie ja nicht homosexuell waren. Dieses Wort wiederholte sich ständig und glich einem Hammerschlag ins Gesicht. Die Stimmung im Auto hatte sich verdichtet, und wir waren nebeneinander eingefroren. Weggeschaltet hatte ich nicht. Ich wollte mir nicht anmerken lassen, wie unangenehm das war. Er auch nicht, also konzentrierte er sich extraintensiv auf die Straße.

»Und wie ist es bei dir in der Arbeit?« Endlich war mir etwas eingefallen, womit ich den Flugmodus unseres Gesprächs beenden konnte.

»Wie immer, nicht wahr? Arbeiten, arbeiten, arbeiten.« Er lachte zweimal gekünstelt auf. »Brauchst du irgendwas? Geld?«

Ja. »Nein. Hab alles im Griff, danke.«

»Okay, wenn was ist, meldest du dich, ja?«

»Mhm.«

»Dann bis nächstes Mal, pass auf dich auf.« Ich wartete auf ein Tschüss von ihm. »Du schaffst das, tschüss.«

Zack. Aufgelegt.

»Tschüss«, sagte ich unnötigerweise und völlig perplex in mein Handy, das ich noch eine Zeit lang gegen mein Ohr hielt.

Sie glaubten doch an mich? Was war in ihn gefahren? Dennoch konnte ich das wohlige Gefühl in meinem Magen nicht verleugnen. Ob er über mich nachdachte?

Nachdem ich mich gefangen hatte, rutschte ich tiefer in die Parkbank, auf die ich mich gesetzt hatte. Wolken zogen auf und waberten in die Nähe der Sonne, wie ein lebendiges Wesen, das jegliche Wärme aus Cork fraß. Das schlechtere Wetter in Irland kam mir bei meinen nervositätsbedingten Hitzewallungen recht.

Ich schloss meine Lider, genoss dabei die letzten Sonnenstrahlen und dieses Gefühl, etwas für mich zu tun. Es fehlte ein bisschen Musik, um mich wie in einem Film zu fühlen, und ich entwirrte deshalb Sekunden später meine Kopfhörer. Langsam sollte ich meinen Protest gegen Bluetooth-Kopfhörer aufgeben.

Der linke Stecker flutschte durch die letzte Schlaufe im Kabel. Endlich dröhnte Beyoncé mit *Sandcastles* in meine Ohren. Musik war meine Magie, die mich auffing und mir half, meine Gedanken zu sortieren. Niemals könnte ich ohne diese geballte Form von Zauber, der sich wellenartig durch meinen Körper zog und meine Psyche von innen heilte, leben.

Die Sonne verabschiedete sich hinter die graue Wolke, was mich dazu brachte, meine Arme enger um mich zu schlingen. Dank *The Worrying Kind* von Maia Hirasawa, das alles in Melancholie tunkte, und der gedrosselten Sättigung der Farben aufgrund des Wetterumschwungs war ich besser gelaunt. Diese Auszeit lud meine Batterien auf. Die neuen Herausforderungen konnten kommen. Deshalb setzte ich mir als erstes Ziel: meine Angst vor meinem nächsten Arbeitstag zu besiegen und Quinn doch einen Besuch abzustatten. Schließlich mochte ich Quinn und Nala. Er hatte mir ja letztens selbst geschrieben, er würde sich freuen, wenn ich nach meinem ersten Unitag heute vorbeikäme. Dann könnten wir den verkorksten Arbeitstag wiedergutmachen. *Ha. Nimm das, Leben.*

Nach einigen Umwegen erreichte ich den Laden. Gedimmtes Licht strahlte aus dem Schaufenster, das Nala gerade dekorierte, als ich dagegenklopfte. Sie zuckte zusammen und hielt ihre Mütze fest. Ein wenig hatte ich ein schlechtes Gewissen, sie erschreckt zu haben. Ein Grinsen konnte ich mir bei ihrer erhobenen Faust dennoch nicht verkneifen. Nachdem sie mich erkannt hatte, legte sie erleichtert ihre Hand auf ihre Bluse und winkte Quinn zu sich. Er führte noch den Satz an seinen Dad gewandt zu Ende, drehte aber bereits den Kopf zu Nala. Seine Augenbrauen schlugen eine nervöse Welle. Gleich danach klopfte er seinem Dad auf die Schulter, der bei einem Kunden vor dem Spiegel stand, schnappte Nala und lief zur Tür. War das dort Owen? Mein Herz begann zu rasen, aber ich würde keinen Rückzieher machen.

Egal, wie sehr ich mich bemühte, die Schaufensterpuppen und die Herbstdeko erlaubten mir keinen direkten Blick auf ihn. Ich erkannte rotes Haar und … noch ein kleines bisschen mehr auf die Zehenspitzen, ah, war sein ein–

»Felix«, rief Nala, legte ihren Arm um mich und bewegte uns beide vom Schaufenster weg.

»Ist das Owen?«

»Hm? Owen? Wer?« Quinn kam auf meine andere Seite, und so, zwischen den beiden im Schlepptau, gingen wir die Straße entlang. »Schön, dass du doch gekommen bist. Wir hätten ohnehin bald Schluss gemacht, und da mein Dad ohnehin gern Kundschaft, die teure Maßanzüge kauft, selbst übernimmt, hat er uns erlaubt zu gehen.«

»Ähm, okay.« So schnell ließ ich mich nicht abwimmeln. »Ja, Owen. Der gemeine Kunde. Rothaarig.« Meine Erklärung genügte bestimmt, trotzdem spielten beide auffällig unwissend die Nichtsahnenden. »Hasst Weihnachten.« Wohlgeformter Hintern.

»Keine Ahnung, aber wir müssen sowieso woandershin.« Quinn öffnete den obersten Knopf seines Hemdes.

»Wohin?«

»Ein … Wir.« Nala nahm ihre Mütze ab, knöpfte sich die Bluse auf, und ich erhaschte einen Blick auf ein Shirt mit dem Schriftzug *PoetryAcademy*. Irgendwo hatte ich das schon einmal gesehen. Eine Serie? Oder ein Manga? Ein Game? »Ein Team-Bonding-Event. Wir müssen gemeinsam Zeit verbringen, damit wir uns kennenlernen und besser im Team arbeiten.«

Neben uns auf der Straße zog sich eine Autokolonne des Feierabendverkehrs. Das Hupen und die Musik aus offenen Autofenstern vermischten sich mit den Ausflüchten von Quinn und Nala.

»Sagt wer?« Meine Augen ließ ich zwischen den beiden hin- und herhuschen.

Quinn nickte sich selbst zu. »Befehl von …« Er deutete mit dem Finger nach oben. »Ganz oben.«

»Vom Universum?«, hakte ich irritiert nach.

»Meinem Dad, aber ja, er würde sagen, das ist dasselbe.« Auf Quinns Aussage hin lachten wir alle drei auf, und ich nahm mein Schicksal an.

»Also gut, was haben wir vor?«

Nach einer Ähm-Arie von Quinn half ihm Nala aus. »Wir wollten mit dir hierhin.« Sie formte ihre Arme zu einem Pfeil und deutete auf einen Laden gegenüber von uns.

»Nutopia – Nuts and More?«, las ich vor.

»Exakt. Ist das nicht toll? Wir packen uns gegenseitig Nussmischungen und, äh, so.« Nala schenkte Quinn einen tiefen Blick in seine Augen und weitete ihre. »Oder? Toll?«

»Oh. Ja. Supertoll. Und null spontan ausgedacht, sondern lange geplant.« Quinn führte mich über die Straße.

Nala stieß genervt die Luft aus. »Genau, Quinn.«

In meinem Kopf fasste ich den Entschluss, mitzuspielen. Dankbar für diese Ablenkung betraten wir den Shop. Eine Duftwolke von Nüssen überschwemmte mich. Überall an den Wänden reichten durchsichtige Kästchen bis zur Decke hin und zeigten volle Schubladen mit verschiedensten Nusssorten. Vor ihnen eine Ablage mit einer kleinen Schaufel und eine verschiebbare Leiter. Auf dieser schwebte eine elfengleiche Gestalt mit Maske und Handschuhen zu uns. »Na, was kann ich für euch machen? Bin übrigens Benita.«

Sie stieg hinab und zog sich die Maske runter. »Ist nur, damit ich nicht in die Nüsse atme oder mir etwas aus der Nase fällt. Das wäre sonst, äh.« Ihre Handschuhe blieben hartnäckig auf ihren Fingern kleben, bis sie mit einem lauten

Schnalzen von ihren Fingern klatschten. »Eine sehr würzige Mischung.«

Quinn, Nala und ich warfen uns einen skeptischen Blick zu.

»Also, was wollt ihr? Ich kann euch eine Papiertüte geben, und ihr füllt sie euch, oder ihr sucht euch etwas von unserem Tablett aus.« Passend dazu hob Benita vom Glasverkaufstresen das Tablett hoch. »Und ich sammle alles zusammen.«

»Wir versuchen es selbst«, sagte Nala, und wir stimmten ihr zu.

Benita legte mir Maske und Handschuhe auf die Hände. Während ich sie mir anlegte, erklärte sie uns, dass unten die normalen Nüsse waren und weiter oben jene mit Schokoladen-, Gewürz- oder Fruchtglasur. Indessen kämpften wir längst um den ersten Platz auf der Leiter, um an die Nüsse mit den verschiedenen Überzügen zu kommen.

»Ich bin die Erste«, sagte Nala und drängte Quinn mit vollem Körpereinsatz weg.

»Nein, vergiss es. Da oben sind Honigmacadamianüsse, meine Lieblinge«, quengelte Quinn und drückte ihr den Zeigefinger in die Seite, bis sie auflachte.

»Das ist unfair!«

»Dann gehe ich als Erster, da sind nämlich auch die Schokoladennüsse mit veganer Zartbitterschokolade.« Wie war das? Wenn zwei sich streiten, freut sich der Dritte? Ich betrat die erste Leitersprosse.

Lange währte meine Freude nicht, da riss mich jemand zurück auf den Boden. Nala hielt mich fest und überließ Quinn den Vortritt. »Tja, sorry, aber genau deshalb brauchen wir Team-Bonding-Events. Zusammen erreichen wir mehr, denn jetzt ist Quinn Erster und …« Nala tätschelte meine Wange, strafte mich mit einem mitleidigen Blick und sprang auf die Leiter. »Ich Zweite und du Letzter.«

»Ohhhh.« Quinn machte einen Weinbewegung mit seinen Fäusten nach.

»Ihr seid fies.« Ich lachte und stemmte meine Hände in die Hüfte. »Der Neue sollte Erster sein.«

»Ja, nein …« begann Nala, und Quinn stimmte ein. »Nicht bei uns«, sagten beide abschließend im Chor.

»Ähm.« Benita stellte sich etwas weiter hinten hin. »Wir haben auch eine zweite Leiter.« Kleinlaut schob sie die Leiter vor, und ein eingerostetes Schiebegeräusch durchdrang den Laden.

»Was!«, stießen die beiden aus.

»Tja, sieht aus …«, ich sprang auf die Leiter und kletterte hoch, »als wärst du nun die Letzte, Nala.« Bei den letzten drei Worten stimmte Quinn in meine Verhöhnung mit ein, und wir prusteten laut los.

Nachdem wir alle unsere Nussmischung gepackt hatten, bezahlte Quinn mit den Worten: »Kann mein Dad von der Steuer absetzen.« Wir vergruben uns in die hintere Ecke auf eine Sitzecke, die voll mit Bildern von Nüssen war, die anzüglich dargestellt worden waren. Mein Favorit: Eine aufgeschnittene Nuss, an der ein Finger herumspielte. Wir quatschten über den Laden, worauf ich mich vorbereiten musste, Serien, Songs, und ich ließ sie raten, was einige österreichische Begriffe auf Englisch heißen könnten:

»Okay, das letzte Wort: Ur.« Ein wenig schämte ich mich dafür, jahrelang mein Englisch perfektioniert zu haben, um jetzt Dialektwörter rauszuhauen.

»*Ua?*«, sprach Quinn nach. »Ist das so was wie Oui in Französisch? Oder ein Ausruf, so was wie Wooho oder Wee!«

»Oder eine Vorsilbe wie uni. Unisex und so, ihr wisst schon«, rätselte Nala weiter.

»Nope. Es ist eines der wichtigsten Worte, und zwar bedeutet es so was wie sehr.« Meine Erklärung ließ die beiden mit einem wissenden »Ahhh!« zustimmend nicken.

»Ergibt Sinn«, meinte Quinn und warf eine Nuss hoch, die er wie die zehn davor nicht mit dem Mund auffing. »Sorry«, rief er zu Benita und hob sie auf.

Quinn knöpfte sich sein Hemd komplett auf, und ich erhaschte einen Blick auf ein Prinzessin-Diana-Shirt. »Jetzt aber.« Es klappte selbstverständlich wieder nicht.

Schlürfgeräusche kamen von Nala. Sie saugte an ihrem Schokoshake aus – natürlich – Nussmilch. »Gib endlich auf, Quinn.«

Dieses definitiv nicht geplante Team-Bonding-Event stellte sich als die perfekte Ablenkung für den heutigen Tag heraus, und die Zeit mit den beiden half mir, mich ihnen näher zu fühlen und weniger Angst vor den kommenden Arbeitstagen zu haben.

»Danke für eure Zeit«, sagte ich kleinlaut und merkte, wie die Unsicherheit wieder über mich kam. Ich knetete mein Ohrläppchen und spürte, wie es heiß wurde.

»Ach, Felix.« Nala legte einen Arm um mich. »Immer gerne. Wir sind froh, dass Quinns Dad endlich mal jemanden eingestellt hat, der zu uns passt.«

»Genau, und wenn etwas ist, kannst du dich immer an uns wenden, ja? Wirklich. Mit allem, was dir auf dem Herzen liegt«, stimmte Quinn zu, und es tat gut, das zu hören.

Nachts lag ich wach, die Decke über dem Kopf, von der Welt abgeschottet und vom kühlen Handylicht bestrahlt. Wie sich das für einen Overthinker par excellence gehörte. Der Abend mit Quinn und Nala hatte mir echt gutgetan und mir die Hoffnung gegeben, dass ich mich in Cork einfügen könnte. Doch plötzlich wieder alleine zu sein, hinterließ in mir wieder die Sehnsucht nach mehr. Mehr Liebe. Mehr Menschen, die mich mochten, wie ich war. Deshalb las ich mir auch erneut die Nachrichten meiner Oma durch, bis mein Handy vibrierte. Cara war noch wach?

Geh schlafen.

Geh selbst schlafen. Außerdem kann ich nicht. Gedankenkarussell. Hab Quinn in der Arbeit besucht. War witzig. Ich glaube, da ist auch Owen gewesen.

Ugh. Egal. Vergiss ihn. Ich lese noch. Hast du das gewusst?

Cara schickte mir ein Bild mit einem Ausschnitt aus einem Kletterbuch, den ich nicht las.

Wie viele Hobbys willst du beginnen?
Cara: Ja. Und dann noch klettern?
Das ist so lw ganz ehrlich.

Langweilig? Felix! Langweilig?
Kommst du nicht aus Österreich?

Ich rieche Stereotypen.

Ich rieche einen hobbylosen Typen, der schlafen sollte.

Ich verurteile dich gerade noch immer richtig hart wegen dem Wanderbuch.

Hä? Was fürn Wanderbuch? Kletterbuch!

Ich, ich glaube, ich schlafe ein, so langweilig.

Felix! Ich bin sonst richtig cool, wirklich.

Schläft in der Hoffnung, die nächsten Tage werden besser

weint in Astrologisch

Kapitel 6

Owen

Die Planeten sind wie die Eigenschaftswörter unseres Geburtshoroskops. So gilt beispielsweise Mars als Himmelskörper, der energiegeladen ist und sich behauptet.

Niemand durfte mich entdecken. Mehrmals schlenderte ich um den alten Brunnen im Kreis, der die Seitenstraße in zwei weitere, kleinere Gassen aufteilte. Nur ein schmales, schwaches Wasserrinnsal floss aus der Statuenöffnung in der Mitte des Brunnens. Unauffällig spähte ich der rothaarigen Frau samt ihrem Kind hinterher, die endlich die Steinbank verlassen hatten und zur Bushaltestelle eilten. Hätte dieses Kind noch langsamer sein Eis gegessen, hätte ich es höchstpersönlich mit einem Bissen verschlungen. Das Eis. Nicht das Kind. Die letzten Tage hatte ich damit verbracht, mich nicht mehr wegen dieses fehlenden Punkts als Guide fertigzumachen. Hatte wunderbar geklappt. Nicht.

Gut, niemand mehr in der Nähe. Ich verhielt mich wie der unfähigste Spion aller Zeiten. Fehlte noch, dass ich meine Hände hinterm Rücken verschränkte und durch die Gegend pfiff. Das hatte ich mir glücklicherweise verkniffen.

Ich nahm die linke der beiden Gassen neben dem Brunnen und dann die nächste Abzweigung in die St.-Luke's-Straße. Wie lange hatte ich ihn nicht mehr besucht? Mussten um die vier Wochen sein. Diese Bewertung von Felix warf mich aus der Bahn.

Echt peinlich, Owen.

Die baufälligen Backsteinhäuser zogen an mir vorbei, und ich erreichte mein Ziel. *Doyle's Perfumery.*

Die zartrosa Holzverkleidung bröckelte an einigen Stellen, und die Schrift der Klebefolie am zerkratzten Schaufenster von *Doyle's* löste sich ab. Es las sich deshalb eher wie *Doiie's*, wobei das erste *i* schief lag.

Durch die Verglasung der Tür winkte mir Fergus Doyle entgegen. Ich betrat seinen Laden. Oh Parfümgöttinnen. All die Düfte, die auf mich einprasselten, hätten mir beinah ein kleines Stöhnen entlockt.

»Fergus, na? Wie geht's dir?« Bildete ich es mir ein, oder schlurfte der alte Kauz gebückter als sonst daher?

»Eoin.« Er würde meinen Namen auf ewig altirisch aussprechen. »Schön, dich zu sehen. Mir geht es gut.« Was hundertpro gelogen war. »Und dir, Junge?«

»Viel los, und seit ein paar Tagen kann ich nicht mehr schlafen. Hab Angst vor dem Gespräch.« Mit kaum jemandem sprach ich annähernd so offen wie mit Fergus.

»Wenn das nicht klappt, wird's was anderes, nicht?« Seinen Blick auf meine Karriere hätte ich auch gern.

»Hm.« Ich zuckte mit den Schultern und streifte durch seinen Laden. »Vermutlich.«

Die Atmosphäre dort haute mich jedes Mal aufs Neue um. Ohne viel Kraftaufwand wischte ich mit dem Finger über die weiße Marmorplatte des Verkaufstresens. Staubwischen konnte er noch. Leider kannte seine Parfümerie kaum jemand. Früher war er mit seinen eigenen Parfümkreationen der Star in Cork gewesen. Doch die Schnelllebigkeit, die Marken, die großen Ketten und die sinkenden Preise kosteten ihn die damalige Bekanntheit. Meistens kamen nur noch alte Menschen von ihren Landsitzen her und kauften seine Sachen. Und ich.

Durch die verspiegelte Fläche an den Ausstellungsregalen erkannte ich, dass der Wind meine Frisur völlig zerstört hatte. Selbst die Natur richtete sich gegen mich.

»Machst du dich für mich zurecht?« Fergus' warme Stimme, mit der er die Enden der Worte lang zog, riss mich aus meinem Vorhaben, meine roten, dicken Wuschelhaare zu bändigen.

»Na klar, für wen sonst?«

»Noch keinen Freund gefunden?«

»Ich brauche keinen Freund, ich brauche den Job in England.« Eine Glasflasche mit länglichen Rillen aus dem Regal neben mir lag nun in meiner Hand. Ich zog den Glaskorken heraus. »Fuck, riecht das gut.«

»Für dich wird es nie einen Freund geben, wenn du deinen Jargon nicht änderst.« Nach seinem Satz hörte ich es hinter mir knacken.

»Ich sage dir ständig, du sollst dich nicht einrenken. Mach lieber die Dehnübungen, die ich dir zeige.« Der Geruch des Parfüms benebelte mich. »Ach, und wenn das die Wahrheit ist, spreche ich auf jeden Fall so weiter.«

Durch die Spiegelfläche sah ich Fergus abwinken und etwas in sein dickes Buch schreiben, das er wie einen alten Zauberschinken auf eine Holzstütze gelegt hatte. Ich linste auf das selbst bemalte Etikett des Parfüms aus altem pergamentartigen Papier, das er an den Seiten verbrannt und mit seiner urigen Schreibfeder mit dem Namen *Doyle's No. 456 – Phoenix at Tír na nÓg* versehen hatte.

Die Beschreibung traf es auf den Punkt. Bei *Tír na nÓg* handelte es sich um einen mythischen Ort der keltisch-irischen Sagen, und genau so roch es. Mystisch, grün, frisch, aber passend zu dem Phönix auch rauchig und scharf.

»Und erkennst du, was drinnen ist? Ein Tipp: ein neues Öl.« Fergus schaffte es immer wieder, mich mit seinen Kreationen hinters Licht zu führen. Noch nie hatte ich alle Komponenten erraten. Normalerweise besaß ich ein hypersensitives Geruchsvermögen.

»Kopfnote würde ich sagen: Ingwer, Pfirsich, Moos, und Herznote, hm, Ambra, Trüffel, und Basisnote bestimmt Zedernholz?« Einmal schnüffelte ich noch an dem Glaskorken, da diese Stelle weniger intensiv war. »Oder Sandelholz?«

Fergus' Grinsen entnahm ich, er hatte abermals gewonnen.

Das bestätigte er mit einem lauten Klatschen in die Hände. »Es ist Guajakholz, und du hast die Damaszenerrose vergessen.«

Ein Teil in mir wollte Fergus besiegen, der andere sagte: *Gönn ihm das, du Holzkopf.* Seine strahlenden Augen, sobald er mich korrigieren konnte, waren jede Niederlage wert. Die Fältchen um seine Augen vertieften sich, und er winkte mich herbei. »Ich mache uns Kaffee, ja?«

Ich nickte und schaute mich weiter um, während er hinter einem türkisfarbenen Vorhang mit gelben Blüten verschwand.

Überall fanden sich die eleganten Glasflaschen sorgsam aneinandergereiht in den cremefarbigen Holzregalen. Ich strich über die schnörkeligen Holzelemente. Sie waren neu gestrichen. Wie kam das?

Auf meinem Smartphone suchte ich ein Bild von vor zwei Monaten, das ich von Fergus und mir gemacht hatte. Es zeigte uns in der Mitte des Ladens. Umkreist von den offenen Regalen. Die alten goldenen Schlüssel in den verschließbaren Unterschränken spiegelten das Licht meines Handyblitzes wider. Fergus suchte Halt an einer der verzierten Säulen, die neben jedem Regal standen. Ich zoomte hinein. Tatsächlich. Dieselben Holzelemente mit abgeblätterter Farbe.

»Fergus? Hast du Arbeiten am Laden vornehmen lassen?«

Keine Antwort. Ich überlegte, ob ich nach hinten gehen sollte, was ich bisher noch nie gemacht hatte. Meine Schritte führten mich zum Vorhang. Nein, Fergus und ich verstanden uns zwar. Vor seinen privaten Räumlichkeiten hatte ich jedoch Respekt und beließ es dabei. Oder war ihm etwas passiert?

Ach was. Ich schob es auf sein Gehör und wandte mich zu

seinem Lieblingsschrank daneben. Der Schrank hatte ein Schloss, und hinter den Flügeltüren befand sich ein wahres Zauberwerk mit ausziehbaren Schubladen und kleinen Fächern, in denen Fergus seine wertvollsten Düfte aufbewahrte.

»Fergus?« Eigentlich sagten die Leute mir ein lautes Organ nach, wenn ich wollte.

Wieder krochen diese Ängste in mir hoch. War ihm etwas passiert? Seine gesündesten Jahre hatte er hinter sich. Was, wenn ich meinen besten Freund in Cork verlor? Genau darum sollte ich blöde Nuss keine Kontakte knüpfen. Róisín war schon zu viel des Guten.

»Was brüllst du so?« Der Vorhang wackelte, und der rundliche alte Mann stahl sich hervor.

Erleichtert eilte ich zu ihm und nahm ihm das silberne Tablett ab, das dasselbe Blumenmuster hatte wie der jahrzehntealte gelbliche Steinboden. Eine fortlaufende Pflanzenranke mit Blättern, Dornen und lila Blüten. Ich stellte es neben der Vintage-Kasse ab, die Fergus früher verwendet hatte und die heute als Deko diente.

»Dachte, dir ist was passiert.«

»Was soll mir passieren?«

»Du hast letztes Jahr einen Schlaganfall gehabt.« Ein dunkler Unterton huschte über meine Stimme.

»Ach, bitte. Das war ein Schwindel, mehr nicht.«

»Wen willst du damit veralbern? Dich selbst?«

»Tee?« Fergus hob die Tasse mit den Goldverzierungen an und grinste breit. Sein grauer Schnauzer verzog sich dabei zu einem schmalen Strich.

»Du hast Kaffee gemacht.«

Fergus schnippte sich mit dem Finger selbst gegen die Stirn, was er oft machte, und tippte sich seitlich an den Kopf. »Mein ich doch.«

Ich fand das ganz und gar nicht witzig, musste mich aber davon lösen, jede Vergesslichkeit als Alzheimer zu diagnostizieren. »Trink ein bisschen mehr, ja?« Mit Daumen und Zeigefinger zupfte ich an seiner Haut. »Würdest du genug …«

»Jaja, jaja.« Zack. Der gesamte Inhalt seiner Tasse floss in seinen Mund. Um jeden Schluck zu bekommen, hob er die Tasse mit seinem Handrücken an.

»Sturkopf«, sagte ich zwischen zwei Schlucken. »Ich meine Wasser.«

»Das schmeckt nach nichts.« Fergus' Tasse schepperte leicht, weil er sie zu hastig auf das Tablett abstellte, und er wischte sich über seine Halbglatze. »Spukt dir sonst noch was durch den Kopf? Außer deiner Karriere. Heute bist du besonders angespannt.«

Egal, wie langsam ich trank, irgendwann müsste ich ihm antworten. »Es gibt da einen Typen.«

»Wie sieht er aus?«

»Fergus.« Als ich meine Tasse abstellte, überrumpelte mich ein Gefühl, als wäre ich bei einem Kaffeekränzchen in *Bridgerton*. »So eine graue Maus, die hinterlistig sein kann. Der hat mir eine schlechte Bewertung für meine Führung gegeben. Ein Punkt weniger, der mir dann fehlt, und wenn ich für England –«

»Komm runter.« Fergus richtete sein babyblaues Sakko und holte sich sein Notfallparfüm von einem Schweberegal an der hellen altrosa Tapete. Zwei Sprüher später roch es nach Lavendel, Rose und Ananas. »Besser.«

»Das hilft mir nicht weiter.« Mein Magen grummelte.

»Doch, das tut es, Eoin. Nimm dir Zeit, genieße die Düfte, die uns der Alltag serviert, und hetze dich nicht. Glaubst du, wegen eines Punktes hast du weniger Chancen?« Er öffnete ein Päckchen Zucker und schüttete es sich in den Mund. »Ich bereue kaum etwas in meinem Leben. Dieser Laden ist mein Werk. Doch wenn ich etwas benennen müsste, wären es die verpassten Feste, die abgesagten Verabredungen, die verlorenen Techtelmechtel und die nicht laut losgeprusteten Lacher, weil ich ständig Angst hatte, auch nur eine einzige Kundschaft zu verpassen. Und jetzt? Jetzt spiele ich nicht mit den großen Franchiseketten mit, und kein Mensch interessiert sich für die alte Parfümerie in der Seitengasse. Niemand kommt her und sagt: *Bei dem kaufen wir ein, weil der hat sich für uns aufgeopfert.*« Sein runder Bauch samt Brustkorb hob und senkte sich schnell.

Ich atmete ganz tief ein und blies die Luft langsam wieder aus. »Du sagst zwar die Wahrheit, aber die Welt da draußen ist hart. Ich habe das Gefühl, mir wird alles schwerer gemacht als allen anderen.« Was übertriebener Blödsinn war. Ein Blick in die Nachrichten reichte, um mir das Gegenteil zu beweisen. Dennoch fühlte es sich in meinem Dramamodus so an, und wie hatte mein Bruder gesagt: *Wenn das mein Empfinden ist, ist das okay.*

Fergus verpasste mir einen unerwarteten Klaps auf die linke Schulter. »Das glaubt jeder über sich. Nimm es nicht so schwer, ja? Kauf mir lieber ein Parfüm ab.«

»Du machst mich arm. Und nenn mich Owen.«

»Jaja, ich merk es mir. Nur: Wofür höre ich mir dein Gejammer an?«

Verblüfft sah ich Fergus an, bevor wir beide losprusteten und somit eines nicht machten: Diesen Lacher mussten wir nicht bereuen.

Den Rat von Fergus hatte ich beherzigt. Ich ließ Felix ziehen. Jawohl, der war abgehakt. Diesen Gedanken untermauerte ich damit, dass ich mein Pint Beamish-Bier auf den Tresen knallte, obwohl ich dafür einen bösen Blick von Eileen erntete. Sie schmiss die Kneipe im Alleingang. Gerade zapfte sie jemandem ein Murphy's.

»Sorry.« Kleinlaut blendete ich sie mit einem tiefen Blick in mein süffiges Schwarzbier aus.

Neben mir lehnten sich Gäste gegen die hellgrüne Holzvertäfelung des Pubs auf der Sitzbank neben dem Fenster. Viele von ihnen waren Stammgäste, und ihre Ansichten waren genauso alt wie die *Venus Fire Bar*. Normalerweise hatte ich kein Problem mit meiner Sexualität, dennoch gab es Orte, an denen mir meine Sicherheit wichtiger war, als zu mir zu stehen. Pubs gab es zwar in Cork genug, aber keine zweite Eileen, und da sie beinah rund um die Uhr arbeitete, kam ich noch hierher. Sie passte ja auf mich auf.

Jemand brüllte nach mehr Bier, und Eileen keifte zurück, er solle es sich holen kommen. Eileens harte Schale musste sie sich wohl antrainiert haben, dabei wirkte sie mit ihren halblangen grauen Haaren und dem Geschirrtuch über der Schulter wie eine liebe, sorgsame Zeichentrickoma.

Eileens Brille rutschte auf die Nasenspitze, und sie sah mich über den Rand hinweg an, den Kopf leicht nach vorne geneigt. »Manche Leute …«

Ein paar Leute bauten am Nebentisch ein Kartenhaus und sprachen über das Cork von früher. Wie mich diese Früher-war-alles-besser-Gespräche nervten. Einer von ihnen linste zu mir. »Was ist? Kümmer dich um deinen Kram.« Blitzschnell sah ich wieder weg.

»Lass dich von ihm nicht ärgern.« Eileen hatte mich mal bei einem Knutschvorfall hinter der Bar erwischt. Seitdem waren wir befreundet, und sie beschützte mich ein wenig vor den Leuten hier.

»Mach ich nicht.«

»Sehr gut. Hast du dein wichtiges Gespräch schon gehabt?«

»Nee. Kommt noch. Wird schon.« Warum hatte ich ihr das nach ein, zwei oder fünf Pints überhaupt erzählt?

»Mhm.« Mit flinken, über die Jahre gelernten Handgriffen spülte sie die Gläser ab. Spülmaschine? Brauchte eine Eileen nicht.

Hinter ihr hing das Bild der O'Keefes, die die Bar gegründet hatten. Eileens Eltern waren nicht weniger herzlich als sie gewesen.

»Kommst du mal bei einer meiner nächsten Sessions wieder vorbei? Du bist schon lange nicht mehr dabei gewesen.« Eileens Frage holte mich aus meinen Gedanken.

»Sessions?«

»Hallo? Eileens Session Nights.«

»Das habe ich ganz vergessen.« Ich liebte die Nächte, in denen Eileen Straßenmusikerinnen einen Auftritt zum Mitternachtskonzert anbot.

»Mal sehen.«

»Will dich nicht vom Strebertum abhalten.« Frech streckte Eileen ihre Zunge raus.

»Haha. Ich überlege es mir noch.«

»Machst du eigentlich beim Spendenmarathon mit?« Mit ihrem Arm schob sie Zitronenschalen, kaputte Bierdeckel und Orangenkerne in den Mülleimer.

Schmunzelnd schob ich mein Glas vor mir hin und her. »Nee, ist nicht so meins. Laufen. Außerdem habe ich da eine Schicht im Callcenter der Krankenversicherung.« Juhu, wie ich es liebte, mir die Krankheitsgeschichten von Fremden anzuhören, die mich nicht zu Wort kommen ließen, um ihnen zu sagen, dass ich ihnen nur einen Termin mit einem medizinisch geschulten Personal ausmachen konnte, da ich Back-Office-Mitarbeiter war.

»Verstehe. Wächst dir das nicht alles über den Kopf?«

Ich schüttelte den Kopf und verneinte Eileens Frage. Eine Lüge, klar, aber ich ließ schon Fergus zu nahe an mich heran.

Hinter mir hörte ich die Tür aufgehen, und ein Windzug wirbelte den Staub auf, der nun in einem Lichtkegel vor dem Fenster tanzte. Sie schlug lautstark zu, was bedeutete, es war jemand Neues. Niemand schlug Eileens Tür zu.

»In meinem Haus werden keine Türen geknallt«, grölte Eileen, legte das gewaschene Glas ab und drehte sich um. »Oh. Mein Junge, bist du über achtzehn?«

»Ähm, ich, ja?« Das klang eher nach einer Gegenfrage. »Ich

habe einen Ausweis dabei. Ich glaube, sogar meinen Reisepass und meine UCC-Karte.«

»Schon gut, Junge, setz dich.« Eileen verkniff sich ein Grinsen. Die Mulde in ihrer Wange sah ich dennoch.

Moment, diese Stimme kannte ich doch. Das konnte nicht wahr sein.

Ich drehte mich um, und dann stand er da. Vor dem Gemälde eines Schweins mit Mozart-Frisur und Klamotten über dem gusseisernen Einbaukamin ohne Feuer.

»Felix?«

»Owen?«

Kapitel 7

Felix

Die Planeten stehen in Verbindung zueinander. Deshalb gehört ein Geburtshoroskop auch als individuelles, großes Ganzes gelesen. Felix' Jupiter und Neptun sind ungleich zueinander: Lebt oft in seiner Traumwelt. Fühlt sich oft zu wohl in der Rolle des Märtyrers.

Wie sähe es aus, drehte ich um und ginge wieder? Die Zeit stand still. Blicke ruhten auf mir. Die Frau hinter der Bar musterte meine offene Umhängetasche, aus der ich bereit gewesen wäre, panisch tausend Ausweise herauszukramen, um ihr mein Alter zu bestätigen. Warum glaubten ständig alle, ich wäre noch keine achtzehn? Schließlich wurde ich bald zwanzig.

»Bist du da festgewurzelt, oder was?« Owen in seiner Paradedisziplin: Felix blamieren.

Ich drückte meine Zunge gegen den Gaumen, meine kleine Barriere, die blöde Worte aufhielt, bevor ich sie aussprach. Wäre da nicht ohnehin meine Kiefersperre, sobald ich mich verteidigen wollte.

Gerade war ich dabei, meine alt aussehende Schultasche aus hellbraunem Fakeleder zu schließen, da erkannte ich im Augenwinkel, wie die Kellnerin Owen mit dem Geschirrtuch gegen den Oberkörper schnalzte.

»Aua.«

»Sei ein bisschen netter.«

»Ich. Was? Ernsthaft?« Ein riesiges Ausrufezeichen lag in Owens Mimik.

Ich kicherte gedanklich in mich hinein. »Ich gehe besser wieder.«

»Unsinn. Bei mir bekommen alle was zu trinken.« Eileen stoppte mitten in ihrer Bewegung, das Geschirrtuch wieder einzurollen. »Also über achtzehn. Und mit Geld.«

»Zu mir bist du nie so freundlich. Als ich beim ersten Mal die Tür zugeschlagen habe, hast du – Aua.« Eileen unterbrach mit dem nächsten Schnalzer Owens Ausführung.

»Eigentlich bin ich hier, weil ich mich verlaufen habe. Bin neu und wollte nach meiner Schicht im *Murphy's* noch ein wenig Cork entdecken.« Scheu sah ich mich um und erkannte, dass einige der Gäste mich skeptisch musterten.

»Die Murphy-Brauerei ist doch nicht in der Innenstadt?«, fragte Eileen.

»Er meint den Herrenausstatter. Der arbeitet dort. Also Felix.« Ich nickte nach Owens Korrektur.

»Ach sooo. Na, da hast du dich aber um einiges vertan. Du musst über den River Lee, Junge.« *Das heißt, ich war vorhin auf der richtigen Seite des Flusses?* Toll, da hatte ich völlig spiegelverkehrt gedacht. Ich wollte zwar Cork erkunden, aber auf dem Nachhauseweg, nicht im Nirgendwo. Besser wäre es gewesen, ich hätte Quinn nicht gefragt, welchen nicht touristischen Pub er mochte. Vermutlich hätte ich dann nicht nach der *Venus Fire Bar* gegoogelt. Das hatte mich bestimmt unterbewusst in diese Richtung gelotst.

»Na, klasse. Das ist ein Labyrinth.« Meine Füße brannten mittlerweile auch.

»Mach eine Pause. Da, der Tisch dort hinten ist frei, Owen und du könnt euch hinsetzen, und ich bringe euch etwas, Ja?« Eileens warmherziges Lächeln schaffte es, mich aus der Reserve zu locken, und das brauchte ich nach meiner Schicht mit Murphy. Quinn und Nala hatten mich zwar herzlich empfangen, wurden aber rasch in das Stofflager ein paar Straßen weiter gebeten. Somit durfte ich Murphys miese Laune ertragen, in der er jeden meiner Fehler zelebrierte.

»Ich wollte keine Umstände machen, tut mir leid.« Ich spürte, wie der Angstschweiß sich anbahnte, ganz langsam, als sagte er: *Guck, guck, Felix, ich mache mal eben alles noch schlimmer.*

»Machst du nicht.« Owen zwinkerte mir zu und deutete mit seinem Kopf Richtung Tisch. »Setzen wir uns rüber.«

Ich huschte zu Owen.

Bei dem Geplänkel zwischen den Leuten im Pub musste ich mich konzentrieren. Englisch beherrschte ich, und als größter Overthinker der Welt hatte ich mir natürlich den irischen Akzent auf YouTube angehört. In der Realität verkomplizierte sich das.

Am Nebentisch stritten sie wegen eines Fußballmatches. Da bemerkte ich dieses Auf und Ab der Vokale, das angeblich typisch für Cork sein solle. Generell war die irische Sprache ein Singsang, teilweise zum Ende hin ein ausgedehntes Geleier, das manchmal humorvoll und gespickt mit ausschweifender Mimik und Gestik war. Auch die der Sprache eigenen Formulierungen für *keine Probleme haben* oder *es geht mir großartig* musste ich erst mal länger auf mich wirken lassen. Außerdem hängten sie oft ein …

»Was willst du trinken, Junge?« Eileen ergänzte meine Gedanken perfekt. Sie hängten oft ein *Junge* an das Satzende. Zumindest viele Ältere.

»Ähm.« Ob Owen mich auslachen würde, wenn ich ein Wasser bestellte? Lust auf Bier verspürte ich keine. »Dasselbe, was Owen hat.«

So viel dazu, dass ich kein Bier wollte. Was war noch mal gleich ein Rückgrat?

»Kommt sofort.« Eileen eilte zu den goldenen Zapfhähnen,

und das bunte Licht eines Mosaik-Tischlampenschirms rahmte sie ein.

Ich wandte mich wieder Owen zu, der sich gegen die ausgefranste Polsterung an der zartgrünen Holzvertäfelung gelehnt hatte. Generell war jedes Holzstück im Pub in dieser Farbe. Eigentlich hätte ich düster erwartet. Vor allem in dieser wenig einladenden Seitengasse.

»Und du bist öfter hier?«, fragte ich, Felix, Versager im Beginnen von Gesprächen.

»Mhm.« Würde er gern etwas sagen, oder bildete ich mir das ein? Er knabberte auf seiner Unterlippe, seine Augen wechselten von links oben nach rechts oben, und er streckte sich zum zweiten Mal und erschrak wieder, als ihn dabei die Kletterpflanze berührte, die über ihm auf einem Regal stand und sich um das Pub rekelte.

»Und ist das UCC schwer? Also das Studium?« Ich schob einen Untersetzer auf dem dunklen Tisch hin und her.

»Was studierst du denn?« Er lehnte sich vor. Dieses Thema gefiel Owen wohl besser.

»Kulturwissenschaften. Finde die ganzen Mythologien und Verhaltensweisen verschiedener Gruppen von, äh, wieso grinst du?«

»Nichts. Ich habe mir nur gedacht, was willst du damit nach dem Studium machen?«

Ich fühlte mich in ein Kreuzverhör mit meinen Eltern zurückversetzt.

Angespannt drückte ich den Untersetzer vor mir zusammen und merkte, wie sich meine Haltung verkrampfte. Am liebsten hätte ich ihm eine blöde Antwort entgegengeschleudert. Das passte jedoch nicht zu mir. Also schon, aber leider nur in meinem Kopf. Die Beschimpfungen fanden nicht durch das Labyrinth meines Kopfs hinaus in meinen Mund. »Ich, ich weiß es nicht. Da kann ich einiges mit machen.«

Zum Glück rettete Eileen mich und stellte mein Bier, das wie schwarzer Kaffee aussah, vor mich auf den Untersetzer. »Geht aufs Haus heute.«

»Nein, das kann ich nicht annehmen.«

»Nimm es, sonst nervt sie dich mit einem Zehn-Minuten-Monolog.« Nach Owens Aussage lieferten sich Eileen und er einen Funkelkrieg über ihre Blicke.

»Okay, dann danke.«

Eileen sah wieder zu mir und lächelte zufrieden. »Brillant.«

Wieder allein mit Owen wollte ich nicht mehr auf meinem Berufswunsch herumreiten. »Und du bist bald fertig mit dem Studium?«

»Jap. Fühlt sich an, als hätte ich gerade erst begonnen. Werde das UCC vermissen.« Owen hielt inne. »Zu deiner Frage von vorhin.« Er strich sich über den Bart und den markanten Unterkiefer. »Genieß die Zeit am UCC. Sie verlangen dir einiges ab, aber die Leute sind zuvorkommend, und es wird eine unvergessliche Zeit werden.«

Hinter den Worten glaubte ich mehr zu erahnen. Er musste die Semester genossen haben. Die Wehmütigkeit in seinen Augen tat mir leid, trotzdem fühlte sich mein verkrampfter Magen lockerer an, und meine Vorfreude auf die Zeit in Cork stieg wieder etwas an.

»Kennst du die Schreib-Society bei euch? Ist die anspruchsvoll? Das würde mich interessieren, aber ich hab Angst, mich zu blamieren.« Ich trank einen Schluck von meinem Bier und musste gestehen, es schmeckte ein wenig wie ein kalter Kaffee mit einer Prise Aschenbecher, aber auch wie ein starkes karamelliges Hefewasser. Komischerweise gut.

»Mach doch. Dann weißt du's.« Owens lockere Art ließ mich belustigt schnauben.

»Wenn das so leicht wäre.« Ich machte jeden Tag ein paar Fortschritte, wofür ich dankbar war. Die Angst, mich zu blamieren, blieb. »Schreiben bedeutet mir die Welt. Dabei habe ich die Hoffnung, mich aus meinen Gedanken rauszuschreiben und mich quasi zu einem anderen Menschen umzuformulieren.«

Halt die Luft an!, rief ich mir selbst in Gedanken zu.

Mein Blick hing gebannt auf den Bläschen des Biers. In voller Erwartung, gleich ein Lachen zu hören. Stattdessen schob Owen sein Bier vor, bis er mit seinem kleinen Finger meinen berührte, den ich fest mit den anderen um mein Bierglas geschlossen hatte. Er beugte sich vor und fing meinen Blick ein, bis ich hochsah.

»Jeder in seinem Tempo, nicht wahr?« Sein breites Grinsen mit zwei spitzen Eckzähnen, als wäre er ein frecher, irischer Vampir, der etwas ausgefressen hatte, erhellte meinen Tag.

»Aber sag.« Er rutschte verschwörerisch vor, beugte sich weiter zu mir. »Ich bin doch nett, oder?«

»Jaaa, es geht.«

»Uff.« Owen griff sich an die Stelle über seinem Herz. »Getroffen.« Er legte seine Wange auf den Tisch. »Ich kann mich nicht mehr vor der Wahrheit drücken.«

Ich tat es ihm gleich. Wir lagen mit unseren Wangen auf dem Tisch, vermutlich voller Milliarden Bakterien, und sahen uns zu nahe nebeneinander an. »Du machst dich. Das mit dem Nettwerden wird langsam. Jeder in seinem Tempo, hat mir jemand gesagt.«

»Hey. Richte nicht meine Worte gegen mich.« Seine Augen waren ständig in Aufruhr wie die stürmische, dunkelblaugraue See, wenn sie an einem Gewitter um Irland peitschte.

Wir richteten uns wieder auf, wischten uns auflachend über unsere Wangen und nahmen einen Schluck des Biers.

Owen zog sein Shirt gerade und erstarrte kurz, als er seine Hände unter dem Tisch auf seine Hose legte. Was war nun? »Ach, Felix. Hier für dich.« Er fischte ein einzelnes scharfes Hustenbonbon aus seiner Hosentasche. »Die magst du doch, oder?«

Das Papier raschelte unter meiner Berührung, als ich es ent

gegennahm und wegsteckte. Verdutzt sah ich auf meine Hände, wo vor einer Sekunde noch das Bonbon war, danach zu Owen. »Das hast du dir gemerkt?«

»Ähm, anscheinend.«

»Danke.«

»Na, wenn ich mich von einer besseren Seite gezeigt habe, könntest du deine Bewertung von meiner Führung noch mal überdenken.« Owen scherzte, aber ich wurde stutzig.

War er deshalb nett zu mir? »Die Führung macht das aber im Nachhinein nicht besser«, witzelte ich, schaffte es aber nicht, meine Skepsis zu verbergen. »Was bringt dir das denn?« Seinen Spruch über das Observatorium und das Universum machte das auch nicht besser. Irgendwie fühlte sich das noch immer nach einer Beleidigung gegenüber meiner Oma an, auch wenn es Quatsch war und er das ja nicht so gemeint hatte.

»Ach, puh, einen Punkt mehr, der wäre nicht schlecht für meine Bewerbung.«

»Deshalb der Zuspruch? Dass du dir *Nett* unter deine Stärken im Lebenslauf schreiben kannst?« Meine Offenheit verlangte einen großen Schluck des Beamish.

Owen sog seine Lippen ein. Wollte er verhindern, was Falsches zu sagen? Seine Brauen zog er tief in sein Gesicht Richtung Nasenspitze.

»Vergiss es. Ich gehe besser.« Mein Stuhl kratzte über den Boden.

»Warte, Felix.« Er packte mich mit dem festen Griff seiner rauen Hand am Unterarm und stoppte mich beim Aufstehen.

Ein warmer Schauer jagte mir über den Rücken, krabbelte meinen Hinterkopf entlang. Ich sah ihm in die Sturmaugen. Das Schlucken fiel mir schwer. »Was?«

»Du hast deine Pläne, was du mit deinem Studium machen willst. Ich habe meine Karriere. Was ist verwerflich daran, dass ich jetzt nett bin, um dich umzustimmen?«

War das sein Ernst? Ich riss meinen Arm los. Der Ruck saß,

und ich war frei. »Wenn es für deinen beruflichen Weg so wichtig ist, hättest du es einfach sagen können, anstatt mir etwas vorzuspielen.« Das erinnerte mich wieder an diese Leute aus meiner Klasse, die, sobald ihre Eltern dabei waren, freundlich zu mir waren, obwohl sie mich am Tag davor noch bespuckt hatten.

Sichtlich überrascht schnellte seine Hand zurück, zu nahe an mein Bier, das nun gefährlich schwappte. Meine Mutter hatte das schon oft gesagt: Ich wirkte schwach, aber wenn ich meinen Willen einsetzte, besaß ich eine Kraft, die andere mir kaum zutrauten.

»Mit dieser Einstellung wirst du es schwer haben. Oder nein, eigentlich nicht. Es sind die lauten Skrupellosen, die alles bekommen. Ich hoffe, du kommst wenigstens mit dir selbst klar.« Ich griff nach meinem Pint und leerte es in einem Zug. »Danke.« Ich winkte Eileen beim Gehen zu und verabschiedete mich aus der Bar.

»Ahhh, Felix, hör auf, darüber zu reden, sonst raste ich noch aus.« Caras Support sprengte alle Erwartungen, und ich erwischte sie dabei, wie sie in das Sternkissen boxte. »Gibt es einen größeren Arsch? Blöder Hund. Bitte.«

Cara rollte sich quer durch ihr Bett aus Holzpaletten, bis sie am Rand in Bauchlage ankam und mir ihre Hand reichte. Ich saß auf ihrem plüschigen, schwarzen Teppich gegen den Heizkörper gelehnt und nahm sie. »Bitte, bitte, mach deshalb keinen Rückschritt, okay? Dass er ein beschissener Mistkerl ist, ist nichts Neues. Nimm dir das nicht zu Herzen.« Cara drückte meine Hand.

»Mach ich nicht.« Vielleicht schaffte ich es, zwei statt fünf Nächte deshalb nicht schlafen zu können. Die Zeit könnte ich nutzen, um *Promised Neverland* zu rereaden.

»Weißt du, was wir machen? Das hilft mir immer.« Die Holzpaletten knackten, als Cara aufsprang. Ihre Silhouette malte sich dank ihrer lila Lichterkette an die Wand.

»Wir manifestieren, dass Owens Karriere den Bach runtergeht? Schleusen ihm einen bösen Kristall in seine Hosentasche?« Ich überlegte, ob mir noch etwas einfiel.

»Was?« Um ihre Hundepantoffeln anzuziehen, kickte Cara erst mal gekonnt ihre Notizbücher von ihnen runter. »Jaja, das auch. Nein. Wir mixen uns Cocktails. Mit gigantischen Mengen an Alkohol.«

»Ich habe einen halben Liter Bier getrunken.«

»Ich verstehe diese Antwort nicht.«

»Ist das nicht zu viel, wenn ich morgen in die Uni muss?«

»Felix? Ich verstehe kein Wort von dem, was du sagst. Hör auf, Österreichisch zu sprechen.«

Jetzt musste ich lachen. »Okay, okay. Und was für einen?«

Wir gingen gemeinsam hinab in die Küche, vorbei an der geheimen, verschlossenen Tür.

»Na, wir erfinden einen. Du bist der kreative Fischejunge.« Mit ihrem Fuß trat Cara den Unterschrank zu, aus dem sie ein paar Alkoholflaschen geholt hatte, und öffnete gleichzeitig den mit den Gläsern.

»Und du bist meine Stierfreundin, du solltest mich erden.«

»Mein Merkur ist Widder, also kann ich auch etwas feuriger kommunizieren. Außerdem kannst du da nichts falsch machen.«

»Ist Bier mit anderen Getränken durcheinanderzutrinken nicht gefährlich?«

»Wie sagen wir, Absinth mit Bier, das gönn ich mir?« Sie holte Zitronen, Limetten und Eiswürfel aus dem Kühlschrank.

»Cara. Ich weiß nicht, ob wir das sagen.« Bei jeder ihrer Bewegungen wich ich aus, so weit es in der schmalen Küche möglich war.

»Wir bringen dich auf andere Gedanken.« Ein zu großes Messer lag in Caras Hand.

Sie gewann diesen Schlagabtausch. »Okay, aber dann gönn mir die Pause, und mix du was.«

»Okay, okay. Hm, was machen wir? Willst du den Sexy-Witchy-Cocktail oder den Sturdy-Rickety-Cocktail?« Dazu passend hielt Cara eine Flasche Rum und eine mit Wodka hoch.

In ihrem Gesicht spiegelten sich Vorfreude und Schadenfreude zu gleichen Teilen, und ich hatte das Gefühl, diese Wahl könnte den Verlauf des Abends entscheidend verändern.

»Zu mir passt wahrscheinlich besser der zweite.« Der hieß nämlich eigentlich nur Stabil-fragil-Cocktail. Klang nach mir. Ich tippte auf den Wodka.

»Sehr gut.« Die offene Flasche verströmte einen scharfen Geruch, der in meiner Nase brannte. »Ich mixe, du machst es dir im Wohnzimmer gemütlich.«

Ich wechselte das Zimmer und beobachtete Cara durch die Durchreiche, wie sie wirbelwindartig durch das Sammelsurium stürmte, das sie Küche nannte.

»Was machst du da rein?«

»Wodka, Zitronen, Rosmarin, Limetten, Weißwein und ein wenig Pfirsichsirup.« Cara murmelte noch ein paar Zutaten, die ich wohl nicht hören sollte.

Das Wohnzimmer hatte ich bisher kaum unter die Lupe genommen. Deshalb nutzte ich die Zeit, strich über Caras Schallplattensammlung und erkannte ein paar Sondereditionen mit bunten Platten von Fall Out Boy und einigen griechischen Sängerinnen wie Eleni Foureira. »Von wo aus seid ihr nach Cork gezogen?«

»Thessaloniki. Ist im Norden. Vorher noch kurz Dublin, dann Cork.«

»Oh, da bin ich schon gewesen.«

Einen Moment herrschte Stille, bis Cara hochhüpfte und sie halb in der Durchreiche hing. »Du kennst Thessaloniki?«

»Bin mit meinen Eltern in dem alten Wohnwagen von meinem Opa dort gewesen. Danach Chalkidiki und so.«

»Wow. Du beeindruckst mich jeden Tag aufs Neue.« Sie klatschte in die Hände und widmete sich wieder dem Cocktail.

Auf dem Wohnzimmertisch entdeckte ich einen Stapel mit

Astrologiebüchern. Eingeknicktes, eingerolltes Cover an den Ecken und vergilbt. Einige davon erkannte ich sogar. Meine Oma hatte damit gearbeitet. Ein sehnsuchtsvolles Ziehen und der Wunsch nach ihrer Stimme gingen durch mein Herz.

»Ziemlich alt, diese Astrologiebücher, oder?«

»Ähm.« Durch den Spiegel mit Rattanrahmen, der zum Wohnzimmertisch passte, sah ich Cara, die über die Durchreiche spähte. »Oh, ja. Die gibt es kaum noch. Bestenfalls gebraucht. Finde, von diesen alten Dingern lernen wir mehr. Die Neueren gehen nicht mehr in die Tiefe und sprechen vor allem TikTok-Leute an, die das für Comedyvideos oder Promiedits brauchen.« Hinter all dem Quatsch, den Cara abzog, damit ich mich wohlfühlte, versteckte sich die größte Astrologie-Tiktokerin. Über eine Million Leute folgten Cara. Ihre dreiminütigen Videos schauten ihre Fans bis zum Schluss. Eine große Leistung bei einer durchschnittlichen Aufmerksamkeitsspanne auf Social Media von einer Millisekunde.

»Meine Oma hätte dich gemocht.«

»Natürlich hätte sie das.«

Konnte ich mir eine Scheibe von Cara abschneiden? Also eine mentale und somit vegane Scheibe?

»Tut mir leid, dass ich dich unnötig Zeit koste. Ich sollte dein Mitbewohner sein. Stattdessen beanspruche ich dich als Therapeutin.« Ich zog das vorletzte Buch heraus, in dem es um die Erklärung der zwölf Häuser in der Astrologie ging.

»Felix, bitte. Cork ist meine Stadt, es ist quasi meine Pflicht als Bürgerin, dass es dir gefällt. Planeten wirken oft, als bewegten sie sich anders, und das hat Einfluss auf diesen Planeten in einem Geburtshoroskop. Beispielsweise scheint Jupiter im Moment rückläufig, und das heißt, Moment.« Mitten im Satz stoppte sie und pürierte etwas mit einem Mixstab. »… dass große Vorhaben wirken, als gerieten sie ins Stocken. Das ist eine Zeit, die genau dafür da ist: in sich gehen und nachdenken, was wir wollen. Du hast also weniger Energie, büßt etwas von deinem Enthusiasmus ein und verhältst dich nicht mehr wie du selbst.« Das wurde mir zu kompliziert.

Nicht ganz ich selbst sein beschrieb meine Lage treffend. Dank meiner Unsicherheiten hatte ich mir in Österreich, obwohl dort die Gründe meiner Ängste lagen, eine Komfortzone eingerichtet. Die hatte ich nun aber verlassen. Laut seufzend ließ ich mich auf die samtige lila Couch fallen.

»Wieso ist das Leben so kompliziert?«

»Weil wir es sonst nicht schätzen würden.«

»Also ich würde ein bisschen mehr Selbstbewusstsein schätzen.«

»Felix.« Eiswürfel klingelten gegen die Gläser, mit denen Cara die Küche verließ. Die lilagelbe Flüssigkeit darin schwappte hin und her, bis Cara bei mir ankam. »Warum ist dir Astrologie wichtig?«

»Es ist das Ding meiner Oma und mir gewesen.« Das entsprach nicht der Wahrheit. Momentan fühlte ich mich nur nicht nach Selbstentblößung.

Cara reichte mir meinen Cocktail. »Du bist nicht fragil.« Sie schielte zu den Cocktails. »Du bist stark. Sonst wärst du nicht hier. Und ein bisschen mehr Selbstbewusstsein würdest du nur schätzen, weil es im Augenblick in dir vergraben liegt. Es fehlt dir nicht, du musst es freibuddeln.«

Ich nahm den Cocktail und prostete Cara lautlos zu. Sie wiederholte meine Geste.

»Danke, Cara. Ich werde alles dafür tun, um es freizuschaufeln.« Der erste Schluck war merkwürdig und definitiv mit anderen Zutaten, als sie genannt hatte. Bis sich alles auf der Zunge vermischte. Süß, ein wenig bitter, erfrischend und, ah. Doch. Ein wenig Pfirsich schmeckte ich heraus.

»Mhmm. Echt gut.«

»Das will ich auch hoffen. Ich habe meine Seele da hineingesteckt.« Bei Caras nächstem Schluck hob sie den Finger. Eine spontane Eingebung? »Da fällt mir etwas ein.«

»Ja?«

»Wie wäre es, wenn ich einen Gutschein für eine der berühmt-berüchtigten Geistertouren durch Cork hätte?« Cara tat, als wedelte sie damit vor ihrem Gesicht herum.

Eine was?

»Wann ich dich auf diese Tour schleife, verrate ich dir aber nicht.« Cara unterstrich das mit einem gruseligen Lachen. »Und jetzt konzentrieren wir uns auf die Cocktails.«

Nachts wälzte ich mich im Bett umher. Meine Zeit in Cork, Owen, der Job und das UCC. Mein Unterbewusstsein kam damit noch nicht klar. Ich hob mein Handy vom Boden und erkannte, dass Quinn noch wach war. Sollte ich ihm schreiben? Wir hatten zwar schon geschrieben, aber nicht um diese Uhrzeit, und er war der Sohn des Chefs. Na ja, aber er hatte gemeint, ich dürfte mich immer melden, er sei froh über neue Kontakte.

Hey, na? Kannst du auch nicht schlafen?

Nee. Habe *The Crown* geschaut, gezeichnet, mein Prinzessin-Diana-Shirt an, trotzdem bin ich hellwach. Gibt's was Neues von Owen?

Stimmt, darüber hatte ich ihm ja eine Sprachnachricht geschickt.

Frag nicht. Ist bei euch viel los gewesen?

Okay, dann zwinge ich dich bei deiner nächsten Schicht dazu, zu sprechen. Uuuuund ja, einiges. So reiche, alte Typen, die wir als Kundschaft brauchen, aber echt unverschämt sind. Kannst du vielleicht demnächst mal bei der Inventur helfen? Melde mich dann.

Ähm, ja. Und sorry wegen der Typen. Du kannst ja mal vorbeikommen.

Würde ich gerne, mache ich auch mal, aber es ist so viel los. Ich komme gar nicht raus.

Aus dem *Murphy's*?

Aus meinem Alltagstrott. Ich fühle mich manchmal wie gefangen in meinem Leben, und mein Dad wird auch ständig obsessiver, was den Laden und die … Kundschaft angeht. Na ja, egal. Wird schon. :)) Ich versuche, wieder zu schlafen, muss früh aus den Federn, ein paar Umhänge machen. Gute Nacht.

Gute Nacht, und wie gesagt, wenn es dir zu viel wird. Ich bin da.

Kapitel 8

Owen

Die zwölf Häuser stehen auch für die Alltäglichkeiten des Lebens. So gilt das vierte Haus für das Zuhause und wird symbolisiert vom Krebs.

»Warum sind Menschen kompliziert, hm?« Ich streichelte über den glatten Stängel.

Meine Schultern kreisten im Takt von *The Answer* von Automatic Loveletter, die Lieblingsband meines Bruders Colin. Ich stellte die stahlblecherne Gießkanne in mein Gießkannenregal und schunkelte mit der Melodie mit. Jeder Schlag in die Gitarrensaiten erinnerte mich an meinen Bruder, an die Plektren, die er herumgeschleudert hatte, wenn er sich verspielt hatte. Er konnte sich herrlich amüsant ärgern. Unvergessen die Nächte, in denen er mich mit sechs mit in den Keller geschmuggelt hatte, damit ich ihm zuhören konnte. Mit ihm war es nie kompliziert gewesen.

»Was sagst du? Hm?« Ich nahm das Efeublatt der Ranke, die um meine Balkontür kletterte, wie eine Hand in meine. »Liegt es an mir, oder bin ich unschuldig?«

Ein wenig steif tanzte ich mit meiner Sprühflasche weiter, in die ich ein paar Tropfen Neemöl hinzugefügt hatte, um die Selbstheilungskräfte meiner Palme zu erwecken. Mit ihr bewaffnet, besprühte ich die nächste Goldfruchtpalme im senfgelben Blumentopf.

Der Wecker auf meinem Handy unterbrach mich. Was? Schon wieder eine Stunde rum? Manchmal fiel mir gar nicht auf, dass meine Wohnung einem Dschungel glich. Die Pflege meiner Pflanzen beruhigte meinen Puls. Ich wischte über das *X* auf dem Display, und *Golden* von Alexz Johnson brach ab. Nach dem letzten Sprüher setzte ich mich wieder vor die Bücher auf meinem Bartisch.

Der Geruch von Erde, Papier und gesundem Pflanzenwerk vermischte sich mit meinem Grüntee. Hoffentlich rutschte mir bei meinem Bewerbungsgespräch nicht heraus, dass ich diesen unwissenschaftlichen Müll glaubte, Grüntee helfe, Parkinson vorzubeugen. Im Endeffekt schadete er mir nicht, und wenn es nichts half, auch fein, dehydrierte ich zumindest nicht.

»Woah, wo ist wieder dieser Scheiß …« Oh, da war er ja. Ich hob meinen Textmarker hoch und wälzte die neue Studie zum Thema luzide Episoden im Endstadium von Demenz.

Leider gelang es mir nicht, mich darauf zu konzentrieren. Der Streit mit Felix nagte seit Tagen an mir. War es so schlimm, eine Bewertung zu ändern? Ich brauchte diesen Job und hatte keinen Kopf, mir wegen eines Punktes noch mehr Stress zu machen. Wie sollte ich ohne diese Station in England einen Namen in der Forschung bekommen?

»Es reicht, Owen. Genug gegrübelt.« Die letzten zwei Seiten konnte ich beim Frühstück erledigen. Es half nichts.

Ich sprang von meinem Hocker, dessen Lehne nichts für mich tat, außer sich in die Mitte meines Rückens zu bohren. »Gute Nacht«, sagte ich zu den Pflanzen und folgte dem Ruf meines Bettes.

Davor legte ich einen Zwischenstopp im Badezimmer ein. Mein Spiegelbild unterstrich, wie ich mich fühlte. Beschissen. Ich nahm meine Lernbrille ab und drehte das Wasser extrakalt auf, bis mir wieder einfiel, dass mein Laptop noch lief.

Ich schmiss mich auf die Couch, klappte den Laptop auf und wollte ihn gerade herunterfahren, da unterbrachen mich Felix' Worte. *Mit dieser Einstellung wirst du es schwer haben.*

Ich radierte sein Gesicht mit den Sommersprossen, den wuscheligen Haaren, der schmalen Oberlippe, die sich perfekt auf die dickere Unterlippe fügte, aus und legte den Finger wieder auf das Touchpad. Das Internetfenster öffnete sich.

»Ich mein, wenn ich noch vorm Laptop bin, kann ich auch …« *Moment.* Warum blinkte da in der Ecke die Ankündigung einer Mail in meinem Postfach?

Spätnächtliche Mails waren nie ein gutes Zeichen. Ich öffnete mein Mailprogramm, und als ich den Absender las, verging mir jegliche Lust auf alles, was ich vorhatte. »FitzClarence? Was will der?«

Nachdem ich durch das geöffnete Tor des großen Zauns gelaufen, den Studierenden auf der Steinbrücke ausgewichen war und die Trauerweide begrüßt hatte, erreichte ich rechtzeitig den Hub hinter dem Hauptgebäude des UCC. Der Dreh- und Angelpunkt des UCC war zu dieser Zeit ein wenig leerer.

Im Atrium fand ich Róisín an einer der braunen Säulen auf dem bronzefarbenen Fliesenboden sitzen und ihren Salat durchschütteln.

»Na? Wieder keinen Tisch bekommen?«

»Es ist, als würden die Neulinge vor dem Hub campen.« Róisín schüttelte ihren Salat noch aggressiver durch. »Sind wir auch so gewesen? Warum sind die alle so?«

»Ich weiß nicht, du hast in deinem ersten Semester nicht mit mir geredet, weil ich dir zu intelligent gewesen bin.« Ich zog meine Jacke aus und setzte mich neben sie.

»Die Beschreibung, die du suchst, ist *fieser, unfreundlicher Streber,* wobei es eher um die ersten beiden Adjektive geht. Der Punkt geht trotzdem an dich. Hätte ich mich früher an dich gewandt, hätte ich kein ganzes Semester verschwendet.« Endlich hörte Róisín auf, den Salat noch länger wie eine Rassel zu schütteln.

»Das ist eine wilde Umschreibung für: sich mit einem Professor einlassen und nichts mehr lernen.«

»Zu meiner Verteidigung: Ich habe es nicht gewusst.«

»Du bist eine wandelnde Wattpad-Geschichte, Róisín.«

»Wenn du wieder mit meiner Ohnmachtsattacke beim Harry-Styles-Konzert anfängst, weswegen er mich bei den Sanitätern besucht hat, schreie ich.«

Ich grinste und tat, als versperrte ich meinen Mund mit einem Schlüssel.

»Sehr gut.« Róisín hatte ein perfektes Chaos, nicht nur in ihrem Kopf. Vor ihr lag ein unsortierter Haufen an Papieren, auf ihre Abschlussarbeit hatte sie die Salatsoße gestellt, und von einem Becher tropfte Kaffee auf ihr Notizbuch. »Hast du die Studie gelesen?«

»Ja, die letzten Seiten auf dem Weg hierher.«

»Perfekt. Ich denke, Fitz wird uns heute aber nicht damit nerven. Habe gehört, er hält einen Vortrag in einem Krankenhaus.«

»Er ist nicht da?« Das enttäuschte mich etwas. »Was machen wir dann überhaupt hier? Er hat mir gestern Nacht noch eine Mail geschrieben, dass er mit mir über die Abschlussarbeit sprechen will. Vermutlich über mein eingefügtes Thema zum Mikrobiom, aber ich finde es richtig, es noch eingebaut zu haben, wenn ich schon einen Exkurs zum Thema Einfluss des Darms bei der Parkinson-Krankheit eingebaut habe.« Das einzige Seminar, das ich heute hatte, fand erst nachmittags statt und beschäftigte sich mit Gerontologie. Die Lehre über die Prozesse des Alterns hatte ich ohnehin durchgespielt.

»Tja, den Luxus der Langeweile hast nur du. Ich habe noch mein klinisches Praktikum auf der Demenzstation, das hast du schon durch. Und wegen der Mail, ich meine, du kennst Fitzi. Der ist der Inbegriff von einem zerstreuten Professor.«

Und wie dankbar ich war, dass FitzClarence mich für das

Praktikum vorgezogen hatte. Er hatte nämlich ein paar Beziehungen, die er für die besten Studierenden nutzte, damit wir gute Praktikumsplätze bekamen, und mir hatte er denselben Platz wie Róisín verschafft, sogar noch früher als vorgesehen. Die Erfahrung hatte mir verdeutlicht, wie essenziell das Auslandsjahr in England für mich war, um die Forschung voranzutreiben.

»Großartig.« Ich rutschte neben Róisín, lehnte mich, mit den Armen hinter dem Kopf verschränkt, ebenfalls gegen die Säule. »Finde, Fitz könnte sich mehr Zeit für uns nehmen. Dieses Semester betreut er ausschließlich unsere Abschlussarbeiten. Soweit ich weiß.«

Róisín schmiss ihren Holzlöffel in die Salatschüssel. »Sei mir nicht böse, Owen. Aber wir sind Unmengen an Studierenden am UCC, und ich kenne kein Lehrpersonal, das irgendjemandem die Beachtung schenkt, die du von Fitz erhältst.«

»Vielleicht ist mir mein Abschluss wichtiger als den anderen? Oder ich bemühe mich eben mehr, und deshalb sieht er mehr in mir.« Nach dem letzten Satz kniff ich meine Augenlider zusammen. Was laberte ich da?

Die Stille, die sich um Róisín und mich ausbreitete, erdrückte mich. Wenigstens hörte ich die Gespräche der anderen Studierenden, das Stühle-am-Boden-Geschleife und die TikToks, die abgespielt wurden, sonst wäre es noch schlimmer.

»Das habe ich nicht so gemeint.«

»Doch, Owen. Doch, das hast du. Und es ist okay, dass du ehrgeizig bist.« Róisín vollführte eine halbe Rolle, bis sie auf den Knien vor mir saß. »Aber du treibst dich da selbst in etwas Ungesundes rein.«

Ich antwortete nicht. In der Mitte des Atriums gab es keine Zwischendecken. Das verschaffte mir einen Blick hoch zu den anderen Stockwerken und den Leuten, die an dem Geländer standen, tratschten und lachten. Die Ausgelassenheit, mit der sie an der UCC ihre Zukunft angingen, fehlte mir tatsächlich. »Was soll ich machen? Öfter rausgehen?«

»Du machst das zu analytisch. Hör in dich hinein. Aber ich finde es nicht gut, dass du meinst, du bemühst dich mehr als die anderen. Oder mehr als ich. Mir fällt Lernen nicht so leicht wie dir.« Mir war entgangen, dass Róisín gepackt hatte. »Ich mache mich auf den Weg zur Klinik. Wir sehen uns.«

»Okay, dann bye.«

Weg war sie.

Meine Fähigkeit, Menschen vor den Kopf zu stoßen, war großartig. Es tat mir ja leid. Trotzdem hielt ich an meinem Weg fest. Mein Traum war der Treibstoff, der mich antrieb. Ich konnte etwas erreichen. Etwas verändern. Wenn ich dafür Leute vor den Kopf stieß, bitte. Róisín würde mich sowieso vergessen, sobald ich in England war.

Wenn ich die anderen beobachtete, fühlte ich mich komisch, allein am Boden zu sitzen. Ich beschloss, eine Runde laufen zu gehen. Das half mir meistens, den Kopf freizubekommen. Bei allem, was sich aufgestaut hatte, prophezeite ich mir selbst, dass ich bestimmt eine volle Stunde ohne Pause durchlaufen würde. Laufen hasste ich zwar, aber die wissenschaftlichen Belege für die Wirksamkeit konnte ich nicht leugnen, also brachte ich es, so oft es ging, hinter mich.

Sobald ich aufgestanden war, hatte ich einen besseren Blick und erkannte Alvin an einem der Tische beim Fenster. Wie schaffte er es, jedes Mal einen Platz zu ergattern? Ich näherte mich ihm und hob meine Hand, da erkannte ich, mit wem er dort saß. Einer jungen Frau und Felix. *Felix?*

»Hey, Owen.« Mist, Alvin hatte mich entdeckt. Mein Plan, der vorsah, so zu tun, als streckte ich mich nur, verpuffte. »Wie geht's?«

Ich vermied es, Felix anzusehen, und klopfte Alvin auf die Schulter. »Hey, mir geht's großartig. Dir?«

Felix räusperte sich neben mir.

Nicht hinsehen. Nicht hinsehen.

»Passt schon. Kennst du Yoshiko noch?« Alvin deutete zu ihr und schenkte ihr einen flüchtigen Blick.

»Ja, ja, ich denke. Hey.« Mit einem Finger winkte ich ihr zu.

»Hallo.« Warum klang Yoshikos Begrüßung aggressiv?

»Das ist Felix, er ist neu.« Alvin wollte noch etwas sagen, da unterbrach ihn Yoshiko.

»Oh, die beiden kennen sich.« Nun sah ich Yoshiko genauer an, und nach ihr warf ich einen scheuen Blick zu Felix.

»Hey, Felix.« Hatte er ihr etwas erzählt?

Felix nickte mir zu.

»Ah, okay. Felix hat mich gefragt, wie er eine Online-Bewertung für die Führungen ändern kann, und Yoshiko hat ihn zu mir gebracht, da ich den Account für die UCC-Führungen leite.« Felix änderte also tatsächlich meine Bewertung.

»Also? Um welche handelt es sich?« Alvin band seinen Trenchcoat fester zu, da ein Windzug aus dem Hintereingang ihn aufwehte.

Jetzt konnte es unangenehm werden.

»Ähm, die, die Führung mit ihm.« Felix konzentrierte sich auf Alvin, deutete mit dem Daumen jedoch auf mich.

»Ach, Owens Führung. Du tust mir leid.«

»Hey.« Ich wedelte zwischen ihren Blicken mit meiner Hand herum.

»Das habe ich auch gesagt.« Wenn Yoshikos Augen töten könnten, wäre ich auf der Stelle in Flammen aufgegangen.

»Danke dafür.« Hörte mir jemand zu?

»Und du willst sie ver…schlech…« Alvin zog seine Frage zu lange, und sie ging eindeutig in die falsche Richtung.

»Verbessern«, kam Felix ihm zuvor.

»Verbessern«, sagte Alvin rasch. »Klar.«

»Verbessern?« Kam das von mir? Natürlich wollte er das. Felix richtete seine verträumten grünen Augen auf mich.

Konnte ich nicht einmal vorher nachdenken? Ich wollte ihn auf keinen Fall davon abbringen.

»Ja.« Felix reichte Alvin sein Smartphone.

»Das haben wir gleich.« Alvin tippte einige Male aufs Display. »Ah, du hast nichts falsch gemacht. Du hättest die UCC-App aktualisieren müssen. Dann hättest du das selbst machen können.« Alvin reichte Felix wieder sein Handy.

»Daran hab ich nicht gedacht. Sorry, dass ich dich aufgehalten habe.«

»Quatsch, der hat eh nichts zu tun.« Ich lehnte mich auf Alvins Schultern. »Er liebt es, gebraucht zu werden, auch wenn er es nicht zugibt, stimmt's?«

Alvin richtete sich die Brille. »Dafür, dass du einen auf Freund machst, meldest du dich wenig von selbst.« Seine Worte saßen. Ich machte einen Schritt zur Seite.

»Ja, stimmt, im Moment bin ich in meinem Abschlusstrott drin.«

»Mhm.«

»So, erledigt.« Felix stand auf und nahm seine Umhängetasche. »Danke noch mal.«

»Hey, danke, Felix. Fürs Ändern und so.«

»Bitte.« Er ging und ließ uns alleine.

»Warte, ich komme mit. Du auch, Alv?«, fragte Yoshiko.

»Sorry, muss ins Society-Büro.« Alvin schenkte mir ein knappes, unehrliches Lächeln. »Wir sehen uns.« Durch die Hintertür verschwand er.

Yoshiko zog an meinem Arm. Ich wandte mich zu ihr.

»Ja?«

»Und, war's das wert?« Felix musste ihr auf jeden Fall alles erzählt haben. »Fühlst du dich besser?« Yoshiko ließ mich los und verschwand, ohne eine Antwort abzuwarten.

Fühlte ich mich besser?

Nein

Ein letztes Mal hatte ich an meinen selbst gemachten Duftkerzen mit schwarzer Johannisbeere, Rose, Bergamotte und Virginiazeder gerochen, die Dochte kontrolliert, einen Rundgang um meine Pflanzen gemacht und mich ins Bett geschmissen. Mein

Handy blinkte, und ich hob es hoch. Róisín hatte mir siebzehn TikToks geschickt. Die meisten waren Edits ihrer Lieblingsserie – so lange, bis die nächste kam –, nämlich *Sex Education*. Ein paar andere Videos waren wirres Zeug, das Róisín liebte und ich nicht verstand. Manchmal fühlte ich mich mit zweiundzwanzig wie ein Opa. Sie schien nicht mehr böse zu sein.

Róisín, bitte.

Was? *WAS?*

Musst du mir das alles schicken?

Du bist einfach noch nicht bereit für diese Seite von TikTok.

Ich schreie gleich.

Ebenso, Owen. Ebenso.

Lernst du nicht?

Doch, doch, zerstörte Darmwände, kognitive Einschränkungen, Tremor, dies, das. Die Frau aus der Studie, die Parkinson am Geruch erkennt. Habe alles voll im Blick.

Du haust einfach medizinische
Begriffe raus, haha.

Lass mich.

Róisín schickte mir ein TikTok mit einem inspirierenden Zitat und einem melancholischen Video, das ich nicht fertig sah, weil ich Róisín ein TikTok über Nasenspraysucht zurückschickte.

Arsch. Musst du mich spätnachts
auf meine Fehler hinweisen? Ich weine.

Ich geh pennen, gute Nacht.

Gehst du nicht.

Mach ich doch, wetten?

Lieber nicht, du gewinnst Wetten nie.

Das nehme ich dir übel. Ab morgen
bin ich in meiner Bösewicht-Ära.

Da bist du schon ewig.

Kapitel 9

Felix

Unsere Sternzeichen werden auch in Elemente eingeteilt. So gehören Widder, Löwe und Schütze zu den Feuerzeichen. Fische, Krebs und Skorpion zu den Wasserzeichen. Stier, Jungfrau und Steinbock zu den Erdzeichen. Wassermann, Zwillinge und Waage zu den Luftzeichen.

Deshalb ist Margaret Mead mit ihren Berichten über Samoa oft diskutiert worden. Ich sehe, wir sind für heute fertig.« Professorin Penny nahm ihren winzigen, quadratischen Plastikwecker in die Hand, der wie aus den Achtzigern geklaut wirkte. »Oh.« Sie hielt uns das neongrüne Teil entgegen, dessen Zeiger leicht im abgedunkelten Seminarraum leuchteten. »Ich überziehe und verplappere mich. Tut mir leid. Ich schweife in den ersten Einheiten oft aus. Ich will euch allen zeigen, wie spannend das Feld der Kulturwissenschaften ist. Wir können sogar über die Bedeutung von Geistern auf der Insel Samoa sprechen, und, äh. Egal. Ich muss gehen. Lebt euch erst mal richtig am UCC ein. Anfangs werdet ihr euch ja noch alle öfter untereinander über den Weg laufen, da ihr im ersten Semester einige Kurse belegen müsst, da könnt ihr ein paar Kontakte knüpfen.«

Die Professorin für *kulturelles Schreiben* war mir auf Anhieb sympathisch. Ihre herrlich chaotische Art, mit der sie vorhin den Laptop halb geschrottet hatte, nahm mir den Druck, dass an einer Uni alles perfekt und hochgestochen sein musste. Ihre Ansprache über Geister erinnerte mich wieder an Caras Geistertour. Wie ich sie kannte, würde sie mich dafür zum ungünstigsten Zeitpunkt entführen.

Wenn ich die aufs Whiteboard projizierten Folien inspizierte, fiel mir auf: Ich kam beim Stoff mit. Zwar hatte ich mich nicht gemeldet und dankte dem Universum dafür, dass es keine Vorstellungsrunde gegeben hatte, trotzdem verbuchte ich dieses neue Seminar als Erfolg. Meinen Kugelschreiber warf ich in meine Umhängetasche, nachdem ich ihn hauptsächlich genutzt hatte, um hässliche Herzen in mein Lavalampennotizbuch zu malen. Sollte sich Zukunfts-Felix ärgern, den Kugelschreiber später in der Unendlichkeit der Tasche nicht wiederzufinden. Ich schlug das Kapitel über Grundbegriffe der Kulturwissenschaften zu. Vor ein paar Jahren war ich ein Kind gewesen, und nun verstand ich den Stoff am UCC? Ich sah mich selbst definitiv noch nicht als Erwachsener.

»Einen schönen Tag Ihnen allen. Wir sehen uns nächste Woche wieder. Da sollten wir, glaube ich, eine Vorstellungsrunde machen. Das wäre heute angebracht gewesen.« Sie baute ihre Bücher zu einem Stapel auf und kaute auf der Innenseite ihrer Wange. Sie hob den Bücherturm auf, was ihren Bob zum Wackeln brachte. »Dann bis nächstes Mal.« Die groß gewachsene Frau stöckelte aus dem Raum, und die Sympathie zu ihr wuchs. Um ihren wackelnden Bücherstapel sorgte ich mich jedoch.

Ein bunter Mob aus Studierenden drängte sich durch die Tür hinter Professorin Penny hinaus. Der Typ neben mir blieb sitzen. Die elektrischen Jalousien des Zimmers krochen langsam empor. Nach und nach erleuchtete die Sonne die stoppelige Glatze.

Sollte ich nachhaken, ob alles in Ordnung war? Ich nahm

meinen Hoodie von der Stuhllehne. Vielleicht wollte er seine Ruhe. Ich drehte mich um und machte den ersten Schritt.

Mein Räuspern machte ihn auf mich aufmerksam. »Felix, oder?«

Meinte er mich? Klar, wen sonst. Ich stellte mir vor, wie ich mir selbst mit der Handinnenfläche gegen die Stirn klatschte. »Ja?«

»Cillian. Habe deinen Namen gelesen, als du ihn in dein Buch geschrieben hast.« Stoppelglatze rutschte zur Seite und sah verstohlen zu mir. »Bin ich als Einziger überfordert mit dem Stoff? Es kommt mir vor, als nickten alle. Ich habe jedenfalls nichts von alldem zuvor gehört.«

Mehrmals blinzelte ich, bis seine Worte gesackt waren. Er sprach mit corkischem Akzent, weswegen ich die ineinander verschlungenen Laute erst mal ergänzen musste.

»Doch, doch. Mir geht es ähnlich. Es will sich niemand die Blöße geben, es zuzugeben.«

»Hast du alles gecheckt?«

Lügen wollte ich nicht. Cillian ein schlechtes Gefühl geben auch nicht. Also entschied ich mich für Ersteres. »Machst du Witze? Ich habe nichts verstanden. Das macht mir auch Angst, aber hey: Das ist die erste Einheit gewesen. Wir arbeiten uns da rein.«

Cillian verzog sein Gesicht zu einer ungläubigen Grimasse. »Naah. Ich weiß nicht.« Er stand auf und warf sich seinen Rucksack mit Militärmuster um. »Aber ich werde es versuchen, vielleicht hast du ja recht.« Seine grünbraunen Augen wanderten auf seine goldene Armbanduhr.

»Natürlich hab ich das.« Wie war das noch mal? Wie täuschte ich Selbstbewusstsein vor? Schultern zurück, aufrecht halten, feste Stimme, lächeln, nicht auf den Boden gucken. *Check, check, check, check und check.*

»Danke.« Cillian tätschelte etwas unmotiviert meine Schulter und ließ mich zurück.

Seine Berührung spürte ich wie einen Phantomschmerz. Der war schon ganz hot. Ich zuckte mit den Schultern. Ob ich in Cork jemanden kennenlernte? Oh, shit. Apropos kennenlernen, ich hatte mit Yoshiko abgemacht, sie nach dem Kurs zu treffen.

Die peinliche Stille im Aufzug schenkte ich mir, eilte die Treppe hinab, und vor der Tür fand ich Yoshiko vor. »Tut mir leid, ein Typ hat mich noch etwas gefragt.«

Yoshiko flocht sich ein gelbes Band in ihre schwarzen Haare. »Ach, kein Ding.« Sie vollendete ihre Frisur und ließ das letzte Stück über ihre Schulter hängend offen. »Bin selbst zu spät.«

»Und du hast wirklich Zeit?« Mein Gewicht verlagerte sich von einem Fuß auf den anderen. »Also sicher-sicher?«

»Jaha. Wenn nicht, sage ich es dir.« Yoshikos schiefer Schneidezahn fiel mir auf. Er verpasste ihr etwas völlig Eigenes, Liebenswürdiges. »Sei froh, dass ich mit dir komme.«

»Warum?« Yoshiko setzte sich in Bewegung, und ich folgte ihr. »Ich meine, ich bin froh, aber warum?«

»Der Community-Garten liegt etwas versteckt außerhalb. Hab mir damals bei der Suche die Füße wund gelaufen.«

»Bin gespannt. Laut Owen soll der toll sein.«

»Ja, äh. Sorry noch mal, dass ich dich nicht angemessener vor ihm gewarnt habe. An den Schnuppertagen ist alles furchtbar stressig.« Die letzten beiden Worte rief Yoshiko mir zu, da wir uns jeweils links und rechts neben dem Sitzkreis einiger Studierenden aufteilten.

Nachdem wir sie hinter uns gelassen hatten, schlossen wir uns wieder zusammen. »Egal. Ich hoffe, sein zusätzlicher Punkt macht ihn glücklich. Er muss mit sich leben.« Sagte ich, der selbst nicht mit sich klarkam.

»Da hast du recht. Warte kurz. Ich habe vergessen, dass ich noch eine Sprachnachricht von Alvin anhören muss.« Yoshiko hielt sich den Lautsprecher ihres Handys gegen das Ohr, und ein gekräuseltes Lächeln umspielte ihre dünnen Lippen.

Die Zeit nutzte ich und nahm den riesigen Campus unter die Lupe.

Einige der unzähligen Bäume begannen, das Grün zu verlieren, und machten sich für ihre Herbst-Ära bereit. Ich freute mich darauf, das Halloween-UCC zu sehen.

Überall wimmelte es von jungen Menschen, einige lagen allein auf der Wiese oder auf einem grasbewachsenen Hügel, schliefen, genossen ihre Pause, lasen. Zum ersten Mal in meinem Leben fühlte ich mich an einem Ort wirklich, als hätte ich eine Chance, dazuzugehören, ohne mich zu verstellen. All diese Möglichkeiten lösten allerdings auch Ängste aus. Noch hatte ich keine Routine gefunden, und diese fehlende Kontrolle fühlte sich wie ein Verlust an, der den ganzen Tag latent meinen Magen zwickte. Wenn ich jedoch mitverfolgte, wie Yoshiko neben mir in ihr Handy zischelte und Alvin antwortete, hoffte ich, auch bald einen UCC-Alltag zu haben, der mich morgens ohne Angstattacke aus dem Haus gehen ließ.

Wir gingen an der Boole-Bibliothek vorbei, die von außen modern wirkte. Trotzdem hatten die Architekturfachkräfte das Gebäude in Grau und Schwarz gehalten, um es der Farbe der Steinmauern anzupassen. To-do-Listen-Eintrag: *Unbedingt die alten Bücher darin streicheln.*

»So, fertig. Sorry, wenn ich im Redefluss bin, stoppt mich nichts mehr.« Yoshiko lachte auf. »So, da müssen wir raus.« Sie zeigte auf eine schwarze gusseiserne Tür mit verschlungenen Ornamenten, die perfekt zum Eingangstor, den Absperrungen und Geländern am Campus passte.

»Okay, wow, dieses kleine, mit Pflanzen verwachsene Tor hätte ich bei dem riesigen Areal gar nicht beachtet.«

Draußen angekommen erkannte ich das Schild des alten Society-Büros, das Owen angesprochen hatte. Dahinter fanden wir den Eingang des Community-Gartens. Eine provisorische Holztür empfing uns mit einem Schild, auf das jemand hässliche Blumen gemalt hatte, und dem Spruch: *Welcome to UCC*

Community Garden. Jemand hatte das *Come* in *Welcome* durchgestrichen und durch *Cum* ersetzt. Es war blöd, trotzdem lachte ich innerlich.

Eingekesselt von alten Häusern mit von Stürmen verschmutzten Fassaden, wurde der Community-Garten zusätzlich von hohen Büschen eingerahmt, und all die Menschen, die in bunten Gummistiefeln arbeiteten, hielten sich in Glashäuschen oder mitten in Beeten auf.

»Das ist wunderbar, Yoshi.« Ich kam gar nicht aus dem Staunen heraus.

»Komm mit.« Yoshiko schritt mit stolzgeschwellter Brust voran, als zeigte sie mir ihren eigenen Garten.

Wir liefen an mit Backsteinen eingegrenzten Beeten vorbei. Selbst gemachte Holzschilder verrieten die Namen der Pflanzen und genaue Anweisungen zur richtigen Pflege. Hier dachten sie an alles.

So viele Düfte hingen in der Luft, die ich gar nicht alle deuten konnte. Es roch nach Kräutern, Gemüse und Matsch.

»Da, such dir welche aus.« Yoshiko deutete auf etliche Gummistiefelpaare – nicht immer zusammenpassend –, die neben einer Holzhütte standen.

»Glaub mir, die brauchst du. Ich bin Mel, die Gummistiefeldealerin des UCC.« Mel zog ihre olivgrüne Jacke enger um sich und strich sich die orangefarbenen Haare hinters Ohr.

»Felix. Okay.« Ich lachte auf und wollte mir zuerst die schwarzen nehmen. Es war ein Reflex. *Nimm etwas Männliches, sonst wirst du verurteilt. Du musst dich bemühen, dich stereotypisch, klischeehaft maskulin zu verhalten.*

Das wollte ich nicht mehr. Wenn ich ein neues Leben beginnen wollte, musste ich danach handeln, und wenn es kleine Schritte waren. Ich entschied mich für die daneben. Ein Stiefel war lila mit gelben Wirbeln und der andere türkis mit orangenen Punkten.

»Gute Wahl, die liebe ich auch.« Mel trippelte mit ihren pinken Stiefeln mit roten Punkten in einer erdigen Wasserpfütze herum.

»Die klaue ich dir nächstes Mal.«

»Ha. Versuch es, Felix, niemand ist vor mir hier.« Mel wusch sich die Hände in einem kleinen Brunnen und begab sich wieder zu drei anderen Jungs, die auf einem bemalten Holztisch aus irgendwelchen langen Grashalmen Muster flochten.

Trotz allem konnte ich mir einen scheuen Blick in die Runde nicht verkneifen. Beobachtete mich jemand? Oder musterte mich abwertend? Nein. Nichts. Ich war jedem egal, und es gab nichts Schöneres, als mit meinem Verhalten allen egal zu sein.

»Was willst du zuerst sehen?« Yoshiko schlüpfte in ihre grauen Gummistiefel.

»Können wir nach dahinten gehen?«, sagte ich und unterdrückte meinen Impuls, mit *Egal, entscheid du* zu antworten.

»Klar. Ich lieb den Platz, komm, Felix.« Ich liebte es, wie sie meinen Namen aussprachen. *Filix.* Plötzlich fühlte ich mich edgy und international. Nicht mehr wie ein Stoffhase, der Briefe schrieb.

Unser Weg führte uns zu einem schmalen Pfad zwischen Hochbeeten. Bäume thronten entlang der Zäune und ragten hoch über uns in den Himmel. Verliehen mir das Gefühl, durch einen Tunnel in eine fremde Welt zu laufen. Überall standen Tontöpfe mit Blumen, Stauden oder Holzpaletten mit Blümchen, die auf ihren Einsatz warteten.

In der hintersten Ecke des Gartens angekommen, bemerkte ich einige Holzbänke in einem Halbkreis zusammengestellt und eine Studentin. In der Mitte brannte ein kleines Feuer.

»Hey, Scar. Ich habe einen Neuen für unsere Sekte«, rief Yoshiko.

Scar reckte ihre Arme in die Höhe und gab gleichzeitig ein »Hi« von sich.

»Begrüße Felix anständig«, sagte Yoshiko verschwörerisch.

Scar drehte sich zu mir und lächelte mir zu. »Willkommen in

unserem Kult, wir brauchen deine Seele und eine Flasche Whiskey.« Sie wischte sich ihr loses Haarband mit Zitronenmuster seitlich weg.

»Whiskey kann ich besorgen, Seele habe ich keine mehr.«

Glücklicherweise entlockte ich ihr mit meiner Antwort ein Grinsen. Ich musste also nicht meine Identität ändern und umziehen. Scar stand auf, ging zum selbst gebauten Steingrill und wurde völlig von Rauch eingehüllt. »Ich glaube, ich mache etwas falsch.«

»Soll ich das machen?« Grillen zu können hatte mein Vater mir eingebläut. Endlich schien sich das als nützlich zu erweisen.

»Klar, gern.« Scar überreichte mir die Eisenzange. »Kein Fleisch hat jemals den Grillrost berührt, falls du Veganer bist.«

Wie selbstverständlich sie darauf geachtet hatte. Das hätte mich zwar nicht gestört, ihre Rücksichtnahme fand ich dennoch rührend.

»Ich schätze, wir haben eine Aufgabe für ihn: Grillmeister des Garten-Kults«, sagte Yoshiko.

Mein Vater würde vor Stolz platzen, hörte er, dass jemand das Wort *Grillmeister* in Verbindung mit mir aussprach.

Scar, der ich die Macht der Grillzange entrissen hatte, zündete sich eine Zigarette an und setzte sich an den Rand des Miniteichs.

»Ich heiße übrigens in Wirklichkeit Scarlett, aber wie alle *fancy* Scarletts auf der Welt nennen die Leute mich Scar.« *Fancy* Scar richtete sich ihr Haarband mit den Zitronenscheiben darauf.

Mittlerweile hatte ich die Rauchschwade, die Scar umhüllt hatte, in den Griff bekommen. Dank meiner Aufgabe lockerte sich meine angespannte Haltung.

»Felix könnte eine Runde Mitleid vertragen, der Arme hat eine Führung mit Owen gehabt.« Nach Yoshikos Ausruf starrte ich in den Grill, als fände ich dort die Antwort auf das Bermudadreieck-Mysterium. Alle Sirenen in mir schrillten: *Unangenehm.*

»Owen? Keine Sorge, wir sind nicht alle wie er. Der hat lediglich seine Karriere im Kopf.« Scar hatte sich vom Teich an die Holzbühne gesetzt und zupfte auf einer Gitarre, deren Saiten oben wie wirre Haare einer Handpuppe abstanden.

Mir gefiel es nicht, in einer Gruppe über Owen abzulästern, irrelevant, wie beschissen er sich verhielt. Früher war ich der gewesen, in dessen Abwesenheit man sich über ihn lustig gemacht hatte. Den Mut, es aufzuhalten, fand ich jedoch nicht.

»Spricht er mit niemandem?« Ich wendete die Zucchini und die Aubergine, die ein wunderbares Röstaroma verbreiteten. Obwohl ich das Gemüse vorher mariniert hätte.

»Doch, mit seiner Freundin Róisín.« Yoshiko reichte mir ein Bier mit den Worten: »Das Bier macht Scar selbst.«

»Sag ja, dass es dir schmeckt«, rief Scar zu mir rüber.

»Ich würde mich eh nicht trauen zu sagen, es schmeckt mir nicht.« Ich nahm die rote Glasflasche in die Hand, auf der dieselben unsauberen Blumen wie auf dem Eingangstor gezeichnet waren. Darauf stand: *Scar Beer.*

»Wie trocken er das zugibt.« Scar lachte und prostete mir zu.

»Wer ist Róisín?«, hakte ich nach und nahm meinen ersten Schluck. »Hey, das schmeckt lecker. Ein bisschen wie dunkles Bier mit Kaffee und einem beerigen Nachgeschmack.«

»Danke. Aber das glaube ich dir nicht mehr.« Scar kam zu mir und prostete mir noch mal zu. »Ich muss los, mein nächstes Seminar wartet. Bye, Leute.«

Yoshiko nickte ihr zu, und ich schaffte es noch, das Bier abzustellen, um ihr hinterherzuwinken, da war sie schon vom Community-Garten verschluckt. Ich wollte mich wieder dem Grill widmen, erkannte aber etwas Glänzendes am Boden. Eine Anstecknadel. Die musste Scar gehören. Ich hob sie auf und beschloss, sie ihr das nächste Mal zu geben. Es wäre ein Vorwand, um mich zu überwinden, sie wieder anzusprechen.

Mit diesem Plan im Hinterkopf wandte ich mich an Yoshiko, die noch mal das Róisín-Thema aufgriff. »Róisín geht voll klar. Sie ist offen, gut gelaunt, war früher sogar ein wenig IT-, äh, Girl-mäßig. Mittlerweile ist sie meist mit Owen allein.«

»Hundemenschen passen sich oft ihren Hunden an.« Warte, das klang böser, als ich es gemeint hatte.

Yoshikos Backen blähten sich auf, als wollte sie jeden Moment losprusten.

Ich schüttelte meine Hand und die Grillzange. »Nicht, dass sie seine Hündin wäre. Eher, dass die sich eben mögen und sich ein wenig angeglichen haben.«

»Róisín ist nicht *so* eine Freundin. Owen ist schwul.« Das Wort aus Yoshikos Mund zu hören zog alles in mir zusammen.

Schwul. Dieser Ausdruck verfolgte mich seit meiner Kindheit wie ein Fluch. Alle in meinem Dorf benutzten ihn als Beleidigung, und da kamen sie wieder. Die Flashbacks.

Schwindel überkam mich. Das dumpfe Geräusch der Grillzange, die auf dem Gras landete, nahm ich noch wahr. Yoshikos Worte, die wohl merkte, dass etwas nicht mit mir stimmte, klangen jedoch weit weg, wie in Watte gepackt.

Selbstverständlich hatte ich mich erwachsen mit Yoshiko über meine Probleme unterhalten. Nicht. Stattdessen hatte ich meine Angst abgeschüttelt, gesagt, alles wäre okay, und mich dann unter einem Vorwand verabschiedet. Den nächsten Tag hatte ich damit verbracht, meine Kurse abzusitzen und Yoshiko aus dem Weg zu gehen. Scars Anstecknadel behielt ich noch bei mir.

Nach qualvollem Herumdrucksen hatte ich auch Cara davon erzählt. Sie hatte mich ausreden lassen und glücklicherweise nicht nachgehakt, mich gepackt und auf die versprochene Geistertour geschleppt. Ablenkung ahoi! Auf eine richtige Geistertour durch Cork. Exakt das brauchte ich: Ablenkung.

In einer kleinen Gruppe zogen wir durch die Stadt und bekamen schaurig-komische Geistergeschichten erzählt. Genauer gesagt erzählten sie sie nicht nur, sondern spielten die Storys in verschiedenen Verkleidungen sogar nach. Geleitet von Emily und Jack. Gerade hatten wir noch der kostümierten Emily »Wenn du tot bist, bleib tot« als Gruppe entgegengeschrien – angeblich die beste Abwehr gegen Geister –, da befanden wir uns schon vor der heutigen Crawford-Galerie. Das herrschaftliche Gebäude mit weißem Stuck an der Backsteinfassade sollte früher ein Zollhaus gewesen sein.

Gespannt lauschte ich Jacks Erzählungen. An dem hochgewachsenen, schlanken Mann wirkten die alten Klamotten mit dem Cape, dem Hut und der Schleife um den Hals zu weit. »Wären wir im siebzehnten Jahrhundert, stünden wir nicht auf diesem Fleckchen, sondern fielen hinab ins kalte Nass.«

Jack lebte für seine Touren. Die Liebe dafür sprühte aus all seinen Poren. All seine Bewegungen und sein Gerede strahlten Enthusiasmus aus. Wir alle lauschten gebannt. »Und dann würden wir alle ertrinken.«

»Ertrinken?«, kam es von einer älteren Frau, die geschockt die Hand auf ihren Oberkörper legte.

»Früher waren fast alle Straßen Corks Kanäle, und Schiffe fuhren sie entlang und hielten hier. Cork war das Venedig des Nordens.« Interessant. Davon hatte ich noch nie gehört. Ob es davon alte Bilder oder Gemälde gab?

»Na? Habe ich zu viel versprochen?« Caras Stimme an meinem Ohr riss mich aus der Vorstellung.

»Es ist spannend, danke für die Ablenkung.«

»Habe ich doch gesagt.«

»Du.« Jack richtete seinen Zeigefinger auf Cara.

»Ich?« Cara zeigte mit ihrem auf sich.

»Du, ja. Danke für die freiwillige Meldung, die Rolle der Amelia zu übernehmen. Und du, du bist unser Adam.« Meinte der mich?

Nein, nein, nein. Ich würde niemals vor einer Gruppe von

Menschen irgendetwas machen. Das konnte dieser Möchtegern-Dracula vergessen.

»Seid ihr bereit?« Jack kramte Kostüme aus einem Sack.

»Ja.« Cara hakte sich bei mir ein. »Ich weiß, du hasst mich.«

Ich schluckte. Alle Blicke ruhten auf mir. Wenn ich mich weigerte und Jack darauf bestand, entstünde eine irrsinnig unangenehme Situation, also nickte ich.

Beim nächsten Gebäude angekommen, platzierte Jack Cara und mich auf die Treppe vor dem Eingang, die von Säulen dreigeteilt wurde. »Macht einfach nach, was ich erzähle.« Meinte Jack, so simpel funktionierte mein Gehirn?

Jack wandte sich wieder der Gruppe zu und warf sein Cape zurück. Ich sah an mir hinab und streichelte das weiße Hemd, unter das Jack ein Kissen gestopft hatte.

»Amelia fand den Schlüssel unter der Holzvertäfelung und konnte endlich diese eine Tür öffnen, die sie seit ihrer Anstellung in dem Haus faszinierte.« Jack erzählte, und Cara, gekleidet in ein weißes Nachthemd und einen roten Stoff, der wie ein Poncho darüber lag, machte alles nach. Sie tapste auf der Stelle, die weiße Haube, die sie trug, verrutschte ein wenig. Dann tat sie, als schlösse sie eine Tür auf.

»Der neugierigen, aber naiven Amelia immer auf den Fersen? Ihr ebenso leichtgläubiger Freund Adam, der natürlich nicht darauf achtete, leise zu sein.« Ich hörte Jacks Anweisung, fror jedoch auf der Stelle fest.

Nichts zu machen war allerdings noch peinlicher. Mein Gehirn signalisierte mir: *Gleich lachen dich alle aus.* Mein ganzes Leben war ich eine Lachnummer gewesen. Wollte ich das wieder?

Stopp!, schrie ich meiner Angst entgegen. So konnte es nicht mehr weitergehen. Ich musste aus diesem Hamsterrad der Angst raus. Ich schüttelte den Kopf und spielte mit. Ich krümmte mich etwas und stampfte Amelia, ah, Cara nach.

»Was war das? Ein kleines Schlafzimmer voller Schätze –

und auf dem Bett? Ein rubinrotes Samtkleid. Amelia warf es sich über und tanzte im Kreis. Adam wollte sie aufhalten, doch es war zu spät: Sie stolperte ins Bett zum verstorbenen Mr. Bishop.« Caras Schauspieltalent begeisterte mich. Sie brachte auf Jacks Angaben hin alle in der Gruppe zum Lachen.

»Könnt ihr gebucht werden?«, rief ein Mann, und alle klatschten.

Ich fühlte mich sicherer und konnte mich mehr darauf einlassen. Ich war nicht peinlich, ich blamierte mich nicht, und die Menschen verurteilten mich nicht. Sie hatten eine gute Zeit *mit* mir.

Die Geschichte endete damit, dass Amelia einen Flashback hatte, der zeigte, dass Mr. Bishop von seiner Frau im Schlaf erstickt worden war. Weil Mrs. Bishop uns beziehungsweise Amelia und Adam bei dem Toten gesehen hatte und beide ihr Geheimnis kannten, brachte sie Amelia um und Adam, dem niemand glaubte, ins Gefängnis. Amelias Geist irrte aufgrund dieser Ungerechtigkeit bis heute durch Cork.

Für meinen Geschmack genoss Cara es zu sehr, die Wasserleiche von Amelias Geist zu spielen und die Gruppe bis zum Ende der Führung vor einem Soldatengrab zu erschrecken.

»Danke für eure Hilfe. Normalerweise übernehmen das Emily und zwei Freundinnen. Die sind aber leider krank.« Jack wollte uns Geld in die Hand drücken, was Cara und ich gleichzeitig ablehnten. »Kommt schon. Ich fühle mich sonst schlecht.«

»Nein, wir haben das gern gemacht. Und ich habe das heute echt gebraucht.« Meine Antwort schien Jack zu besänftigen, und er zog seinen Hut vor uns. Seine orangefarbenen Haare standen wirr ab.

»Danke. Wenn ihr noch mal eine Tour machen wollt, meldet euch.« Er schritt mit seinem braunen Stoffsack zu seinem Auto, und ein wenig fühlte es sich an, als hätte ich einen Kaufhausweihnachtsmann enttarnt.

»Danke, Cara.«

»Bedanke dich nicht zu früh. Morgen gibt es etwas Besseres.« Cara zwinkerte mir mit ihren Smokey Eyes zu, und ich hatte das Gefühl, dass die morgige Nacht in etwas Kriminellem enden würde.

»Was hast du vor?« Cara hörte mir nicht zu und schritt in ihrem schwarzen Pulloverkleid dem Mond entgegen. »Cara. Ich laufe dir nicht hinterher.«

»Na, was wohl? Wir suchen dir einen Kerl.«

Warte, was? Jetzt rannte ich ihr doch nach.

Kapitel 10

Owen

Der Medium Coeli ist deine Himmelsmitte. Gibt unter anderem deine Karriere vor. Die Mondknoten – Südmond- und Nordmondknoten – sind Punkte gegenüber voneinander. Der Südmondknoten ist deine Komfortzone. Der Nordmondknoten zeigt Lektionen im Leben. Sie alle sind wichtige Punkte im Geburtshoroskop.

William-Harnett-and-Company-Krankenversicherung, O'Hickey am Apparat?«

Drei. Zwei. »Hören Sie mich?« *Eins.* Keine Antwort. Ich legte auf. Irgendwo auf der Welt angelte sich jemand einen Typen für eine heiße Nacht, und ich? Meine heiße Nachtschicht verbrachte ich mit Telefondienst. *Großartig.*

Ich hasste diese Homeoffice-Nachtdienste. Was ich nicht hasste, war das Extrageld. Mehr Geld, das ich nicht von meiner Mam annehmen musste und ich ihr zurücküberweisen konnte. Keine Verpflichtungen, keine Schuldgefühle und keine Bindungen.

War das gesund? Nein. Sobald meine Karriere angelaufen war, könnte ich mich wieder an das Konzept der Nähe herantasten. Mit einem Hund, zum Beispiel. Obwohl ein Hund oder eine Hündin je nach Art auch nicht ewig lebte, und dann hatte ich wieder diese Angst vor dem Verlust. Ich blieb bei Pflanzen.

Meine leere *Doctor Who*-Tasse verlangte nach Kaffee. Obwohl. Sollte ich um diese Uhrzeit noch eine Tasse trinken? Aufstehen bedeutete außerdem, ein Risiko einzugehen. Der Fluch der Homeoffice-Anrufbereitschaft. Denn normalerweise läutete in acht von zehn Fällen mein Handy, wenn ich aufstand. Keine Ahnung, was das für eine Telefondienstmagie war. Mein Schreibtischstuhl knarzte, als ich mich erhob, und rollte zurück. An der hellgrauen Wand kam er zum Stillstand. Es klingelte wieder.

»Das gibt's nicht.« Ich ließ mich in den Stuhl fallen, schob mich vor und nahm mein Smartphone in die Hand. »William-Harnett-and-Company-Krankenversicherung, O'Hickey am Apparat?«

»Ja, hallo. Bin ich richtig bei der medizinischen Beratung?« Die zaghafte, helle Stimme klang überrascht.

»Mhm. Sind Sie eine Privatperson? Oder arbeiten Sie als Versicherungsmakler beziehungsweise -maklerin?«

»Maklerin.«

»Okay, und –«

»Nein, ich meine, wenn, wäre ich eine Maklerin. Ich bin eine Frau. Ich bin aber eine Privatperson.«

Ich schaltete auf lautlos und seufzte laut. Eine Sekunde später klickte ich auf das durchgestrichene Mikrofonsymbol, damit sie mich wieder hörte.

»Was kann ich für Sie tun?«

»Bin gerade erst nach Hause gekommen, und meine Ansprechpartnerin hat gesagt, meine Aufnahme in die private Krankenversicherung wurde abgelehnt. Verstehe ich aber nicht. Bin kerngesund.« Ihre zittrige Stimme ließ mich etwas nachsichtiger werden.

»Haben Sie die Nummer Ihres Versicherungsantrags? Dann kann ich Ihnen einen Telefontermin mit der zuständigen Kollegin für morgen einrichten. Wann geht es bei Ihnen?«

Gekonnt flogen meine Finger über die Tasten meines Laptops, und ich nahm ihre Daten auf. Den Termin für morgen Nachmittag trug ich ein. Endlich konnte ich auflegen.

»Ich finde, ich habe heute genug gearbeitet, was meint ihr?« Ein Griff nach rechts, und ich hatte eine längliche, kupferne Gießkanne in der Hand, mit der ich zu meinen Pflanzen rollte. Die Aloe vera, die mich an nach mir greifende Tentakel erinnerte, goss ich zuerst. Danach widmete ich mich den restlichen Pflanzen. *Die* Zeit des Monats brach an. Meine Kakteen verlangten nach Wasser.

Dafür musste ich erneut aufstehen. Langsam richtete ich mich auf und behielt mein Handy im Blick. »Wage es nicht, zu klingeln.«

Kaktus um Kaktus stellte ich samt Topf in einen Eimer. Die nährstoffhungrigen Kakteen mit der humosen Pflanzenerde zuerst, dann die Wüstenkakteen mit dem Sand-Lavabruch-Gemisch. Den Eimer füllte ich mit Wasser, ließ die Pflanze es aufsaugen und holte sie wieder heraus. Wasser floss von dem Topf und platschte in den Eimer.

»Das habt ihr gut gemacht.« Ich wischte meine erdigen Hände ab. »Sieht aus, als ruft heute niemand mehr an, was?«

Ich wurde mutiger und nahm mein Handy in die Hand. Kein Anruf. Unabsichtlich tippte ich auf meine Galerie, und sofort ploppte ein Foto von Róisín und mir im Pub auf.

»Was soll ich machen? Sie hat sich den ganzen Tag nicht gemeldet. Ob sie noch wütend ist? Obwohl sie mir Videos geschickt hat?« Bewaffnet mit meinen *Shiba Inu*-Pantoffeln kickte ich den Stuhl unter meinen Schreibtisch und wollte mich auf den Ohrensessel vor meinem bodentiefen Fenster setzen, da stolperte ich halb über die Aloe-vera-Pflanze, die ich nicht an ihren Platz zurückgestellt hatte.

Gerade noch fing ich mich am Griff des Fensters. Ich schob sie zurück zu den verschiedenen Kakteen, manche mit einem extrabunten Kopf dran, manche bemustert oder länglich, andere schief gewachsen, und kam mir vor, als richteten sie ihre Nadeln bedrohlich auf mich.

»Was? Soll ich sie etwa anrufen?« Menschen waren mir am Telefon oft zu kompliziert, worin mich mein Nebenjob immer wieder bestärkte, da konnte ich den Kontakt beim Texten einfacher halten. »Ich schreibe ihr.«

Hey, Róisín.

Nein, das klang blöd.

Jo, Róisín.

Nein.

Na?

Okay, es wurde verstörend. Noch nicht auf einem Ich-spreche-mit-meinen-Pflanzen-Level, aber nahe dran.

Tut mir leid wegen heute. Manchmal, ziemlich oft, bin ich zu sehr auf mein Auslandsjahr fixiert. (Hier traurige Geschichte einfügen). Hat eben seine Gründe, warum mir das wichtig ist. Deshalb darf ich dich aber nicht vor den Kopf stoßen. Sory.

Abgeschickt.

Sorry*

Besserte ich aus.

»Was macht ihr aus mir?« Nachdem ich meine Kakteen beschimpft hatte, verließ ich das lieblich duftende Zimmer und inspizierte in der engen Küche meine Gläser, die ich auf der einzigen Arbeitsfläche aufgereiht hatte. Das Sojawachs erhärtete. *Perfekt.* Ich räumte die Isländisch-Sprachbücher aus der Küche. Egal, womit ich mich ablenkte, Bücher, Duftkerzen, Pflanzen, Nachtschichten. Ständig erschien Felix' Gesicht in meinem Kopf. Sein Gesicht mit den feinen Zügen und der etwas schiefen Nase.

Sollte ich mich bei ihm auch entschuldigen?

Auf meinem Smartphone tippte ich die TikTok-App an und erkannte, dass Felix vor wenigen Sekunden eine Story dort hochgeladen hatte. Neben ihm war jemand, über die er den Namen Cara geschrieben hatte. Cara und er bewegten ihre Lippen perfekt zu *Cupid* von Amy Winehouse. Im Hintergrund erkannte ich, dass sie an einer Buchhandlung unweit von mir vorbeigingen. Egal. Ich steckte es weg.

Mein Handy vibrierte in meiner Jogginghose. Genervt holte ich es wieder hervor. Róisín.

Bist du betrunken? Du entschuldigst dich doch sonst nie. Aber okay. Ist okay. Kommst du raus? Bin vor deiner Wohnung.

Was? Hektisch meldete ich mich bei meinem Laptop für heute ab, somit wurden mir keine Anrufe mehr weitergeleitet, und schlüpfte in meine Schuhe.

»Komme«, sprach ich als Aufnahme ins Handy, schnappte mir meine Weste und eilte nach unten.

Tatsächlich. Da war Róisín. In einem Auto. Die Vorfreude sank in meine Kniekehlen. Sie winkte mich zu sich. Meine Oberschenkel kribbelten, als krabbelten unzählige Ameisen darin auf meinen Nervenbahnen umher. Sie trugen mich zu ihrer knallroten Schrottkiste, die an jeder möglichen Stelle Rostflecken aufwies. Selbst das Fenster gab beim Runterkurbeln quälende Geräusche von sich. Sie sollte das Auto gehen lassen. Ins Licht der Schrottpresse.

»Róisín. Wusste nicht, dass du eine Karre hast.«

»Manchmal brauche ich die für meinen Cateringjob, wenn die Aufträge außerhalb Corks sind.« Sie klopfte auf den Beifahrersitz. Staub hüpfte auf dem trostlosen Grau auf und ab.

»Nee, lass mal.« Obwohl die Nacht heute angenehm war, begann ich zu schwitzen.

»Komm schon. Eine Mitternachtsrunde, die Stadt schläft. Das hält das Auto aus.« Demonstrativ deutete Róisín auf den Sitz.

»Ist das Lenkrad mit Tape befestigt?«

»Das ist Deko.« Das klang nicht überzeugend, und das wusste sie, sonst würde sie mich nicht mit einem unschuldigen Grinsen ansehen.

»Róisín, ich steige da nicht ein.«

Sie lachte auf. »Owen, bitte.«

»Ich steige nicht ein.« Mein scharfer, zischender Ton tat mir leid, auch dass ich ihr vor ohnmächtiger Angst auf das Autodach geschlagen hatte. Nur was sollte ich machen? Mein Körper versteifte sich. Selbst wenn ich wollte – ich konnte nicht.

»Owen? Was ist mit dir?«

»Es tut mir leid. Ich bin vielleicht etwas übermüdet. Muss arbeiten, habe Nachtdienst am Handy. Sehen wir uns morgen?«

Róisín nickte, und ihr Gesicht, das ständig etwas fahl wirkte, schien noch blasser zu werden. Hatte ich sie verängstigt?

»Sorry, bin neben der Spur.« Mein Mund wollte weitersprechen, Róisín stoppte mich mit einer Geste.

»Schon gut. Ich sollte nicht zu dieser Uhrzeit vorbeikommen.« Wie sie über den Sitz gebeugt hastig das Fenster hochkurbelte, schwächte ihren Abgang etwas ab, jedoch hielt ich sie nicht auf, bis sie mit einem leuchtenden Rücklicht um die Ecke gebogen war.

Kopfschüttelnd nutzte ich die Gunst der Stunde für einen Spaziergang. Ich lief neben O'Sullivans Elektronikladen mit der flackernden Neonbeleuchtung seines Namenschriftzugs vorbei.

Die irische Kühle, das leichte Anfahren der Autos im Hintergrund und das Rauschen des River Lee besänftigten meine Nerven. Über mir erkannte ich schwach das Glimmen der Sterne, und ich bemerkte wieder, wie wohl ich mich in der einsamen Nacht fühlte. Fremde, die sich auf sich konzentrierten und eben das blieben. Fremd. Nur noch ein paar Monate, und ich reiste nach England. Freude kam keine auf. Vermutlich lag das an dem bevorstehenden Bewerbungsgespräch. Dieses eine Mal musste noch klappen, was ich mir vorgenommen hatte.

Zwei Leute kamen mir auf meiner Seite des Gehwegs entgegen, und ich wich zwischen bunten Mülltonnen, die in Rot und Lila gestrichen waren, auf die Straße aus. Dadurch tauchte ich in das Licht der Straßenlaterne ein.

»Owen?«

Spielte mein Kopf mir einen Streich? Waren mir meine Pflanzen gefolgt?

»Das ist Owen?« Die junge Frau neben Felix musterte mich. Nein, das war keine Einbildung.

»Felix? Was machst du hier?« Ach, stimmt, ich hatte doch Felix' Story gesehen. Als trügen mich meine Füße extra in seine Richtung.

»Wir sind auf dem Weg nach Hause, du?«

»Ähm, spazieren. Wohne in der Nähe.« Ich trat aus dem Licht, hinauf auf den Gehsteig. »Anscheinend erzählst du von mir?«

Ich erwiderte ohne Scheu ihren bösen Blick.

»Leider nichts Gutes. Cara, hallo.«

»Meinen Namen kennst du ja.«

Cara nickte, und ihre Mütze wackelte mit.

»Was habt ihr unternommen?«

»Sammelst du wieder Punkte? Das hier ist keine deiner

Guide-Touren. Du musst nicht auf nett machen.« Felix' harsche Reaktion verwunderte mich.

Cara erschien es ähnlich zu ergehen. Sie unterdrückte ein Grinsen und bekräftigte ihn mit einem: »Wir gehen, ist spät.«

»Ich, nein, okay. Wie ihr meint.« Sofort ging ich ihnen aus dem Weg, und Cara hakte sich bei ihrem Freund ein.

Ein paar Sekunden sah ich ihnen hinterher und konzentrierte mich wieder auf mich. Schritt für Schritt für Schritt entfernte ich mich von ihm.

Arroganter kleiner Typ.

Seufzend schüttelte ich über mein Verhalten den Kopf. Sollte ich mich entschuldigen?

Autos fuhren an mir vorbei und beleuchteten mich.

Nein. Warum auch? Bald sah ich ihn nie wieder. Er wäre eine witzige Anekdote, die ich mal hier, mal da erzählte. Dennoch nagte die ganze Sache an mir. Ich wollte ihn nicht sehen. Mit der Geschichte abschließen aber schon. Seelischen Ballast brauchte ich nicht im Gepäck.

Ich drehte mich um.

Felix und Cara waren weg.

Warum sollte ich mich zwingen zu pennen? Hatte es versucht, klappte nicht. Die Vorfälle mit Felix und Róisín von zuvor spukten in meinem Kopf herum. Das Sortieren meines Gießkannenregals, das Wegkratzen der Wachsflecken und das Beten, dass mich niemand durch meine Laptopkamera dabei ausspioniert hatte, was ich vor einer Stunde zum Entspannen gemacht hatte – nichts hatte geholfen. Ich musste mich um meine Probleme kümmern. *Ugh.*

Wie bewerkstelligte ich das? Musste ich mir ein Räucherstäbchen anzünden und mich dafür selbst streicheln? Zweiteres konnte ich abhaken. Ich kratzte mit meinem Zeigefinger an meiner Nagelbetthaut am Daumen. Was konnte ich dafür, dass Róisín mit ihrer Dreckskarre aufgetaucht war? Was konnte ich dafür, dass Autos verfluchte Todesmaschinen waren? Wie viele Leute starben jährlich bei Autounfällen?

»Ahhh.« Jammernd massierte ich mir mein Gesicht, rieb meine Lider mit meinen Handballen und strich mir meine Haare zurück, da mich jedes beschissene kleine Härchen nervte, das meine Stirn berührte.

In meinen Fingern juckte es, den Kontakt zu allen Menschen abzubrechen. Auf der anderen Seite stand da der Medizin-Owen, der wusste, wie wichtig es für das geistige Wohlbefinden war, auf seine mentale Gesundheit zu achten. Da ich eben nicht enden wollte wie mein Opa, griff ich nach meinem Handy.

Nicht meine Woche. Sorry wegen vorhin. Morgen Abend Party? Vielleicht erkläre ich ein bisschen was. Musst aber Stillschweigen bewahren. Wenn nicht, muss ich dich umbringen und im Lee versenken.

Keine Minute später kam die Antwort.

Aww, du bist romantisch. Das klingt nach dem perfekten Abend. Hol mich nach meiner Schicht im Krankenhaus ab.

Fehlte noch Felix.

Kapitel 11

Felix

Das Mondzeichen ist ebenfalls eine wichtige Komponente und zeigt, wo der Mond bei der Geburt stand. Gemeinsam mit dem Sonnenzeichen und dem Aszendenten hilft es uns, unser Ich besser zu reflektieren. Es zeigt unser tiefstes Inneres.

Die heutige Vorlesung lag mir noch im Magen. Wir durften Lehrbücher für den Grundschulunterricht lektorieren, von denen ich vermutet hätte, dass sie aus dem Jahr 1950 stammten – was leider nicht der Fall war. Sie waren von den letzten zwei, drei Jahren und beinhalteten zu viele unpassende Zeichnungen und Ausdrücke. Deshalb schockierte es mich, wie diskriminierend sie waren. Es ging darin um Spielplatzregeln, die anhand von weißen Kindern zeigten, was richtig war, und anhand von nichtweißen Kindern, was falsch. Morgen würden wir über die Begrifflichkeiten und Probleme sprechen. Zuerst hatte ich mich gewundert, wie das in mein Studium passte, bis uns erklärt wurde, dass es auch zu unserer Ausbildung gehörte, Diskriminierung in Texten zu erkennen, vor allem kulturell betrachtet. Unsere Welt hielt frustrierenderweise Jahr für Jahr neue Enttäuschungen für mich bereit. Apropos Enttäuschungen: Mein nächtliches Aufeinandertreffen mit Owen hatte ich ebenfalls noch nicht verdaut.

Zum Glück zog mich der magische Zauberakademie-Vibe auch heute zuverlässig in seinen Bann, verdrängte Owen und die Vorlesung, und ich lief mit staunend offenem Mund das Hauptgebäude des UCC entlang. Heute Morgen hatte es sogar an der Außenfassade ein Hochzeitsfotoshooting gegeben. Ja. Auf diesem Level befand sich die Ästhetik des UCC. Im nächsten mir unbekannten Gang griff eine junge Frau an eines der kleinen Fenster, die nachträglich in die alten Bleiglasfenster gebaut worden waren, um lüften zu können. Beim Öffnen rutschte ihr Ärmel hoch, und ich erkannte eine Patch-Pumpe zur Insulintherapie bei Diabetes, wie sie auch mein Onkel trug. Ein herrlicher Luftzug erreichte mich.

Um die nächste Ecke fand ich eine Reihe von Felsen vor. Ah. Der berühmte Steinkorridor im Nordflügel neben der Aula Maxima. Nach meiner Ankunft hatte ich ihn besuchen wollen. Damals fand ich zu viele Menschen vor. Heute herrschte Menschenleere.

Die Oghamsteine waren mit Metallhalterungen nebeneinander aufgereiht und standen entlang der Steinmauer. Ich näherte mich und fühlte eine unglaubliche Energie von diesen uralten Felsen ausgehen. Die Steintafeln mit Erklärungen ließ ich erst mal aus. Stattdessen bewunderte ich die Codes einer alten irischen Sprache, die in die Steine eingeritzt waren. Die antiken Grabsteine mit den verschiedenen Farben verloren meine Aufmerksamkeit, als jemand vom Innenhof in den Flur kam und an das Büro für die Besuchenden klopfte.

»Murphy?« Mein Geflüster war offenbar zu laut, und ich wandte mich ab, als ich eine Kopfbewegung seinerseits wahrnahm.

Was machte mein Chef im UCC?

Die Kapuze meines Hoodies musste zur Tarnung herhalten, und auch wenn ich ahnte, dass sie mich nicht unerkennbar machte, wie es ein einfacher Outfitwechsel bei Sailor Moon tat, verlieh sie mir ein Gefühl von Sicherheit. Risikofreude gehörte nicht zu den drei berühmten Worten, mit denen mich jemand beschreiben würde, dennoch lugte ich über meine Schulter.

Er hielt schwarze Stoffhüllen für Anzüge in der Hand. Hinter ihm standen zwei junge Frauen. Sie hatten sich ebenfalls welche über die Arme gelegt. Keine von ihnen war Nala. Lieferte Murphy Anzüge an das Lehrpersonal direkt ins UCC? War ja nicht so, als arbeiteten hier reiche Menschen, die ihr Geld mit Öl machten. Murphy und die anderen beiden drehten mir den Rücken zu. War das ein Haarband mit Zitronen darauf?

Die hellbraune Tür öffnete sich. Eine Frau mit grauem Haar steckte ihren Kopf raus. Als sie nach links sah, huschte ich seitlich zwischen zwei Steine.

Ich hörte kein Wort, dafür die Tür, die ins Schloss fiel. Hatte ich mir das alles eingebildet? Schaute ich zu viel *Stranger Things*? Wie ein erschöpfter Arzt nach einer zehnstündigen OP, der sich seine Barretthaube vom Kopf riss, zog ich meine Kapuze runter und schlich zurück in den Korridor.

»Felix?«

Erschrocken sog ich die Luft ein und erstarrte auf der Stelle. Das war's. Warum war ich nicht in meinem Dorf geblieben? Was redete ich da. Das war Yoshis Stimme, oder?

»Ich sehe dich auch, wenn du dich nicht bewegst.«

»Sorry.« Ich wandte mich zu ihr um und beschloss, meine blühende Fantasie zu zügeln. »Die Steine haben mich abgelenkt.«

»Wie geht's dir? Bist du mir dir letzten Tage ausgewichen?« Yoshiko löste den Dutt auf ihrem Kopf, und ihre schwarzen Haare fielen wie flüssige Seide um sie. »Besser. Hab schon gedacht, der Dutt reißt mir die Schädeldecke auf.«

Ich schnaubte belustigt. »Gut, warum? Und nein, natürlich nicht.« Ob sie mir glaubte, dass ich ihr nicht aus dem Weg gegangen war? Hatte sie etwas von Murphys Aktion mitbekommen?

»Warum? Weil du letztens im Community-Garten einfach

abgehauen bist? Habe ich dich überrumpelt?« Sie setzte sich auf die Steinbank, die in die Mauer unter den Fenstern eingelassen war, und ich mich neben sie.

»Nein.« *Obwohl. Ein wenig.* Darüber wollte ich mich nicht beschweren. Es half mir, über meinen Schatten zu springen. »Alles perfekt. Musste weg. Ist mir zu spät aufgefallen.«

»Okay, habe mir Sorgen gemacht. Und deine Nummer habe ich auch nicht. Komm gern wieder im Community-Garten vorbei. Wir können jede helfende Hand gebrauchen.«

Hm. Somit war jedes Fake-Szenario, das ich mir im Bett ausgemalt hatte, in dem alle mich hassten und verurteilten, mal wieder unbegründet gewesen. »Gern. Hat auch ein Gefühl von Zuhause. Mein Großvater hat früher einen Weingarten gehabt mit vielen Weintrauben und einem hundert Jahre alten Kirschbaum. Nachdem er gestorben ist, hat mein Dad es nicht übers Herz gebracht, hinzugehen, und alles ist ein wenig verwildert. Ich habe mich dort oft versteckt.«

»Versteckt?«

Ich räusperte mich. »Habe ich *versteckt* gesagt? Zurückgezogen. Wenn ich meine Ruhe gebraucht habe.«

»Na, dann freue ich mich. Hast du heute noch einen Kurs?«

»Bin durch für heute.«

»Hast du's gut. Ich muss noch ins Statistikseminar.«

»Das ist ja furchtbar.« Es gab kaum etwas Schlimmeres als Mathe für mich.

Yoshis kleiner Mund kräuselte sich. Sie konnte sich nicht mehr zurückhalten und lachte los. Ihre Hand dabei vor dem Mund. »Die Zahlen stören mich weniger. Es ist der Professor. Hat albtraumerregenden Mundgeruch und ist der Einzige, der extra nahe kommt, wenn er mit einem spricht. Wir sind zu fünfzehnt in dem Seminarraum, und alle sind davon betroffen. Sag, was machen deine Eltern so? Wegen dem Weingarten.«

»Ich glaube, die Zahlen finde ich trotzdem schlimmer. Aber der Mundgeruch wäre Platz zwei. Ach, und meine Eltern, die sind null reich oder so. Der Weingarten wird seit Jahrhunderten in unserer Familie weitervererbt und wäre nicht viel wert.« Da fiel mir wieder ein, dass Cara mich am Tor abholen wollte. »Ich muss auch los. Meine Mitbewohnerin wartet.«

»Klar, will dich nicht aufhalten.«

Wir standen beide auf.

»Machst du nicht. Bin dir dankbar, dass du mich ein wenig unter deine Fittiche nimmst. Sonst würde ich das Studium allein verbringen.«

»Das freut mich. Scar fragt auch öfter nach dir. Also melde dich gern. Ich bin forsch und denke oft nicht nach. Mein Bruder Takeru ist für ein Auslandsjahr in Tokio bei meiner Tante, und der ist noch schlimmer als ich. Aber nicht so schlimm wie Keylam. Also unser Vater.« Wieder einmal schickte mir das Universum Menschen, die mir zeigen sollten, mehr aus mir herauszukommen. Menschen, von denen ich lernen konnte.

»Ich finde deine Art nicht schlimm, ich wäre gern etwas forscher.« Ich nahm Yoshiko in den Arm und winkte ihr dann zu. »Bis nächstes Mal, oh, hast du TikTok oder Insta? Dann schicke ich dir meine Nummer.«

»Das wäre toll. Ja, heiße auf TikTok Yoshi mit siebzehn *I*. Bin die mit dem Fanfiction Account über Nami und Vivi aus *One Piece*.« Ich wusste nicht, dass ich diese Geschichte brauchte bis heute.

»Sehr gut, bye.«

Was machte Cork aus mir? Ich hasste Zuspätkommen, und nun fand ich mich ständig in Situationen vor, in denen ich mich abhetzte.

»Felix.« Mein Name stoppte mich im Laufen. *Nicht der wieder.* Ich suchte im Wirrwarr des Innenhofs nach dem Besitzer der Stimme, bis ich ihn unter den roten Jungfernreben der Außenmauer fand.

Fragend hob ich meine Schultern und Arme, um nicht durch den Hof rufen zu müssen. *Was ist?* Owens Hände rutschten in die Taschen seiner schwarzen weiten Jeans, und der kühle Irlandwind, der überall den Geruch nach Meer und Grün verteilte, wehte seine dicke Stoffjacke auf. Das freche Grinsen auf seinen Lippen machte ihn bestimmt zu jemandem, dem Leute schnell verfielen, solange er nicht den grumpy Owen auspackte. Auf mich wirkte das selbstredend nicht.

»Dass du sofort stehen bleibst, wenn ich dich rufe, gefällt mir.« Das Lächeln spitzte sich zu. »Habt ihr gut nach Hause gefunden?«

Ich ballte meine Hände zu Fäusten. Einerseits weil mich seine Überheblichkeit ärgerte, andererseits weil mich meine Unfähigkeit, zurückzuschießen, störte. Der Sturm wuschelte mir durch die Haare und trug sein Parfüm zu mir, das nach irgendetwas Sanftem roch, das ich nicht zuordnen konnte.

»Ja. Offensichtlich. Was machst du hier?«

»Ich brauche einen Ausdruck meiner Studienbesuchsbestätigung für die Versicherung.« Owens Haltung veränderte sich, wurde lockerer. »Ich …«

»Du, ich muss los. Cara, die von gestern, wartet.« Keinen Bock auf einen blöden Spruch.

Ohne seine Antwort abzuwarten, setzte ich mich in Bewegung, hielt aber sofort wieder inne. »Nach was riechst du?« Ich sah zu Owen.

»Wie bitte?« Owens Augen weiteten sich verblüfft, und er roch auffällig an seinen Achseln.

»Dein Parfüm.« Ich musste mir ein Lachen verkneifen.

»Ah so. Äh. Feigen, also Feigenblatt, Feigenholz und schwarzer Pfeffer.« Perplex zählte er mit einem großen Fragezeichen im Gesicht die Inhaltsstoffe auf. Wer wusste exakt, was alles in seinem Parfüm war?

»Feige. Echt gut. Wäre ich niemals drauf gekommen, aber, wo du es sagst.« Ich lief wieder los. »Bye.«

»*Du* lässt mich stehen?«

Ich reagierte nicht darauf. Mein Kopf stand mir nicht nach

einem Schlagabtausch mit Owen. Denn heute konnte ich nur an eines denken: Was hatte Cara mit mir vor?

»Ich breche nicht in einem neuen Land in ein Theater ein, Cara.« *Wäre ich nur bei Owen geblieben.*

Dass ich mir das mal wünschte. Wenigstens hatte unser Pizzaessen bis zur Dämmerung gedauert.

»Stell dich nicht so an und hilf mir.« Cara fummelte an der völlig verrosteten Tür an der Hinterseite des *Cork Arts Theatre* herum.

Das Wellblech an der Wand war mit Graffiti beschmiert und wurde von einer Lampe am Blech beleuchtet. Wir standen im Scheinwerferlicht da, als spielten wir einen Einbruch auf einer Bühne nach.

»Cara, du weißt, dass über uns lauter Balkone von Wohnhäusern sind.« Ich knetete meine überlangen Ärmel, zog mit meinen Zähnen die Haut an der Lippe ab, die ich wund gebissen hatte, und hielt nach irgendwelchen Menschen auf den besagten Glasbalkonen Ausschau. »Ist das da eine Kamera?« Ich rieb besorgt an meinem Ohrläppchen.

»Wie bitte, Liebes? Ich verstehe kein Österreichisch, ah.« Cara hatte die Tür gelockert, hob sie an der Klinke an, und sie bewegte sich nach außen.

»Da steht *Feuernotausgang freihalten.* Wir halten ihn nicht frei, Cara.«

»Deswegen müssen wir rein, damit er wieder frei ist.« Sie zwinkerte mir zu, zuckte aber selbst zusammen, als die uralte Tür am Boden schleifte und das Geräusch durch die schmale Seitengasse hallte. »Hopp, rein.«

»Ich gehe da nicht rein.«

Eine Balkontür über uns öffnete sich, ließ mich leise aufschreien, und ich schlüpfte durch den Spalt ins Theater. Cara folgte mir und schloss die Tür.

»Cara. Ich zünde deine Astrologiebücher an.«

»Das machst du nicht.« Cara nahm meine Hand, und wir verließen die dunkle Halle, die von einem Notausgangsschild beleuchtet wurde.

Natürlich wusste Cara, dass ich das nicht machen würde. Ich hasste es, dass sie mein Geburtshoroskop auswendig gelernt hatte, bevor sie mir das Zimmer zusagte. So durchschaute sie mich, und bluffen war ein Ding der Unmöglichkeit. »Was hast du vor?«

»Psst.« Cara huschte mit mir an nach Schimmel riechenden Bühnenrequisiten vorbei. Wir wichen einer Ritterrüstung aus. Sie lotste mich über ein Minenfeld verschiedener zersplitterter Neonleuchten, und ich bestaunte indessen die schwach erhellten Kostüme an einer langen Kleiderstange. Sie dünsteten einen ungewaschenen, verschwitzten Geruch aus. Leider war es zu dunkel, um alles richtig zu bestaunen.

»Cara.«

»Psssst. Willst du, dass uns die Wachen erwischen.«

Moment, was? Hier war jemand, der das Theater nachts bewachte? Fünfzig verschiedene Sorten von Angst zogen sich durch meinen Körper und verschafften mir eine Gänsehaut bis in meine Hoden.

Caras Handy leuchtete auf, und die integrierte Taschenlampe ging an. Was machte sie denn da? Immerhin erkannte ich wieder mehr von der Umgebung. Der Handylichtkegel fiel auf einen Spiegel, Schminktische, Stühle, Teppiche, und ehe ich nachhaken konnte, stand ich mit Cara auf einer leeren Bühne. Cara ließ mich los und verschwand aus meinem Blickfeld. Wenige Sekunden später erhellte sich der Saal.

Ein Gefühl des Ausgeliefertseins breitete sich in mir aus. Der Saal wirkte durch das Licht größer. Cara stand in der Mitte der linken Treppe bei den Sitzreihen. »Na, was sagst du?«

»Was ich sage? Warum brechen wir in ein Theater ein?« Ob die Polizei schon auf dem Weg war?

Nächste Schlagzeile: Österreicher bricht mit Hexe in irisches Theater ein.

»Felix, beruhig dich. Ich kenne Dolores, die Leiterin des Theaters. Sie lässt sich von mir bezüglich ihres Geburtshoroskops beraten. Ich darf herkommen. Gebe manchmal Astrologiegruppenkurse und probe hier vorab. Auch mal live auf TikTok, wodurch wieder mehr Leute herkommen. Ich habe sogar einen Schlüssel, will dich nur veralbern.« Katzengleich setzte sie sich geschmeidig auf den dunkelroten, samtigen Klappstuhl vor mir. »Brauchst nicht ständig Panik zu haben.«

Erleichterung machte sich in mir breit, und ich setzte mich auf den Rand der Bühne. »Mach das nie wieder.« Mein Brustkorb löste sich, und ich bekam wieder mehr Luft in meine Lungen.

»Die Welt ist nicht dein Feind. Nur manchmal.«

»Und was machen wir in dem Theatersaal? Wie soll ich hier Typen kennenlernen?« Das klang etwas bedürftig. »Nicht, dass ich das nötig habe.«

»Ich habe ein paar Jungs eingeladen. Nicht gleich wieder durchdrehen. Nee, Spaß.« Cara zog eine Flasche Wein unter ihrem Sitz hervor. »Du hast mir erzählt, du würdest gern bei der Schreib-Society mitmachen, traust dich aber nicht. Also hast du hier deinen Safe Space und liest mir etwas vor.« Woher hatte Cara den Korkenzieher, den sie in die Flasche schraubte?

»Haha. Darauf falle ich nicht rein. Also?«

»Nein, das meine ich ernst.«

»Ich habe meine Texte nicht mit.«

»Du hast gesagt, du hast alles auf dem Handy.«

»Ich habe mein Handy nicht dabei.«

Cara legte den Kopf schief. Kurz danach läutete mein Handy, und Cara hob ihr Smartphone hoch.

Reflexartig griff ich an meine Stoffhosentasche. *Mist.*

»Noch eine Ausrede?«

»Ich kann nicht lesen.«

»Felix.« Sie hob misstrauisch ihre Augenbraue. Ein fein hineinrasierter Schlitz zierte sie.

Ach, verdammt.

»Ich will dich nicht dazu drängen, obwohl doch, aber du weißt, was ich meine. Du sollst keine Angst haben, du stehst dir selbst im Weg.« Wein gluckerte aus dem Flaschenhals in Caras Mund.

»Ich habe Angst vor Bühnen. Das bin ich nicht. Ich habe einen Weihnachtsbaum in einem Weihnachtstheaterstück gespielt und bin ohnmächtig geworden. Aufgewacht bin ich liegend, mit dem Kopf auf dem Schoß meines Direktors.« Die Erinnerung daran und an meinen Blick hoch in seine behaarte Nase wollte ich bis an mein Lebensende verdrängen.

»Dann eben so.« Cara holte mich, zog mich auf ihren Platz, und sie setzte sich im Schneidersitz mitten auf die Bühne. »Besser? Dann bin ich die Schauspielerin, die dem Publikum lauscht.«

Tatsächlich fühlte ich mich wohler. Trotzdem quengelte die Angst in mir und wollte, dass ich ihr Raum verschaffte. Dabei dachte ich an all die Leute in meinem Heimatdorf, die mich gebrochen hatten, und an meine Eltern, die nicht wirklich daran glaubten, dass ich die Auswanderung durchzog. Nein, manchmal musste ich mir einen Arschtritt verpassen.

»Du hast gewonnen.« Klatschen breitete sich im Saal aus.

Nicht von Cara. Von meinen Händen, die einmal gegen meine Hose trommelten. Meine Atmung hatte sich unauffällig beschleunigt. Wenn ich mir vorstellte, wie ich in Caras skeptisches Gesicht blickte, sobald sie meine Texte hörte und sie doch beschissen fand, ließ das die Geschwindigkeit meines Pulses ins Unermessliche schießen.

Noch erkannte ich davon nichts in Caras Augen. Sie funkelten mir voller Erwartung entgegen, und wieder erschien diese Frage in meinem Kopf. »Cara?«

»Keine Ausflüchte, Mister.« Sie schlug ihre Beine übereinander, wodurch ihre weite Jeans wie ein Rock aussah.

»Ich, also, ich schätze alles, was du für mich machst.«

Caras Lächeln verwandelte sich in einen Strich. Ihre Kiefermuskeln traten vor. »Aber?«

»Warum tust du all das für mich? Wir kennen uns zwar seit Monaten vom Schreiben. Keine Ahnung. Also, ich, puh. Weiß gar nicht, was ich sagen soll.« Mein Herumgedruckse machte Caras Anspannung nicht besser.

»Ich will dir helfen.« Nach dem letzten Teil hielt Cara meinem Blick nicht mehr stand, und sie senkte ihren Kopf ein wenig, was ihre lila Strähnen wie einzelne Würmchen vorfallen ließ. »Dir soll es in Cork gefallen.« Sofort knipste Cara ihr Lächeln wieder an. Hatte sie dafür einen Lichtschalter am Rücken eingepflanzt?

»Meine Oma hat mir Astrologie nähergebracht, und ich bin kein Pro wie du, trotzdem habe ich mir dein Geburtshoroskop angesehen.« Der Theaterstuhl klappte beim Aufstehen zurück, und ich nahm die Treppe Richtung Bühne.

»Also, das ist komplex. Ich glaube nicht, dass du mein …«

»Dein Mond, Wassermann, im vierten Haus bedeutet, dass du eine starke Bindung zu deiner Familie hast. Du wünschst dir ein beständiges Zuhause. Was ich mitbekommen habe, seid ihr aber oft umgezogen. Du hast das Gefühl, ein Auf und Ab mit deiner Familie erlebt zu haben. Gemütsschwankungen vielleicht?« Mit jedem Satz ging ich mehr in Caras Richtung, und ich fühlte, wie die komplette Atmosphäre im Saal umschlug.

»Felix, das ist lächerlich.« Caras Knabbern an den Fingernägeln sagte etwas anderes.

»Dein Sonnenzeichen, das, was dein Ich ausmacht, ist kompliziert im Bezug zu deinem Mondzeichen, das dein tiefes Inneres aufzeigt. Du fühlst dich wie in zwei Richtungen gezerrt. Einerseits willst du diese geerdete Frau sein, andererseits verdrängst du irgendetwas, was dich davon abhält.«

»Felix, es reicht.« Cara sprang auf und lief die Bühne hinab zum Lichtschalter. »Ich wollte dir helfen. Ich brauche niemanden, der mir falsche Auskünfte über mich gibt.«

»Es tut mir leid, Cara. Ich will nicht undankbar sein oder dich verärgern. Was ich aber vermeiden möchte, ist, dir deine Zeit zu stehlen, weil du dich wegen irgendetwas verpflichtet fühlst, mir zu helfen.« Meine Worte überschlugen sich von selbst.

»Tja, zu spät.«

In der nächsten Sekunde ging ein Klackern durch die Halle, Cara riss den Hebel für die Beleuchtung nach unten, und ich stand in der absoluten, alles verschlingenden Finsternis.

12

Owen

Die zwölf Häuser können wir uns wie eine Brille vorstellen. Sie verschärft den Blick auf unser Geburtshoroskop, damit wir erkennen, wie es auf uns zugeschnitten ist.

»Da hat der mich einfach stehen gelassen. Mich.« Ich wiederholte das *Mich* etwas lauter. In dem Augenblick endete die Livemusik der irischen Kleinstadtband.

»Was?« Ich lehnte mich näher zu einem Typen, der mich blöd von der Seite anstarrte, was ein perfektes Zeichen für die anderen um mich war, sich wieder auf ihre Drinks zu konzentrieren.

The Blue Corks stimmten das nächste Lied an, und ich exte mein Bier. »Mich.«

»Wie oft willst du das noch sagen?« Róisín nippte an ihrem Gin Tonic. »Normal lässt *du* die Leute im Regen stehen. Das Blatt wendet sich, und du hast erfahren, dass sich das beschissen anfühlt. Völlig klar, dass dein neandertalischer – ist das ein Wort? – Jagdinstinkt herauskommt und er dich interessiert.« Da ließ mich Róisín zwei Tage länger warten, um mit mir feiern zu gehen, und dann unterstützte sie mich nicht.

Alles in mir zog sich zusammen. »Hää? Was?« Auch mein Gesicht zeigte wohl die verwirrteste Grimasse ever. »Dieser Typ interessiert mich nicht. Es nervt mich, dass ich mich entschuldigen will, und dann lässt er mich abblitzen.«

»Also hat er dein Interesse geweckt?«

»Róisín. Stopp.«

»Hat er auch dein Pimmelinteresse geweckt?«

»Róisín. Hör auf.« Ihr wilder Augenbrauentanz, der mit den dünnsten, hellsten Brauen der Welt kaum sichtbar, aber dennoch zu erahnen war, reizte mich.

»Außerdem, es gibt kein *Außerdem,* weil er mich nicht interessiert, aber selbst wenn …«

»Hypothetisches Pimmelinteresse.«

»Ja. Nein. Selbst wenn. Ich fange nichts mit Leuten aus der Uni an. Du kennst diese ganzen Soap-Dramen an der UCC und meine Erfahrung, die ich gemacht habe.« Ein Schauder leckte mir über den Rücken, als ich an Joseph in meinem ersten Semester dachte, der mitten in meiner ersten Prüfung den Saal gestürmt hatte, um mich zu fragen, warum ich Schluss gemacht hatte. Gut, ich hatte übers Handy Schluss gemacht. Arschloch-Move. Geschenkt. Trotzdem. Das war zwar nicht der Hauptgrund, weshalb ich generell kein Fan davon war, eine zu enge Bindung mit Menschen aufzubauen, aber zumindest mit eine Ursache, weshalb ich keine Typen vom UCC datete. Für meine Karriere brauchte ich einen klaren Kopf und keine Typen, die mir den Ruf bei den Profs ruinierten. »Tut mir leid, aber da gibt es für dich nichts zu grinsen.«

»Schade. Aber vielleicht kann sich das ändern? Du bist schließlich bald weg vom UCC.«

»Ja, und in England, wie du vielleicht weißt. Hoffe ich zumindest …« Da musste ich wieder an mein baldiges Bewerbungsgespräch denken.

Róisín sagte nichts mehr. Ihre Mundwinkel sausten in Richtung dunkler Teppichboden, der von Anfang an im *Funny Steph Pub* war und den noch nie jemand bei Licht gesehen hatte, der aber sicher die Kotze der letzten Generationen in sich trug. Sie hasste das England-Thema.

»Wenn nicht du diesen Platz in England bekommst, wer dann?« Róisín blubberte durch den Strohhalm in ihren Gin Tonic.

Meine Finger spürten die aufgewärmten Bronzeringe, die Róisín trug, als ich ihre Hand drückte. »Das machen wir heute nicht.«

»Was?« Wenn sie von unten hochguckte, sah sie aus wie ein nach Streicheleinheiten bettelnder Golden Retriever.

»Na, das.« Ich zeigte auf ihr Gesicht. »Traurig sein.«

»Abgemacht, dann sag mir, was du für ein Problem mit meinem Auto hast?« Zack. Da saß sie wieder aufrecht vor mir.

Dafür sackte ich nun ein. »Ich würde lieber über Belangloses reden.«

»Ich habe deine Nachricht als Beweis. Du hast versprochen, du sagst es mir.« Ihr Display leuchtete auf, und sie scrollte durch unseren Chat.

Ich verbog mich, um mitzulesen. »Wieso hast du mich als Grumpy-Owy eingespeichert?«

Keine Antwort.

»Hmpf. Wir sollten dich als neues Forschungsobjekt einsetzen, Róisín, du scheinst nämlich an besorgniserregender Vergesslichkeit zu leiden. Niemals verspreche ich so was.« Obwohl ich laut sprach und die lallenden Deppen um mich sowie die Band übertönte, bekam ich erneut keine Antwort. Wunderte mich nicht mehr. Róisín war so was wie die personifizierte Unfähigkeit, Multitasking zu betreiben. Sobald sie etwas auf ihrem Handy las, hörte und verstand sie nichts mehr, was jemand ihr sagte.

»Hm, okay.« Róisín legte das Handy weg. »Nicht versprochen, aber trotzdem. Du hast gesagt, du machst es.«

Ich lehnte mich in dem dunklen Holzstuhl zurück und wog ab, inwiefern sich die zu enge Freundschaft zwischen uns noch mehr intensivieren würde, erzählte ich ihr davon.

»Ja?« Róisín stieß mit ihrem gegen mein Glas. »Owen?«

Ich zupfte an meinem Bierdeckel. »Schon gut.«

Verschwörerisch steckten wir die Köpfe zusammen, schoben die Gläser beiseite, und ich fixierte das Dartspiel hinter Róisín, um sie nicht direkt ansehen zu müssen.

»Mein Bruder.« Als ich das Wort *Bruder* aussprach, krächzte ich. Es fiel mir sogar schwer, seinen Namen zu denken. Colin, Colin, Colin. Nein, es ging nicht. Seit seinem Unfall hatte ich seinen Namen nicht mehr ausgesprochen. Mehrmals räusperte ich mich. Ich wollte, nein, ich brauchte kein Mitleid.

»Mein Bruder ist bei einem Autounfall ums Leben gekommen. Ist erst ein paar Jahre her.« Darüber zu sprechen, verpasste mir eine scheiß melancholische Ohrfeige. Ich musste an all die Male denken, in denen ich seinen Namen gerufen hatte. Witzig, kämpferisch, wütend, traurig, lang gezogen oder skeptisch. In allen Variationen hatte ich meinen Bruder beim Namen genannt. Mittlerweile war sein Name zu einem verblassenden Echo in meinem Kopf geworden.

»Owen. Das, das tut mir leid.«

»Warum? Du kannst nichts dafür.«

»Ich weiß. Das sagen Menschen so.« Róisín wurde nervös. Sie wusste nicht, wie sie auf die Nachricht reagieren sollte. Niemand wusste das. Wie auch?

»Er ist nicht betrunken gewesen. Es hat keinen Geisterfahrer gegeben. Keine Fahrerflucht. Sein Auto hat sich einfach auf einer Landstraße überschlagen, und er war tot. Weg. Das ist absurderweise das Schlimmste daran. Dass es nichts gibt, auf das ich wütend sein kann. Keine Erklärung, was geschehen ist. Keinen Typen, den ich anbrüllen kann. Keine Internetfahndung, um den Flüchtigen zu finden. Keinen Spendenmarathon, um Gerichtskosten zu finanzieren. Ich kann nichts machen, außer zuzusehen, wie eine Person von heute auf morgen weg ist und ich keine Erklärung dafür habe, wie es passieren konnte.« Zum ersten Mal in meinem Leben redete ich mir das von der Seele. »Dieser Gedanke, dass er morgens aufgestanden ist, sich fertig gemacht hat, gegessen hat, gelacht hat, geatmet hat, mir geschrieben hat, ohne zu wissen, dass er ein paar Stunden später tot sein wird, bringt mich um den Verstand.«

Róisíns schwitzige Hand verkrampfte sich um meine. »Und seitdem hast du Angst vorm Autofahren?«

»Autofahren, Taxis, Busse, Flugzeuge. Alles.« Letzteres musste ich für meine Englandreise zwar betreten, aber darüber wollte ich noch nicht nachdenken. »Es ist alles wie eine unvorhersehbare Tötungsmaschine, die dich in einem Wimpernschlag umbringen kann. Jemand ist betrunken, abgelenkt, guckt aufs Handy – Zack. Ein technischer Fehler – Zack. Ein Tier, das über die Straße läuft, und du verreißt das Lenkrad – Zack. Zunächst habe ich gar nicht daran gedacht.« Die Erinnerung an mein letztes Mal hinter dem Steuer spielte sich in mir wie ein Film ab.

»Hab mich normal ins Auto gesetzt. Wollte Brötchen kaufen. Hab das Lenkrad angefasst, wollte starten. Plötzlich hatte ich eine Panikattacke wie aus einem unserer Lehrbücher.« Das war mir peinlich. Komischerweise hatte ich nie ein Problem mit meiner Sexualität, aber dass ich nicht mehr Autofahren konnte wie alle Volldeppen da draußen, nagte an meinem Ego.

»Verdammt, und ich habe dich gedrängt, einzusteigen. Ich komme mir blöd vor.« Róisín schlug sich mit der Hand auf die Stirn.

»Du kannst nichts dafür, du hast es nicht geahnt. Versprich mir, dass du das für dich behältst.«

»Du musst dich dafür nicht schämen.« Róisín stoppte mitten im Satz.

»Versprich es.«

»Versprochen.«

Ich zog meine Hände zurück, ließ sie über den Tisch voller Rillen gleiten, spürte die Unebenheiten alter Kaugummis, die eins mit der Oberfläche geworden waren, und seufzte. Eine komische Mischung aus Erleichterung und Verletzlichkeit breitete sich in mir aus. Da half nur eines: mehr Alkohol.

»Ich hol uns noch etwas, ja?« Mein Blick ging zu unseren leeren Gläsern.

»Ja.«

Ich stand auf.

Róisín schnellte vor und griff nach meinem Unterarm. »Danke, dass du mir das anvertraut hast.«

»Okay.« Keine Ahnung, warum mir nichts Besseres eingefallen war.

In der Menge aus Leuten verschwand ich. Mehr und mehr Menschen stießen dazu. Schweiß und Alkoholfahnen gehörten nicht unbedingt zu meinen Lieblingsduftkompositionen. Trotzdem schlug ich mich tapfer durch die Menge von nassen Shirts und Fleischmassen. Als ich mich zur Bar durchgekämpft hatte, fühlte ich die eingeritzten Sprüche, Namen und Nummern am uralten Holz und schob einen der Aschenbecher weg, die neue Mitarbeitende im *Funny Steph's* an ihrem ersten Arbeitstag anfertigen mussten. Eine nette Geste von Chefin Stephanie. Sie verteilte sie anschließend liebevoll im Pub, obwohl einer hässlicher, schiefer und löchriger als der andere war.

»Hey.« Ich schnippte vor Kasims Augen herum. »Darf ich etwas bestellen?«

»Halt die Fresse, O'Hickey.« Also von dem schüchternen Work-n'-Travel-Typen war nicht mehr viel übrig geblieben. Wir hatten ihm das Corksein eingeprügelt.

»Halt du die Fresse mit deinen Geheimratsecken und mach mir noch mal dasselbe.«

»Bist du mit deiner Freundin da?« Kasim schielte hinter mich.

»Róisín will nichts von dir.«

»Das werden wir sehen.« Kasim zeigte mir sein strahlend weißes Lächeln und schnappte sich ein frisches Glas für Róisíns Gin Tonic.

»Weißt du schon, hey …«, ich drückte den Kerl weg, der sich an die Bar drängelte, »… wie lange du bei deiner Familie in Ghana bleiben wirst?«

»Warum? Wirst du mich vermissen?« *Irgendwie schon.* Kasim war damals hier gewesen, als ich mich wegen meines Bruders volllaufen ließ. Ich hatte verdrängt, wie viel er wusste. Was ich nicht vergessen hatte: Er hatte mir an diesem Abend kein Geld berechnet, für nichts. Er musste alles von seinem Trinkgeld bezahlt haben. Stephanie war da strenger.

»Pff. Hättest du gern. Wenn, dann vielleicht deine Hand.« Herausfordernd hielt ich seinem Blick stand, ehe ich damit auf seine rechte Hand wanderte.

»Haben wir nicht abgemacht, nicht mehr darüber zu sprechen?« Nach meinem Spruch stieß Kasim ein paar Gläser um, und er brauchte ein paar Anläufe, um den richtigen Zapfhahn für mein Bier zu finden. Sein Blick schweifte umher, aber niemand interessierte sich für unser Gespräch.

»Kasim. Es kommt.«

Er riss seine Augen weit auf und starrte mich an. »Was, ah.« Bevor er fertig gesprochen hatte, floss das Bier über den Rand des Glases hinaus, und etwas Schaum benetzte sein Gesicht.

»Witzig. So hast du damals auch geguckt.« Ich nahm ihm das Bierglas aus der Hand. »Stimmt so.«

Das Geld ließ ich auf der Theke zurück, und beim Weggehen hörte ich Kasims »Arschloch«. Als könnte ich etwas dafür, dass er betrunken doch etwas hatte experimentieren wollen.

Unsere Drinks beschützte ich bei dem Kampf zurück zu Róisín mit meinem Leben. Zwei Männer mit Vollbart, die als die Söhne des Weihnachtsmanns durchgingen, schubsten sich vor mir.

»Sag das noch mal«, wiederholte der eine mit dem grünen Trucker-Cap.

Genervt stieß ich Luft aus und legte meinen Kopf in den Nacken. Unmöglich, da vorbeizukommen. Woran die Schaulustigen, die die beiden anfeuerten, nicht unschuldig waren. Über mir erkannte ich die verschiedensten Kfz-Kennzeichen aus aller Welt, die Stephanie sammelte und an der dunklen Holzdecke anbrachte. Ich nahm das Gespräch der beiden Typen kaum noch wahr. Sie stritten wohl wegen der größten Streitfrage Corks: Sollte Cork nicht die eigentliche Hauptstadt Irlands sein?

Lautes »Kämpft, kämpft, kämpft«-Gebrüll drang an mein Ohr. Solange die beiden sich nicht auszogen, gab es für mich nichts Spannendes zu sehen.

»Hey, du. Darf ich vorbei?« Hörte die vor mir zu?

»Verpiss dich, das ist mein Platz.« Okay, hatte sie. Es war einen Versuch wert gewesen.

Ich stellte mich auf die Zehenspitzen, bis ich Róisíns Kopf erkannte. Im selben Moment wandte sie sich vom Kampf ab und sah zu mir. Ich zeigte ihr unsere Drinks und hob fragend meine Schultern. Sie verstand, dass ich nicht durchkam, und ich musste wie ein Ertrinkender in einem Meer aus Volldeppen wirken. Róisín konnte allerdings auch nichts anderes tun, als mit den Schultern zu zucken.

Ich gab auf. Der Weg zurück zur Bar stellte keine allzu große Herausforderung dar. Schließlich freute sich jeder, näher an die boxenden Weihnachtsmänner zu kommen. Nachdem ich die Traube aus wandelnden Alkoholfahnen hinter mir gelassen hatte, fühlte ich mich befreit. Ich konnte wieder tiefer einatmen – was spätnachts in einem irischen Pub jedoch generell nicht das Angenehmste war. Gleichzeitig merkte ich, dass ich die Hälfte des Biers und des Gin Tonics verschüttet hatte. *Klasse.* Laune im Keller.

Ich zog mich auf die Toilette zurück. Wie erwartet, fand ich ein bisschen Ruhe. Ein Typ stand am Waschbecken, und einer verschanzte sich in einer der beiden Kabinen, deren ursprüngliches Grün ich durch die Sprüche, Schriften, Löcher und angeklebten Fahnen, Nacktbilder und Fußballsticker kaum noch erkannte.

»Da ist was los draußen, was?« Ich stellte mich neben dem Waschbecken-Typen an das Pissoir. »Darf ich?« Seine Antwort wartete ich nicht ab und stellte die Drinks vorsichtig auf die verflieste Ablage, auf der die Wand entlang Klopapierrollen und Kondompackungen lagen. Mit meinen nun freien Händen öffnete ich meinen braunen Gürtel. Keine Ahnung, warum ich einer der Männer war, die es nicht schafften, ihren Schwanz durch das Loch in der Shorts und dem Hosenlatz rauszuholen. Deswegen: Gürtel auf, Hose auf und Feuer frei.

Der Typ neben mir ließ das Wasser laufen und starrte in das Becken hinein. Wasser tropfte von seinen blonden Haarspitzen und der Nase. Die Hände hatte er an das Waschbecken gekrallt.

»Alles klar?« Ich versuchte, sein Gesicht zu sehen, und fragte mich nicht zum ersten Mal, wer diese Toilette geplant hatte. Ein Pissoir neben dem Waschbecken ohne Trennwand?

»Mhm.« Blondie spuckte in das laufende Wasser, dessen Rauschen den gesamten Raum erfüllte. Das und die in unregelmäßigen Abständen ertönenden süßen Klänge der Blähungen vom Kabinen-Typ.

»Geht es hier immer so zu?« *Okay.* Er konnte doch sprechen und hob seinen Kopf.

»Ach, das?« Ich schüttelte den Kopf und sah zu ihm. »Ist noch gar nichts. Du solltest sehen, äh, Felix?«

Felix' nasse Strähnen klebten ihm im Gesicht, und trotz der blinkenden Neonröhren, die die grün geflieste Toilette in einen Thriller-Schauplatz verwandelten, erkannte ich seine halb offenen Augen, das leichte Grinsen und die lallende Frage. Definitiv zu viel Alkohol.

»Kennen wir uns?« Felix zwickte die Augen zusammen, näherte sich meinem Gesicht, drehte seinen Kopf fragend und knabberte an seiner wohlgeformten Unterlippe. »Amal?«

»Wer?« Ich hatte noch meinen Schwanz in der Hand.

Felix schien das zu bemerken und sah nach unten. »Okay, du bist nicht mein Ex-Freund.«

»Warte. Hey. Ist das was Gutes oder was Schlechtes?«

Er torkelte ein paar Schritte zurück. »Danke.« Felix nahm die Drinks, zwinkerte mir zu und deutete mit seinen beiden Zeigefingern auf mich. »Echt nett.« Dieser Kerl schnappte sich tatsächlich meine Drinks.

Ich schüttelte ab, zog meine Hose hoch und wollte ihm gerade folgen, da schlug die Tür zu, und die des Kabinen-Typen öffnete sich direkt vor mir. Ein Geruch zog heraus, der mich an die Zeit erinnerte, in der ich als Kind das Klo nach meinem Vater betreten hatte.

Kabinen-Typ, der wie der dritte, verlorene Bruder der Weihnachtsmänner aussah, lallte etwas in meine Richtung. Ich wich aus und riss die Tür auf. Weg. Wo hatte Felix sich versteckt? Genervt ging ich noch mal zurück und wusch mir die Hände, ehe ich die Toilette verließ. *Erst lässt der mich stehen, und dann erkennt er mich nicht.* »Ich glaub, ich spinne.«

»Da bist du ja. Wo sind die Drinks?« Róisín erschreckte mich mit ihrem Aus-dem-Nichts-Auftauchen.

»Kann jetzt nicht, Felix hat meinen Schwanz gesehen.«

»Owen, was ist da drinnen passiert?« Sie eilte hinter mir her.

»Nichts, Róisín. Keine Ahnung, warum der mich verfolgt.«

Róisín schien von anderen einige Gläser Gin spendiert bekommen zu haben. Anders konnte ich ihr Gekicher und dass sie mich zu dem Rhythmus von Lilith Czars *Feed My Chaos* antanzte, nicht deuten. Wie konnte sie in diesem Tempo betrunken werden? Warum musste ich wieder den Vernünftigen mimen? Das mochte ich gar nicht.

»Du bist niedlich, wenn du auf Klischee-Mann machst.« Róisín drehte sich, was ihr Hemd aus meinen Griffen riss, und tanzte zu einer Frau, die am Billardtisch stand.

»Róisín, besorgst du uns noch zwei Drinks?« Ob sie mein Rufen gehört hatte?

Warum waren alle betrunken, bis auf mich?

»Trink, trink, trink«, schrie eine Gruppe von jungen Frauen, die neben einer senfgelben Deko-Telefonzelle standen.

»Die Österreicher haben was drauf«, grölte ein Mädchen mit grünen Haaren und vollgepiercten Ohren.

»Ja, und sein knuddeliger Akzent. Dürfen wir ihn behalten? Er ist wie ein Welpe.« Die Rothaarige daneben, die ein wenig zu übertrieben ein Anime-Schulmädchen cosplayte, gab mir den letzten Hinweis.

Österreich? Akzent? Kleiner, niedlicher Welpe? Okay, das *niedlich* strich ich. Das konnte nur einer sein.

»Felix.« Ich zwängte mich zwischen seinen neuen Freundinnen durch.

Da lehnte er tatsächlich an der Kiltwand neben dem Stehtisch und kippte sich das Bier und den Gin Tonic gleichzeitig in den Mund. Wobei einiges auf seinem Shirt landete. Bye, bye, Geld, das ich fürs Weggehen zur Seite gelegt hatte. Ich stellte mir mein Haushaltsbuch vor, wie es in meiner Küche lag und dem Geld hinterherweinte.

»Was ist mit dir?« Piercinggirl rempelte mich an.

»Ja, alle Männer sind Müll. Weg mit dir.« Schulmädchen baute sich vor mir auf. »Wir sollten außerdem das für uns so typische *Junge* am Satzende durch *Mädchen* ersetzen, oder? Also: Weg mit dir, *Mädchen.*«

»Kommt runter, ich bin schwul, und das sind mein Bier und mein Gin Tonic.«

»Oh, okay. Dann geht das klar. Ist das dein Freund?« Die Dritte im Bunde trug einen Hoodie mit dem Namen einer K-Pop-Band darauf.

Ich lachte auf. »Mein Freund? Nee.«

Im Gleichtakt zogen die drei ihre Augenbrauen skeptisch hoch. Felix stellte die Gläser ab und sah mich an.

»Natürlich ist er das. Wir haben gestritten. Ich borge ihn mir für einen Moment aus.« Ich legte meinen Arm um Felix und schritt mit ihm zum nächsten freien Tisch.

»Bye, Ladies. Bis nächstes Mal.« Felix stolperte mit mir zu der Sitzbank, die gerade frei geworden war.

»Hey, Felix, was soll ich denn nun wegen meinem Freund machen, nach dem ich dich gefragt habe, der –?«, ertönte es hinter uns.

»Mach Schluss«, rief ich zum K-Pop-Hoodie-Mädchen und wimmelte die drei endlich ab.

»Alles gut mit dir?« Nachdem ich mich versichert hatte, dass Felix nicht mehr von der Sitzbank zu Boden rutschte, ließ ich ihn los. »Brauchst du Wasser?«

Ach egal, ich holte mein Handy raus und rief Róisín an.

»Ja?« Ihr Brüllen hörte ich von dem Billardtisch drüben bis zu mir hierher.

Aua, sagte ich lautlos und rieb mir mein Ohr. »Bringst du mir einen Krug Wasser zum Tisch bei der Telefonzelle? Habe einen Betrunkenen neben mir.«

»Felix?«

Ich sagte nichts.

»Sag es, oder ich komme nicht.«

»Ja, Felix«, brummte ich.

»Bin gleich da.«

Felix' Kopf schlug gegen die Holzverkleidung hinter ihm, und ich hob ihn an, zog ihm die Kapuze über und lehnte den Kopf wieder an die Wand. »Bist du allein unterwegs?«

Felix' Augen öffneten sich, und das schummrige orangefarbene Licht spiegelte sich darin wider. Meine Frage holte ihn zurück.

»Wer soll bei mir sein? Ich kenn niemanden, und die einzige Freundin habe ich verscheucht. Vielleicht haben die in meinem Dorf früher recht gehabt. Vielleicht ist mir all das recht geschehen? Die Prügel, der gebrochene Arm und die Beschimpfungen. Vielleicht bin ich wirklich falsch.« Der gute alte Alkohol holte bei jedem von uns die melancholische, negative Poetenader hervor.

»Keine Ahnung, wovon du sprichst. Deine Freundin beruhigt sich wieder, und was dir auch angetan worden ist, du hast es nicht verdient, ja?« Wie ich es hasste, Babysitter zu spielen.

Ein gebrochenes, trauriges Grinsen umspielte Felix' Gesicht, und er wandte sich zu mir. »Auf alle Rücksicht nehmen klappt nicht, irgendwie schaffe ich es immer, jemanden vor den Kopf zu stoßen.«

»Dann stoß andere vor den Kopf. Ist besser, als sich selbst runterzumachen.«

»Ich kenne es nicht anders.« Felix fixierte etwas hinter mir.

»Owen, da bist du.« Das Wasser im Krug in Róisíns Hand schwappte über den Rand, und alle, die sie damit nass machte, warfen ihr Giftblicke hinterher.

»Owen?« Felix' Augen klärten sich, als er mich erkannte, und er blinzelte den Alkohol weg. »Ach du Scheiße.«

»Hey.« Ich nahm Róisín den Krug mit den drei Strohhalmen darin ab und stellte ihn vor Felix. »Trink.«

»D-Danke.« Felix zog die Schnüre seines Hoodies zusammen und steckte sich nun als *South Park*-Kenny den Strohhalm in den Mund.

»Na, gut oder? Liebe kaltes Wasser, wenn ich besoffen bin, ist Diamanten wert. Ich bin Róisín. Ich habe von dir gehört. Wir haben einiges gemeinsam. Ich bin auch betrunken, und Owen nervt mich täglich.« Róisín lächelte Felix aufmunternd zu und erhielt unterm Tisch einen Tritt von mir.

»Aua. Also, ich meine, ich habe nichts über dich gehört.« Róisín zwinkerte mir zu, und ich rollte mit den Augen.

»Ich hab deinen Penis gesehen.« Das schien Felix nicht vergessen zu haben.

»Ähm, rein interessehalber …« Ich rutschte zu Felix. »Dein Ex-Freund, Amal.«

»Beim Universum, stopp, bitte.« Felix wedelte sich Luft mit seiner Hand zu. »Das ist so peinlich.«

»Darüber würde ich gerne mehr erfahren. Hallo?« Róisín beugte sich weit über den Tisch zwischen uns und schaute von links nach rechts und zurück zu mir. »Owen?«

Felix trank den halben Wasserkrug leer und sah mich dann

noch mal an. »Ist das auf der Toilette wirklich passiert? Bin ich echt betrunken in diesem Pub?«

»Jap.« Ich zwickte mich. »Alles real.«

»Ah.« Felix rieb sich den Arm, nachdem Róisín ihn gezwickt hatte.

»Sorry, aber ich muss dich zwicken, um zu sehen, ob du träumst. So sind die Traumregeln. Da kann ich nichts machen.« Róisín zog den Krug zu sich rüber.

»Ich werde gehen. Danke für eure Hilfe.« Hastig erhob sich Felix und schwankte ein wenig.

»Sicher, dass du das schaffst?« Reflexartig hielt ich meine Hände hinter seinem Rücken hoch.

Felix hielt sich aufrecht und drehte sich nicht mehr um. »Ja, danke.«

»Du solltest ihn nach draußen begleiten.« Róisín verfolgte Felix mit einer besorgten Miene und rührte mit dem Strohhalm im Krug herum. »Nicht, dass der draußen eine falsche Abzweigung nimmt.«

»Bin ich sein Kindermädchen?« Ich musste mich von diesem Kerl fernhalten, der brachte mich in Situationen, die ich nicht mochte. »Außerdem hat er meine Drinks geklaut.«

»Na, dann solltest du dir dein Geld zurückholen.«

»Róisín, ich merke, wenn du versuchst, mich zu manipulieren.«

»Und, funktioniert es?« Sie schob mir den Krug wie eine Friedenspfeife zu.

Ich trank ihn leer und stand auf. »Ja, verdammt.«

Von Róisín sah ich hoch zu dem Spiegel neben mir. Mist. Ich sah so fertig aus, wie ich mich fühlte. Wir sollten die Zukunft der Forschung Irlands sein? *Gute Nacht.*

Es dauerte nicht lange, bis ich es nach draußen geschafft hatte. Die Nachtkälte verpasste mir eine Ohrfeige, die mir sofort jeglichen Alkoholpegel aus dem Körper schüttelte. Meine Sinne schärften sich wieder, und mein Blick wurde klarer.

»Felix.« Ich eilte zu ihm.

»Was?« Er schlang seine Arme um seinen Körper und zitterte beim Sprechen.

»Du gehst in die falsche Richtung, die Taxis parken da vorne.« Ich hob meinen Zeigefinger und wirbelte damit in der Luft herum. »Nee, doch dort.« Dieses Mal wies ich in die richtige Richtung.

»Okay, danke.«

»Du schuldest mir Geld für die Drinks.« Ich hatte das Gefühl, das sagen zu müssen. Er sollte nicht denken, ich würde mir Sorgen um ihn machen.

»Drinks?«

»Bier und Gin Tonic.« Ich deutete auf seine Flecken auf dem Hoodie.

»Shit. Sorry.« Felix kniff die Augen zusammen und wagte es nicht, mich anzusehen. »Ich habe nicht mehr genug Geld dabei.«

»Und das Taxi?«

»Ich hole das Geld dann raus, wenn ich zu Hause bin.«

»Okay. Dann gibst du es mir in der Uni wieder.« Ich steckte meine Hände in die Hosentaschen.

»Ich weiß nicht, ob ich jemanden wiedersehen will, dessen Penis ich drei Sekunden lang am Pissoir angestarrt habe und mit dem ich auch noch an der Uni bin.« Als Felix das Wort *Penis* aussprach, dämpfte er seine Stimme und schaute um sich.

»Niemand interessiert sich für dich.« Das Wort *Niemand* sagte ich extralaut.

Okay, ein paar Blicke ernteten wir. Das störte mich weniger. »Und das Pimmelproblem. Ganz ehrlich, Felix? UCC-Studierende leben quasi in den Pubs dieser Stadt. Das wird dir noch öfter passieren.«

»Tut mir trotzdem leid. Ich habe nicht damit gerechnet, dass dort ein Pissoir ist. Dass ich da hingesehen habe, wirkt total übergriffig.« Felix setzte sich auf den gepflasterten Boden der verkehrsberuhigten Straße und seufzte. »Ich fühle mich manchmal wie ein kleines Kind, das nicht zurechtkommt.«

Was sagte ich auf so was? Ich war es gewohnt, unabhängig zu sein und auf mich zu achten. Ich setzte mich neben ihn. »Du bist nach Cork gezogen, allein. Wie bist du zum *Funny Steph's* gekommen? Das eigentliche Pubviertel liegt gegenüber.« Ich breitete die Arme aus, und Felix ließ seinen Blick in die Seitenstraße schweifen, in der sich hauptsächlich kleine Läden und Boutiquen befanden, deren runtergezogene Gitter den gepflasterten Weg einrahmten.

»Habe *Hidden Pub Gems Cork* gegoogelt.« Felix machte Platz für eine Gruppe, von denen ich einige aus dem UCC kannte, die das *Funny Steph's* verließen. Ich winkte Jenny-Mai zu, die ich mit ihrer Vorliebe für Barretts überall erkannte.

»Du planst gern, oder?« Ich stellte mich neben Felix und hätte zu gern gewusst, welche Gedanken sich hinter seinem traurigen Gesicht abspielten.

»Bin gern vorbereitet. Dann fühle ich mich sicherer. Ich habe sogar die Getränkekarte vorher gecheckt und bin eine halbe Stunde vor dem Pub auf und ab gegangen, bevor ich mich reingetraut habe.« Felix sah hoch zu dem verwitterten Holzlogo des Pubs, das mit bunten Lichterketten nachgezogen war. »Warum heißt es *Funny Steph*?«

Bevor ich auf den ersten Teil seiner Aussage reagieren konnte, brachte mich die Geschichte des *Funny Steph's* zum Schmunzeln. »Kurzfassung? Stephanie, die Besitzerin, hat früher eine kleine Schwester gehabt. Sie hat ihre Schwester statt Stephanie *Funny Steph* genannt, weil das *-phanie* in ihrem Namen für sie wie *Funny* klang. Nach ihrem Tod hat sie diesen Pub eröffnet und ihn danach benannt.« Stephanie und mich verbanden lange Trinkabende. Und die Geschwistertode.

»Oh Shit, wie traurig. Jetzt tut sie mir leid, obwohl ich sie gar nicht kenne.« Wurden Felix' Augen gerade glasig? »Es ist schlimm, wenn das Leben uns zeigt, wie vergänglich alles ist, und dass die Tatsache, dass wir geboren worden sind, unwahrscheinlicher als ein Lottogewinn ist. Trotzdem schaffe ich es nicht, dieses Geschenk zu nutzen und mein Leben zu leben, ohne Panik davor zu haben, was andere von mir denken.« In Felix' Stimme hörte ich noch ein leichtes Säuseln raus. Der halbe Krug Wasser und die irische Frische hier draußen mussten ihn jedoch wieder nüchterner gemacht haben.

»Gesundheit ist ein Schatz.« Ich musste an meine Familie denken, Colin, meine Kopfschmerzen, die mich seit Monaten begleiteten, und an meinen Opa, bei dem es ebenso begonnen hatte. Und dessen Ende ich nur allzu gut kannte. »Deshalb brauche ich ja alle nur möglichen Punkte – weil ich an ein Institut will, das Menschen hilft, die Probleme mit Demenz und Parkinson haben. In London im MICD wäre diese eine tolle Stelle ab März frei.« Gedanklich ergänzte ich noch: Und ich könnte weg von hier. Weg von Cork. Weg von meiner Familie. Zwar liebte ich Cork und meine Familie, aber mir machte es Angst, Zeit mit ihnen zu verbringen, mich wieder daran zu gewöhnen, sie an meiner Seite zu haben. Denn irgendwann würden sie nicht mehr hier sein, wie mein Opa, wie Colin, und ich wäre alleine, ich müsste den Schmerz ertragen. Das hielt ich nicht mehr aus, und in London brauchte ich keine Ausrede, warum ich mich von allen fernhielt. Wir würden uns mehr und mehr entfremden, ich wäre glücklich allein, und wenn sie eines Tages nicht mehr hier wären, würde es mich nicht so sehr treffen. Oder? War das gesund? Definitiv nicht. Schaffte ich es, diese Denkweise abzulegen, oder arbeitete ich zumindest daran? Nope.

»Verstehe. Dann wünsche ich dir viel Glück. Oh, und tut mir leid, dass ich dich aufhalte und volljammere.« Felix zog seine Ärmel über seine Hände, und nur seine Zeigefinger, die hinter ihn deuteten, standen hervor. »Ich werde gehen.«

»Du gehst schon wieder in die falsche Richtung.« Ich sog meine Lippen ein, um nicht zu lachen.

Felix rollte, wohl verärgert über sich selbst, mit den Augen und machte auf der Stelle kehrt.

»Ach, und Felix?« Ich formte meine Hände zu einem Trichter, um die Pubmusik zu übertönen.

Felix hielt inne. Er sah mich aus seinen großen, mysteriösen Augen heraus an und sagte nichts.

»Tut mir leid für mein penetrantes Nachbohren wegen dem Punkt. Ich bin ein scheiß Führer gewesen.«

»Du bist echt scheiße gewesen.« Grübchen bohrten sich in seine sommersprossigen Wangen, deren leichte Rosafärbung sich bis zu seinen Ohren zog.

Weg war er. Doch meine Kopfschmerzen blieben und mit ihnen die Angst, auch diesen Abend eines Tages zu vergessen.

»Owen? Kommst du kurz rein? Ich habe da ein Problem.« Mein Puls beschleunigte sich, als ich Róisíns zitternde Stimme hörte.

Róisín war meine beste Freundin, und niemand durfte ihr etwas antun. Ich achtete nicht mehr auf die Leute vor dem Eingang, sauste zwischen ihnen durch, was mir einige zischende *Heys* bescherte, nur um drinnen Róisín vorzufinden. Mit einem riesigen Krug Bier auf dem Tisch.

»Ich glaube, ich hätte den nicht bestellen sollen.« Ein scheues, zähnezeigendes Grinsen tauchte auf ihrem Gesicht auf.

Irgendwann hatte ich es nach Hause geschafft und fiel mit Klamotten ins Bett. Später würde ich mich dafür hassen, mit meiner versifften Kleidung schlafen gegangen zu sein. Na ja, das war später. Ich nahm mein Handy und streckte mich nach dem Ladekabel aus. Es schien drei Kilometer entfernt zu sein. Wie sollte ich das jemals erreichen? Warum drehte sich das Kabel plötzlich und bäumte sich auf, als wäre es eine Schlange? Ich schüttelte meinen Kopf, blinzelte einmal und erwischte es. Das Display leuchtete beim Einstecken auf, und ich erkannte eine Insta-Nachricht.

Felix?

Danke für heute.

Kein Problem. Dachte, du fällst sofort ins Bett.

Dachte ich auch. Aber: Hier bin ich.
Super wach.

Haha.

Wegen dem Kloding noch mal … Ich bin so betrunken gewesen. Habe das gar nicht realisiert. Wer baut ein Pissding neben das Waschbecken? Ich meine, was? Ich … Keine Ahnung …

Felix. Alles gut.

Habe gedacht, du wischst dir da die Hände ab oder so. Da ist nicht mal eine Wand dazwischen …

Felix. Ist okay, echt.

Ja? Echt?

Schon gut. Du hast mich ja nicht wissentlich, absichtlich begafft.

Okay, haha.

Schön, dass du da gewesen bist. (Nüchtern streite ich das ab).

Ich streite es jetzt bereits ab, hahaha.

Was abstreiten, haha? Ach, und: Du verträgst ja nicht viel, was?

Doch!

Während Felix schrieb, hatte ich mir ein Bild angesehen, das Róisín von uns gemacht und mir geschickt hatte. Ich zoomte zu seinem Gesicht hin.

Okay. Vertrage echt nicht viel.

Felix' Nachricht riss mich aus meiner Trance, und ich machte das Bild zu. Was tat ich hier?

Sag mal: Was ist deine Lieblingsserie? Ich hab im Moment nichts zu gucken. Jedes Mal, wenn ich mir zum Essen was ansehen will, suche ich eine halbe Stunde einen zweistündigen Film, mein Essen ist dann kalt, und aufgegessen habe ich es nach vier Minuten und fünfzehn Sekunden auch.

Gerade feiere ich *The Boys*. Kennst du das?

Nope.

Waaaaas? Uff. Geht gar nicht.

Zeig sie mir nächstes Mal.

Nächstes Mal.

Ähm, klar und deine?

So ging es eine Stunde lang weiter. Wir sprachen über Lieblingsfarben, Bücher, Essen, Websites, Persönlichkeitstests, und irgendwann wurden meine Lider schwer wie Blei, bis ich auf seine letzte Frage nicht mehr geantwortet hatte:

Triffst du gerade irgendjemanden?

Kapitel 13

Felix

Es reicht nicht, nur die Bedeutungen hinter den Planeten, Häusern und Sternzeichen zu kennen, sondern es ist wichtig, sie auch in Beziehung zueinander und der Stellung im Horoskop zu betrachten. Felix' Aszendent, der Wassermann, steht parallel zum Planeten Neptun. Macht ihn verständnisvoll, aber es fällt ihm schwer, sich in neue Situationen einzufügen.

Die Morgensonne hatte sich durch die irischen Wolken geschlichen, schimmerte durch die Jalousien direkt auf den Wohnzimmertisch vor mir und beleuchtete den nach Kaffee duftenden Dampf, der aus meiner *Das wandelnde Schloss*-Tasse aufstieg. Ich liebte diese Morgenruhe, solange ich nicht über die unbeantwortete Frage nach Owens Datingstatus nachdachte.

Beim Strecken spürte ich den fluffigen Teppich, wie er meine Fußsohle kitzelte, und ich dankte dem Universum dafür, keinen Kater zu haben. Mein Rezept: Mindestens einen Liter Wasser vorm Schlafengehen trinken.

Die Ruhe verpuffte. Ein Sturm zog auf. Ein Sturm namens Cara. Auf ihrem Smartphone spielte sie eine Meditation ab. Sie hatte nicht mehr als ein flüchtiges Linsen durch die Durchreiche für mich übrig.

»Vier Sekunden einatmen. Ganz tief in den Bauch. Genau so.«

Die Stimme aus ihrem Handy klang eher wie ein netter Sektenführer. Alles andere als entspannend. »Sehr gut, fein machst du das. Acht Sekunden halten.« Oder wie die Kommentare eines creepy Nachbarn, der einen durch das Fenster beobachtete.

Sollte ich in mein Zimmer gehen und sie in Ruhe lassen? Sollte ich mich entschuldigen? Zum hundertsten Mal?

»Die Lippen kräuseln und zu einem kleinen Loch öffnen. Dann acht Sekunden ausatmen.«

Der lila Morgenmantel mit den gelben und pinken Planeten wehte um Cara wie ein seidiges Kleid. Sie betrat das Wohnzimmer und setzte sich auf das Sitzkissen vor mir.

Anspannung machte sich in meinen Muskeln breit. Ich leckte mehrfach über meine Lippen, knetete meine Fingerkuppen und rutschte auf dem Sofa auf und ab.

»Cara. Es tut mir leid.« So. Raus war es. Diese erdrückende Stille hätte mich sonst matschig im Kopf gemacht.

»Jetzt hast du meine Meditation auch noch gestört, danke.« Genervt drückte Cara auf den Knopf am Handy, und der Mann stoppte mitten im Satz: »Und dann denkst du an einen Schwa–« Meine Gedanken schickten ein Stoßgebet ans Universum, in der Hoffnung, der Satz endete wie folgt: *Schwan mit ausgebreiteten Flügeln, der auf einem glitzernden ruhigen See dahinschwamm.*

»Ich, ich ... Sorry, aber wir müssen das doch klären.«

»Nein, du musst nicht alles sofort klären. Ich brauche erst eine angemessene Zeit, um abgefuckt zu sein.« Die große Achtzigerjahre-Brille, deren Gläser mit Fingerabdrücken übersät waren, saß auf ihrer Nasenspitze.

»Und wann ist die Zeit um? Also, ich frage für einen Freund.« Ich kratzte mich an der Nase. All meine Nerven schienen überfordert mit der Situation. Es kitzelte mich überall am Körper.

Cara verschränkte die Arme und starrte mich zehn Sekunden, die wie zehn Jahre wirkten, an. Dann nahm sie einen großen Schluck von ihrem Kaffee. »Jetzt.«

»Was, ernsthaft?« Ich beugte mich vor.

»Ja, du Depp. Ist schon wieder gut. Eventuell habe ich ein bisschen überreagiert.« Ich fragte nicht nach, ob ich sie mit irgendetwas getriggert hatte. Sie wollte offensichtlich nicht darüber reden.

»Bin ich froh.« Ich legte eine Hand auf meine Brust und atmete erleichtert aus. »Sorry, falls ich mich noch mal zu weit aus dem Fenster lehne, aber was ist das für eine Meditation mit diesem stöhnenden Typen?«

Cara lachte laut auf. »Ich habe mir schon gedacht, ich übertreibe. Schlimm, oder? Der wird mir überall auf TikTok empfohlen. Finde den auch unheimlich.« Von einer Sekunde auf die andere waren Cara und ich wieder auf einer Wellenlänge.

»Hast du heute viel zu tun?« Ich hob meine Tasse hoch.

»Ich habe noch drei Aufträge offen. Soll die Geburtshoroskope für drei Männer erstellen. Das sind jeweils vierzig Seiten zu schreiben. Dann noch drei Video-Calls, und ein Verlag will mit mir über ein Astrologiebuch sprechen.« Das droppte Cara nebenbei?

»Was zum Teufel? Ein Buch? In einem Verlag? Das ist der Oberhammer.« Mein Wunsch, Weihnachtsbuchautor zu werden, flackerte wieder auf.

Mit einem Satz landete ich neben Cara auf dem Teppich und nahm ihre freie Hand. »Das muss gefeiert werden.«

»Erst mal ist es nur ein Gespräch. Es gibt aber etwas Wichtigeres, das wir in Angriff nehmen müssen.« Cara hob ihre schwarz lackierten Nägel, und mich überkam die Neugierde. Wie das an mir aussähe? So lackierte Fingernägel. In meiner alten Heimat wäre das unmöglich gewesen – zumindest mit meinem Selbstbewusstsein. Das Universum schenkte mir die Möglichkeit, mich neu zu erfinden.

»Felix? Hallo?«

»Äh, was?«

»Na, dein Männerproblem.«

»Ich habe kein Männerproblem.«

»Dein Internetverlauf sagt etwas anderes.«

»Warum siehst du meinen Internetverlauf? Der löscht sich

bei mir automatisch, wenn ich den Browser schließe.« Panisch weiteten sich meine Augen, und ich überlegte mir Ausreden für meine Suchbegriffe. »Die Seiten sind Werbung gewesen, die aufgeploppt sind. Dann ist eine Katze durchs Fenster auf meine Tastatur gesprungen und hat diese ganzen Wörter eingegeben.«

»Felix, das war'n Joke. Aber jetzt hast du dich selbst verraten, du versauter kleiner Fische-Kerl.«

Meine Wangen glühten. »Das habe ich gewusst. Ich habe lediglich mitgespielt.«

»Jaa, alles klar. Zu deinem Männerproblem. Ah, ah, ah.« Cara hob erneut den Finger und verbot mir, zu intervenieren. »Ich habe eine geniale App entdeckt, und mein Geschäftsfrauenherz weint, dass ich sie nicht erfunden habe.«

Cara öffnete etwas auf ihrem Handy.

»Ich bin kein Fan von Dating-Apps.«

»Ach ja?« Cara drückte mir ihren Bildschirm vor die Nase, und verschiedene Farben vermischten sich verschwommen vor meinen Augen. »Oh, zu nah.«

»Zodiac Love?« Erst nachdem ich den Namen vorgelesen hatte, verstand ich, worum es ging. Cara hatte mich am Haken. »Eine Dating-App für Sternzeichen?«

»Die App ist so nice. Sie prüft anhand der Sternzeichenkompatibilität, wer zu dir passt.« Cara wischte auf dem Display herum. »Diese Version ist auch nur für queere Menschen. Sie arbeiten an einer Straight-Version.«

»Ist das auch kein Betrug?«

»Normalerweise bin ich skeptisch. Jeder Affe will im Moment mit Astrologie Geld verdienen, aber hinter der App steckt die Tochter meiner Mentorin, Morgan Fanon.«

Die App klang interessant. Wie von meiner Oma gemacht. Ich lud sie mir auf mein Handy. Mein Finger pendelte über dem pink-gelben Icon. Sollte ich es wagen?

»Maaach.« Cara drückte meinen Finger nach unten, und die App öffnete sich.

»Würde mich selbst anmelden, aber wenn mich da Leute von TikTok finden, habe ich keine Ruhe mehr. Außerdem habe ich sowieso kein Interesse an einer Beziehung.« Cara rutschte neben mich und schaute mir über die Schultern.

»Ich will auch keine.« Dafür, dass ich das nicht wollte, tippte ich verdammt schnell meine Daten ein:

Felix Novak, 15. März 2003, 4:40 Uhr, Wien.

Einen Klick später erschien mein Geburtshoroskop. Alles stimmte. Ein wenig oberflächlich, aber ich wollte nicht zu pingelig sein.

»So, dann brauchen wir noch drei Bilder von dir. Ich schlage vor, wir nehmen ein niedliches Selfie, etwas Scharfes und ein Modelbild.« Cara stand auf und ging im Kreis. »Hast du ein so richtiges *Mhhh …*«, Cara machte eine Chefkuss-Bewegung mit ihrer Hand nach, »… scharfes Bild? Vor dem Fenster, Morgensonne scheint in dein Gesicht, lasziver Blick, die Lippen leicht geöffnet?« Wie sie die Pose gerade selbst nachstellte, ließ mich Tränen lachen.

»Was?«

»Ich habe keine scharfen Bilder von mir. Und auch keines mit morgendlicher Goldsonne auf meinem Gesicht.«

Caras Mund öffnete sich empört, und sie legte ihre Hand auf die Lippen. »Ich kann nicht fassen, was ich da höre.«

Schneller als der Blitz setzte Cara sich neben mich, legte ihr Handy neben ihre Kaffeetasse und wuschelte mir durch die Haare. »Dann machen wir das augenblicklich.«

»Du meinst, jetzt-jetzt?« Dabei stellte ich mir vor, wie ich mich lasziv vor Cara in der Sonne rekelte. *Nein danke.* »Ich belasse es bei einem Selfie.«

Drei Sekunden später fand ich eines in meiner Galerie. »So, das nehme ich.«

Auf dem Bild sah ich meinen Kopf, den ich auf meinen Arm gestützt hatte. Ansonsten das Bett, auf das ich meinen Arm gelegt hatte, und Bücher im Hintergrund.

»Du bist langweilig.«

»Bin ich nicht, ich bin verkopft und trau mich nicht mehr.«

Cara knurrte ein wenig wie Marge von den Simpsons und gab dann nach. »Wie du willst. Du musst dich wohlfühlen. Suchen wir deinen Traummann.«

Gesagt, getan. Ein Ladebalken aus Sternzeichensymbolen zählte die geladenen Prozente wie einen Countdown an.

»Schon zu 48 Prozent geladen. Bist du nervös?« Caras Kauen auf ihren Lippen entnahm ich, dass sie es war.

»Nein.« Ja, war ich.

Meine Oma hatte mir erklärt, dass Widder das erste Tierkreiszeichen war und die Anordnung nicht zufällig sei. Widder stehen für den Beginn oder den Neuanfang und sind oft wie kleine Babys, die handeln, etwas in Bewegung setzen und in die Zukunft sehen. Wohingegen Fische von allen Tierkreiszeichen etwas in sich haben und am Ende der Reihenfolge quasi alles andere schultern und zurückblicken. Das passte zu mir. Welches Sonnenzeichen in dieser Reihenfolge hatte wohl mein Traummann?

78 %.

»Ich bin aufgeregt, Felix.«

Meine Schultern entspannten sich nicht, auch wenn Cara dazu übergegangen war, sie vor Nervosität zu massieren.

85 %.

Im Wohnzimmer verdichtete sich die Atmosphäre. Spannung lag in der Luft. Die Sonne zog sich langsam zurück und gewährte einem grauen Tag in Cork den Vortritt, was mich nicht störte. Ich mochte dieses Wetter und die Kühle, die mich beruhigte. Außerdem schwitzte ich sowieso ständig, weil mich irgendetwas in Angst versetzte. So wie diese App gerade.

99 %.

»Ihr perfektes Match wird geladen«, las Cara vor und rüttelte an mir herum. Das Display verschwamm vor mir.

»Da ist er.«

Ich riss mich von Cara los und sah auf das Bild.

100 %.

»Ein Skorpion.« Das war das Erste, das mir aufgefallen war. Sein Sternzeichen war auf Platz eins und das entsprechende Symbol größer abgebildet als die, die darunter folgten. Neben ihm stand eine Zahl: Kompatibilität 96 %.

Erst jetzt kam mir die Idee, mir mein perfektes Match anzusehen.

»Den kenne ich doch«, grölte Cara mir ins Ohr.

Endlich fand ich die Ruhe, mir das Foto anzusehen.

Ständig musste ich an die Zodiac-Love-App denken. Sollte ich das ernst nehmen? War es ein gutes Zeichen, dass Cara ihn kannte? Quälende Fragen, die ich für den UCC-Alltag erst mal vergessen musste. Nur klappte das leider gar nicht. Also *gar nicht gar nicht*.

Neben mir liefen Studierende durch den Campus, und ich konnte nichts weiter machen, als dämlich vor mich hin zu grinsen. Mein *Perfect Match*? Gab es das? Wenigstens war kein Zwilling dabei rausgekommen. Amal war Zwilling gewesen. Ich und Zwilling-Männer ging gar nicht. Zumindest außerhalb des Betts.

Dank der Wegweiser fand ich die Devere Hall, wo mein Seminarraum für heute gebucht war.

Der vordere Glaskomplex mit seinen Säulen und dem geschwungenen Dach sah aus wie eine Welle. Ich konnte nicht begreifen, dass ich wahrhaftig am UCC studierte. Um nichts falsch zu machen, schloss ich mich einem Schwall von Menschen an, die hineinströmten, und suchte drinnen nach meiner Raumnummer.

»Hey, Felix.« Cillian vom letzten Kurs winkte mir zu. »Hast du auch ein Seminar über Zentralasien?«

»Nee, das will ich nächstes Semester machen. Ich habe mich für Museumsarbeit angemeldet.«

»Das soll spannend sein. Am Ende des Semesters müsst ihr zu zweit eine Ausstellung zu einem Thema planen und präsentieren. Hm.« Stirnrunzelnd klopfte er sich mit seinem Zeigefinger auf die Lippen. »Schade, dass ich nicht das genommen habe.«

»Wie ist Zentralasien so?« Sofortiger Themenwechsel war angesagt. Wenn ich eines nicht brauchte, dann morgens darüber nachzudenken, dass mir eine Gruppenarbeit bevorstand.

»Interessant, aber mühsam. Wir müssen jede einzelne Gruppe von Menschen, die dort jemals zusammengeschlossen gelebt hat, auswendig lernen. Plus wo das gewesen ist, wie viele sie gewesen sind, ihre Merkmale, Sprache bla, bla, bla.« Cillian seufzte genervt. »Da brennt einem von der Aufzählung allein das Gehirn ab.«

Ich schmunzelte und stimmte ihm zu. »Na gut, ich hau ab. Ich will einen guten Platz bekommen.«

»Gute Idee, das mache ich auch. Bye, Felix.«

Ich folgte einer jungen Frau, die eines der Bücher hatte, die auf der Kursliste standen, und hoffte, sie würde mich zum passenden Raum führen. Drinnen stand ein Professor mit langen, zerzausten Haaren vor einer Leinwand und spielte am Beamer herum.

»Guten Tag, alle miteinander, Professor Dardano hier. Normal starte ich den ersten Tag mit einem Besuch im Archiv eines Partnermuseums. Leider ist das aufgrund von Inventurarbeiten geschlossen. Deshalb beginnen wir mit der Theorie.«

Mein Handy vibrierte, und ich holte es heraus, während ich mich an den letzten Tisch setzte.

Hi, Felix. Danke fürs Melden. Bin ewig nicht mehr online gewesen. Wollte die Benachrichtigung im Postfach schon löschen. 96 % Kompatibilität habe ich noch nie gehabt. Ich hoffe, du bist kein Massenmörder, der mich in eine Falle lockt? Liebe Grüße, Robin

Die Nachricht nuschelte ich vor mich hin. Jemand interessierte sich für mich.

Ich wischte runter, um zu antworten, da las ich etwas.

PS: Dein Bild mag ich.
PPS: Wenn das überhaupt du bist,
Mr. Massenmörder.

Oh mein Universum. Er mochte mein Bild? Ich knabberte auf meiner Lippe herum. Was sollte ich antworten?

Schleunigst öffnete ich das hochgeladene Selfie. Bekam er auch keine falschen Vorstellungen von mir? War das Bild zu bearbeitet? Oder fand er mich echt ansehnlich? Ohne Umschweife inspizierte ich mein Selfie. Hm, nein, das sah aus wie ich. Unbearbeitet und ungeschönt.

Sollte ich abgebrüht und badboylike antworten? Mit einer Prise Unnahbarkeit?

Ich knetete mein Ohrläppchen. Im Hintergrund bekam ich mit, dass das Seminar begonnen hatte. Dardano lästerte über die Technik und dass die digitalen Medien selbst in Museen Einzug hielten. Konzentrieren konnte ich mich darauf nicht.

Er hieß also Robin. Nachdem ich den Gehilfen von Batman aus meinem Kopf verdrängt hatte, mochte ich den Namen.

Ich tippte von seiner Nachricht aus auf Robins Profilbild. Cara kannte ihn vom Kampfsporttraining. Jedoch nur als seelischen Support einer Freundin, nicht als Teilnehmer. Zumindest war er real. Robins Bild hatte mich zunächst etwas abgeschreckt. Laut Cara hatte sie ihn aber genau so kennengelernt.

Es war ein zufällig entstandenes Bild. Er lehnte gegen eine Steinmauer und lauschte den Worten eines Typen, der am Bildrand unscharf war, da das Objektiv Robin fokussiert hatte. Robins Gesichtsausdruck war eine Mischung aus Abwesenheit,

Müdigkeit und Angepissheit. Irgendwie wie ein verbrauchter Rockstar, nur … im positiven Sinne?

»Zum dritten Mal: Felix Novak?« Ich schreckte hoch, als ich meinen Namen verstand.

Ich musste mich immer noch daran gewöhnen, dass sie meinen Familiennamen in Irland *No Wäk* aussprachen. Okay, und ja, zugehört hatte ich auch nicht.

»*Filix No Wäk?*«

»Hier.« Sofort reckte ich meinen Arm hoch und merkte im Nachhinein, wie laut ich gerufen hatte.

Ein Kichern ging durch die Reihen. *Fantastisch.* Lachnummer Felix war zurück. Das würde mich wieder ein, zwei schlaflose Nächte kosten.

»Kleiner Tipp: Ohne Handy hört es sich besser zu.« Na toll, der technikhassende Professor Dardano assoziierte mich von nun an mit exakt dem: Technik.

»Äh, ja, sorry.«

Wieder im Hier und Jetzt begutachtete ich die Grautöne, die sich mit den wenigen Sonnenstrahlen abwechselten, die die löchrige Wolkendecke hindurchließ. Um mich herum nahm ich das Kritzeln auf Papier oder das Tippen auf Laptops wahr, wobei Zweiteres abgenommen hatte, sobald sie Dardanos Technikabneigung mitbekommen hatten.

Nachdem ich mir mein Ohrläppchen wie eine rot blinkende Ampel vorstellte, hörte ich auf, daran herumzudrücken, und holte erneut mein Handy hervor. So gut es ging, versteckte ich es unter dem Tisch. Ich beschloss, ich selbst zu sein. Keinen Bock auf Spielchen.

Hi, ja, nein, ich bin kein Massenmörder. Noch nicht.

Was machte ich da?

Hi. Nein, bin kein Massenmörder. Bin neu auf der App. Und generell in Irland. Wie bist du auf Zodiac Love gestoßen? (Ich bin hier wegen meiner Mitbewohnerin. Sie verdient ihr Geld mit Astrologie.) Felix

Normaler zu klingen, bekam ich nicht hin.
Abgeschickt. Oh Shit.

PS: Ich mag dein Bild auch. Habe ich ganz vergessen.

Die Antwort folgte prompt. Hatte er auf meine Nachricht gewartet?

Gut zu wissen. Meine beste Freundin hat mich gezwungen, und da sie mir ständig Memes schickt über mein Skorpion-Sternzeichen, die fatalerweise auch ständig zutreffen, habe ich mir gedacht, warum nicht? Klingt, als sollten deine Mitbewohnerin und meine Freundin sich kennenlernen, oder? Haha. Woher bist du denn?

Skorpione. Was hatte meine Oma über sie erzählt? Sie sind mysteriös wie ein Eisberg, dessen Tiefe wir auf den ersten Blick nicht erkennen. Sie wollen das Geheimnis hinter dem Geheimnis herausfinden und sind deshalb oft verschlossen, strategisch. Ihr Giftstachel jagt nicht alles, aber wenn sie etwas wollen, machen sie alles dafür.

Klang ein wenig nach einem roten Tuch, aber wer, wenn nicht ich, sollte damit umgehen können? Schließlich hatte ich Amal ertragen, den ich nach dem Tod meiner Oma mit einem anderen Typen im Bett erwischt hatte und der dann noch versucht hatte, mir dafür die Schuld zu geben.

War es komisch, wenn ich ihm nicht sagte, dass Cara ihn kannte?

> Wir sollten die beiden verkuppeln, haha. Ich bin aus Österreich hierhergezogen und studiere am UCC Kulturwissenschaften. Was machst du so?

»Dreht jemand bitte das Licht ab? Habe meine Fernbedienung vergessen. Wir sehen uns diesen Kurzfilm an und sprechen darüber, was an der Ausstellung falsch ist und welche Aspekte vorbildhaft sind.« Der Professor drehte am vorderen Teil des Beamers und stellte das Bild unschärfer, als es ohnehin schon gewesen war. »Mist.«

Zeitgleich erhoben sich drei Leute, die sich einen Blickkrieg darüber lieferten, wer das Licht ausmachen durfte. Mein Handy vibrierte wieder. Nach dieser Nachricht sollte ich wieder dem Seminar folgen. Eine Ermahnung, weil mein Handylicht den dunklen Raum von hinten erhellte, brauchte ich nicht. Bevor ich das Handy allerdings wegsteckte, drehte ich die Helligkeit des Displays so weit runter, dass ich kaum noch etwas erkannte.

Hast du vielleicht Lust, dass wir uns treffen? Ich bin nicht so der Handy-Typ und rede lieber in echt mit den Leuten. Falls ja, wo und wann?

Ich? Ich sollte entscheiden, wo und wann? Passten wir zusammen, wenn er dachte, ich könnte Entscheidungen treffen? Aber abgesehen davon: ein Treffen? Ich sollte mich mit einem fremden Menschen in der realen Welt treffen? Kurz erwog ich, in meiner Traumwelt zu bleiben, in der ich mit Peeta Mellark aus Panem zusammen war. Und mit Jude Law – also dem Vierunddreißigjährigen aus dem Weihnachtsfilm *Liebe braucht keine Ferien*. Und mit, ach egal.

Gern, dann treffen wir uns. Wenn du wirklich magst. Aber du hast es ja vorgeschlagen, also denke ich, du willst.

Ich massierte die Stelle zwischen meinen Augen. Ich musste mich zusammenreißen. Alles gelöscht.

Ein Treffen klingt toll. Wie wär's mit in drei Jahren?

Leise seufzte ich in mich hinein. Am besten, ich brachte es hinter mich. Wie ein Pflaster abreißen.

Ein Treffen klingt toll. Wie wär's mit heute?
Ich habe um vier Uhr aus. Wie wär's …

Ich googelte flink ein Restaurant mit veganem Essen auf der Speisekarte in der Nähe.

Mit dem Leo Riverside?

»Na, endlich. Früher hat es so was nicht gegeben. Warum haben die guten alten Fernsehschränke ausgedient? Die haben wir in den Raum geschoben und angemacht ohne Probleme. Jetzt stehen die schon in Museen.« Dardano schimpfte vor sich hin, und der Film begann zu laufen.

Ich hoffte noch auf eine Antwort von Robin, bevor ich das Handy wegstecken musste. Der Seminarraum war zu klein, um heimlich zu antworten, und der Prof hatte mich nun ohnehin auf dem Kicker.

Robin antwortete mit einem Daumen-Hoch-Emoji, was mich verunsicherte. Hieß es einfach *Ja?* Oder war das ein angepisstes: *Na ja, wenn's sein muss?*

Das Handy verstaute ich in meiner Hosentasche. Das würde ich später herausfinden.

Falls er kam.

Kapitel 14

Owen

Menschen, die sich nicht mit ihrem Sonnenzeichen identifizieren und denken, es trifft nicht auf sie zu, sollten einen Blick auf ihr Geburtshoroskop werfen, das übrigens weniger Spekulationen mit sich bringt und genau auf den einzelnen zugeschnitten ist.

Sollte ich meinen Laptop aus dem Fenster werfen?

»Beruhig dich.« Wie ein Tiger, der seine Beute einkreiste, lief ich in meinem Wohnzimmer einen runden, imaginären Pfad entlang und hielt den Blick auf meinen Laptop gerichtet.

Wie ein Feind stand er da auf meinem Tisch, eingerahmt von meinen Kletterpflanzen und dem bodenlangen Fenster.

Heute war der Tag aller Tage. Mein Bewerbungsgespräch. Ich zupfte an dem Anzug, den sie mir bei *Murphy's* angefertigt hatten, und richtete meine Krawatte. Felix war nicht da gewesen, als ich ihn abgeholt hatte. Vermutlich auch besser, bevor ich ihn mit meinem losen Mundwerk wieder in Schwierigkeiten gebracht hätte.

Von diesem Vorstellungsgespräch hing mein restliches Leben ab. Diesen Satz hatte ich in mein Gehirn eingebrannt.

Die letzten beiden Tage hatte ich mich darauf vorbereitet, sogar die Treffen mit Fitz geschwänzt und alles über meine hoffentlich baldige Arbeitsstelle und ihre Forschung auswendig gelernt.

Meine eiskalten Finger klammerten sich an die Schublade, die ich sonst nie öffnete, und hinterließen einen kaltschweißigen Film am Griff, als ich ihn nach dem Herausziehen losließ. Ich nahm ein Bild heraus und starrte es an.

»Ich schwöre euch, ich schaffe das.« Drei Sekunden ließ ich das Bild mit meinem Opa, meinem Vater, meinem Bruder und mir auf mich wirken. Danach packte ich es wieder weg.

Ein letztes Mal begutachtete ich mich selbst im Spiegel. Der Lebkuchenanzug, der mich an Felix erinnerte, und meine ordentlich zur Seite gekämmten Haare. Mehr konnte ich nicht mehr machen.

Normalerweise glaubte ich an meine Fähigkeiten, und Herausforderungen stellte ich mich gern. Doch nichts hatte bisher dieses Level an Wichtigkeit in meinem Leben gehabt.

Nachdem ich mein Gesicht durchmassiert hatte, erinnerte ich mich daran, dass ich meine Augenringe überschminkt hatte, und checkte, ob alles heil geblieben war. *Alles in Ordnung.* Noch ein paar pflanzliche Beruhigungstropfen direkt auf die Zunge. Scheiße, die brannten wie Feuer. Dreiundzwanzig Tropfen brauchte ich davon.

Achtzehn, neunzehn. Da klingelte mein Laptop.

War das deren Ernst? Das war fünf Minuten zu früh. Ohne nachzudenken, schluckte ich das Zeug hinunter. Gleich danach vollführte ich einen Ausfallschritt nach vorne.

Das Fläschchen.

Hektisch hüpfte ich zurück und stellte es hin. Ich musste etwas nachtrinken. Aber der Laptop klingelte. Hin- und hergerissen überkam mich ein Schwindel, den ich mir wegohrfeigte, und huschte zum Stuhl. Im nächsten Moment klickte ich mit rasendem Herzen auf den grünen Telefonhörerknopf am Laptop.

Das verpixelte Bild stellte sich scharf, und drei Frauen im

gleichen cremefarbenen Kostüm und mit offenen, schwarzen Haaren erschienen vor mir. Die drei Chefinnen des *Mamdouh Institute of Cognitive Disorders,* kurz MICD, saßen leibhaftig – nicht wirklich, aber halb – vor mir. Die Drillinge einer syrischen Einwandererfamilie hatten es ins Leben gerufen und es zu einem der weltweit bekanntesten und fortschrittlichsten Institute hochgezogen. Nicht zuletzt, weil sie selbst in ihrem familiären Umfeld gehäuft mit kognitiven Störungen zu tun hatten.

»Guten Tag.« Bei der letzten Silbe verlor ich meine Stimme, da die scharfen Beruhigungstropfen sich in meinen Hals gebrannt hatten. Ich räusperte mich und hoffte, sie hatten es nicht mitbekommen. Ich hatte das Gefühl, Benzin im Hals kleben zu haben. *Tolle Voraussetzungen.* »Freut mich, dass Sie mich ausgewählt und sich Zeit genommen haben.«

Ich klang zu heiser. Das hielt ich nicht lange durch.

»Guten Tag, Mister O'Hickey. Wir danken Ihnen ebenfalls«, begann die mittlere von ihnen, die mit der gelben Brille, Doktorin Amira Mamdouh. Das einzige Merkmal, das die drei voneinander unterschied. »Wir haben Ihre neusten Akten erhalten. Sie können überaus stolz auf Ihre Leistungen sein. Ihr gesamter Lebenslauf scheint wie abgestimmt auf unser Institut. Böse Zungen könnten behaupten, wir hätten Sie in einem geheimen Ausbildungscamp für das MICD trainiert.«

Ihre beiden Schwestern Halima und Noura nickten eifrig und lachten herzlich auf. Die drei waren freundlich und dabei dennoch professionell. Dieser offene Umgang irritierte mich. Ich fühlte mich plötzlich zu steif und schaffte es nicht, mich locker zu machen.

»Vielen Dank. Das bedeutet mir viel. Deshalb ist das MICD meine erste Anlaufstelle. Ihre Forschungen sind fortschrittlich. Sie leiten Studien in die Wege, die unkonventionell wirken, aber erreichen dadurch erstaunliche Erkenntnisse. Wie diese eine Studie, in der Sie untersucht haben, ob Darmprobleme oder Löcher in der Darmwand zu Parkinson führen können.

Und-« Die Leidenschaft für dieses Thema glühte in mir auf, klang aber durch mein etwas zu großes Glühen im Hals eher erstickt, als energisch.

»Und ich bin der Meinung, viel bei Ihnen lernen zu können.«

Im Augenwinkel erblickte ich meine grüne Gießkanne. Sollte ich?

»Wir finden es bemerkenswert, wie Sie …«

Ich stieß mit dem Ellbogen meinen Kugelschreiber vom Tisch.

»Tut mir leid. Mein Kugelschreiber. Ich hebe ihn kurz auf, sprechen Sie gern weiter.« Ich beugte mich hinunter, stieß mit dem Knie gegen das Tischbein und hob die Gießkanne an.

Das Wasser lief in meinen Hals und löschte das Brennen. Leider kam der Sturzbach zu schnell aus der Kanne, überschwemmte meinen Mund und lief meinen Hals hinab.

Mit ein paar schnellen Wischern rettete ich mein Hemd davor, nass zu werden. *Perfekt, alles geklärt.*

»Mister O'Hickey, trinken Sie da aus einer Gießkanne?« Die Worte paralysierten mich.

Langsam drehte ich meinen Kopf hoch zum Laptop und erkannte, dass die externe Kamera, die ich für die bessere Qualität angeschlossen hatte, bei meinem Tritt gegen das Tischbein verrutscht war.

»Ähm, nein?«

Die drei Schwestern sahen sich an, versuchten, ihre aufsteigenden Mundwinkel zu kontrollieren, bis sie hinter vorgehaltenen Händen zu lachen begannen.

»Tut, tut uns leid, Mister O'Hickey.« Halima Mamdouh wischte sich eine Träne aus dem Smokey-Eye-Augenwinkel.

Sofort saß ich aufrecht vor dem Laptop und richtete die Kamera. »Es tut mir leid. Ich habe eine Sekunde vor Ihrem Anruf Beruhigungstropfen genommen, und die haben in meinem Hals gebrannt.« Wie rettete ich das? »Das zeigt nur, wie wichtig mir diese Stelle ist. Sie würde mir alles bedeuten.« Das meinte ich ernst. Das Institut hatte ich damals mit vierzehn entdeckt. Es war kein Zufall, dass mein Lebenslauf wirkte, als hätten sie mich in einem geheimen Camp rekrutiert. Alles, was ich bisher getan hatte, tat ich für diesen Job.

»Und ich kann mit Stress umgehen, glauben Sie mir das. In der Parkinsonstation, auf der ich gearbeitet habe, habe ich –«

»Mister O'Hickey.« Noura Mamdouh unterbrach mich. »Um ehrlich zu sein, und ich denke, ich spreche auch für meine Schwestern«, sie sah Amira und Halima an, die ihr lautlos zustimmten, »haben wir uns bereits ein Bild von Ihnen gemacht und würden gern die Zeit nutzen, um die nächste Kandidatin dranzunehmen. Den Prozess führen wir ohne Personalabteilung, weil wir überzeugt sein wollen. Das kostet Zeit, die wir nicht haben. Wir haben Ihre gesamte Bewerbung samt Videos, Fotos und Projekten eingehend studiert und wollen uns noch mal einen kurzen Überblick über alle Interessenten verschaffen.«

Ich öffnete meinen Mund, beließ es aber dabei. Was sollte ich noch sagen? Ich hatte mich selbst ins Aus geschossen. Warum konnte ich mich nicht mit dem Kratzen im Hals zusammenreißen? Alles sollte perfekt sein. Zu perfekt. Wieder hatte ich es deshalb vermasselt.

»Wir hoffen, Sie verstehen das. Wir melden uns mit unserer Entscheidung in den nächsten Wochen, und dann erfahren Sie, ob sie den Platz nach Ihrem letzten Semester ab März bei uns am Institut bekommen oder nicht.«

»Eine Frage hätte ich noch, Mister O'Hickey: Was bedeutet Parkinson für Sie?« Eine ungewöhnliche Frage von Halima, die mich aus dem Konzept brachte. Das musste sie doch am besten wissen.

Mir schoss Felix durch den Kopf. Felix mit all seinen Gefühlen, seinen Sorgen, seinen Gedanken. Vielleicht war es an der Zeit, mich zu öffnen, sosehr ich das auch hasste.

»Parkinson ist für mich mein Opa. Der mehr Vater für

mich gewesen ist als mein Dad. Er war immer für mich da, und als er krank wurde, konnte ich das nicht zurückgeben. Parkinson ist für mich mein Dad, der ebenfalls die Diagnose bekommen hat und sich gerade mal wieder eine Auszeit von seinem Leben genommen hat, um das zu verarbeiten – und obwohl wir nie die engste Bindung gehabt haben, vermisse ich ihn, und ich weiß, er seine Familie auch. Parkinson ist das Arschloch, dessentwegen mein Opa verwirrt um zwei Uhr morgens im Flur steht und meine Oma uns anruft, weil er denkt, Einbrecher wären im Haus, und ich komme zu ihnen und sehe zu, wie meine Oma ihm weinend alle Jacken anzieht, die sie haben, weil er denkt, es wäre eine Rüstung, die ihn im Kampf gegen die Einbrecher schützt, während er zitternd mit Minischritten vorwärtsgeht. Parkinson ist mein Opa, der sich isoliert, weil es ihm peinlich ist, wenn er sich im Restaurant beim Essen bekleckert, weil er zittert. Parkinson sind die Sorgen meiner Oma. Parkinson sind die schlechten Freundschaften, die sich auflösen, weil meine Oma alles für den siebzigsten Geburtstag meines Opas vorbereitet und keiner seiner alten Freunde kommt, ohne abzusagen, weil keiner weiß, wie sie noch mit ihm umgehen sollen. Parkinson sind diese scheiß Schübe, die über Nacht kommen und mir die Tränen in die Augen treiben, weil die Hilflosigkeit in seinen Augen nach Erlösung schreit und ich nichts tun kann. Parkinson ist mein Opa ans Bett gefesselt und zu steif, um am Leben teilzunehmen, bis …«

»Danke, Mister O'Hickey.« Damit beendete Halima meinen Redefluss. »Wir melden uns, bitte sehen Sie von Nachfragen ab.«

»Selbstverständlich. Ich freue mich, von Ihnen zu hören.« Ich biss meine Zähne zusammen, bis meine Kieferknochen schmerzten, und presste meine letzten Worte hervor. »Schönen Tag Ihnen noch.«

Der Bildschirm wurde schwarz. Jetzt erst bemerkte ich eine

Träne an meiner Wange. Was hatte ich nur getan? Dieses sentimentale, unprofessionelle Geschwafel katapultierte mich noch mehr ins Aus. Ich klappte den Laptop zu und mit ihm meine Zukunft am MICD.

Ich griff nach meinem Handy. Wen sollte ich anrufen? Zu gern hätte ich meiner Mam davon erzählt, sie um Rat gebeten oder mich von ihr beruhigen lassen. Doch das durfte ich nicht. Ich musste damit allein fertigwerden. Um es nicht zu versauen, schleuderte ich mein Handy weg, das sanft auf dem Kissen landete und mir keinen befriedigenden Knall brachte. Mit aller Kraft wehrte ich mich dagegen, mir Hilfe zu wünschen, und ließ meine Aggressionen an meiner Krawatte aus.

Genervt von allem um mich herum, warf ich sie auf mein Bett, riss das Hemd auf, ohne es aufzuknöpfen, und hoffte, diese Wut auf mich selbst loszuwerden.

Hitze kämpfte sich meine Kehle hoch, brannte in meinem Kopf, und ich wusste nicht, wohin mit dieser unbändigen, frustrierenden Wut. Wut, die meine Augen tränen ließ. *Nein, kein Geheule. Nicht jetzt.*

Nur in meiner weißen Unterwäsche stand ich vor meinem Bett und trat gegen das schwarze Holzgestell. Ich musste runterkommen. Daher schnappte ich mir die erstbesten Sachen, die ich fand, und lief hinaus.

Draußen peitschte mir der eiskalte Wind entgegen. Die aufgeheizten Nervenenden beruhigten sich ein wenig, und ich zwang mich, meine Atmung unter Kontrolle zu bekommen. Zitternd vor Kälte, Wut und Zukunftspanik lief ich unsystematisch durch Cork und fragte mich, wofür ich mein ganzes Leben gearbeitet hatte.

Ich griff in meine Jogginghosentasche. Toll, das Handy hatte ich auch liegen gelassen. Jede Straßenlaterne, an der ich vorbeilief, schrie: *Schlag dir deinen Kopf an mir ein.* Der River Lee neben mir säuselte wie der Gesang einer Meerjungfrau: *Schmeiß dich in meine Wellen und lass dich zu mir auf den Grund meiner eisigen Umarmung treiben.*

Zum ersten Mal in meinem Leben begegnete ich einer völligen Perspektivlosigkeit, die ich nicht von mir kannte.

Als ich die nächste Ecke umrundete, entdeckte ich ihn. Felix. Warum war Felix überall?

Vor der pinken Hauswand, die als Werbefläche genutzt wurde, hielt ich. »Felix?« Ich näherte mich ihm und verschob meine Wut in die hintersten Winkel meines Selbst.

»Owen? Ist dir gar nicht kalt? Und was ist mit deinen Haaren?« Felix saß auf dem Geländer, hinter ihm drippelte Nieselregen in den River Lee und malte runde Kreise auf die Wasseroberfläche.

Stimmt, die waren noch völlig glatt geschleckt. Ich wuschelte durch sie hindurch. »Nichts, ein Experiment. Und was machst du hier?« Sofort eilte ich über den Sullivan's Quay und den Radfahrerweg.

Ein Autofahrer hupte mich an, und ich zeigte ihm den Mittelfinger. Komischerweise hatte ich als Fußgänger noch nie Angst vor Autos gehabt. Für mich ging die Gefahr eher vom Fahren aus als vom Überfahrenwerden.

»Ich warte auf jemanden.« Felix rutschte von der gusseisernen Stange.

»Hier?« Ich lehnte mich neben ihn an den Baum und sah mich um. Was machte er hier?

»Wir gehen da essen.« Sein Kinn wies auf ein Gebäude vor uns.

»Das ist ein stinknormales Geschäft, was willst du da essen?« Auf dem Backsteinhaus hing ein cremefarbiges Schild mit der Aufschrift *Leo Riverside – Organic and Healthy Food.*

»Das Gebäude daneben gehört dazu und ist ein Restaurant.« Störte ich Felix? Seine angespannte Haltung, die versteinerte Miene. Irgendetwas stimmte nicht.

Widerwillig löste ich meinen Blick wieder von ihm, da ich

aus seiner Mimik nicht schlau wurde, und nahm das Gebäude daneben unter die Lupe.

Das schmale, dreistöckige hellblaue Gebäude gehörte tatsächlich zum Laden. An der Fassade hing eine Prideflagge, die im sanften Wind schwang. Darunter las ich ein anderes Schild laut vor.

»Vegetarisches Restaurant?«

»Jap, äh.« Felix druckste herum und knetete sein Ohrläppchen. »Ich esse kein Fleisch und versuche, so gut es geht, auf Milchprodukte zu verzichten.«

»Ah, okay. Hast du gewusst, dass sich eine überwiegend pflanzliche Ernährung positiv auf unser Gehirn auswirkt? Achtest du darauf, Vitamine zu nehmen?« Nachdem ich es ausgesprochen hatte, ermahnte ich mich selbst, den Mund zu halten. Für seine Ernährung war Felix allein verantwortlich, und ich sollte niemanden mit meinem Medizingeschwafel nerven.

Aus Felix' Mund kam eine perplexe Ähhh-Arie, bis er sich fing. »J-ja. Mach ich. Aber was führt dich hierher?« Ein Blatt des Baums hinter mir landete seitlich auf Felix' Hinterkopf.

»Ich wohne gleich um die Ecke, oh, warte.« Ich schnellte zu Felix vor und erwischte das Blatt mit meinem Zeige- und Mittelfinger. Wie oft, wenn ich mich hektisch, unüberlegt bewegte, konnte ich meine Regungen nicht koordinieren und kratzte mit meinem Daumen über Felix' Wange.

»Ah.« Felix zuckte mit dem Kopf weg und legte seine Hand auf sein Gesicht.

»Fuck, sorry.« Ich hielt das Blatt hoch. »Wollte das wegmachen. Lass sehen.«

Felix kniff das Augenlid über der angekratzten Wange zusammen und ließ mich die Verletzung ansehen. Im nächsten Moment legte ich meine Hand sanft, um ihn nicht wieder zu verletzen, an seine Wange. An meinem Handballen fühlte ich die weiche, aufgeheizte Haut, die sich unter meiner Berührung mehr und mehr von Rosa auf Rot färbte, sowie seinen Mundwinkel. Meine Fingerspitzen berührten seinen Hals und seinen Nacken hinterm Ohr. Vorsichtig, als ertastete ich die Flügel eines Schmetterlings, streifte ich mit meinem Daumen über den Kratzer unter dem Auge.

»Nur ein geröteter Strich, nicht mal aufgekratzt. Glück gehabt, was?« Erst in diesem Moment, als seine Augen scheu in meine blickten, bemerkte ich, dass Felix nur wenige Zentimeter vor mir stand.

Urplötzlich wurde ich mir dieser Nähe bewusst. Sah die Wölkchen, die sein Atem in die kalte Luft malte, an meinem Gesicht vorbeisteigen. Fühlte seinen rasenden Puls unter meinem kleinen Finger. Und spürte erneut, wie diese smaragdgrünen Augen eine verschweißte, tonnenschwere Tür zu meiner Seele wenige Millimeter aufschoben, sobald sie die Chance bekamen, in mein Innerstes einzutauchen.

Der Fluss verlangsamte sich. Die Geräusche der abbremsenden, anfahrenden Autos nahm ich weniger und weniger wahr. Die Menschen um mich herum wirkten im Augenwinkel wie gesichtslose Nichtigkeiten, die keinen Platz mehr in meiner Wahrnehmung fanden, da es nur noch diesen Blick gab.

Unweigerlich rauschte mein Blut durch meinen Körper. Mein Magen zog sich zusammen, ohne dass ich einordnen konnte, ob es ein unangenehmes oder wohltuendes Gefühl war.

Was tat ich hier? Ich riss meine Hand zurück. Die Geräusche, Gesichter und Laute kehrten mit einem Schlag zurück.

»Sorry für den Kratzer. Wenn ich zu hektisch bin, greife ich auch mal an einem Wasserglas vorbei.« Ich bewegte mich ein Stück von ihm weg und bemerkte, dass sich das Ziehen aus meinem Magen weiter nach unten geschlichen hatte.

Felix' »Kein Ding« kam krächzend und verspätet aus seinem Mund.

Ich musste verschwinden.

»Hey. Felix?« Die fremde Stimme schaffte es, Felix' Blickkontakt zu mir zu unterbrechen.

»Robin?« Ich fühlte mich ein wenig stehen gelassen, als Felix vorpreschte.

Aus derselben Eckgasse, aus der ich gekommen war, schritt ein Typ, von der Größe her wie Felix, der aussah, als hätte er sechshundert Jahre nicht mehr geschlafen. »Ähm, viel Spaß euch, ja? Wir sehen uns im UCC – mit meinem Geld für die Drinks letztens.« Sobald ich mich umgedreht hatte, legte ich meine freundliche Miene ab.

»Bye.« Felix' Verabschiedung vermischte sich mit Robins Nachhaken, wer ich war.

Über das Geld, das ich scherzhaft angesprochen hatte, machte ich mir weniger Sorgen als über die Tatsache, dass ich im Gehen meinen verfluchten Schwanz so justieren musste, dass ihn nicht ganz Cork bemerkte, ohne dabei zu lächerlich zu wirken. Mein Beinschütteln und meine Hüftschwünge trugen dazu bestimmt nicht bei.

Viel schlimmer jedoch: Felix hatte Gefühle in mir geweckt, die niemand in mir wecken durfte. Und wer zur Hölle war eigentlich Robin?

Kapitel 15

Felix

Planeten müssen wir in Bezug zum Rest des Geburtshoroskops sehen, doch als Hilfestellung ist es gut, sich zu merken, dass beispielsweise der Merkur Infos über deine Kommunikation gibt, die Venus über dein Liebesleben, der Mars über deine Energie.

Zusammenreißen war angesagt. Das kalte Wasser floss meine Kehle hinab, und als ich das Glas abstellte, konzentrierte ich mich wieder auf Robin.

»Deshalb habe ich dann im *Royal Hotel Cork* angefangen zu arbeiten.« *Oh, Mist.* Warum noch mal hatte er dort angefangen zu arbeiten?

Robins hellblaue Iriden waren eingebettet in schläfrige Lider, leicht aufgeplusterte lila Augenringe – und dennoch fixierten sie mich aufgeweckt. Ich hatte Mühe, mich von ihnen zu lösen.

»V-Verstehe. Und hast du da oft Nachtschichten?«

»Wegen meiner Augenringe?«

Okay, wow. Warum hatte ich diese stumpfsinnige Frage gestellt? »Nein, was? Ich habe keine Ahnung, wie das abläuft, aber die Rezeption muss besetzt sein, oder?«

Robin grinste, was zwei schmale Mulden direkt neben seinen Mundwinkeln grub. »Schon gut, piss dich nicht ein. Das ist das

Erste, das Menschen auffällt, wenn sie mich sehen. Hab das von Geburt an.«

»Darauf wollte ich nicht hinaus.« Ich hob abwehrend meine Hände und fühlte mich wie bei meinem geheimen Instagram-Account, auf den ich heimlich Texte von mir hochgeladen und gleich danach wieder gelöscht hatte, weil ich Angst hatte, peinlich zu sein.

Ein halbes Grinsen später nickte Robin mir zu. »Wie du meinst, aber ist okay. Ich habe kein Problem damit, und sieh dir Dane DeHaan an, der wurde damit für *Valerian* gecastet.«

Stimmt, an ihn erinnerte er mich. Nur dachte ich bei seinem Namen eher an den Film *Kill Your Darlings* und an die daraus resultierenden feuchten Träume. Das brachte mich wiederum zu Owen und seiner rauen Hand, die auf meiner Wange gelegen hatte.

Oh Universum, wenn ich an die Hitze dachte, die mir in den Kopf geschossen war und noch ganz woandershin. Ich musste diesen Typen loswerden.

»Auf jeden Fall. Anderes Thema: Wie ist dein Essen?«

»Ich habe zwar keine Ahnung, was ein Baba Ganoush ist. Schmeckt aber mit Falafel.« Gleich nachdem Robin das erwähnt hatte, stach er an dem Kichererbsenbällchen vorbei, und es rollte auf den unebenen dunklen Holzboden. »Boah, warte doch.«

Grinsend sah ich zu, wie Robin sich unerwartet gelenkig unter den weißen Stuhl und zwischen die braunen, fein geschnitzten Tischbeine bückte. »Hab ich dich.«

Das aufgespießte Bällchen hielt Robin wie eine Trophäe hoch.

»Respekt, du bist ab heute der Falafelking.« Ich schnitt meine zweite gebratene Summer Roll durch und tunkte sie in die Erdnusssoße. »Und Baba Ganoush ist by the way ein Auberginen-Sesam-Püree.«

»Klingt wild.« Robin schaute aus dem Fenster, und ich folgte seinem Blick. »Manchmal kann ich gar nicht glauben, wie einzigartig Cork ist, oder?«

Da das Restaurant im oberen Stockwerk war, hatten wir einen atemberaubenden Blick über den Fluss bis hin zu einem Platz über der Brücke, auf dem Leute herumwuselten. Überall winkten uns Bäume und Sträucher im sattesten Grün der Welt im Tanz des Windes zu. Irland hatte eine eigene Magie, die ich noch nicht gewohnt war.

»Oh ja. Hinter jede Ecke fantasiere ich eine kleine Fee hin. Die Stadt ist zu magisch, um es nicht zu tun.« Robins Schwärmen über seine Heimat inspirierte mich zu einer neuen Szene in meinem Weihnachtsbuch.

»Warte. Es gibt gar keine Feen?« Mein Scherz erzielte seine Wirkung, und Robin schmunzelte etwas.

Wir sprachen ein paar Minuten nicht miteinander. Ganz ohne unangenehme Stille. Keine Sekunde dachte ich daran, was ich sagen sollte oder wie ich das Gespräch fortführen müsste. Ein natürliches Schweigen umgab uns, in dem wir den Ausblick genossen und uns ab und an scheue Blicke zuwarfen.

»Aber, ähm. Sag, wie ist das denn im Hotel jetzt. Mich hat das vorhin wirklich interessiert.« Ich trank von meinem Ingwer-Limette-Minze-Wasser mit einem Glasstrohhalm. Generell achtete das *Leo Riverside* auf Nachhaltigkeit, sogar auf der halben, olivgrünen Holzvertäfelung warben sie damit.

»Klar ist es stressig, aber wo nicht? Nachtschichten sind eh recht unaufgeregt.« Robin hatte fertig gegessen, rutschte auf seinem Stuhl zurück und legte einen Arm über die Lehne. »Meistens schaue ich Serien oder lese.«

»Ja, das klingt gut. Und was liest du gerade? Oder was ist auf der Watchlist?« Mit meinen letzten Süßkartoffelpommes schaufelte ich den Rest der Pflaumentomatensoße auf.

»Lesen: *The Atlas Six*, ich weiß, TikTok-Opfer, und Netflix fragt mich regelmäßig, ob ich noch schaue oder schlafe bei *High Seas*.«

»*High Seas*. Das will ich mir seit Ewigkeiten ansehen. Wie ist das?«

»Boah, echt spannend.« Robin hielt sich den Zeigefinger vor die Lippen. »Aber keine Angst, ich spoilere nichts.«

»Besser so. Habe mal mit einer Bekannten eine Woche nichts geredet, weil sie mir verraten hat, dass jemand in Staffel zwei eine neue Frisur bekommt.«

»Hätte sie angezündet. Und dann mich.« Robins Antwort erwischte mich unerwartet. Ohne Umschweife prustete ich los.

Robin runzelte die Stirn und schmunzelte. Ob es ihn wunderte, dass ich seinen Humor teilte?

»Und du? Was guckt ein Österreicher in Irland, und was liest er?« Robin hob sein Weinglas und prostete mir zu.

»Nichts. Bin beschäftigt mit dem Studium. Muss mir ein paar kulturwissenschaftliche Begriffe ins Gehirn prügeln und eine Analyse über einen Museumsfilm schreiben.« Dass ich ab und an zum Einschlafen *Sailor Moon* guckte oder zum Runterkommen Gay-Fantasy-Bücher über Drachen und Werwölfe las, behielt ich lieber für mich.

»Und in Cork musst du dich erst mal einleben.«

»Sie sagen es, Mister.«

»Apropos Serien. Ich müsste dann bald los. Habe heute wieder Nachtschicht. Wenn du magst …«

»Ja.« Ich erstarrte nach meinem *Ja*. Was, wenn er fragen wollte, ob wir uns die Rechnung teilten? Oder wir einen Nachtisch aßen.

»Okay, ja, ich würde mich über ein weiteres Treffen freuen.« Robin richtete sich seine Mütze, unter der feine Strähnen hervorlugten.

Ich hielt mein leeres Glas mit den Eiswürfeln gegen meine Wange. »Gern.« *Wie peinlich*. Warum war ich so?

»Ich schreibe dir, ja?«

»Soll ich dir meine Nummer geben?«

Robin rutschte auf dem Stuhl herum. »Äh, nee. Wir haben ja die App, passt schon.«

Okay?

Nach seiner Nummernaktion hatte ich Robin nicht geschrieben. Nun saß ich vor der App und las seine Nachricht. Spielte er mit mir?

Hey, danke für das Date heute, hat mich voll gefreut.

Sollte ich antworten? Ja, warum nicht. Schließlich matchten wir perfekt.

Mich auch. Das Essen war lecker, ich meine, das ist das Wichtigste.

Essen > der Rest der Welt

Oh ja! Und ein kühles Getränk voll mit Eiswürfeln ist auch nicht schlecht.

Eiswürfel sind nicht meins.

Nein, bitte, diese Vorstellung! Wie kannst du so leben?

Bin schon cool genug.

Das war peinlich.

Nein, echt jetzt? Ahhhhhh.

Haha, werde ich dir für immer vorhalten, den Spruch.

Große Klasse. Ich streite es einfach ab.

Ich schickte Robin einen Screenshot von seinem Spruch und ging ins Badezimmer, um Cara beim Haareföhnen zu nerven.

Ein paar Tage später sah die Welt wieder anders aus. Denn obwohl ich enttäuscht gewesen war, dass die Bibliothek am Campus nicht den gleichen Flair hatte wie die Aula Maxima und nur mit einem Teppichboden, schlichten Stühlen, Tischen und Metallregalen ausgestattet war, dachte ich gleichzeitig auch über Robins Abgang nach. Warum hatte er mir nicht seine Nummer geben wollen? Warum über die App schreiben?

Er wollte ein zweites Treffen. Er hatte gemeint, er schreibt mir. Wie ich diese Spielchen hasste. Wäre das Date – *ach du Scheiße, ich hatte ein Date* – sonst nicht so angenehm gewesen, hätte ich die App gelöscht und somit den Draht zu Robin gekappt.

Kopfschüttelnd widmete ich mich wieder meinen Büchern. Ich musste Robin und meine Angst vor meinem nächsten Dienst bei Murphy verdrängen und ein verdammtes Thema für meine Semesterarbeit finden. Mein Kopf war leer, und all die neuen Eindrücke schüttelten mich in unregelmäßigen Abständen durch, sodass ich keine Ordnung in meinen Kopf bekam. Als wäre mein Gehirn ein unbefestigtes Bücherregal auf einem Schiff.

Leider machte das Buch *Small Places, Large Issues* mit seinen schweren Texten meine Overthinker-Probleme nicht besser.

Genervt bettete ich meine Stirn auf die Bücher. Wer weiß, eventuell saugte mein Kopf den Inhalt auf? Das einzig Beruhigende waren der Duft von Buchseiten, uralten Einbänden und das Gefühl von Tausenden Geschichten, die in der Luft schwirrten.

»Ist hier frei?« Das durfte nicht wahr sein, oder?

»Dein Ernst?« Ich richtete mich auf.

»Nicht du wieder.« Owen nahm gegenüber von mir Platz. »Gib's zu, du verfolgst mich.«

»Ich dich?« Der hatte Nerven.

»Tja, ich für meinen Fall weiß, dass ich kein Stalker bin.«

»Das sagen Stalker immer.«

»Auch wieder wahr.« Owen hob ein paar Bücher aus seinem Rucksack.

Auf einem Buch erkannte ich den Titel *Medizingeschichte Englands*. Da fiel der Groschen.

»Ach, weil ich es sehe, Owen. Wie lief eigentlich dein Bewerbungsgespräch?« Ich nahm das Buch und strich über den Stoffeinband.

Owen riss es mir aus der Hand. »Was geht dich das an?« Sein scharfer Unterton vermischte sich mit einem dunklen Schatten, der durch seine Augen huschte.

Die Studierenden in der näheren Umgebung wandten sich zu uns. Belustigte, stirnrunzelnde und böse funkelnde Blicke richteten sich auf Owen.

»Okay, sorry, großer, böser, rothaariger Wolf.« Ich hob mein Buch abwehrend zwischen uns.

Owen linste hinter sich. »Was?« Wolf-Owen animierte die anderen, sich wieder um ihre Angelegenheiten zu kümmern.

Apropos haariger Wolf. Seinen orangeroten Bart hatte Owen seit Tagen nicht mehr gestutzt.

»Das Gespräch ist erst«, warf Owen leiser und sanfter ein.

»Na dann. Was sagt deine Familie dazu? Ich meine, die sind bestimmt heilfroh, dich loszuwerden.« Ich holte mein Portemonnaie aus meiner Tasche und reichte ihm das Geld, das ich ihm noch schuldete. »Bitte, bevor du es wieder vor allen Leuten erwähnst.«

»Das war ein Scherz.« Owen schob mir das Geld wieder zu. »Und meine Familie ist nicht heilfroh, mich loszuwerden. Die wissen davon gar nichts.« Ertappt weiteten sich Owens Augen. »Ach, egal. Nimm wieder.«

»Ein Scherz?« Ich schubste es zurück zu ihm. »Nimm du es.«

»Vielleicht zuerst nicht. Nachträglich lade ich dich doch ein.« Mit seinem Buch versetzte er dem Geld einen Stoß in meine Richtung.

»Trotzdem will ich nicht in deiner Schuld stehen.« Energisch beförderte ich das Geld zu Owen zurück.

»Wenn du es nicht nimmst, werde ich laut, alle starren dich an, und du versinkst im Erdboden.« Ich hasste es, dass Owen mich mittlerweile zu gut kannte.

»Bitte.« Demonstrativ langsam und auffällig steckte ich es ein. »Zufrieden?«

»Zufrieden.« Owen kratzte sich am Bart. »Wie war euer Essen? Habt ihr da, ähm, gelernt?«

»Das Essen war toll, und nein, es ist eine Art Date gewesen, das eine App eingefädelt hat.«

»Ein Sexdate?« Owen sagte das absichtlich laut, sodass sich einige Studierende hinter ihm hochreckten und ihre Ohren spitzten.

Owen unterdrückte ein Grinsen.

»Psst.« Ich stellte einen großen Atlas vor mir auf.

»Also habt ihr …« Owen kreiste im Sitzen seine Hüfte.

»Owen, stopp. Das war ein Sternzeichen-Date.«

Er hörte mitten in der Bewegung auf. »Hä?«

»Eine astrologische Dating-App.«

Owen hielt sich die Hand vor den Mund, was sein belustigtes Auflachen nicht mehr aufhalten konnte. »Was heißt das? Habt ihr Tantra ausprobiert? Danach euch mit einem Widder-Dild-«

»Owen.« Mein ganzer Kopf fühlte sich heiß an, und ich rutschte tief in den Stuhl. Die anderen Studierenden verschwanden hinter meinem Atlas. »Vielleicht ist es blöd, aber die App hat funktioniert, und Robin passt mit seinem Geburtshoroskop gut zu mir.«

Owens Grinsen verging ihm, als er mir wohl ansah, wie es in mir brodelte. »Warte. Du studierst und glaubst trotzdem diesen Bullshit?«

»Meinst du das ernst?« Ich bohrte meinen Zeigefingernagel in das Nagelbett meines Daumens. Die Schmerzen halfen mir, meine mentale Kiefersperre auszutricksen und meine Meinung auszusprechen. »Ich glaube vielleicht nicht an exakte Zukunftsvorhersagen, aber wenn wir unseren Horizont etwas erweitern und mehr als das Horoskop der Tageszeitung lesen, können wir einiges für uns mitnehmen. Und wenn es nur Stützen sind, um sich selbst zu optimieren oder Schwächen zu erkennen. Aber davon verstehst du nichts.«

Mein Körper bebte innerlich, und es kostete mich Überwindung, nicht selbst laut zu werden.

»Diese ganzen Sternzeichen sind eine Erfindung von Menschen, die noch keine Ahnung von der Welt hatten und sich solchen magischen Stumpfsinn überlegt haben, um sich irgendetwas zu erklären.«

Am liebsten wäre ich Owen ins Gesicht gesprungen bei all der Selbstgefälligkeit, die es ausstrahlte. »Die Menschen früher haben den Weg für die heutige Medizin geebnet. Denkst du, die Astrologie würde sich sonst bis heute halten?« Mein Brustkorb hob und senkte sich rasch. Ich musste meine Atmung kontrollieren. Genervt feuerte ich meine Bücher in meine Umhängetasche, um meine Wut zu kanalisieren.

Leider hatte ich die Fähigkeit, verletzend zu werden, sobald ich keine Kontrolle über meine Emotionen hatte, und leider konnte niemand Menschen auf eine tiefgreifendere Weise mit Worten erschüttern als Fische.

»Es hält sich auch bis heute der Hass auf queere Menschen genauso wie die Denkweise, dass wir gefährliche Waffen brauchen.« Owens Argumente stimmten, und ich hasste das.

»Du weißt, was ich meine, Owen.«

»Wie willst du beweisen können, dass Astrologie kein Bullshit ist?« Herausfordernd beugte er sich über meine Bücher zu mir herüber. Ich merkte dank seiner unweit entfernten Nasenspitze, dass ich exakt dasselbe getan hatte.

»Wie wär's mit einer Wette?« Da hatten wir es. Meine unüberlegten Aussagen. Es endete jedes Mal in einem Schlamassel, zerdachte ich meine Wortwahl nicht hundertprozentig. Wie konnte die Menschheit so was wie Spontanität erfunden haben?

»Bin dabei.« Zufrieden schlang Owen seine Arme zu einer Schleife vor der Brust und lehnte sich zurück.

Die Entwicklung, die unser Gespräch nahm, gefiel mir nicht. Zurück konnte ich nicht mehr. Ich glaubte an die Astrologie, nein, ich musste an sie glauben. Alles andere wäre zu schmerzhaft.

»Schön.« *Trotziges Kind spielen: Check.*

»Schön. Dann lass hören.« Owen wartete offensichtlich auf mein Wettvorhaben und genoss die Anspannung, die ich bestimmt ausstrahlte.

Wie konnte ich ihn von der Astrologie überzeugen? Erzählte ich ihm etwas von seinem Geburtshoroskop, käme er mit *Das trifft doch auf jeden zu.*

Robin kam mir in den Sinn. Robin, der all das nicht verurteilte, und sofort hatte ich die zündende Idee. »Dates. Wir suchen dir ein paar Typen raus, oder stehst du auch auf …«

»Nein.«

»Typen, alles klar. Und ich werde dir mit Caras Hilfe eure Kompatibilität ausrechnen, und wir sagen dir, wie deine Verabredung laufen wird.« Ein gewagtes Experiment, aber ich tippte darauf, dass Owen absagte. Er hatte mit seinem Bewerbungsgespräch und dem Abschluss genug zu tun. Damit würde die Diskussion im Sande verlaufen, und ich hatte meine Ruhe.

Lange Zeit hörte ich keinen Mucks von Owen. Wie paralysiert starrte er in ein gedankliches Loch hinter mir.

Worüber Owen nachdachte?

»Abgemacht.«

»Was?« Nun war ich derjenige, weswegen sich die Leute über ihre Stuhllehnen zu uns wandten. »Sorry«, nuschelte ich.

»Ich bin dabei. Aber –«

»Moment.« Ich hob meinen Zeigefinger und packte mein Handy neben mir.

Cara, habe ein Problem. Unabsichtlich eine Wette mit Owen gestartet, dass Astrologie echt ist. Bist du dabei? Dachte daran, ihm Dates zu suchen, und wir sagen ihm, ob sie zusammenpassen.

Zum Glück war sie gerade online, und ich konnte sehen, dass sie bereits schrieb.

Bin so was von dabei. Bin gleich zehn Mal dabei! Darüber könnte ich eine TikTok-Reihe machen … Wie sind seine Daten?

Perfekt, Cara ließ mich nicht im Stich.

»Meine Mitbewohnerin ist dabei. Wir brauchen deine Daten.«

»Daten?«

»Du weißt schon, das Übliche. Geburtsdatum, Geburtszeit, Geburtsort.« Die drei *Gs* tippte ich ins Handy und ließ dabei die Daten noch aus.

»Ähm.« Warum überlegte er da ewig? »Einundzwanzigster äh, Juni zweitausendeins in Dublin, lange Geschichte, und Uhrzeit, hm. Ist die wichtig?« Owen strich seine rotorangen Haare zurück, und sie fielen in einem Mittelscheitel jeweils auf ihre Seiten.

»Ähm, ja?«

»Ich glaube, neun Uhr abends.«

»Die Minute«, hakte ich nach, während ich weiterschrieb. »Ist wichtig. Oder du siehst bei dir zu Hause in deiner Geburtsurkunde nach? Ich meine, wenn, machen wir es richtig.«

»Nee, nee. Ähm, acht?« Er räusperte sich. »Ja, acht«, wiederholte er selbstsicher.

»Perfekt.« Zack. Ich hatte alles abgeschickt. »Cara hat alles, was sie braucht.«

»Warum fühle ich mich, als hätte ich dir das Entsperrmuster meines Handys verraten?« Diesen Vergleich musste ich mir merken. Tatsächlich wirkte Owen ein wenig verunsichert.

»Tja. Aber was wolltest du vorhin sagen?« Mein Handy vibrierte, und ich nahm es hoch.

Ugh, dieser Juni-Krebs macht Ärger. Obwohl er auch an der Kippe zum Zwilling ist, je nach welchem System wir gehen. Würde gar nicht zu dir passen. Habe gerade keine Zeit für eine genaue Auswertung, mache später weiter.

Dass Owen und ich nicht zusammenpassten, hätte ich auch ohne sein Geburtsdatum erraten.

»Dass ich dieses Sternzeichen-Experiment nur mitmache, wenn wir für diese Wette Einsätze festlegen.« Owens spitze Eckzähne blitzten beim Lächeln hervor. »Wo bleibt sonst der Spaß? Außerdem will ich Dates, die nicht zu mir passen. Ich habe keinen Bock auf Nähe.«

»Wenn du nicht daran glaubst, ist es doch egal, oder?« Voller Unschuld in der Stimme sprach ich diesen Satz aus.

In Owens Gesicht erkannte ich einen Anflug von Ertapptheit. »Schon, aber dann kann ich weniger tricksen. Wie du gemerkt hast, bin ich kein Profi darin, zu tun, als würde ich jemanden mögen. So würde ich vielleicht versuchen, die Leute absichtlich zu verschrecken, um zu gewinnen und zu beweisen, dass du falschliegst. Jetzt müsste ich aber so tun, als würde ich sie mögen, damit ich deine These widerlege.«

»Dann willst du es dir selbst absichtlich schwerer machen? Und warte mal. Wenn, müsstest du ehrlich sagen, ob du jemanden magst oder nicht. Nicht schummeln.« Owen zu verstehen glich einer Mammutaufgabe.

»Jap. Spiele nur mit harten Regeln. Was das Schummeln anbelangt, ah. Ich gewinne gerne und ich könnte nicht sagen, ob ich es nicht doch versuche, da bin ich ganz ehrlich. Wenn ich jemanden aber nicht mag und ich müsste vorspielen, ihn zu mögen, wäre das, als würdest du versuchen, Wasser in Gold zu verwandeln, unmöglich.« Seine Miene verdunkelte sich kurz, als steckte da mehr dahinter.

Ich versuchte erst gar nicht, ihn zu verstehen, und knackte mit meinen Fingern. »Abgemacht.«

»Sehr gut.« Owens Aura verwandelte sich plötzlich zu der eines Bösewichts aus einem Geheimagentenfilm. »Wenn ich gewinne, meldest du dich bei der Society der Schreiberlinge an. Oder hast du das mittlerweile schon gemacht?«

Ich konnte meine Überraschung bestimmt nicht verbergen.

»N-Nein.« Meine Hände wischten nervös über die glatte Tischoberfläche.

»Habe ich mir gedacht. Also? Doch nicht mehr sicher?«

Nein, das konnte ich Owen nicht durchgehen lassen. »Bin dabei.«

»Jetzt bin ich gespannt, was dir einfällt. Bist du heute böse und zwingst mich, einen veganen Burger zu verspeisen?« Flink wie ein Raubtier schnappte Owen nach meiner Hand, damit ich meine Wischbewegungen auf dem Tisch unterbrach.

Dieser fehlende Ausgleich brachte mich noch mehr unter Anspannung. Gleichsam erinnerte mich Owens raue, feste Hand an dieses Gefühl an meiner Wange. Seine Finger an meinem Nacken. Der Daumen, der über meinen Wangenknochen strich. *Schluss.*

»Einfallslos, habe ich mir gedacht.« Der Stuhl knarzte, als Owen sich wieder nach hinten lehnte und die Arme hinter seinem Kopf verschränkte.

Wenn Owen mich provozierte, war es seine Schuld, dass ich meine Bedenken auf lautlos schaltete und das tiefe, dunkle Meer in mir die Oberhand gewinnen ließ. »Wenn ich gewinne, hm …« Ich stand auf. Die Sachen in meiner Tasche raschelten beim Hochheben. Mit langsamen, bedrohlichen Schritten ging ich um den Tisch herum zu Owen und brachte meinen Mund nahe an sein Ohr. »Dann sagst du deinen Eltern, dass du vorhast, nach England zu gehen.«

Owen sog scharf die Luft ein.

»Ich melde mich später, aber für jetzt muss ich sowieso los, da ich mich mit Cara im Park treffe.« Mit dem Gefühl, nun selbst ein Bösewicht zu sein, verließ ich die Bibliothek.

Kapitel 16

Owen

Es gibt über zehn verschiedene Häusereinteilungssysteme, die oft Anlass zum Streit in der Astrologie geben. Sie sind aber vor allem wichtig, wenn wir wirklich in die Tiefen des Geburtshoroskops einsteigen wollen. Sich einen Überblick zu verschaffen, gelingt auch so.

Beherzt schleuderte ich meine Bierdose in den Mülleimer und trat dagegen. Wie konnte Felix es wagen, mich auflaufen zu lassen? Ich hatte mir fest vorgenommen, meiner Familie nichts zu sagen. Erst nach meiner Ankunft in England. Per Karte. Brieftaube. Oder so.

Der Spaziergang durch Cork brachte mich ein wenig runter. Felix konnte es nicht wissen. Wie auch? Niemand ahnte irgendetwas über mein Leben, und dabei beließ ich es.

Ich lief an Ünals Blumenstand vorbei, der mir mit einer rosa Rose zuwinkte und dabei sein pausbäckiges Lächeln zeigte. »Hallo, mein Freund. Einen Blumenstrauß für den Liebsten?«

»Gibt es noch immer nicht, Ünal.« Mein lautes Rufen übertönte wohl die Autos, da er mir zunickte.

»Nächstes Mal.«

Ich liebte Cork. Die Menschen zwangen einem mit ihrer zuvorkommenden Art ein Lächeln ins Gesicht. Viele strahlten eine so lebensfrohe Sicherheit aus, dass es wirkte, als wäre das niedrigste Selbstbewusstsein, das ein Corkmensch haben konnte, auf dem Level: *Ach, ich bin leider nur so toll wie alle anderen tollen Menschen in Cork.*

Hinter einer Bushaltestelle tanzten Aisling, Ronan und Shiyan verkleidet als Leprechauns oder, wie sie Reisende nannten, Kobolde. Sie schlugen sich auf die Oberschenkel, die in grünen Hosen steckten, während Liam mit seinem berühmten Löffelspiel Klänge erzeugte, mit denen er sogar einen YouTube-Hit gelandet hatte. Die meisten in meinem Alter regten sich über solche Showeinlagen auf, weil sie es als zu klischeehaft ansahen, aber für mich war es Kindheit. Die Stadt suchte alle paar Jahre neue Leute, die das machten. Was blieb? Das *Willkommen in Cork*-Plakat hinter ihnen.

Jedes Mal, wenn ich durch meine Heimat schlenderte und trotz der Grautöne, die das Wetter mit sich brachte, die bunten Häuser und die lebensfrohen Menschen beobachtete, heiterte mich das auf. Mein Herz wurde leichter.

Ich nahm die Sunday's-Well-Straße runter zum Fitzgerald's Park über den Fluss und kam mir vor wie durch die Zeit gereist. Von der belebten, modernisierten Innenstadt in das ältere Cork. Genau wie die hügeligen Wege war auch die Stadt ein Auf und Ab von Tradition und Zukunft. Ich strich über die Kletterpflanzen an den Mauern, die die Straße säumten, bis ich alte Steinhäuser mit roten Türen erreichte. Dort huschte ich an Backsteingebäuden vorbei, die dank der Witterung nun die unterschiedlichsten Brauntöne aufwiesen, und bog weiter unten endlich in den Park ein.

Sattes Grün nahm mich in seine Arme. Trotz der über zweihunderttausend Menschen in Cork sah ich überall bekannte Gesichter, die auf den Wiesen verstreut lagen und einen netten Zuruf für mich übrig hatten. Selbstverständlich waren nicht alle extrovertierte Strahlemenschen, denen die Sonne aus dem Arsch schien. Trotzdem liebten die Leute das Leben in Cork, und das strahlten die meisten aus. Endlich erreichte ich mein Ziel und setzte mich auf die kniehohe Steinmauer vor einem Teich mit Blick Richtung Father-Mathew-Gedenkbrunnen.

Pärchen spazierten Händchen haltend durch die Gegend, und wieder kam mir die Wette in den Sinn.

Warum sollte ich nicht mitmachen? Das Bewerbungsgespräch hatte ich ohnehin versemmelt. Da konnte ich genauso gut ein paar Dates haben, die mich ablenkten. Meine Abschlussarbeit hatte ich beinah fertig, mir fehlten noch ein paar theoretische Untermauerungen zu meinen empirischen Erhebungen, mein Fazit zu meiner Forschung letztes Semester im Krankenhaus und die leidigen Quellen. Außerdem hatte ich keine Ahnung, wann ich das letzte Mal Sex gehabt hatte. Außer mit mir selbst. Meinem Teenager-Vergangenheits-Ich hatte ich geschworen, keine lange Durststrecke mehr zuzulassen.

Der Himmel über mir färbte sich blau und blassrosa. Kleine, rundliche Wolken breiteten sich über mir wie aneinandergereihte Watteballe, die mich in ihrer Sanftheit an Felix erinnerten, aus. Ich war gespannt, was er da für eine Katastrophe heraufbeschwor.

»Na, wen haben wir da? Guten Abend, Owen.« Eileens Stimme riss mich aus meinen Gedanken. Wie lange hatte ich Eileen schon nicht mehr außerhalb ihrer Bar getroffen? Sie setzte sich neben mich. »Auf der Suche nach ein wenig Ruhe? Ich habe mich früher auch oft hierher verzogen. Heute habe ich aber eine Verabredung.«

»Hm, nein, eher nach ein wenig Leben.« Der Trubel lenkte mich ab. Eine Verabredung? Wer konnte das sein?

Eileens Falten gruben sich beim Grinsen tiefer in ihre Haut. »Das hatte ich in deinem Alter auch. Cork bietet glücklicherweise sowohl als auch.«

»Das stimmt. Und, rein interessehalber, was hast du damals gemacht, wenn du dir über deine Zukunft unsicher gewesen bist?« Ich tippte mit der Fußsohle auf die Wasseroberfläche.

»Mich fertiggemacht. Wie du.« Ihre verrauchte Stimme wurde von einem Räuspern unterbrochen. »Rein interessehalber.«

Verlegen starrte ich in das dunkelgrüne Wasser.

»Früher wollte ich die Welt sehen. Ich habe mich auf einem Schiff als Hilfsarbeiterin gemeldet«, fuhr sie fort.

»Und?«

»Ich habe es nie gemacht. Meine Eltern haben gesagt, das gehört sich nicht für eine Frau. Ich hätte Verpflichtungen. Und auf einem Schiff würde ich rauchen, Whiskey trinken und mit verschwitzten Matrosen Sex haben.« Eileen schien mit ihren Gedanken abzudriften. »Das klang für mich noch verführerischer.«

»Oh ja.« Sollte ich Schiffskoch werden? Ich hatte keine Ahnung, wie es in einer Schiffsküche aussah, aber ich stellte mir mich selbst in einer von Rohren durchzogenen Kombüse ohne Tageslicht vor. Aus den Rohren dampfte es, und die verschwitzten ... Wow, ich brauchte definitiv Dates. Mehrzahl.

»Na ja, und jetzt bin ich in der Bar gelandet, trinke Schwarzbier, rauche und habe keinen Sex. Es hätte besser laufen können.« Eileen lachte auf und steckte mich damit an. »Wir haben also die Typen in meiner Bar auf der einen Seite.« Sie streckte ihren linken Arm aus. »Auf der anderen muskulöse Matrosen aus der Marine.«

»Hallo, Offizier.« Ich salutierte im Sitzen mit der Hand an der Stirn vor einem imaginären Marineoffizier. Waren die Leute auf Schiffen Offiziere? Oder war das in der Army? Egal. »Das klingt aber nicht aufmunternd.«

Eileen knuffte mich auf den Oberarm. »Ich bin noch nicht fertig.« Sie bewegte ihre Lippen lautlos, als sagte sie sich ihre Geschichte zunächst selbst vor. »Wer sagt, dass ich das nicht noch mache? Aufs Schiff gehen? Die Welt sehen? Ich habe mein Leben in Cork in vollen Zügen genossen. Nichts würde ich ändern. Was ich sagen will: Das Leben können wir nicht systematisch angehen, denn dann rammt es dich mit all seiner Unvorhersehbarkeit. Und der eine oder andere Matrose hat sich auch in die Bar verirrt. Manchmal kommt das, was wir brauchen, von allein.«

»Ist das nicht zu einfach gedacht? Nachgeben und hierbleiben?« Ich wollte Eileen nicht vor den Kopf stoßen, aber normalerweise verstand sie meine Gedanken.

»Ach, Owen. Das Leben ist hart genug. Mach es dir doch leicht. Du musst nicht immer kämpfen. Du musst nicht immer den harten Weg gehen, um etwas zu erreichen. Klar, manches erfordert Arbeit, aber bitte: Wenn es geht, mach es dir leicht.«

Diese Worte trafen mich ins Mark. Sie lösten etwas in mir aus, das ich nicht bestimmen konnte.

»Dich in einem Park zu sehen, wundert mich aber.« Noch mehr Begegnungen? Noch eine bekannte Stimme? Ich blickte in den Himmel und dachte: *Fang gar nicht an, mir Felix' Unsinn einzureden, Universum.*

»Fergus, du alter Haudegen.« Eileen erhob sich und half Fergus, sich auf die Mauer zu setzen. Er zog einen fantastischen, eleganten Duft von Iriswurzel, Narzisse, Veilchen, Rose, verschieden Grünnoten, fruchtig und gleichzeitig holzig, sowie einer Vanillenote mit sich. Sein weißer Anzug mit dem rosa Hemd und der gelben Krawatte stimmten einen sofort fröhlicher.

»Ihr beide kennt euch?« Ich sah wieder zu Eileen, die sich neben mich setzte.

»Natürlich kennen wir uns. Wir haben uns für heute hier verabredet.« Eileen schunkelte zu mir und stieß mit ihrer Schulter gegen meine. »Sag ihm, er soll ein bisschen weniger verkopft sein, Gus.«

Fergus beugte sich beim Lachen so weit zurück, dass ich ihn mit meiner Hand auf dem Rücken stützte. »Pass auf.«

»Wie oft habe ich das versucht? Er lernt es noch.« Verschwor Fergus sich mit Eileen?

»Wie wär's, wenn wir in den Hinterhof der Bar gehen und

ein wenig grillen? Vielleicht bringt dich das auf andere Gedanken.« Eileen hielt ihre Tüte hoch. »Ich habe sogar ein bisschen was im englischen Markt eingekauft. Das gute Zeug.«

»Zu einem Stück Fleisch sage ich niemals nein. Pass mir auf meinen Anzug auf.« Fergus roch an der Tüte.

Die beiden waren alt, und zu viel Bindung zu ihnen würde bedeuten, dass mich ihr Tod irgendwann runterzog. »Ich passe. Muss noch was für –«

»Oh, Schätzchen. Du hast gar keine Wahl, oder?« Eileen lehnte sich vor und schaute über mich hinweg zu Fergus. »Was sagst du, Gus?«

»Ich dachte, du redest eh nur mit mir. Der da kommt sowieso mit.« Definitiv: Fergus verschwor sich mit Eileen.

»Finde ich nicht witzig.« Ich trommelte auf meinen Oberschenkeln. Wie kam ich da raus?

»Schade, Owen. Ich schon.« Eileen hielt sich den Handrücken vor den Mund, weil sie sich für ihre Zähne ein wenig schämte. »Gehen wir?«

Seufzend erhob ich mich. Ich konnte den beiden nicht mehr absagen. Ein, zwei Stücke würde ich essen und mich dann verabschieden.

So weit der Plan. Da zeigte mir das Leben wieder, dass es kein System hatte, denn Felix beschritt mit Cara in diesem Moment den Steinweg, der durch den See führte. Diesen Park hatte Felix vorhin gemeint? Na klar, der war dem UCC am nächsten. Deshalb war es klar, dass er diesen gemeint hatte, ich Depp.

»Wenn das nicht der Astrologieleugner ist.« Felix' Mitbewohnerin schob sich ihre gelbe Herzbrille runter, musterte mich wenig begeistert und steckte ihre Hände in ihre lila High-Waist-Jeans mit den draufgestickten Planeten.

»Nur zur Info –« Ich hielt Felix auf, bevor er etwas sagen wollte. »Du hast nicht dazugesagt, welcher Park. Das ist Zufall.«

»Zufall.« Cara schwang mit einem Kopfschütteln ihre Haare auf die Seite. »Das Universum schickt einem, was benötigt wird.

Und du scheinst definitiv einen Fischeboy zu brauchen, der dir zeigt, wie du deinen Horizont erweiterst.«

»Wird das ein Tanzbattle wie in diesen Filmen auf Netflix mit den ganzen jungen Leuten, Felix?« Eileen stellte sich zwischen uns, und mir fiel auf, dass *Netflix* sich auf *Felix* reimte.

»Du kennst die?« Cara wandte sich an Felix.

»Die nette Barkeeperin, von der ich dir erzählt habe, und nein, das wird kein Tanzbattle.«

Wenn, dann ein geistiges Tanzbattle.

»Du riechst aber gut, was ist das für ein Parfüm?« *Bitte nicht, Fergus.* Er roch an Felix, das ertrug ich nicht.

Felix bog sich wie eine skeptische Katze von Fergus weg. »Ah. *Pamplelune* von *Guerlain*?«

»Ich habe es mir fast gedacht. Komm bei mir vorbei, ich habe auch guten Stoff.« Fergus war definitiv zu sorglos mit solchen Sprüchen.

»Er hat eine eigene Parfümerie. Er meint das echt ernst, nicht creepy«, warf ich hastig ein.

»Hm?« Fergus sah fragend zu mir.

Eileen kicherte. »Wollt ihr mitkommen? Wir schmeißen den Grill an.«

»Warte, warte, warte.« Das wurde mir zu viel. Ich wollte keine niedlichen Treffen im Park, die zu engeren Freundschaften wurden.

»Was denn?« Fergus ging etwas gekrümmt und in Trippelschritten zu mir.

»Ähm, Felix?« Cara sah Felix nicht nur an, sie schien etwas in seinem Gesicht zu suchen.

Felix selbst blinzelte seit der Frage zum ersten Mal wieder und öffnete mehrmals seinen Mund, bis er zwischen uns allen hin- und hergesehen hatte. »Wenn's euch nicht stört, okay.«

»Sicher?« Cara huschte einen Schritt vor Felix.

»Ja-ha.« Felix suchte meinen Blick. »Wenn es für dich in Ordnung ist?«

Nein. »Mir egal.«

»Wir haben auch schon dein erstes Date gefunden.« Cara entfesselte eine wilde, wellenförmige Augenbrauenbewegung. »Na?«

»Date?« Natürlich kam das von Eileen und Fergus wie im Chor.

»Es ist ein Experiment.« Leider klang ich wenig überzeugend.

»Klaaar. Ah, Mist.« Cara klopfte ihre Hüften ab. »Ich komme gleich nach, habe meine Jacke vergessen. Schick mir deinen Standort, wenn ich dich anrufe.« Wie ein Wirbelwind lief Cara den Weg zurück.

Menschen zwangen sich neben uns auf dem Steinweg vorbei. Fürs nächste Mal sollte ich die unbekannteren Parks vorziehen.

»Zum Glück habe ich ein bisschen mehr Fleisch gekauft, friere ich eben nichts ein.« Eileen hielt ihre Tüte hoch.

Felix blickte wie eingefroren auf die Tüte. »P-Perfekt.«

Was hatte er wieder?

»Brechen wir auf.« Fergus hakte sich bei Eileen unter, da fiel mir ein, was Felix störte, und ich hielt die beiden auf.

»Moment. Felix. Bist du nicht Veganer?«

»Ach, nicht schlimm. Ich esse das Brot.« Felix hob seine Arme und lächelte mit einer Mischung aus: *Warum-hast du-mich-verraten*-Erbostheit und Zurückhaltung.

»Fisch auch nicht?«, hakte Fergus nach.

»Eigentlich nicht. Aber ich will keine Umstände machen.« Felix kratzte sich an der Nase, am Hals, an der Hand, am Ohrläppchen und hinterließ überall rote Striemen.

»Ach, Quatsch, das musst du doch sagen.« Eileen legte ihren Finger an ihr Kinn. »Gemüse habe ich noch.«

»Geht ruhig vor. Ich hole mit Felix noch ein paar Kartoffeln, ja?« Irgendwie wollte ich Felix aus der Lage retten.

»Nun, wie ihr meint, aber vielleicht bist du deshalb so

schmächtig, mein Kleiner?« Eileen setzte ihre Brille auf, die an einer Goldkette um ihren Hals hing, und inspizierte Felix.

»Eileen, mehrheitlich wie Felix zu essen, wäre besser für uns alle. Und jetzt verzieht euch. Außerdem ist der Spruch unangebracht heutzutage.« Mit meinen Händen vollführte ich ein paar Wischbewegungen vor Eileen und Fergus.

»Also, ich freu mich auf mein Steak. Aber nächstes Mal musst du den Mund aufmachen, Felix.« Eileen meinte das nicht harsch, aber sie war eben eine echte Barlady. Was ihre Aussagen nicht besser machte. »Ich brauche eine Liste, was ich heute alles nicht mehr sagen darf.«

»Sei nicht so«, zischte Fergus im Weggehen und zog Eileen mit sich.

»Was denn? Ist doch so. Die Kecken kommen weiter im Leben, und die, die es allen recht machen wollen, werden überfahren.« Darüber diskutierte Eileen mit Fergus auch noch, als sie kaum noch in Hörweite waren.

Felix beugte sich zu mir. »Danke.«

»Kein Ding. Aber du kannst ruhig was sagen, Eileen ist dir da nicht böse.« Ich ging mit Felix in die andere Richtung zum Discounter.

Felix antwortete nichts und starrte zu Boden.

»Ähm, was kannst du essen, also zum Grillen?«

»Ich könnte vegane Burgerpattys für Cara und mich machen. Mit etwas Kichererbsen, Käferbohnen und Haferflocken eine abgespeckte Version. Mehl und Gewürze wird Eileen haben, schätze ich.«

»Vor allem abge*speck*t.« Okay, der Speck-Wortwitz war blöd, aber Felix schnaubte belustigt. »Und sonst? Ist Cara auch Veganerin?«

Felix bejahte meine Frage. »Ich nehme noch ein paar Kartoffeln, vegane Burgerbrötchen und Käse und etwas Salat mit. Das reicht für Burger mit Pommes.«

Klang lecker. »Darf ich dann mal abbeißen?«

»Klar, also, wenn die guten veganen Käse haben. Ich habe noch nicht den Durchblick bei den irischen Marken. In Österreich hatte ich mal einen, der nach vollgeschissenem Heu geschmeckt hat.« Felix rümpfte die Nase neben mir, und ich tat es ihm nach.

»Hoffen wir, die Iren können das besser. Und ihr habt schon ein Date?« Mein Herz schlug schneller. Vielleicht hatte ich Angst, sein Experiment könnte klappen? Hatte ich das?

»Jap.« Ein seitlicher frecher Blick traf mich. »Gespannt?«

»Schon, ja. Und wie läuft's mit dem müden Kerl?«

»Robin. Ja, wir schreiben.«

»Und schickt ihr euch Nudes?«

»Owen.«

»Was? Ich kann nicht wissen, dass ihr beide Langweiler seid.« Passenderweise musste ich gähnen, und Felix steckte ich damit auch an.

Wir prusteten beide laut los.

»Das war gemein. Und nein, sind wir nicht, also ich. Und nein, wir haben keine Nacktbilder verschickt. Aber wenn ...« Felix hielt den Finger hoch. »Wären meine die heißesten.«

Reflexartig musterte ich Felix von der Seite. Wanderte von seinem Oberkörper, der in einem zu großen Hemd steckte und bei dem ich mir vorstellte, dass seine Haut weich wie seine Wange war, hinunter über seine Stoffhose und seinen Hintern. »Ist ein Spaß gewesen.«

»Und du machst das täglich, oder was?« Felix' Frage erwischte mich unvorbereitet und riss mich aus meinen Gedanken.

»Was?«

»Na, Nudes verschicken.«

»Nee, gar nicht. Habe viel zu viel zu tun.«

»Bald hast du deine Zusage und kannst entspannen.« Diese Worte trafen mich und drückten die gute Laune wieder auf den tiefsten Punkt, sodass all die Grautöne um uns von den Steinhäusern, der Straße und dem Himmel zum Abbild meiner Stimmung wurden.

»Mhm. Ja.«

»Weißt du, wann du dann Bescheid bekommst, ob –«

»Da sind wir.« Ich präsentierte mit einer ausschweifenden Geste den Discounter und deutete gespielt wie ein Butler auf die Einkaufswagen. »Mister Felix? Darf ich bitten, Ihr Gefährt.«

Felix schüttelte den Kopf. »Quatschkopf.«

Er griff sich einen blau-gelben Einkaufswagen und fuhr in den Laden hinein, während ich ihm folgte, froh drum, das Thema gewechselt zu haben. Dabei hatte ich bei Felix zum ersten Mal den Drang verspürt, mit jemandem darüber zu sprechen.

Kapitel 17

Felix

Venus zeigt uns also unser Liebesleben, bei Felix sähe das so aus: Venus im ersten Haus, Wassermann. Will für seinen Intellekt geliebt werden. Zeigt Gefühle nicht gern öffentlich.

»Nein, nein.« Ich wedelte mit meinen Händen über meinem Teller herum, in der Hoffnung, Eileen würde keine freie Lücke finden, um mir etwas aufzuladen. »Ich bin mehr als voll.«

»Aber dein Teller ist leer, also passt noch etwas rein.« Mahnend hielt sie die Kelle mit dem gegrillten Gemüse vor mir in die Höhe, und heißer Dampf stieg auf.

Owen rutschte an der aufklappbaren Holzbank entlang zu mir und flüsterte mir ins Ohr. »Du solltest bei Eileen niemals den Teller leer essen.«

Platsch. Owen hatte meine Portion auf seinem Teller. »Das habe ich gehört.« Eileen stampfte mit ihrer Kleiderschürze zurück an den kleinen Grill, von denen sie zwei aufgestellt hatte. Bevor sie sich ganz weggedreht hatte, erkannte ich ein knappes Grinsen.

»Das hast du davon.« Fergus kaute an seinem gegrillten Maiskolben. Er trug eine gigantische Serviette, um seinen weißen Anzug zu schützen.

»Das schmeckt fantastisch, Lix.« An Caras neuen Spitznamen für mich musste ich mich erst gewöhnen. »Wie hast du die Kruste gemacht?« Mit einer Gabel pulte Cara etwas davon vom Servierteller ab und steckte es sich in den Mund.

»Ähm, Mandelmilch, etwas Speisestärke, ein paar Gewürze, Sojasoße, Chilisoße, Sesampaste, Ahornsirup, ein bisschen Meerrettich und ein paar Kräuter. Oh, und dieses grobe Paniermehl da, das die in den TikToks oft haben.« Ich hatte mich nämlich doch gegen vegane Burger und für gegrillte Austernpilze und Tofu in eigens kreierter Panade entschieden.

»Oh, haben die in dem Supermarkt Austernpilze da? Mega. Ich suche die schon ewig.« Cara kreiste mit der Gabel über dem Teller wie ein Adler, der seine Beute einkreiste.

»Danke.« Ein weiterer Punkt auf meiner Liste mit Dingen, auf die ich stolz sein konnte: Grillen mit Owen, Cara und Co.

»Ist echt lecker gewesen.« Owen legte seine Gabel hin und wollte sich auf der Sitzbank abstützen, legte dabei aber seine Hand auf meine. Pure Hitze rauschte wie ein reißender Strom durch meine Haut und kitzelte meine Nervenbahnen.

»Ah.« Er rutschte etwas weg. »Sorry.«

»Danke.« Hoffentlich merkte Owen mir nicht an, dass mich seine Berührung ein wenig ins Schleudern gebracht hatte. Nicht wegen Owen, natürlich nicht seinetwegen. Das lag daran, dass ich solche Berührungen in der Öffentlichkeit generell mit Angst verband. Obwohl ich wusste, ich war an einem sicheren Ort, suchte ich die Gesichter der Anwesenden ab, ob es jemand gesehen hatte und uns verurteilend anstarrte. Nichts.

Um mich abzulenken, sah ich mich weiter um. Der kleine Garten hinter Eileens Bar war zauberhaft. Wie eine wilde, mystische Zuflucht für Feen, Kobolde und Elfen, die durch die hohen Gräser fliegen, sich am Brunnen ausruhen oder unter dem hohen Baum im Schatten ein Schläfchen halten konnten.

»Die beiden haben recht. Ich hätte gern mehr davon gegessen, wenn ich nicht schon das Fleisch auf dem Grill gehabt hätte.« Eileen putzte die Grillzange an ihrer von bunten Flecken übersäten Schürze ab. »Sag, kannst du mir da ein paar Rezepte geben? Es kommen öfter hippe Jugendliche rein, die kein Fleisch mehr wollen.«

»Ja, kein Problem.« Obwohl die Zeit entspannt war, merkte ich, dass meine soziale Batterie nachließ und ich meine Ruhe brauchte, um meine Akkus wieder aufzuladen. Nur, wie brachte ich das rüber, ohne unfreundlich zu wirken?

In meinen Gedanken seufzte ich laut. Wie konnte die Welt mich bitte allein leben lassen, ganz ohne Überwachung? Ich fühlte mich auf keinen Fall wie ein Erwachsener.

»Ich seh mich ein bisschen im Garten um.« Zumindest erkämpfte ich mir damit ein wenig freie Zeit allein.

Es gab zwar keinen Ausblick, da rundum alles durch eine große, unebene Steinmauer abgeschirmt war, aber die pflanzenbewachsenen Steine, die Bäume, der Brunnen und der kleine Teich täuschten eine wunderbare Idylle vor.

Ich sog den Duft von Wasserlilien auf und fühlte das Gras, das mich an meinem Schienbein kitzelte.

Als mein Handy vibrierte, setzte ich mich an die Sandsteinbank vor dem Teich und holte es hervor. Robin.

Wie geht's dir? Hast du morgen etwas vor?

Bin leider arbeiten. Montag nach der Uni?

Die beiden Sätze hatte ich gefühlt achtmal gelöscht, bevor ich mich entschloss, sie abzuschicken.

»Wah.« Ich schreckte zusammen, als ein orangefarbener Fisch aus dem Wasser schnappte.

»Ein Fischetyp, dem Fische Angst machen?« Owen nahm neben mir Platz.

»Habe ich dir erzählt, was mein Sternzeichen ist?« Der Fisch erntete einen vorwurfsvollen Blick von mir, und ich bildete mir ein, dass er deshalb wieder untertauchte.

»Vielleicht? Nee, Cara hat es erwähnt. Sie hat gemeint, dass ihr bald gehen werdet, und mit Eileen eine Diskussion wegen sozialer Batterien begonnen.« *Na, fantastisch.* Ich hoffte, Cara hatte das nicht auf mich bezogen.

»Gut zu wissen.« Ich stupste mit meinem Schuh an die Wasseroberfläche, und der Fisch sauste erneut weg. »Denkst du, ich schaffe das UCC?«

»Wie kommst du darauf?«

»Keine Ahnung. Heute haben sie uns gesagt, wir sollen eine Semesterarbeit schreiben, und ich fühle mich überfordert. Allein die Themenfindung bereitet mir Kopfschmerzen.« Nach meiner Frage versuchte ich, in Owens Gesicht zu lesen, ob ich ihn mit meiner Frage nervte.

»Das wird schon. Um was geht's denn?« Sah nicht danach aus.

»Kulturvergleiche.«

»Dann schreib doch darüber, wie sich dein Umzug von Österreich nach Irland entwickelt.« Wie aus dem Nichts sortierte Owen mein Chaos im Kopf, befestigte das Bücherregal samt der gebundenen Schätze darin und bändigte die hohe See.

»Das, das ist perfekt.« Euphorie schoss durch meinen Körper, brachte mich dazu, überschwänglich aufzuspringen und meine Hände auf Owens Schultern zu legen. »Danke. Kannst du mir vielleicht ein paar wichtige Orte in Cork zeigen?«

»Echt?« Owens perplexes Gesicht wandelte sich nach dem Räuspern und drückte pure Selbstsicherheit aus. »Ich meine, na klar. Als alter UCC-Hase habe ich den Durchblick in Sachen Themenfindung. Und wer, wenn nicht ich, kann dir da etwas zeigen?« Er richtete sich die Haare, die an diesen grauen Tagen oft dunkler wirkten. »Ich, der UCC-Meister. Weißt du, manchmal, da bilden sich in meinem Kopf wie von selbst Verknüpfungen und liefern mir perfekte Lösungen für Probleme.«

»Owen. Übertreib es nicht. Dankbarkeit ist am wirksamsten, wenn sie still aufgenommen wird.« Es benötigte nur einen falschen Schritt zurück, und ich kippte nach hinten. Sofort verlor ich den Halt unter den Füßen. »Wahh.«

Wie in Zeitlupe sah ich Cara hochspringen, Owen plötzlich in der Höhe, die grauen Wolken an mir vorbeiziehen und spürte, wie mir flau wurde. Mitten im Fall blieb ich hängen und steckte in der Zeit fest.

Doctor Who rettet mich?

»Tja, und ein Bösewicht-Abgang funktioniert am besten, wenn du nicht rücklings in einen Teich stolperst.« Owens Hände zogen mich hoch. Nicht Doctor Who, sondern er. Wieder er. Obwohl ich gegen Matt Smith als Doctor Who auch nichts gehabt hätte.

Wieder standen wir uns zu nahe. Woher kam ständig diese Nähe?

»Dann haben wir uns beide blamiert«, sagte ich mit erstickter Stimme, und wenn ich so in Owens stürmische Gewitteraugen schaute, riss sich das geordnete Bücherregal wieder aus seiner Verankerung und rutschte quer übers schwankende Deck, bis es mehr und mehr Chaos verursachte.

Owens warmer Atem streifte meine Stirn.

»Hey, ihr beiden, seid ihr dann fertig, ich habe gute Nachrichten.« Cara tauchte hinter Owen auf und hielt ihr Smartphone hoch.

Rasch trennten Owen und ich uns voneinander.

»Was gibt's?«, fragte ich nach.

Fergus und Eileen räumten hinter ihr den Tisch ab.

»Das Date für Owen hat jetzt Zeit und wir auch.« Als Beweis hielt Cara uns ihr Handy hin.

»Ich muss arbeiten.« Murphy hatte mir letztens über Quinn ausrichten lassen, dass ich für Extraschichten bei der Inventur eingeteilt war. Es nervte, das zusätzliche Geld konnte ich aber gut gebrauchen.

»Warte, warte. Ihr wollt mitkommen?« Stimmt, diesen Teil des Plans hatten wir Owen noch nicht verraten.

»Natürlich, sonst schwindelst du uns an. Felix und ich haben bereits die Geburtshoroskope von deinem Date und dir verglichen.« Cara wischte auf ihrem Display nach links. »Und es ist ultra-unwahrscheinlich, dass ihr euch verstehen werdet.«

»Und das stimmt?« Die Skepsis in Owens Stimme war nicht zu überhören.

»Es kommt auf mehrere Faktoren an.« Dieser Satz von Cara war bestimmt gefundenes Fressen für Owen.

»Das war klar. Nur auf nichts festlegen, und dann passt die Astrologie in jedes Schema.« Die verschränkten Arme und die gerunzelte Stirn – wir verloren Owen für das Experiment-Schrägstrich-die-Wette.

»Weil es so ist. In seinem Geburtshoroskop ist angedeutet, dass er Probleme in seiner Familie gehabt haben könnte.« Cara zog Owen zu sich und drehte ihr Handydisplay zu ihm. »Siehst du? Das vierte Haus, oft mit den Eltern, dem Zuhause und dem Grundgerüst verbunden – wobei, manche sagen auch, ach egal –, zeigt bei ihm, dass er sich missverstanden gefühlt hat. Aber falls er dann eine Therapie gemacht und das hinter sich gelassen hat, ist er dem Ganzen entwachsen, indem er die Schattenseiten seines Geburtshoroskops verlassen hat. Belastet es ihn dagegen bis heute, kann er wiederum ein ganz anderer Mensch sein.« Cara deutete mit ihrem Finger auf die Anzeichen im Geburtshoroskop. In Owens Gesicht erkannte ich all die gigantischen Fragezeichen, die mit einem Ausrufezeichen kollidierten. »Es sieht aber eher danach aus, dass er nicht der Typ ist, der sich eine Therapie sucht.«

»Es fühlt sich aber doch jeder von seinen Eltern missverstanden, oder?« Owen suchte Unterstützung und fand sie bei der nickenden Eileen, die den heißen Grillrost hineintrug, als wäre er eine angenehm warme Teetasse.

»Das stimmt, Owen. Aber auch da zeigt das Geburtshoroskop, wie wir damit umgehen könnten. So oder so, der Typ, den wir für dich ausgesucht haben, passt von der Liebeskompatibilität null Komma gar nicht zu dir und, hey.« Cara unterbrach ihren Vortrag, als Owen sich ihr Handy schnappte und das Bild des Typen mit Zeigefinger und Daumen ranzoomte.

»Der sieht extreeem hot aus. Ich glaube, den mag ich.«

Wunderte mich nicht, dass der Owen gefiel. Groß, Bodybuilder und mit einem verschmitzten Grinsen, das alles andere als unangebrachte Schüchternheit ausstrahlte.

»Du bist ein Esel.« Obwohl Cara ihm das Handy aus der Hand riss, folgte er mit seinem Blick dem Bild, bis Cara das Display verdunkelte. »Aussehen ist nicht alles. Vergleiche ich eure Geburtshoroskope, sehe ich sofort, dass Cole Leute sehr schnell verurteilt, im ersten Moment oberflächlich ist und in der Kennenlernphase gar keinen Bock auf tiefgründige Gespräche hat, da er sich erst wohlfühlen muss. Je nachdem, wie er erzogen worden ist, scheint er auch sehr ungefiltert seine Meinung zu sagen.«

»Ähm, hallo?«, unterbrach ich. »Ich muss noch immer arbeiten?« Um nicht als undankbarer, fauler Gast in Erinnerung zu bleiben, ging ich zu Eileen und half ihr beim Abräumen.

»Warum eigentlich?« Cara folgte mir, und Owen tapste ihr hinterher.

»Murphy hat gefragt, ob ich helfen kann, das Lager für die Inventur zu sortieren, und morgen bin ich ohnehin eingeteilt, darf aber zwei Stunden später kommen.« Meine Erklärung schien Caras Gehirn arbeiten zu lassen, da sie mitten im Abräumen innehielt und überlegte.

»Wie lange hast du noch Zeit?« Gemeinsam brachten wir die schmutzigen, nach BBQ-Soße riechenden Teller in die Küche der Bar. Sie bestand aus alten dunklen Holzmöbeln mit kleinen Häkeldeckchen als Vorhängen, die ich durch das eingearbeitete Glas im Holzrahmen der Hängeschränke erkannte.

»Wenn ich mich nicht mehr umziehe, drei Stunden.«

»Ach, das reicht doch. So lange hält Owen es eh nicht mit dem aus. Ich meine, das ist ein Löwe mit fünf Widder-Platzierungen im Geburtshoroskop.« Feuerzeichen konnten für Wasserzeichen, wie Owen es als Krebs war, mit ihrer hitzigen, lauten und forschen Art mühsam sein.

»Ihr wisst, dass ich euch höre?« Owen folgte uns und stellte das gestapelte Geschirr neben unserem ab. »Wie heißt der Typ noch mal?«

»Cole.« Es gefiel mir weniger, dass Owen sich mit einem Typen traf, der denselben Namen hatte wie der toxische Kerl aus *Charmed,* den ich geliebt hatte.

»Cole?« Owen sah mich mit einer hochgezogenen Augenbraue an. »Coles kenne ich gar nicht viele in Cork. Na gut, dann machen wir das.«

Ich bewunderte es, wenn Menschen spontan sein konnten.

»Ihr müsst mir übrigens nicht helfen. Da fühle ich mich miserabel. Ihr wart eingeladen.« Eileen balancierte die doppelte Anzahl an Tellern, Schüsseln und Krügen wie wir zusammen auf ihren beiden Händen und ließ alles geschickt in die Spüle gleiten. »Geht lieber euren Dates nach.«

»Wenn das okay ist? Jungs?« Cara nahm ihr Akkuladekabel aus der Steckdose. »Bevor ich das vergesse.«

»Amüsiert euch für mich mit. Ich sehe schon, dass Eileen mich die nächsten Stunden fürs Abwaschen einteilt«, rief Fergus aus dem Garten.

»Geschirrspülmaschinen sind für Weicheier.«

»Du bist geizig und schrullig«, entgegnete Fergus, und ehe wir in diese Diskussion hineingezogen wurden, nickte ich Cara zu.

»Gehen wir. Los, los, los.« Ich scheuchte Owen und Cara raus aus der Küche, durch die Bar und nach draußen auf die Straße.

»Schreib dem Typen, wir treffen uns am River Lee bei der Mardyke-Brücke am UCC-Ufer.« Owen hielt uns die Tür des *Venus Fire* auf.

Jetzt verstand ich, warum es UCC-Ufer hieß. Die Brücke lag wirklich in der Nähe des Colleges und des Fitzgerald's Parks. Obwohl mir der Ort das Gefühl verlieh, weit außerhalb der Stadt mitten im Grünen zu sein. Viele hohe Bäume in ihrer vollen Pracht verschmolzen mit Gebüschen und wilden Wiesen zu einer Mauer, die uns vom Blick der Stadt abschottete. Vor uns breitete sich der River Lee aus. Unter der Eisenbrücke ragte ein Erd-Kies-Ufer in den Fluss, auf dem einige Studierende saßen, die ich vom Sehen kannte. Sie stießen mit Bierdosen auf irgendetwas an. Ein Meer aus bunten Mützen und Beanies, die bunte Tupfer in die grauen Himmel malten. Das Wetter wechselte so oft, dass ich manchmal glaubte, mir so manchen Sonnenschein nur eingebildet zu haben. Ich kletterte zwei Quersprossen des Brückengeländers hoch und erkannte in der Ferne ein paar Wassergefälle im Fluss. Wie atemberaubend es hier war. Ein paar der UCC-Leute saßen auf erdigen Abhängen weiter weg und genossen ihre Ruhe dort. Ich musste genau hinsehen und hinhören, um Cork und das pulsierende Herz der Stadt wahrzunehmen.

»Da ist er ja.« Cara deutete nach links. »Nicht hinsehen.«

Ich zuckte zusammen. Stimmt, Cole wusste nicht, dass er quasi ein Dreierdate hatte.

»Kinder, Daddy geht sich ein wenig umsehen.« Nach Owens Aussage vermischte sich mein belustigtes Grinsen mit einem angewiderten Kräuseln meiner Lippen.

»Komm, wir gehen auf die andere Seite des Ufers.« Cara schmiss mir eine Dose Mojito zu, die sie am Weg gekauft hatte. Wir hopsten damit seitlich der Brücke das Ufer hinunter.

»Hey, dürfen wir zu euch?« Voller Adrenalin für unser Vorhaben schaffte ich es sogar, eine Fremde anzusprechen. Cork veränderte mich täglich.

»Ihr könnt mit auf unsere Decke, wenn ihr wollt.« Sie schien sogar erfreut über unsere Frage.

»Ihre Mutter hat ihre Rolle mal wieder übertrieben und ihr

eine halbe Plane mitgegeben«, ergänzte die zweite Studentin mit dem UCC-Hoodie in Dunkelpink und dem goldenen Septum an der Nase.

»Ja, bitte, wenn ihr euch zu uns setzt, dann sehen wir nicht mehr aus, als hätten uns dreißig Leute abgesagt«, kam es von ihrer Freundin, die sich ihr Kopftuch richtete und ihre dazu passende Tasche zur Seite schob. »Falls ihr Hunger habt.« Sie deutete hinein. »Mein Vater hat mir Essen für ein ganzes Fußballteam eingepackt.«

Cara und ich grinsten uns an und setzten uns. Kurz zuckte ich zusammen, da ich mich genau auf mein Portemonnaie gesetzt hatte, und zog es aus meiner hinteren Hosentasche. Warum war das so dick? Ach, stimmte ja. Ich hatte ja noch Scars Anstecknadel, die sie im Community-Garten verloren hatte, mit dabei.

»Danke. Wir beobachten ein Date aus der Ferne.« Warum klang alles, was Cara sagte, kriminell?

»Sie meint das nicht so creepy, wie es klingt. Wir machen ein Astrologie-Experiment.« Das hörte sich nicht weniger spooky an.

»Nicht schlecht. Oh, ich bin übrigens Firdevs, aber alle nennen mich Firy.« Sie schenkte uns ein breites Lächeln.

»Niemand nennt dich so, Firdevs, hör auf, einen auf Hauptcharakter einer Netflix-Serie zu machen. Oh, ich bin übrigens die bescheidene Freundin von Firdevs, Siiri.« Ich liebte es, dass die beiden sich zankten wie Cara und ich.

»Musst du mich blamieren, Siiri? Ich wollte einmal cool sein.« Firdevs schnappte sich eine Packung Kekse und riss sie frustriert auf.

»Allein, dass du *cool* sagst, macht dich uncool.« Siiri zwinkerte uns mit ihren mattgrauen Augen zu.

»Cara, freut mich.«

»Felix.«

»Diese Schmach.« Firdevs nahm sich zwei Kekse und stopfte sie sich in den Mund. »Oh, und freut mich, Felix und Cara.«

»Wenn du magst, können wir dich trotzdem Firy nennen.« Mein Vorschlag schien Firy zu gefallen. Sie nickte eifrig und warf Siiri einen bösen Blick zu, die ansetzte, etwas zu entgegnen.

»Nehmt uns nicht ernst, wir necken uns ständig. Eigentlich lieben wir uns.« Siiris versöhnliche Antwort stimmte Firy ruhig, die gespielt beleidigt die Keksdose auf ihre Seite stellte.

»Ach, das Video.« Siiri und Firy rutschten enger zusammen, und irgendwann verlor sich ihr Getuschel im Rauschen ihres Handyvideos, und ich startete meine Observation.

»Da sind sie.« Cara deutete auf das Ufer unter der Brücke.

»Die sitzen nahe zusammen, oder?« Das meinte ich als Feststellung, nicht als Wertung. Schließlich war es mir egal, wie nahe sie sich waren.

»Ich habe gesagt, dass sie sich nicht verstehen werden. Das heißt nicht, dass sie sich nicht sexuell anziehend finden.« Cara zoomte mit ihrem Handy ran und machte ein Bild.

Hm. Das mit der sexuellen Anziehung hatte ich nicht mitbedacht. Aber klar. Owen war heiß und dieser Cole auch. Moment, nein. Owen war nicht heiß. Also schon, aber nicht, egal. Wir passten nicht zusammen, und deshalb stand mir kein Urteil zu.

»Aber für eine Nacht einen schwarzhaarigen Bodybuilder im Bett wäre nicht schlecht, oder?« Cara schweifte mit ihren Gedanken sichtlich ab. »Irgendwo habe ich noch die Nummer von dieser Francesca, die war Bodybuilderin.«

»Cara, hallo.« Ich schnippte mit meinen Fingern vor ihrem Gesicht herum. »Wir sind seriös unterwegs.«

»Sorry.«

Ich holte mein Handy raus und öffnete den Chat mit meiner Oma. Schließlich hatte ich keine Ahnung, wie lange das dauern würde. Da dieses Ufer mich an ein Picknick in London mit meiner Oma erinnerte, wusste ich, es war wieder an der Zeit:

Hallo, Oma, ich glaube, langsam lebe ich mich ein wenig in Cork ein. Ich muss an die ganzen Dokus denken, die du dir immer angeschaut hast über diese Leute, die beim Zoll arbeiten. Du bist so begeistert gewesen, wie es auf der Welt abgeht.

Mein Blick verschwamm ein wenig.

Ich wünschte, dass du hier wärst oder ich ein berühmter Weihnachtsbuchautor wäre und genug Geld hätte, um dir die Welt zu zeigen. Es fehlt mir, eine Familie zu haben, aber vielleicht baue ich mir gerade so was Ähnliches auf. Es ist so unfair, dass du weg bist. Bis bald.

»Felix? Hörst du mich? Ich glaube, die beiden streiten.« Cara brachte mich dazu, meine Nachricht zu beenden und sie abzuschicken. Bevor sich mein Display verdunkelte, sah ich im Augenwinkel eine Nachricht aufploppen.

»Was? Echt?« Ich steckte mein Handy weg.

»Ja, schau doch.« Cara sprach die Wahrheit.

Owen und Cole standen am Ufer und stritten sich. Leider hörte ich nichts. Die Leute um die beiden schienen ebenfalls interessiert an dem lautstarken Disput. Zwischen Grillrauch, Flussrauschen, Grasgeruch und dem Keksgeknabber von Firy und Siiri hörte ich Cara sagen: »Punkt eins geht an uns.«

»Komm, wir sehen nach.« Ich packte Caras Hand und lief los. »Bye, ihr beiden, und danke«, schrie ich über meine Schulter zu Siiri und Firy – zumindest war es in meinen Ohren ein Schreien, so leise, wie mein Organ eigentlich immer war.

An der Brücke angekommen, kam uns Owen auf halbem Weg entgegen und schimpfte vor sich hin. »Scheiße, Wichser.«

»Na, wie ist es gelaufen?« Die traurige Schnute in Caras Gesicht hätte ich ihr beinah abgekauft, hätte ich nicht gewusst, wie schadenfroh sie innerlich war.

Gut, ich auch.

»Tut nicht so, als hättet ihr es nicht mitbekommen. Scheißkerl.« Owens Ohren glühten, und er fuhr sich mehrmals über den Bart, was kratzige Geräusche machte.

»Was ist passiert?« Meine Sensationsgier war schlimmer als die von Paparazzi. »Falls du darüber reden magst.«

»Zuerst hat der nur über sich geredet, und als er gefragt hat, was ich mache, hat er gemeint, er sehe mir an, dass ich ausschließlich an meine Karriere denke und dass ihm mein Gelaber über meine Zukunft too much ist.« Owen warf die Arme hoch, und die Empörung stand ihm in Form weit aufgerissener Augen ins Gesicht geschrieben. »Er sieht es mir an.« Er deutete auf seinen Körper. »So wenig Sport mache ich auch nicht. Über was soll ich sonst reden? Übers Wetter? Ich werde doch wohl über etwas Tiefgründi–« Mitten im Satz hielt er inne, als er merkte, dass er wiederholte, was Cara vorhergesagt hatte.

Mein Schmunzeln blieb mir angesichts Coles Kommentar über Owens Figur im Halse stecken. Ich fand es auch extrem unpassend. Owens Körper, was ich durch die Klamotten erkannte, sah hot aus. Er hatte breite Schultern, seine Oberarme und Waden schienen etwas trainiert, und der Rest war völlig normal.

»Was für ein Arsch. Du siehst doch gut aus. Vermutlich hat der selbst eher sein eigenes Spiegelbild gesucht.« Vielleicht heiterte ihn mein Spruch auf.

Owen, dessen Blick gedankenversunken herumgesaust war, hielt bei mir an, bis er erstaunt die dichten, roten Brauen hob und zu lachen begann. »Der war gut.«

Cara knuffte Owen auf seinen Arm. »Eins zu null für Felix und mich – Carix.«

»Carix? Dass ich einen Shippingnamen mit meiner Mitbewohnerin und nicht mit meinem nicht existierenden Freund habe, spricht Bände über mein Leben.« Ich wandte mich wieder Owen zu, der mich mit einem komischen Ausdruck in den Augen musterte. »Aber sie spricht die Wahrheit. Wir haben diese Runde gewonnen«, fügte ich hinzu.

»Moment. Das sagt noch gar nichts.«

Warum wunderte es mich nicht, dass Owen sich nicht geschlagen gab?

»Dann heißt es: Auf zu Runde zwei.«

Caras Jubeln trat in den Hintergrund beim Gedanken an die letzte Nachricht meiner Mutter, die ich vorhin bekommen hatte.

Bevor es ins *Murphy's* ging, hatte ich noch ein Treffen mit Quinn vereinbart. Er würde etwas besprechen wollen. Hoffentlich kündigten sie mich nicht. Quatsch, so ein mieser Mitarbeiter war ich auch nicht. Oder?

Wir trafen uns mittig von meinem Standort und seinem. Lange wartete ich nicht, da kam Quinn schon um die Ecke, und wir setzten uns auf die Wiese vor dem Cork City Goal – einem ehemaligen Gefängnis, das heute als Museum diente und ich unbedingt besuchen wollte. Um uns standen Hängebirken, deren Lianen beinah bis zu uns reichten. Dazwischen stahlen sich Sonnenstrahlen durch. Quinn lehnte sich gegen die Steinmauer um das Museum und sagte erst nichts.

»Bitte kündigt mich nicht.« Ach, shit. Ich musste echt lernen, nicht irgendetwas Peinliches rauszuhauen, wenn es mal ein paar Sekunden Funkstille gab.

»Was?«

»Ein Spaß.« Reflexartig sendete mein Gehirn einen Impuls an meine Gesichtsmuskeln, damit ich passend zu meiner Erwiderung ein Grinsen aufsetzte. »Was gibt's?«

»Nichts, wollte nur etwas quatschen. Wie läuft euer Experiment?« Quinn fuhr sich mitten durch seinen gewellten Mittelscheitel hindurch, doch alle Strähnen fielen wieder perfekt auf ihre Seite zurück.

Seitdem ich Quinn davon auf Whatsapp erzählt hatte, liebte er meine Updates dazu. »Ganz okay. Cara und ich punkten natürlich. Datest du gerade jemanden?«

Quinn bäumte sich auf, bis er eine der herunterhängenden Lianen erwischte. »Denkst du, ich kann mich hochziehen, oder reißt sie ab?« Okay, Fragen ausweichen konnte er.

»Ich würde nicht darauf wetten.«

Mit seinen Augen schätzte er wohl die Haltbarkeit der Liane ab, wickelte sie sich zweimal um die Hand und hob sich hoch. »Ha! Klappt.«

Sie riss, und er landete mit dem Rücken wieder auf dem Boden.

»Wenn du magst, tu ich so, als wäre das nie passiert.«

»Danke, das wäre echt nett.« Gleich danach erhob sich Quinn und reichte mir seine Hand. »Gehen wir schon mal langsam los, sonst rastet mein Dad aus.«

Ich nahm seine Hand und zog mich hoch. »Gute Idee. Nala wartet bestimmt schon.«

Es ging ein wenig bergab, da Cork generell oft sehr hügelig war. Ich genoss den Anblick der winzigen Häuser, der Büsche, die aus ihren kleinen Vorgärten wuchsen, und der Katzen, die neugierig am Fenster ihr Viertel beobachteten. Aus einer offenen Tür drang der Duft von Apfelkuchen auf einem schmalen Eisentisch, der die Tür offen hielt. War das Zufall, oder sollte der so schneller abkühlen? Oder es war ein Trick, ein vergifteter Apfelkuchen?

»Felix?« Dankbar nahm ich Quinns Stimme als Fluchtseil aus meinen Gedanken an.

»Hm?«

»Wie hast du gemerkt, dass du, na ja, dass du nur auf Kerle

stehst? Also nur auf die.« Quinn kratzte sich am Hinterkopf und blickte nach links und rechts.

Ich konnte seine Panik, gehört zu werden, nachvollziehen. Diese Angst blieb, und sie würde auch noch ein paar Generationen bleiben, nur, so hoffte ich, würden irgendwann Leute in der Geschichte zurückblicken und sich fragen: Warum haben wir eigentlich Angst gehabt, zu lieben, wen wir wollen?

»Ich weiß nicht. Das ist immer klar gewesen. Für mich. Das hat ja schon damit begonnen, dass ich als Kind irgendwelche Anime-Charaktere angeschmachtet habe. Warum?«

»Nur so. Sorry, falls das zu privat gewesen ist.«

»Nee, schon gut. Hast du mit deinem Da–«

»Nein«, platzte Quinn dazwischen. »Mein Dad darf … Also nicht, dass es etwas zu wissen gäbe, über mich, oder so, aber wenn, dürfte er es nicht wissen.«

Ich beließ es dabei und wollte Quinn nicht unnötig aufwühlen. »Wie läuft es mit der schwierigen Kundschaft, über die du letztens geschrieben hast?«

»Die sind es noch und werden es leider bleiben.«

Wir bogen nach links ab in eine enge Gasse, die uns einen Blick in schöne Hinterhöfe erlaubte.

»Hm. Und die abschießen geht wohl nicht, oder?«

Quinns Lächeln verrutschte. »Nicht einmal, wenn wir wollten.«

Was meinte er damit? Mein Herz wollte nachhaken, mein Kopf sagte mir, dass auch das ein Thema war, das ich nicht anschneiden sollte. Noch nicht.

»Verstehe.« Ich verstand es nicht. »Kommen wir zu den viel wichtigeren Themen im Leben.«

Quinn hob den Kopf, und sein überraschtes Gesicht sah mich an. »Das wären?«

Ich legte meinen Arm um ihn. Zwar wollte ich nicht zu aufdringlich sein, aber ich merkte, dass es Quinn nicht gut ging, und ich wollte ihn aufheitern. »Hast du die neuen Folgen von *Stranger Things* geschaut?«

»Shit. Ja.«

Ich deutete eine Explosion mit meinen Händen über dem Kopf an. »Crazy, oder?«

»Und wie alt die Charaktere geworden sind. Vor allem –«

»Oh, ja, ich weiß genau, was du meinst.«

»Und –«

»Mhm!«

»Felix!« Quinn lachte auf, und ich stimmte mit ein.

»Jaha?«

Quinn schüttelte den Kopf, ehe er dieses Mal seinen Arm um meine Schulter legte. »Es ist schön, dass du jetzt hier bist, in Cork. Ich bin hier aufgewachsen und habe neben dem Laden kaum Zeit für etwas, nach den Pflichtschuljahren bin ich schon runter von der Schule. Neben Nala habe ich jetzt endlich wieder jemanden kennengelernt.«

Das bedeutete mir sehr viel. Ich machte einen Unterschied.

Kapitel 18

Owen

Astrologie ist ein Werkzeug zum Malen eines Gemäldes. Sie liefert uns, was wir über unsere Prinzipien wissen sollten, zeigt auf, wer wir sein könnten, was unsere Schwächen sind. Das zu nutzen, die Malerei zu erlernen und das Bild zu malen, liegt an uns.

Felix fand, ich sah gut aus? Dieser Satz von ihm spukte in meinem Kopf herum und verdrängte den blöden Spruch von Cole – der einfach nur ein Wichser war, und das hatte rein gar nichts mit Astrologie zu tun.

»Tut mir leid, einiges los heute.« Lola zog das gelb-schwarz gestreifte Absperrband enger, das sie als Gürtel benutzte, und zog ihr Abrechnungsgerät wie eine Pistole hervor. »Du hast den Espresso gehabt, ja?«

»Kein Ding. Jap.« Das bereits abgezählte Geld rutschte von meiner Hand in ihre.

»Danke.« Während sie mir die lange Papierschlange namens Beleg reichte, hatte sie den nächsten Tisch im Blick.

Das kleine Café *Shùshù* lag abseits der belebten Straßen in einem kleinen Seitenweg. Die bunten Häuser ließen gerade so viel Platz, dass das entgegenkommende Pärchen samt Kind in einer Reihe gehen konnte, ohne die Blumentöpfe oder meinen schmalen gusseisernen Tisch umzuschmeißen. Manchmal brauchte ich diese Ruhe von der Stadt.

»Nicht, York.« Die Mutter zog ihren Sohn von der gelben Haustür weg, an die er klopfen wollte. »Das machen wir nicht. Nein, nein.«

»Musst du das bei jeder gelben Tür machen, an der wir vorbeigehen?« Yorks Dad sagte das eher an seine Frau gewandt und schüttelte fragend seine langen Haare.

Sie zuckte mit den Schultern. »Keine Ahnung, woher er das hat.«

Diese beiläufige Diskussion erinnerte mich an meine Kindheit. An die Ausflüge mit meinen Eltern nach Cork Stadt. An meinen Dad, der mich auf seine breiten Schultern gesetzt und mir seine Lieblingspubs gezeigt hatte. Ich hoffte, dass es ihm gut ging und er bald seinen Frieden mit der Diagnose machen konnte.

Eine Weile blieb ich sitzen, bis jemand in die Straße bog, der meinen Tisch fixierte, und ich Platz für den neuen Gast machte. Den gepflasterten Weg ließ ich hinter mir und kehrte wie aus einer Parallelwelt in das Städtechaos zurück. Autos sausten an mir vorbei, zwangen mir den Geruch von Abgasen in die Nase, und die Schnelllebigkeit war wieder an der Tagesordnung.

In mir tat sich eine Leere auf, die ich lange nicht mehr gespürt hatte. Und egal, wie lange ich umherwanderte, ich konnte weder vor ihr fliehen noch sie füllen. Normalerweise arbeitete ich an Unikram, spielte das Bewerbungsgespräch durch oder schob Sonderdienste für die Versicherung. Heute gab es nichts für mich zu tun, und das hasste ich. Diese freie Zeit bedeutete, ich überlegte zu viel, und ich wollte mich nicht mit diesem Loch in mir beschäftigen.

Selbst Cole ließ mich heute nicht los. Deshalb datete ich normalerweise nicht. Unbekannte, betrunkene One-Night-Stands, die sich im Wirrwarr der Nacht verloren, ja. Nüchterne Treffen im Tageslicht, nein.

Die Melodie von *As It Was* von Harry Styles erklang, und ich holte mein Handy hervor.

Mam.

Harry sang und sang und sang und sang. Normalerweise hatte ich kein Problem damit, es läuten zu lassen oder sie wegzudrücken. Dank meiner Arbeit gab es sonst stets Ausreden, das vor mir selbst zu rechtfertigen. Heute ging das nicht, und ich wollte sogar gern mit ihr sprechen. Ihre Stimme hören. Aber die enge Bindung, die dadurch entstehen würde, schreckte mich ab. Diese erdrückende, Luft raubende, Angst machende Nähe lähmte mich tagelang, sobald sie zu groß in meinem Leben wurde. Albträume mit den schlimmsten Szenarien waren die Folge.

»Ja?« Warum hatte ich abgehoben? Konnte mein Gehirn meine Hände nicht mehr kontrollieren?

»Owen. Wie schön. Was machst du?« Ihre zerbrechliche Stimme schnürte mir die Kehle zu.

»Gehe spazieren.«

»Musst du nicht arbeiten?«

»Nein.«

»Dachte ich mir, sonst würdest du ja nicht abheben.« Sie kicherte.

»Mhm.« *Ich törichtes Arschloch.* Warum sendete ich diese desinteressierten, genervten Vibes? Den inneren Owen schmerzte es, seine Mam so zu behandeln, der noch viel tiefere Owen kannte leider keinen besseren Weg, um auf Abstand zu gehen.

»Na dann.« Sie wurde nervös. Die Pausen zwischen ihren Worten vergrößerten sich. »Ich habe mir gedacht, wir könnten uns treffen, ich bin momentan in Cork.« *Mist.* Wie konnte ich absagen, wenn ich gesagt hatte, ich hätte nichts zu tun?

Mein Gehirn suchte nach all den unausgesprochenen Ausreden, die ich in meinem Repertoire hatte. Wie eine Checkliste hakte ich sie ab. Das meiste fiel weg, da sie den Verkehr im Hintergrund hörte.

»Lass mich überlegen.« Zeit schinden? Konnte ich.

»Verstehe, wenn du Termine hast. Normal komme ich ja mit einer Freundin, heute bin ich allein und habe gedacht, ich versuche es.« Alles in mir zog sich zusammen. Ob sie sich einredete, ich hätte tatsächlich keine Zeit, oder ahnte sie, dass ich den Kontakt zu meiner Familie vermied?

»Wo treffen wir uns?« Verlor ich meinen eigenen Willen? Oder umgekehrt: Mein Willen kämpfte sich wieder an die Oberfläche. Wenn ich ehrlich war, wollte ich sie sehen.

»Wirklich? Äh, ich meine, hm. Das ist toll.« Die Aufregung in der Stimme meiner Mam freute mich einerseits, andererseits stachelte sie mein schlechtes Gewissen an. »Wie wär's mit dem englischen Markt? Da bin ich ewig nicht mehr gewesen? Wir können machen, was du magst.«

»Nein, klingt gut. Ich bin auf dem Weg.« Die Ampel vor mir schaltete auf Grün um, und ich überquerte den Zebrastreifen.

»Ich freue m–« Ich legte auf, bevor sie zu Ende gesprochen hatte.

Jeder Schritt, den ich machte, fühlte sich an, als stapfte ich durch Treibsand. Mein gesamter Geist warnte mich vor diesem Treffen. All meine Bedenken mündeten in einem Strudel aus Sorgen und ziehenden Schmerzen im Magen, bis ich vor dem Treffpunkt aus meiner Trance erwachte. Da wartete sie. Meine Mam. Ein kurzer Fluchtreflex setzte ein. Gekonnt unterdrückte ich ihn und näherte mich ihr.

Sie hatte ihre Arme um den schmalen Körper gelegt, die dunkelblonden, dünnen Haare hatte sie mit einer antik wirkenden Spange am Hinterkopf festgesteckt. Ihre Fältchen hatten sich vertieft, und die Augen waren eingefallener. Sie wirkte oft kränklich, obwohl sie kerngesund war. Das wusste ich, da ich sie oft zu irgendwelchen Untersuchungen schickte, um sicherzugehen. Vermutlich kam das nur, weil sie Colin vermisste und sich sorgte. Um Dad. Um mich. Um unsere Familie.

»Na? Wie geht's?« Ich legte meine Ängste ab und strahlte ihr entgegen.

»Owen, wie schön.« Mams Stimme wehte um mich wie eine lang ersehnte Umarmung, die sie wahr machte und mir in die Arme fiel.

Um uns hörte ich das Zischen von Leuten, denen wir den Weg blockierten, sich schließende Bustüren und Töne von verschiedenen Handyvideos.

»Was machst du in der Stadt?«

»Habe nur ein paar Besorgungen erledigt.«

»Das freut mich.« Sie roch nach Blumenwiese an einem Regentag.

»Hast du Hunger? Ich lade dich ein. Komm.« Sie hakte sich bei mir unter, und gemeinsam betraten wir durch das geöffnete schwarze Eisentor den englischen Markt Corks.

In dem alten Backsteingebäude empfing uns die erste Ebene mit all den Essensständen. Das Gemüse, die Nüsse, das Obst, alles erstrahlte in einem saftigen Ton, und dank der runden Glasfenster in der Mitte der gewölbten und von einer Holzkonstruktion gestützten Decke erleuchtete der Tag die Markthalle.

Von oben aus der Galerie, in der sich jede Menge Restaurants befanden, hörte ich Besteck auf Teller klirren und Menschen, die sich beim Essen unterhielten. Ein kleines Kind stand auf einem Stuhl, hielt sich an einer schwarzen Säule fest und zeigte mir von oben die Zunge.

Veränderung stand beim englischen Markt nicht an der Tagesordnung, alles blieb beim Alten.

»Hier bin ich ewig nicht mehr gewesen, Owen.« Meine Mam liebte Cork, war aber für meinen Vater nach Carrigaline gezogen, ungefähr vierzehn Kilometer südlich. Manchmal vermisste ich das Örtchen mit den fünfzehntausend Leuten und dem Owenabue-Fluss, der auch mein Namensgeber war, da meine Eltern mich dort gezeugt hatten. Wobei ich auf letztere Info gern verzichtet hätte.

An meine Kindheit dort erinnerte ich mich gern zurück. Vor allem, da Anfang der Zweitausender weniger Leute dort gelebt hatten und es ruhiger gewesen war. Noch wichtiger: Die liebsten Menschen in meinem Leben waren damals alle noch bei mir gewesen.

»Oh, ich muss mir etwas von der Blutwurst mitnehmen, die habe ich mir früher oft am Morgen nach einer durchzechten Nacht geholt.« Bei mir eingehakt, drängte sie mich in die Richtung.

Wir liefen vorbei an einer Glasvitrine mit goldenen Ornamenten, hinter denen Pralinen fein säuberlich aneinandergereiht waren. Wir stellten uns bei dem Stand an, an dem getrocknetes Fleisch hing und den dominierenden Duft vorgab. Unweigerlich dachte ich an Felix und dass er das bestimmt wenig appetitlich fände.

»Wusstest du, dass der Markt früher nur für Leute aus England war? Wir Iren hatten einen eigenen.«

Das hatte ich tatsächlich noch nie gehört.

»Wow, echt? Aber sollte ich nicht dir etwas beibringen, wenn du mich besuchst?« Ich lächelte und deutete vor uns. »Da, sie haben noch welche.«

Vielleicht sollte ich meiner Mam davon erzählen, dass ich ein katastrophales Bewerbungsgespräch hatte und es mit England nichts werden würde? Dann wüsste sie zwar, dass ich vorgehabt hätte, nach England zu gehen, doch das würde ohnehin nichts mehr werden. Das bedeutete jedoch auch, mich zu öffnen, und bei diesem Gedanken rebellierten mein Herz und mein Kopf ein bisschen zu sehr.

»Du, Mam?«

»Ja?« Sie zeigte auf die Glasvitrine. »Zwei Paar Blutwurst bitte. Wie lange ich die nicht mehr gegessen habe.« Ihre Hand legte sie auf ihre Brust und setzte ein gerührtes Gesicht auf. »Da läuft einem richtig das Wasser im Mund zusammen.«

Der Typ mit der weißen, blutbefleckten Schürze reichte ihr die Sachen über die Theke und kassierte ab. »Sie hat nur auf Sie gewartet«, fügte er mit einem Augenzwinkern hinzu.

»Definitiv.« Meine Mam machte kehrt, und die nächsten Kunden drängten sich vor.

Das Gerede der Leute hallte von den Wänden wider und vermischte sich mit dem Lärm aus der zweiten Ebene. In den Restaurants dort oben wurde mit den Produkten aus dem Markt gekocht. Das war die Abmachung zwischen den Marktleuten und den Restaurants.

»Was wolltest du, mein Schatz?«

»I-Ich …« Warum war das so schwer? Ich studierte doch diesen kognitiven Mist, mir war bewusst, wie wichtig unsere mentale Gesundheit war, um geistig fit zu bleiben, und dennoch schaffte ich es nicht, meine Probleme anzupacken.

»Nun?« Meine Mam linste um jede Ecke und nickte zufrieden, denn alles war beim Alten geblieben. Wenigstens etwas in ihrem Leben, das eine Konstante darstellte.

»Ich habe mich auf ein paar Stellen beworben. Das UCC ist bald vorbei für mich. Und für meine Gebiete ist es besser, wenn ich endlich Praxiserfahrung sammle.« Ich schluckte, was wehtat, als ob da eine winzige Fischgräte wäre, die sich in meine Gurgel bohrte.

»Mhm. Oh, die Bonbons haben sie noch.«

»Ich wollte –« In diesem Moment spielte sich ein Harfenton ab, den ich für Mails eingestellt hatte, und ich nahm mein Handy raus. »Eigentlich nach, ähm.« *Moment, was? Das MICD?*

Ich öffnete die Mail.

Dear Mr. O'Hickey,

vielen Dank, dass Sie sich für unser Gespräch Zeit genommen haben. Wir wollen ehrlich mit Ihnen sein: Ihre akademischen Leistungen sowie Ihr gesamter Lebenslauf sind wie auf das MICD zugeschnitten. Dennoch sind wir skeptisch gewesen, ob Sie zu uns passen.

Na toll, war klar. Ich blieb stehen. Meine Mam klebte vor einer sich drehenden Säulenvitrine, hinter deren Glas sich Torten verbargen. Doch mir zog es den Boden unter den Füßen weg. Alles verlor an Farbe. Mein Herz sackte in meine Kniekehlen.

Meine Schwestern Halime und Noura und ich sind dank unserer Eltern in diese Berufung hineingewachsen. Dieses Institut ist unser Lebenswerk, und dementsprechend ernst nehmen wir das, aber genauso familiär halten wir unser Arbeitsumfeld. Wir brauchen Menschen, denen wir vertrauen, dass sie diesen Job mit Herz machen, mit denen wir aber auch um drei Uhr morgens, beim Auswerten der Umfragen, scherzen können. Als wir über Ihren Gießkannenzwischenfall herzlich lachen durften, haben wir gemerkt, dass es doch passen könnte. Da wir tagtäglich in unserer Forschung mit Parkinson oder Demenz zu tun haben, müssten gerade wir weniger steif im Leben sein, wenn die Steifheit als Symptom von selbst mit Krankheiten kommen kann. Wir haben in Ihrem Motivationsschreiben gelesen, dass Sie ebenfalls auf eine Vergangenheit mit diversen kognitiven Krankheiten in der Familie zurückblicken. Ihr Großvater hatte Parkinson, dessen Vater, Ihr Vater. Auch meine Schwestern und ich wurden bereits an unserem einundvierzigsten Geburtstag mit Parkinson diagnostiziert wie unsere Eltern. Womit in vielen Fällen eine später einsetzende Demenz einhergeht. Und deshalb sollten Sie am besten wissen, wie wichtig es ist, Erinnerungen zu schaffen. Denn was bleibt uns, wenn wir aus Angst vor dem Vergessen nichts haben, das wir nicht aus unserem Gedächtnis verlieren wollen? Wir würden uns freuen, Sie ab ersten März bei uns begrüßen zu dürfen. Eine E-Mail, die etwas professioneller ist ;), mit weiteren Anweisungen folgt.

Freundliche Grüße,
Amira, Noura und Halime Mamdouh

Ich hatte die Stelle. Was zum Fick?

»Owen, ist alles in Ordnung? Du wirkst blass um die Nase.« Meine Mam bahnte sich ihren Weg durch die Leute, und allmählich kamen die Geräusche zurück, und die Welt nahm an Farbintensität zu.

Ein Grinsen breitete sich auf meinem Gesicht aus, bis meine Wangen schmerzten. »Alles gut. Ich freue mich, dass wir hier sind.« Das Adrenalin, das durch mich rauschte, verleitete mich zu diesem Spruch.

Nur konnte ich meiner Mam nun nicht mehr davon erzählen. Wenn ich nach England ginge, würde sie noch mehr Zeit bis dahin mit mir verbringen wollen, und das wäre fatal. Ich hatte mir geschworen, das nie wieder durchzumachen.

»Ach, Schatz. Ich auch. Gehen wir hoch auf einen Kaffee?«

Ich nickte und folgte ihr, bis meine schmerzende Hand nach Aufmerksamkeit verlangte. Mein Smartphone hatte ich noch in einem festen Griff. Meine Hand lockerte sich, und der Abdruck meiner Lautstärketaste blieb zurück. Da erkannte ich eine zweite Nachricht.

Dieses Mal von Felix.

Kommst du morgen zum Essen vorbei?

Mein Herz machte einen Extrasprung, bis ich die nächste Zeile las.

Cara und ich haben ein neues Date für dich.

Das Experiment fortzuführen war nun sinnvoller, da mein Wetteinsatz, meiner Mam von England zu erzählen, wieder stand.

Oben angekommen, suchten wir nach einem Plätzchen. Wir ergatterten einen Tisch an der Front der Galerie, von der aus wir den Markt überblickten.

Ihr Blick bekam etwas Trauriges, und sie zupfte an der Serviette herum. »Wie geht es Róisín? Hat, ähm –«, ein Zucken ging durch das linke Auge meiner Mam, »sie schon einen Job in Aussicht?«

Halleluja, sie hatte Róisín nicht wieder misgendert, wobei mir auch wieder einfiel, dass ich Róisín über Videocall zurückrufen musste. Ich würde sie vermissen, sobald sie bei ihren Eltern auf dem Land war. »Gut, sie fährt aber bald aufs Land.« Zum Job-Thema wollte ich lieber nichts sagen, nicht dass wir da noch auf mich zu sprechen kamen.

»Und hast du mit deinem Vater gesprochen?«

»Nein, schon länger nicht. Vor ein paar Wochen hat er mir einmal auf eine Nachricht geantwortet. Er ist mit dem Rucksack unterwegs gewesen. Wandern.«

»Ja, das liebt er. Ich glaube, er hat Angst, dass er das in ein paar Jahren nicht mehr machen kann. Zumindest nicht so wie früher.«

»Vermutlich. Ich würde ihn gern unterstützen.« Das Bild meines Dads tauchte vor mir auf. Ein rothaariger Bär mit mehr Haaren am Rücken, als meine Mam am Kopf hatte. Er hatte mir immer das Gefühl gegeben, nichts könnte ihn umhauen.

»Wir unterstützen ihn am meisten damit, wenn wir ihn sein Ding durchziehen lassen und für ihn da sind, sobald er bereit ist.« Den schier unendlich reichenden Geduldsfaden aus Stahl meiner Mutter hatte ich immer schon bewundert. Jedoch gab es Zeiten, in denen ich mir wünschte, sie würde auch mal auf den Tisch hauen und ihn zurückholen.

»Du hast recht. Irgendwie. Na ja, muss er wissen.« Die Verbitterung in meiner Stimme legte sich wie ein saurer Belag auf meine Zunge. »Ich finde es trotzdem unfair, dass er gar nicht an dich denkt. Und du, keine Ahnung, du sagst nie etwas.«

Meine Mam blickte erschrocken hoch, als hätte sie Angst, etwas Falsches getan zu haben, das unsere Beziehung wieder zurückwarf. »Ich will ihn nicht drängen … Dein Vater ist einfach so.« Ihre Hand griff nach meiner, und ich zog sie weg.

»Okay, ja, wer weiß, wie ich sein werde, wenn …«

»Tut mir leid, Owen, ich wollte das Gespräch nicht darauf lenken und dir ein schlechtes Gefühl geben.« Hastig ratterte sie diese Worte runter, stolperte dabei beinah über ihre eigenen Worte.

»Hast du aber, Mam.«

»Guten Tag, haben Sie bestellt?« Der Kellner, der wie von den *Hell's Angels* entflohen wirkte, stellte sich vor unseren Tisch, und meine Mam wurde leise.

»Nein. Wir gehen wieder.« Gleich nach ihrem Satz verhärtete sich ihre Miene, sie tastete sich ab, als ob sie untersuchte, alles dabeizuhaben, und stand auf. »Vielen Dank.«

Der Kellner warf einen knappen Blick zwischen uns hin und her, verließ uns dann rasch.

»Mam? Was ist?« Ich erhob mich ebenfalls.

»Owen, ich liebe dich, aber auch für mich ist das alles kompliziert, und deine Vorwürfe machen das nicht besser.« Ihre Stimme überschlug sich, Menschen drehten ihre Köpfe zu uns, und Mams Lippen verzogen sich zu einem Strich.

Etwas in mir wollte sich entschuldigen. Sie aufhalten. Doch ein größerer Teil in mir ließ zu, dass sie sich enttäuscht wegdrehte und ging.

Kapitel 19

Felix

Ein weiteres Symbol im Geburtshoroskop ist Chiron. Je nachdem, wo sein Platz bei deiner Geburt war, sagt er, welche Wunden du hast und wie du sie überwindest. Felix' seelische Wunden: Er hält die Welt oft für einen Ort des Leidens, und in seinem Bestreben, allen zu gefallen, scheitert er. Ändern kann er das, indem er sich selbst diesen Druck nimmt.

Über uns stapelten sich meterhoch die Stoffrollen in den unterschiedlichsten Mustern, Farben und Arten in den bis zur Decke hochgebauten Regalen. Das gesamte Lager roch nach einer Mischung aus frisch gewaschener Wäsche und kaltem Stein. Manch oberste Rolle ragte weit hervor, sodass ich jeden Moment erwartete, sie auf mich herabfallen zu sehen. Klang zunächst nicht bedrohlich, doch nach dem gestrigen Stoffrollenkampf mit Nala in unserer ersten Inventurnacht besaß ich das Wissen, dass diese Dinger sauschwer waren.

Im künstlichen Licht der Neonröhren flirrten Staubhärchen im Lichtkegel umher, als schwömmen sie in einem Meer aus Helligkeit. Darunter saßen wir, am Grund des Lichtermeers, auf einem aussortierten Stoffhügel und tranken kalten Grüntee mit Zitrone sowie einem Schuss Ahornsirup aus der Glasflasche. Der zweite Inventurtag war so gut wie erledigt.

Nala hatte sich einen dunkelpinken Seidenstoff mit geschnörkelten senfgelben Ornamenten um die Schulter geworfen. Quinn kämpfte noch mit dem samtigen Karminrot, das er sich um seine Beine gewickelt hatte, und ich hatte mich mit einem bronzefarbenen Kuschelstoff zugedeckt.

»Wenn Murphy kommt, hackt er uns die Köpfe ab.« Kollektive Zustimmung folgte auf meine Bemerkung.

»Mein Dad ist früher weniger herrisch gewesen. Das ist über die Jahre gekommen. Er wirkt ständig, keine Ahnung, gestresst.« Quinn befreite sich vom Stoffmonster und pustete sich die zwei Strähnen, die von seinem Mittelscheitel aus in seine Stirn ragten, aus dem Gesicht.

»Als wäre er vor etwas auf der Hut?« Nala sagte, was ich nicht aussprechen wollte.

»Ja.« Quinn wickelte sich den Stoff erneut um, der wunderbar zu seinen hellbraunen Haaren passte. Sie wirkten so strahlend, wollten aber doch nicht blond sein.

Ich musste wieder an Quinns Dad im UCC denken, traute mich aber nicht, es anzusprechen. Vielleicht war da auch gar nichts. Allerdings bemerkte ich bei meinen Schichten, dass er am Telefon zischelte, dabei die Wörter UCC und *Umhänge* ausspuckte und in meiner Nähe Mails mit dem UCC-Wappen rascher wegklickte als Erotikzeug.

»Ich kenne das. Mein Vater und ich haben uns früher gut verstanden.« Ich rieb mein Ohrläppchen wund.

»Und dann?« Nala beugte sich vor.

Es fiel mir schwer, es auszusprechen. »Habe ich meinen ersten Freund mit nach Hause gebracht. In einem kleinen Dorf. Es ist nicht dieses Serien-Coming-out-Drama gewesen, aber seine Art mir gegenüber hat sich verändert. Er weiß einfach nicht mehr, mit mir umzugehen.«

»Das tut mir leid.« Nala legte ihre Hand auf meine und lächelte mich an. »Mutig von dir. Ich lebe in Cork offen und frei.« Sie zeigte auf ihre rasierten Haare, die sie in den Farben der

Flagge für Pansexuelle pink, gelb und blau gefärbt hatte. Murphy ließ ihr das in seinem feinen Laden auch nur durchgehen, solange sie bei Kundschaft eine Kopfbedeckung trug. »Aber bei manchen Menschen bin ich ein so anderer Mensch, dass ich selbst überrascht bin.«

»Ich glaube gar nicht, dass du ein völlig anderer Mensch bist. Du bist du, verheimlichst nur eine Seite von dir«, warf Quinn ein, der sich mehr und mehr hinter seinem Stoff versteckte. »Das ist doch nicht verwerflich. Manche Menschen wissen noch nicht, wer sie genau sind.« Sprach Quinn über Nala oder sich selbst?

»Schon. Manchmal sehne ich mich aber danach, dass sie den ganzen Menschen Nala kennen.« Ihre Worte berührten mich, da ich sie mit jeder Faser meines Herzens nachvollziehen konnte.

»Dafür kannst du bei uns du selbst sein.« Das kam von mir, der es nirgends schaffte, vollkommen er selbst zu sein, außer in seinem kleinen Zimmer, wenn er mit sich allein war. Niemand kannte mich hundertprozentig. Ich konnte nirgends so sehr ich sein wie mit mir allein. Irgendwie traurig. Mein Zimmer war mein heiliger Rückzugsort, in dem ich verletzlich sein konnte, ohne Angst davor, verurteilt zu werden. »Und vielleicht irgendwann überall.«

»Da hat Felix recht.« Quinn knuffte Nalas Schulter, die wechselte mit ihm jedoch einen Blick, den ich nicht deuten konnte, und Quinn senkte den Kopf.

»Sag, wie ist die Beziehung zwischen deinen Eltern und dir heute?« Nala richtete sich die goldene Brille mit Fensterglas darin und lehnte sich an die aussortierten Stoffe, die entweder an den Rändern ausgefranst, löchrig oder ausgeblichen waren.

»Geht. Wir reden nicht mehr *darüber*. Ganz so wie früher behandeln sie mich nicht. Mein Vater, keine Ahnung. Wenn er mich ansieht, sind seine Augen anders. Als spräche aus ihnen die Fassungslosigkeit darüber, dass ... keine Ahnung.«

»… du Männer mehr liebst als die Luft zum Atmen?«, ergänzte Nala, und ich musste so unvorbereitet losprusten, dass selbst Quinn nicht mehr geknickt wirkte und mit einstimmte.

»Ja. Und meine Mutter, hm. Sie ist im Gegensatz zu mir extrovertiert und braucht Interaktion mit anderen. Seitdem das mit mir bekannt geworden ist, geht sie weniger raus.« Da ich unbequem saß, knüllte ich einen goldenen Stoff zu einer Art Kissen zusammen.

»Wie, weniger raus?«, hakte Quinn nach.

»Es ist schwer, wenn ihr das Konzept österreichisches Landleben nicht kennt. Unser Dorf hat circa eintausend Menschen, die dort leben. Meine Mutter ist diese klischeehafte, beliebte Lichtendorferin gewesen.« Ich seufzte. Darüber zu sprechen, erhitzte meine Wangen, und mein Herz pochte wie wild. »Hat auf jedem Fest getanzt, ist mit allen befreundet gewesen und hat einfach dazu gepasst. Jetzt hat sie Angst, was alle über uns denken und reden, dass sie auf mich angesprochen wird, sobald sie das Haus verlässt. Dass sie mitbekommt, wie über unsere Familie getuschelt wird. Natürlich sind einige höflich zu ihnen, aber die Blicke haben sich verändert, und die Leute sind zurückhaltender gegenüber meinen Eltern geworden. Für sie ist das schwer. Meine Eltern haben sich darüber definiert, sich in die Gemeinschaft einzufügen, nach den Regeln zu spielen und nicht aus der Reihe zu tanzen. Ich bin der Böse, der sich dazu entschieden hat, ihre Idylle zu ruinieren.«

»Das klingt schrecklich, Felix. Bist du sicher, dass das keine Sekte oder ein Kult oder so was ist?« Nala klang ehrlich empört.

Ich lachte auf, da ich den Witz ebenfalls des Öfteren gebracht hatte. »Nein, sicher bin ich mir nicht. Mir ist bewusst, dass das ein kleiner Kreis von Menschen im Vergleich zum Rest der Welt ist. In meiner Oberstufe in der Stadt war es besser. Trotzdem bleibt die Sorge, wieder auf solche Menschen zu stoßen, denn für mich ist dieses Dorf jahrelang meine ganze Welt gewesen.« Ich sammelte mich wieder. »Mein ganzes Leben hieß es bei jeder Kleinigkeit nur: *Das darf niemand erfahren. Sag das ja niemandem. Wenn das die Leute wüssten.*« Nala und Quinn hingen an meinen Lippen. Mir fiel es leichter als sonst, über all das zu sprechen. Das Stofflager wirkte wie ein eigenes Paralleluniversum, aus dem nichts nach außen dringen konnte.

»Kein Wunder, dass du deinen Mund nicht aufbekommst. Du darfst nicht vergessen, dass das ein kleiner Teil von Österreich war. Woanders wäre es sicher einfacher gewesen. Vielleicht schon zwei Dörfer weiter? Die Welt ist offener, als du denkst, und manchmal musst du dir das einfordern. Mach deine Skepsis gegenüber Menschen nicht von diesen paar Leuten abhängig.«

»Nala«, zischte Quinn und stieß ihr mit der Stoffrolle in die Seite. »Das klingt schon etwas hart.«

»Schon gut, sie hat ja recht.«

»Hey.« Nala warf ihm einen Stofffetzen entgegen.

Quinn duckte sich, und der Fetzen landete wie eine Feder auf meinem Gesicht. Ich pustete ihn von mir. Ich hob eine Rolle aus Fakeleder hoch. »Na warte«, sagte ich belustigt. Einen Hieb auf Nalas Seite später erhob sie sich von dem Stoffhaufen.

»Hey. Na wartet. Das gibt Rache.« Bewaffnet mit zwei Rollen ging sie auf Quinn und mich los. »Nehmt das.«

Der Krieg der Stoffe hatte begonnen. Wir boxten uns mit herumliegenden Fetzen, benutzten dünne Seidenrollen als Lichtschwerter, tauchten in die Haufen ein wie ins Meer, versteckten uns mit rasenden Herzen zwischen den Regalen, hielten uns die Hände vor den Mund, um uns nicht zu verraten, und wickelten uns gegenseitig in die Stoffbahnen, bis wir laut keuchend auf den Stoffen zusammenbrachen.

»Wer hat gewonnen?« Quinn brauchte ewig, bis er, völlig außer Puste, die Frage gestellt hatte.

»Ich natürlich.« Nalas verbogene Brille stand von ihrer Nase ab, und ich musste meinen Kopf wegdrehen, um nicht loszulachen. »Wer sonst?«

»Klar, du wieder. Sieh dir deine Brille an.« Da Quinn es ausgesprochen hatte, konnte ich nicht anders und stimmte in sein Lachen mit ein.

»Was?« Sofort lag die Brille in Nalas Hand. »Nee, oder? Die hat einen Euro in diesem billigen Onlineshop gekostet. Und ich habe danach sechs Wochen auf die Lieferung gewartet, nachdem der Zoll mich zu sich geordert hatte, als hätte ich irgendetwas Illegales gekauft. Ganz zu schweigen von den Lieferkosten von fünfzehn Euro.«

»Nala, Mädchen. Ich sag's dir jedes Mal. Das Ding kostet im Ramschladen in der Nebenstraße fünfzig Cent ohne Lieferkosten.« Quinn zog sie damit wohl öfter auf.

»Aber ich liebe es, Päckchen zu öffnen.« Ein aufheulendes Geräusch ging durch die Lagerhalle, und Nala bog das Gestell gerade. »Wie neu.«

Auch wenn ich vor meiner Schicht jedes Mal Schweißausbrüche bekam und mir Murphy wie Präsident Snow aus *Panem* vorstellte, war ich dankbar dafür, Nala und Quinn kennengelernt zu haben. Selbst die Nacht gestern im Lager hatte ich mit ihnen gut überstanden und die erste Inventurnacht hinter mich gebracht.

»Ich hoffe, dass euer Gelächter von eurer erledigten Arbeit kommt.« Wenn ich vom Teufel sprach.

Die Eisentür am Ende des Lagers fiel ins Schloss. Wir sprangen auf und schoben die Stoffe zusammen. Panisch sahen wir uns an. Selbst Quinns Miene verdunkelte sich.

»Da, die Rolle noch.« Nala deutete mit ihrem Kinn unter das Regal neben mir, und ich schoss sie mit einem perfekten Kick zu ihr hinüber. Wo waren diese Skills im Sportunterricht gewesen?

»Hallo, Dad.« Quinn stellte sich schützend vor uns. »Ja, wir haben alles erledigt. Alle Stoffe sind fertig sortiert, die kaputten rausgenommen, und alles ist abgestaubt.«

Murphy sah sich um, während er seinem Sohn zuhörte.

»Dann gehen wir wieder zurück in den Laden. Kontrollieren werde ich die restlichen Reihen später. Wir haben mehr Kundschaft als gedacht, und ich muss noch ein paar Umhänge fertig machen.«

Fast lautlos stieß Nala ein erleichtertes Seufzen aus und ging Murphy nach.

»Für wen sind denn diese Umhänge?«, wisperte ich in Quinns Ohr.

Quinns Augen weiteten sich. »Felix, die Kundschaft meines Vaters geht dich nichts an. Vergiss diese Umhänge.« Quinn schloss zu Nala auf, und ich kam mir blöd vor. Natürlich gingen mich seine Familiengeschäfte nichts an.

Endlich vibrierte mein Handy. Die langersehnte Antwort von Robin war eingetroffen. Ich hatte ihm geschrieben, dass ich zu müde wäre, um mich zu treffen. Da ich jedoch Panik hatte, er könnte denken, ich würgte ihn ab, hatte ich vorgeschlagen, wir quatschen auf meinem Nachhauseweg. Mit dem Handy in der Hand drehte ich mich um und ging rückwärts, damit Murphy mich nicht sofort sah, falls er kehrtmachte.

Klingt gut, wäre sowieso in der Innenstadt gewesen. Hol dich vorm Laden ab.

»Na?« Robin wartete an die Straßenlaterne gelehnt, als ich aus dem Laden trat, in dem Quinn, Nala und ich nach der Inventur noch etwas geplaudert hatten. Ein wenig bereute ich meinen Vorschlag. Nach altem Lager, chemischem Putzmittel und Schweiß stinkend mitten in der Nacht jemanden zu treffen? Gab bessere Ideen.

»Hey.« Ich winkte ihm.

Robin machte den Anschein, als wäre er ein Rockstar auf Tournee, der seit Tourstart nicht mehr geschlafen hatte und ein wenig high war, aber es stand ihm unglaublich gut. Er wirkte wie ein mysteriöser, sexy Undergroundkerl.

»Wer sind die Groupies?« Robin nickte zum *Murphy's*.

Ich warf einen Blick über meine Schulter, und obwohl ich Schlimmes erwartete, hatte ich nicht *damit* gerechnet: Quinn und Nala, die im beleuchteten Innenraum am Schaufenster klebten und uns beobachteten.

Nachdem sie aufgeflogen waren, liefen sie wie aufgescheuchte Katzen weg.

»Sorry.« Nervös schüttelte ich mein Shirt durch, um mich mit kaltem Nachtwind zu belüften.

Robin richtete sich seine graue Mütze und antwortete mit einem Grübchenschmunzeln. »Welche Richtung?«

»Da entlang.«

»Wie war dein Arbeitstag?«

»Frag nicht. Deiner?«

»Ich habe drei Stunden heute gehabt. Also ganz nett.« Zwischen jeder Laterne verschmolz Robin mit der anbrechenden Nacht, da er eine schwarze, weite Jeans trug und ein dazu passendes XXL-Shirt in derselben Farbe. Einzig seine Kette stach hervor, die halb Eisenkette und halb Perlenkette war.

Im nächsten Lichtkegel sah ich zu Robin und merkte, wie er meinem Blick auswich. »Und, ähm.« Er richtete sich die graue Mütze. Schon wieder. »Heute noch viel vor?«

»Nein, werde mich ein wenig ausruhen, später kommt noch ein Freund.« Okay, das klang falsch.

»Klingt nach einer harten Nacht.« Robin witzelte, aber sein Unterton klang nicht sonderlich belustigt.

»Nein, ahh, nein. Owen ist ein Typ vom UCC, der nicht an Astrologie glaubt. Meine Mitbewohnerin Cara und ich vermitteln ihm Dates, deren Ausgang wir mithilfe ihrer Geburtshoroskope vorhersagen. Eine Art Wette.« Wenn ich mir dabei zuhörte, wie ich die Kurzfassung unseres Experiments erklärte, kam ich mir selbst blöd vor.

»Das hört sich schräg an, aber okay. Du stehst auf Astrologie-Experimente und ich auf Füße.«

»Füße?«

»Das war ein Spaß.«

Jetzt fühlte ich mich schlecht, das sollte gar nicht vorwurfsvoll klingen. »Wenn nicht, wär's auch okay.«

»Also wärst du dabei?« Robins Frage bugsierte mich in eine Ecke, die mein unsicheres Ich in Bedrängnis brachte. Meinem verdorbenen Ich gefiel sie aber.

Ich zuckte mit der Schulter, die Robin am nächsten war. »Ich bin für vieles offen.«

Robin nickte anerkennend. »Gut zu wissen.«

Meine Kehle schnürte sich zu. Oh Universum, so offen hatte ich noch nie mit einem Typen direkt über solche Sachen gesprochen. Bei meinem Ex-Freund war es ein heimliches Miteinanderschlafen im dunklen Verborgenen gewesen, mitten in der Nacht, als wären es zwei andere, die das gerade machten.

»Wie sieht's mit Essen aus?« Robins Frage überraschte mich.

»Das muss ich im Bett nicht haben.«

»Ich meine in einem Restaurant, Felix.«

»Du stehst auf Sex im Restaurant?«

Robin warf mir einen irritierten Blick zu, der sich mit einem verwunderten Gekicher vermischte. »Ich meine, ob wir beide morgen essen gehen in ein Restaurant.«

»Oh.« Nach diesem Tag bestand mein Gehirn nur noch aus Matsch. »Sorry, die Arbeit. Ja, das müsste klappen.«

»Sehr gut. Ich muss da entlang, schreib mir, wenn du zu Hause angekommen bist.« Robin tänzelte von einem Fuß auf den anderen. »Ähm, bye.«

»Mach ich, bye.«

Wir standen voreinander. Er reichte mir die Hand, ich aber öffnete gleichzeitig meine Arme, bereit für eine Umarmung. Die Peinlichkeit, die ich fühlte, verkrampfte mein Gesicht.

»Ich, ähm.« Nervöses Lachen kämpfte sich aus mir, als wir die Positionen wechselten.

»Okay, wie jetzt?« Robin stemmte die Hände in die Hüfte und sah mich belustigt an.

Ich muss irgendetwas machen. Zuerst. Als aktiver Part. Nach diesem Gedanken griff ich nach Robins Hand, zog ihn zu mir und umarmte ihn. Sein herber Geruch stieg mir in die Nase. Sein langer, schmaler Körper lag wie für meine Umarmung gemacht an meinem, und ich ertastete seine Rippen durch sein Shirt.

»Bis dann«, sagte ich und ging, ohne ihn noch mal anzusehen.

Sorry, dass ich dir meine Nummer nicht gegeben habe.

Robins erste Nachricht außerhalb der Dating-App.

Bin da irgendwie eigen.

Schon gut, musst ja du wissen.

Jetzt bist du angepisst.

Nein, bin ich nicht, haha.

Hm, okay. Hat mich gefreut, dich heute zu sehen.

Mich auch. Ah ja! Hast du auf Insta den Post gesehen? Ich habe dir gesagt, sie werden die Serie *Heartstopper* für eine weitere Staffel verlängern. Es lief zu gut.

Omg, ja! Habs vorhin im Bad gesehen.

Zu viel Info, aber gut, solange ich recht habe, nehme ich das in Kauf.

Das passiert nie wieder.

Was? Dass du aufs Klo musst?

Dass du recht hast!

Hahahaha.

Nach meinem ewig langen Chat mit Robin erkannte ich lilafarbenes und blaues Licht durch den Spalt, den Cara zu ihrem Zimmer offen gelassen hatte. Ich stellte mich davor und belauschte sie bei einem Live-Stream, was sie auf TikTok regelmäßig machte, um Fragen zu beantworten. Im Hintergrund liefen leise LoFi-Beats zum Runterkommen.

»Oh, Honey, ich weiß, Astrologie erschlägt einen am Anfang. Der einfachste Weg, um dein Geburtshoroskop zu verstehen, ist, dass du das große Ganze siehst. Es gibt zwölf Sternzeichen, dann gibt es die Planeten, dann die zwölf Häuser, und du hast die Aspekte.« Cara beantwortete diese Fragen oft mit einer feengleichen Geduld, die ich bewunderte. Sie lebte wahrlich für ihre Berufung. »Deine großen Drei, die dich ausmachen, sind dein Sonnenzeichen, dein Mondzeichen und dein Aszendent. Dein Sonnenzeichen ist dein Ego, die reinste Form deiner selbst und die Wünsche deiner Seele. Also dein Sternzeichen, das dir am nächsten ist. Dein Mondzeichen ist, ähhm, sagen wir: deine Gefühlshauptzentrale.« Caras Erklärungen waren eingängig. Bei ihr verstand ich Dinge, die meine Oma mir nicht hatte näherbringen können. »Also so was wie deine Intuition. Wie die dunkle Seite des Mondes hast auch du verschiedene Schichten und Tiefen. Die Sonne ist das Du, wenn du draußen mit der Welt am Viben bist. Dein Mond verarbeitet sozusagen die Erfahrungen des menschlichen Lebens. Und dein Aszendent wiederum spiegelt deine energetische Unterschrift wider, die du in der Welt hinterlässt. Also wie du dich selbst siehst, und das hat dementsprechend einen großen Einfluss auf alle Plätze deines vollständigen Horoskops, weil du dich unterbewusst selbst manifestierst. Von deinen großen Drei gehen wir über zu den großen Sechs, also die ersten drei plus Merkur, Mars und Venus …«

Ich schlich den Flur entlang, auf dem Cara Bilder von Sternzeichen aufgehängt hatte. Sie hatte sie selbst mit Goldplättchen gemalt. Unter meinen Füßen spürte ich den Teppich auf der Treppe, umgriff den Holzstuck am Geländer, ließ mich um die Ecke in den nächsten Stock schwingen und erreichte oben mein Zimmer.

Ruhe. Die brauchte ich dringend. Kraft tanken, um später Owen auszuhalten. In meinem Zimmer empfingen mich die Neonsterne an der Decke, die sich tagsüber mit Sonnenlicht füllten und nachts grünlich leuchteten. Ich hatte kaum etwas verändert. Caras Stil passte zu mir. Der Typ, der vor mir hier gewohnt hatte und nach dem Studium wieder nach Texas zurückgezogen war, schien es wohl auch gemocht zu haben. Sofort ummantelte mich ein heimeliges Gefühl, und ich machte die unzähligen Kerzen mit Holzdocht an. Ich liebte das Kaminknistern, das sie beim Brennen abgaben. Überall standen sie in bunten Gläsern verteilt und malten tanzende Schatten auf die dunkelblaue Wand mit der weißen Holzvertäfelung. Natürlich auch meine dunkelorange Lavalampe. So als größter Lavalampenfan der Welt.

Auf meinem Handy startete *I Drink Wine* von Adele. Anfangs dauerte es, bis ich den Stress des Tages abschütteln konnte. Mein Nacken knackte, als ich meinen Kopf kreisen ließ. Meine Schultern brauchten ebenfalls zwei, drei Umdrehungen, bis sie sich wieder geschmeidiger anfühlten. Passend zum Lied schnappte ich mir die offene Weinflasche, die ich kürzlich geholt hatte, um damit zu malen. Das hatte ich in einem TikTok gesehen. Natürlich war es nichts geworden. Ich schenkte mir den roten, süßen Wein – keine Ahnung, wer diese bitteren Aschenbecherweine mochte – in das Weinglas ein, das ich als Pinselhalter verwendet hatte, und streifte im Tanzen meine Klamotten ab. Irgendwann stand ich in meiner engen, weißen Shorts im Zimmer und bewegte mich mit dem Weinglas in der Hand zum langsamen Rhythmus des Songs.

Murphy, Robin, die Nachtschicht, das UCC, alles verschwand im Hintergrund. Musik schaffte es, etwas tief in mir zu berühren, das mich beruhigte. Auf einer Ebene, in die es keine Affirmation, kein Gespräch, keine Reflexion und kein Heulen schaffte. Mit jedem Schluck des süßen Rots lockerten sich meine Muskeln. Mein leises Flüstern wurde zu einem lauten Mitsingen. Ich schloss meine Augen, ließ mich im Moment der musikalischen Therapie treiben, strich meine Haare, die mir ins Gesicht fielen, zurück und sang noch lauter mit. Es war wie ein Rausschreien meiner Probleme, und auch, wenn es mit Sicherheit schräg klang, liebte ich es.

In solchen Momenten stellte ich mir vor, dass ein ungebrochener, selbstbewusster Felix auf einer großen Bühne stand, mit Teppich, Klavier, Lampenschirmen als Background, und laut und extrovertiert für sein Publikum sang. Ein Felix, der das Leben lebte, es nicht verkopft vor sich herschob und sich davor versteckte, aus Angst, es könnte ihn noch mehr zerknüllen und in einen Eimer ohne Boden werfen.

Eigentlich dachte ich, das Lied endete, dabei leuchtete mein Handy auf und vibrierte, was die Musik kurzzeitig unterbrach. Wer hatte mir geschrieben? Cara? Ich machte die Tür auf und lauschte. Nein, sie redete doch noch.

»Merkur beispielsweise beschreibt, wie deine Kommunikation und der Austausch mit anderen abläuft.« Klick. Die Tür rastete ein, und Caras Stimme rauschte nur noch im Hintergrund.

Das Weinglas tauschte ich gegen mein Handy, und das zu helle Display zwang mich, meine Augen zusammenzukneifen. Oh. Doch Cara.

Wen ud nocht lautr singst, kanst du gleich in meinem Live auftreten.

Anhand der Rechtschreibfehler erkannte ich, wie rasch Cara getippt haben musste, während sie immer noch den Stream abhielt. Ups.

Sry!

Zwei Sekunden später brach die Musik ab, und ich beschloss, mir einen Ingwertee mit Zitrone und Dattelsirup zu machen, da mein Hals ein wenig kratzig war.

»Aspekte sind … Stell dir deine Kontakte vor, die du im echten Leben hast. Aspekte sind die Kontakte, die Planeten zueinander haben. Und Girl, wie wir wissen, manche sind wie ein Geschenk für unser Leben, andere fordern uns heraus. So ist das hier auch. Manche Planeten verstehen sich gut in unserem Birthchart, manche weniger gut.« Caras Stimme wurde leiser und leiser, je näher ich der Küche kam.

Bevor ich durch den neu angebrachten Fransenvorhang in die winzige Küche ging, hielt ich an. Irgendwas war anders.

Ich sah mich um, und ein kühler Windzug brachte Erkenntnis. Die sonst verschlossene Tür stand einen Spaltbreit offen. Die Tür, die Cara zur Sperrzone erklärt hatte.

Was steckte dahinter? Der Eingang in eine Hexenwelt? Ein Tunnel zur Area fifty one? Ein Portal zu Caras Lieblingskristallshop?

Nein, ich musste Caras Privatsphäre wahren. Das gehörte sich nicht. Der Fransenvorhang streifte meinen Körper, und ich fragte mich, wie hygienisch das wohl nach ein paar Jahren war? Bis meine Gedanken wieder zur Tür schweiften und ich rückwärts hinausging. *Mist.*

Meine Finger erstarrten zu Eis vor der Tür. Ich berührte das Holz, und selbst das fühlte sich verboten an. Vielleicht würde es mir helfen, Cara besser zu verstehen? Einerseits schien sie offen, andererseits hatte ich das Gefühl, ihr Innerstes nicht zu kennen. Aber stand es mir zu, das vorwegzunehmen?

Ich merkte erst, dass ich die Luft anhielt, als meine Lunge zu stechen begann. Als ich den Sauerstoff wieder zuließ, spürte ich meine Angespanntheit. Cara hatte noch ihren Livestream, und vielleicht half es mir, besser für sie da zu sein. Manchmal sprach ich, ohne es zu wollen, Punkte an, die zu Missverständnissen führten, weil ich keine Ahnung hatte, was sie triggerte.

Aber was redete ich mir da ein? Im Endeffekt war ich eine neugierige Ratte, die sich ihre Taten schönredete. Nein, ich würde nicht …

Ich öffnete die Tür.

»Sorry, Cara«, flüsterte ich und schlich in die Vorratskammer.

Zunächst erkannte ich nichts Merkwürdiges. Ein mickriges Fenster unter der Decke, von der Größe her wie meine Hand mit gespreizten Fingern, stand offen, und ich griff hoch zur Schnur. Die Glühbirne erhellte das Kämmerchen und wackelte, als ich die Schnur losließ. Das Licht drehte sich im Kreis. Um mich herum entdeckte ich schlichte vollgestellte Regalbretter, die links, rechts und vorne an der kahlen Wand befestigt waren. Die Lampe fand zurück zu ihrem Ruhepunkt.

Doch was ich im ersten Augenblick für Dosen und Marmeladengläser gehalten hatte, waren gar keine Vorräte. Der gesamte Raum wurde nicht als Abstellraum oder Kammer für Nahrungsmittel genutzt. Das war wie eine Art Schrein oder Altar, nur dass es sich nicht um etwas Religiöses handelte, sondern um Erinnerungen.

Bilder von ihrer Familie, ein Glas voll mit Sand, ein anderes mit Muscheln gefüllt. Es roch nach Meersalz, Erde, Moos und alten Klamotten. Denn ich entdeckte auch den Badeanzug eines Kleinkindes oder alte Pullis übereinandergestapelt. Vor mir eine schwarze Schatulle mit goldenen griechischen, antiken Mustern und Verzierungen neben Kinderzeichnungen, Bildern am Strand und alten Videokassetten.

Ich öffnete die Schatulle, wobei mein schlechtes Gewissen der Neugierde wich. Briefe lagen darin. Niemals weggeschickte Briefe, die damit ihren ganzen Zweck verloren hatten. Eine griechische Adresse stand auf dem Papier. Der oberste Brief lugte ein wenig aus dem Kuvert heraus, und ich zog ihn aus der Schatulle. Das Geräusch beim Auffalten war so laut, dass ich zunächst nichts erfassen konnte, was darauf geschrieben stand, da ich Angst hatte, Cara würde mich erwischen. Bis ich meinen Namen las.

Ein neuer Monat, ein neues Abenteuer. Mein Mitbewohner Felix ist angekommen, mit dem ich seit Ewigkeiten schreibe. Er ist echt nett. Ihr würdet ihn mögen. Obwohl nein, ihr würdet ihn vermutlich nicht mögen, weil er anders ist. Genau wie ich. Ich vermisse euch, euch von damals, als wir unbeschwerte Zeiten an unbekannten Stränden gehabt haben. Nur weil ich mein Leben in Cork auf meine Weise lebe und ihr all das nicht verstehen könnt, bin ich nicht mehr dieses kleine Mädchen am Strand, dem ihr Wassermelonen aufgeschnitten habt. All die Erinnerungen an euch verblassen, und was bleibt, sind die Streitereien, die Heulkrämpfe, die ich wegen euch habe, und die Erinnerungen an den Tag, an dem ihr mir nicht geglaubt habt, dass ich keine Drogen nehme, nur weil ich meinen Lebensunterhalt mit Astrologie verdiene, und ich nicht in Feuer aufgehe, weil ich keine Kinder will oder beim Feiern auch mal ein Mädchen küsse. Ich wünschte, ihr würdet euren Horizont für die Welt öffnen. Die Welt findet da draußen statt. Erinnert ihr euch noch an …

»Ich hoffe, dass das ein Scherz ist.« Caras Stimme, die ich mir in meinem Kopf beim Lesen vorstellte, ließ mich zusammenzucken, als ich sie in echt hinter mir wahrnahm.

Hektisch packte ich in den Brief in die Schatulle zurück und drehte mich um.

»Cara, es tut mir leid.«

Sie schüttelte den Kopf und stieß ein ersticktes Auflachen aus. »Ist das dein verschissener Ernst? Dass ich nicht lache. Was tut dir leid? Dass du erwischt worden bist?«

»Ich wollte dich besser verstehen, weil ich manchmal das Gefühl habe … Nein. Ich will dir nicht das Gefühl geben, du bist umsonst wütend. Du bist zu Recht sauer. Das ist scheiße, und es tut mir leid. Ich habe mich von meiner Neugierde leiten lassen und habe deine Privatsphäre –« Cara hob die Hand, und ich hörte auf, hektisch über meine eigenen Worte zu stolpern.

»Es ist mir egal. Das *ist* scheiße. Ich laufe wie auf Eierschalen neben dir her, damit du dich wohlfühlst, und du kannst nicht einmal diese verkackte Tür zulassen? Das ist mein Raum, in dem ich mir gönne, über meine scheißstrengen Eltern zu weinen, von denen ich weiß, ich brauche sie nicht, wenn sie mir nicht guttun, die ich aber dennoch vermisse, wenn es mir beschissen geht. Und das ist für mich da drinnen. Du brauchst da nichts Verficktes reininterpretieren oder verstehen wollen. Das ist meine Therapie, und das tut mir gut. Und vor allem –« Cara schlug gegen den Türrahmen und klammerte sich daran fest. »Geht es dich nichts an.«

Strähnen hingen Cara ins Gesicht. Lila und Schwarz. Das Weiß ihrer schwarz umrandeten Augen rötete sich und wurde glasig.

»Du hast recht.« Mein Schuldgefühl hätte ich vermeiden können, hätte ich mich an die Regeln gehalten. »Es tut mir leid. S-soll ich gehen?«

Cara stieß ein verbittertes Lachen aus. »Nein. Aber ich werde gehen, brauche meine Ruhe. Viel Spaß hier drinnen.«

Cara schlug die Tür fest zu. Die Gläser und Bilder klirrten. Ich weiß nicht, wie lange ich paralysiert auf der Stelle stehen blieb, ehe ich die Tür aufriss und ihr nachlief.

»Cara.« Mein Rufen hallte durch die Nacht fest wie eine Mahnung, die ich in die Vergangenheit an mein damaliges Ich schickte.

»Was schreist du so?« Owen kam von der anderen Richtung und musterte mich mit großen Augen.

Oh Mann, ich trug ja nur meine weißen Shorts.

Owens Blick blieb an meiner Mitte hängen und blinzelte dann hastig weg. »Ist etwas passiert?«

»Cara und ich haben uns gestritten, kannst du mir helfen, sie zu finden?«

Owen musste die Verzweiflung in meiner Stimme merken oder meinen verschwommen Blick, wie ich ihn in Caras Augen gesehen hatte. Seine Mimik wurde ernst, und er nickte. »Gehen wir. Nur: Zieh dir etwas an.«

Kapitel 20

Owen

Das eigene Geburtshoroskop zu verstehen dauert. Wichtig ist: Wir lernen nie aus. Es ist anfangs überfordernd, doch der Weg zählt. Auch wichtig: zu akzeptieren, dass wir uns manchmal etwas Falsches aneignen und von vorne beginnen müssen.

Felix' Körper in der Shorts tauchte ständig vor meinem inneren Auge auf. Und ständig schob ich das Bild wieder weg. Ich brauchte definitiv wieder mehr als nur ein Date, wenn mich ein halb nackter Körper so aus der Fassung brachte.

»Wo könnte sie sein?« Felix nahm die Gegend unter die Lupe, leuchtete mit seinem Handylicht in die Seitengassen. Sein Gesicht las ich wie ein offenes Buch, und die Kapitelüberschrift lautete: *Panik und Sorge.*

»Willst du mir nicht sagen, was passiert ist?« Halbherzig lehnte ich mich zurück und linste hinter eine Mülltonne, nope, keine Spur von Cara.

»Nein.«

»Bist du schuld an eurem Streit?«

»Ja.« Felix schlang seine große Jacke mit überlangen Ärmeln um sich.

»Okay.«

»Okay? Bist du gar nicht neugierig?«

»Doch, aber ich habe gedacht, ich sollte es nicht sein.« Hatte ich falsch reagiert?

Felix seufzte. »Sorry, bin durch den Wind. Ich bin der schlechteste Mensch der Welt.«

»Bist du nicht.« Einen Schritt nach rechts, und ich stand näher bei ihm, um ihn mit meiner Schulter leicht zu rempeln. »Ja? Jeder macht Fehler.«

»Sie hasst mich bestimmt.« Die Scheibe des Cafés, an dem wir angelangt waren, beschlug, als Felix hineinlugte.

»Denkst du nicht sowieso, alle hassen dich?« Ich folgte ihm in die nächste Seitengasse, wo er Cara unnötigerweise unter einem Karton suchte. Oder konnte sie sich in eine Katze verwandeln? Dann glaubte ich von heute an nämlich sofort an Astrologie.

Felix strafte mich mit einem bösen Blick.

»Das ist etwas anderes.«

»Wir sagen immer über uns selbst, es sei etwas anderes, um vor uns selbst zu rechtfertigen, dass es berechtigt ist, sich über etwas zu ärgern.« Beinah wäre mein neunmalkluger Spruch in einem lauten Hupen untergegangen. Ein kurzer Blick in diese Richtung verriet mir, dass ein Typ über die Straße lief, obwohl die Ampel für Fahrradfahrende rot war.

»Ich glaube, ich habe es wirklich vermasselt.« Einen Felix zu sehen, der den Kopf hängen ließ, drückte mein Herz zusammen. So einen Felix wollte ich nicht. Also natürlich wollte ich generell keinen Felix.

»Sie ist sauer. Was glaubst du, wie oft ich jemanden vor den Kopf gestoßen habe? Menschen müssen manchmal angepisst sein, bevor sie jemandem verzeihen können.« Wir überquerten den Zebrastreifen und danach die Brücke über den River Lee.

»Stimmt schon.« Felix stellte sich an das Geländer und sah hinab zum Fluss.

»Wunderschön, oder?« Der Lee hatte auf mich eine ganze eigene Magie.

Felix warf mir einen fragenden Blick zu und legte den Kopf schief.

»Der Fluss. Wenn das Mondlicht sich darauf spiegelt und sich an der wellenschlagenden Oberfläche bricht. Darunter diese unendliche Schwärze, als wäre der Fluss der dunkle Himmel. Schon ein heftiges Schauspiel, oder?« Die Bäume neben dem Fluss wankten leicht im Wind. »Glaub mir, ich weiß, wie du dich fühlst. Manche Streitereien kann lediglich die Zeit heilen.« Das galt für meine Mam eher nicht. Die würde sich über eine Entschuldigung von mir freuen. Vielleicht war es besser so. Wenn sie mich hasste, ertrug sie meinen Umzug besser.

»Danke.«

»Wofür?«

»Fürs Mitkommen, Zuhören und so. Trotzdem denke ich nicht, dass das wieder was wird.« Felix drehte sich um, lehnte sich gegen das Metall und blickte hoch in den Himmel. »Ich bin ein beschissener Freund gewesen.«

Ein paar Menschen spazierten an uns vorbei, und ihre belanglosen Gespräche streiften mein Gehör. Erst da merkte ich, wie locker ich mit Felix sprach, obwohl ich das sonst vermied. »Felix?«

»Ja?« Sein Blick traf mich von der Seite, und ich merkte, wie seine magischen Augen, die im Mondlicht wie zwei Smaragde leuchteten, mich in den Bann zogen, ganz so, als ob diese Mystik in ihnen mein Innerstes erfasste.

»Ich habe heute mit meiner Mam gestritten.« Warum zum verschissenen Teufel sprach ich das an?

Felix wandte sich völlig zu mir und legte seine Hand auf meine, die am Geländer ruhte. »Das tut mir leid. Warum?«

Ein schummriges Gefühl breitete sich von der Stelle ausgehend, an der wir uns berührten, aus und verteilte sich wie ein Schwarm Glühwürmchen in meinem Körper. Überall kitzelten die kleinen Flügelchen meine Nervenbahnen.

»Betriebsgeheimnis.« Ich schmunzelte und zog die Hand unter seiner weg. »Aber ich bin mir sicher, es ist meine Schuld, dass es dazu gekommen ist. Und ich bin leider nicht so weit, mich zu entschuldigen. Nein, irgendwie begrüße ich es sogar, dass meine Mam sauer ist. Was für ein Theater, oder?«

»Theater.« Felix' Augen weiteten sich. »Ich glaube, ich weiß, wo Cara ist.« Er lief die Brücke hinunter, und ich folgte ihm. »Da. Ist das Taxi dort frei?«

Ich blieb stehen. »D-Da kann ich nicht einsteigen.«

Mitten im Laufen fror Felix ein, und sein Kopf bewegte sich zu mir. »Warum? Bedeutet das Licht am Taxi dort in Cork nicht, dass es frei ist?«

»Ich kann nicht, okay?« Schweiß bildete sich auf meiner Stirn, meine Atmung flachte ab, und ich konnte nichts gegen das Gefühl machen, gleich die Straße vollzukotzen. Wenn ich nur das Taxi anblinzelte, hörte ich schon das Krachen von Metall auf Metall, das laute Bremsen und Quietschen der Reifen und die Schreie, bevor es leise wurde.

Felix sah von mir weg und dann zu Boden, als hätte er Angst, heute nochmals jemanden vor den Kopf zu stoßen. Er nickte. »Dann laufen wir, ja?«

Das klang besser. »Einverstanden.«

Als das Thema Autofahren vom Tisch war, beruhigte sich mein Körper, und ich funktionierte wieder normal. »In welche Richtung müssen wir?«

»Hier entlang.« Felix lief einen Schritt voraus, und ich freute mich, dass er nicht nachhakte.

Beleuchtete Schaufenster, bunte Buchstaben an Läden, die es sich leisten konnten, ihre Namensschilder über Nacht erstrahlen zu lassen, und Straßenlaternen zogen an uns vorbei. Lichtkegel von Autos tauchten auf und verschwanden sofort wieder. Aus offenen Fenstern drangen Gespräche, Musik und Fernsehnachrichten zu uns.

Mittendrin im Nachtleben Corks: Felix und ich. Ich und Felix. Wir.

»Da sind wir.«

»Brechen wir da ein?« Ich nahm die Seitenstraße und Balkone über mir unter die Lupe. Jedoch erkannte ich nichts bis auf das Mondlicht, das sich auf der schwarzen Straße am regenfeuchten Boden spiegelte.

»Stell dich nicht an, du Angsthase.« Felix schob die Tür auf, und wir schlüpften hinein.

»Weißt schon, dass ich bald nach England gehe und da keine Vorstrafe mitbringen sollte?«

»Mhm.« Felix legte den Zeigefinger auf seine Lippen.

Weit hinten erkannte ich ein Licht. Felix lugte um die Ecke.

»Cara.«

»Was machst du hier?« Sie war es tatsächlich.

Wir gingen beide um die Ecke auf eine Bühne. Verstehe. Wir waren an der Hinterseite des *Cork Arts Museum.*

»Was macht er hier?« Cara wischte sich mit ihren Ärmeln über die Augen, und mit dem verschmierten Make-up sah sie aus wie eine melodramatische Schauspielerin aus einem 90er-Jahre-Teenie-Film.

»Hey, ich bin nicht freiwillig hier, ja? Der hat mich gebeten, mitzukommen. Lass euch allein.« Ich schwang mich von der Bühne, klappte den roten Theaterstuhl nach unten und schaute mir die Inszenierung der Wiedervereinigung einer astrologischen Freundschaft an. Wo war das Popcorn?

»Felix, ich will, dass du ausziehst.«

Ich schluckte. Okay, mit diesem Plottwist hatte ich nicht gerechnet.

»Ich kann dir nie wieder vertrauen.« Cara ging im Kreis, und Felix stand daneben. Mittlerweile hatte ich gecheckt, was passiert war, und erinnerte mich daran, warum ich keine zu engen Bindungen mit anderen Menschen zuließ. Was für ein Kindergarten.

»Ja, ja, ich würde genauso reagieren wie du. Irgendwie bin

ich auch neugierig gewesen, und keine Ahnung, ich glaube, ich wollte dich besser verstehen, in der Hoffnung, dass ich in kein Fettnäpfchen mehr steige, wenn wir reden.« Felix hatte einen Ärmel in den anderen gesteckt, und ich stellte mir vor, wie er seine Finger darunter knetete.

»Und dann springst du mit Anlauf und kopfvoran in dieses?« Das Im-Kreis-Gehen fand ein Ende, und Cara hielt vor Felix. »Was ist dann die nächste Übersprunghandlung? Dass du meine Tagebücher in meinem Zimmer liest? Stell dir vor, ich lese die Whatsapp-Chats mit deiner toten Oma.«

Felix schrieb mit seiner toten Oma? War das ein Astrologieding? Felix warf einen flüchtigen Blick zu mir, ehe er sich wieder auf Cara fokussierte.

»Es tut mir leid, und so was wird nie wieder vorkommen. Ich will keine Fische-Opferrolle einnehmen. Auch wenn meine Ängste, etwas falsch zu machen, Grund dafür sind, diese Grenzen zu überschreiten. Es tut mir leid. Es ist allein meine Schuld. Ohne Aber. Aber ich wünschte, okay, doch ein Aber. Ich wünschte, du würdest mir noch mal eine Chance geben und – Moment, woher weißt du, dass ich mit meiner verstorbenen Oma auf Whatsapp schreibe?«

Auf einmal verfiel Cara in eine Trance. Zuvor hatte sie noch genervt ihr Gewicht von einem Fuß auf den anderen verlagert und ihr Kinn vorgereckt. »Ich, ich habe doch gesagt, ich habe sie nicht gelesen.«

»Aber du warst an seinem Handy?« Ich formte meine Hände zu einem Trichter, da ich ahnte, Felix würde sich nicht verteidigen wollen. »Ihr seid also beide nicht ganz dicht?«

Beide drehten sich mit einem böse funkelnden Blick zu mir. »Ruhe«, kam es ein wenig zeitversetzt im Kanon.

»Dein Handy lag da herum, und ich habe mir gedacht, ich sehe nach, ob du das mit Robin nicht vermasselst. Ich habe aber nichts gelesen.« Cara hob ihre Hände vor die Brust. »Wirklich nicht.«

»Doppelmoral«, rief ich hoch.

Ein giftiges Zischen seitens Caras, dann machte sie einen Schritt auf Felix zu. »Er hat ja recht. Tut mir auch leid. Ich bin trotzdem noch sauer, klar, weil es mich betrifft, aber ich, ähm, verdränge lieber, was mit meiner Familie nicht stimmt, anstatt mich damit auseinanderzusetzen. Und als ich gesehen habe, dass du das weißt, ähm.« Caras Nasenspitze wurde rot, und sie legte den Kopf in den Nacken. Gleich danach fächelte sie sich Luft an ihre Augen, und ihre Stimme brach. »Ähm.« Das Ähm wurde zu einem lauten Quietschen, und ich erkannte, dass Felix unbeholfen danebenstand. Er wollte ständig vorgehen, hielt sich aber selbst zurück.

Caras Problem mit ihrer Familie machte mich hellhörig. Manchmal vergaß ich, dass andere auch Probleme mit ihrer Familie hatten.

»Als ich dich da drinnen gesehen habe, war es, als hättest du die Büchse der Pandora geöffnet, und es ist nun Realität. Als wäre all das, was ich verdränge, aus der Kammer entkommen und jetzt in der Wirklichkeit, ohne Möglichkeit, mich weiter davor zu verschließen.« Cara setzte sich an den Bühnenrand, nicht allzu weit von meinem Zuschauerplatz entfernt.

Felix huschte neben sie und legte einen Arm auf ihren Rücken. »Aber was hat das damit zu tun, dass du dich ständig um mich sorgst? Das ist nett, aber du hast letztens so getan, als wäre ich, keine Ahnung, zu allem Möglichen fähig, weil ich so verzweifelt erscheine. Ich weiß, ich bin manchmal ein echter Trauerkloß, aber das steht nicht zur Debatte.«

»Meine Schwester hat sich umgebracht.« Cara ließ die Bombe platzen, und mir verschlug es die Sprache.

»Das tut mir leid.« Ich verließ die Zuschauerposition und kniete mich vor Cara. »Ich weiß, wie es ist, einen Geschwisterteil zu verlieren.«

Felix sah mich irritiert an, und Cara hob mit einem traurigen Lächeln den Kopf. »Tut mir auch leid.«

»Ein Autounfall.« Ich sah Felix an und erkannte, dass er meine Taxiproblematik jetzt verstand.

»Das ist schrecklich.« Felix nahm sie in den Arm und bettete seinen Kopf auf ihren.

»Maria ist perfekt gewesen.« Eine Träne tropfte von Caras Nase und fiel, vermischt mit schwarzem Make-up, wie ein finsterer Tropfen aus Dunkelheit auf den roten Teppichboden. »Jeder hat sie geliebt. Sie hatte immer ein Lächeln auf den Lippen, einen Tanz auf der Hüfte und für jeden Menschen einen positiven Blick in ihren Augen. Sie hat sich mit allen verstanden, ist selbstbewusst über den Hauptplatz gelaufen, hat alle gegrüßt, hat mit jedem gequatscht, bei den Strandfesten hat sie mit allen gescherzt. Jeder hat sie geliebt. Tausend Männer wollten sie heiraten, sie hatte die besten Noten in jedem Fach.« Caras Tonlage wurde höher, bevor der dicke Tränenschleier brach und sie losweinte. »Und dann war sie tot. Weg. Für immer. Ein Sprung vor den Zug, und ich konnte sie nie wiedersehen.«

Ich schluckte bei dem Gedanken an den Zug. Züge waren keine Autos, und ich konnte einigermaßen ohne Probleme mit ihnen fahren, aber wenn ich dann hörte, dass es genauso hätte ein Zug sein können, der ein Leben beendet und mir Angst bescherte, erkannte ich wieder aufs Neue, dass das Leben aus vielen aneinandergereihten Schmetterlingseffekten bestand. Vor Flugzeugen hatte ich einfach Angst, weil ich auch nach dem hundertsten YouTube-Video nicht begreifen konnte, wie etwas Tonnenschweres in der Luft bleiben konnte.

»Und ich weiß bis heute nicht, warum. Das ist mit das Schlimmste daran. Kein Abschiedsbrief, nichts stand in ihren Mails, in ihrem Suchverlauf, den sie gefühlt nie gelöscht hat, weil sie nicht gut in solchen Internetsachen war, keine Telefonate, niemand von ihren Freundinnen hat etwas geahnt, nichts. Aber der Zugführer hat deutlich gesehen, dass sie von allein gesprungen ist. Auf einem flachen Bahnsteig, ohne dass andere Menschen in Sichtweite waren. Deshalb habe ich ständig die

Sorge, ich könnte irgendetwas bei Menschen übersehen, die mir viel bedeuten, wie bei ihr.« Cara wischte sich über ihr Gesicht und lachte auf. »Eigentlich trotzdem nicht besser als du, oder? Wir haben beide die Privatsphäre des anderen nicht beachtet und versuchen uns rauszureden. Es tut mir leid, Felix.« Sie lehnte sich zurück, und Felix setzte sich aufrecht hin. »Verzeihen wir uns gegenseitig?«

»Na klar, Stierbitch.« Felix zog sie an sich.

Beiden fielen sich in die Arme, und ich musste selbst ein bewegtes Schniefen unterdrücken. »Apropos *Stierbitch.* Hat dich das dann zur Astrologie gebracht?«

»Junge, *Stierbitch* lass ich nur Felix durchgehen.« Cara räusperte sich und löste sich von Felix, die mich beide von oben herab anstarrten. Ich erhob mich und war auf ihrer Augenhöhe.

»Aber ja. Ich habe mich über Marias Sternzeichen informiert und gemerkt, dass das gar nicht zu ihr passt. Danach habe ich bei einer Astrologin eine Analyse ihres kompletten Geburtshoroskops angefragt. Sie hat dann auch angeboten, mir das Dokument zu erklären, und da habe ich auch zum Beispiel erfahren, dass eben das, was wir als Sternzeichen betiteln, oft nur das Sonnenzeichen ist und es so viel mehr gibt. Wie das Mondzeichen und so weiter. Und bei manchen ist das stärker ausgeprägt, und sie ähneln eher dem als ihrem Sonnenzeichen. Und als sie mir ihr gesamtes Geburtshoroskop erklärt hat, hat das alles gepasst. Das Nach-außen-hin-den-Schein-wahren. Das Gefühl, sie könnte nicht sie selbst sein. Ich habe das erste Mal den Eindruck gehabt, ich könnte ein wenig verstehen, was in ihr vorgegangen ist, und damit abschließen, auch wenn ich nie die Gründe dafür erfahren werde.« Je öfter Cara das erwähnte, desto schrecklicher stellte ich es mir vor. Ich fand es schon schlimm, nicht zu wissen, wie es zu Colins Autounfall kam, aber nicht zu wissen, warum sich jemand augenscheinlich Glückliches vor einen Zug warf, musste ein unvorstellbarer Schmerz sein, der einem jeden Tag wie eine pochende Wunde vorkommen musste.

»Aber warum dann diese Kammer mit deinen Eltern? Und in den Briefen, na ja.« Felix spähte zu mir, als wollte er den Inhalt nicht vor mir wiedergeben. »Du weißt ja, was du geschrieben hast.«

»Seitdem Maria weg ist, erwarten meine Eltern, dass ich wie sie bin. Sie können nicht damit umgehen, dass ich nicht die perfekte Maria bin und dass sie sie nicht in mir sehen. Deshalb reden sie kaum mit mir, und wenn, streiten wir nur. Meine Eltern reflektieren nicht, die machen keine Therapie, die lesen keine Bücher und leben stattdessen ihre mentalen Probleme an anderen aus. Mein Astrologiejob ist für die ein Witz.« Ich hing gebannt an Caras violetten Lippen, und es fühlte sich an, als wäre das Theater um uns zusammengeschrumpft. Nur noch wir existierten in diesem Kosmos, und die Nacht erschien mir ewiglich.

Da erkannte ich, was es in Felix und Cara anrichten konnte, wenn abfällig über Astrologie gesprochen wurde – und vielleicht war es doch ... nee. Alles Quatsch.

»Ich glaube, deine Eltern werden irgendwann damit klarkommen, und hey, du bist nicht die perfekte Maria, aber du bist die perfekte Cara.« *Ugh.* Seit wann konnte ich so schmalzig sein? Ein ekeliger Schauer jagte über meinen Rücken. Normalerweise mischte ich mich in solche Sachen nicht ein.

»Danke, Owen.« Cara bückte sich vor und ergriff meine Hand. Gerade noch erwischte sie sie, ehe sie vom Bühnenrand gefallen wäre. »Schade, dass du ein beschissenes Geburtshoroskop hast, das gar nicht zu uns passt.« Ein neckendes Grinsen breitete sich in Caras Gesicht aus.

»Stierbitch.« Lachend zog ich meine Hand unter ihrer weg.

Wir lachten gemeinsam, ehe Felix das Wort ergriff. »Aber ich muss Owen zustimmen. Eines Tages werden deine Eltern es verstehen, und wenn nicht, hast du auch das Recht, den Kontakt zu ihnen abzubrechen, wenn es dir nicht guttut, das ist keine Schande. Vorher kannst du sie bitten, eine Familientherapie zu machen.« Felix küsste Cara auf die Stirn. »Ich bin immer für dich da, hörst du?«

»Danke. Hey, du riechst nach meinen Pralinen mit Rum.«

»I-Ich. Kein Kommentar.«

»Felix.«

»Was soll ich machen, ich bin der größte Pralinenfan der Welt.«

»Du bist von allem der größte Fan der Welt.« Diese absolute Wahrheit kam von Cara und mir gleichzeitig.

Caras Gelächter verstummte. Sie linste zu mir und sprang auf. »Ah. Owens Date. Das haben wir total vergessen.«

»Der Typ ist bestimmt schon bei uns gewesen und angepisst abgehauen, oder?« Felix erhob sich schwerfällig. »Wow. Fühl mich wie ein Opa. Ich muss mehr Dehnübungen machen. Das gibt's ja nicht.«

Schmunzelnd über seine Aussage kletterte ich zur Bühne hoch. »Ich denke auch nicht, dass der noch Bock darauf hat.« Hatte ich noch Lust?

»Nee, nee, ich glaube, ich habe da eine Idee. Außerdem will ich unbedingt meine Vorhersage bestätigt bekommen. Der Typ, den wir für Owen rausgesucht haben, na ja, könnte witzig werden.«

»Und warum?«, hakte ich nach.

»Ranmaru ist echt, sagen wir, von seiner Meinung überzeugt. Er beharrt darauf und geht keinen Schritt davon weg. Wenn ich eure Geburtshoroskope vergleiche, ist er so aufbrausend, dass du dich davon provoziert fühlst. Er hat sehr krasse Ansichten und verlangt jedem Menschen Stärke ab, egal, was sie durchgemacht haben, da er immer denkt, er ist ärmer dran und steht es auch durch. Bei euch gemeinsam in einer Beziehung könnte es zwar heißen«, Cara biss sich auf die Unterlippe, »Sex geben, aber du könntest auch in den Knast kommen, weil du Gefahr läufst, ihn zu verprügeln. Beim ersten Date bereits.« Cara sagte das leichtfertig, holte ihr Handy hervor und verzog sich hinter die Bühne. »Ranmaru? Ja, ich bins, Cara. Oh, okay, du bist da gewesen, habe ich mir gedacht. Hör zu …«

Felix und ich spähten Cara hinterher und schienen beide verunsichert zu sein, was Cara für eine Idee hervorzauberte. Abgesehen davon, dass ich mir nicht vorstellen konnte, jemanden beim ersten Date zu verprügeln. »Prima, dann sehen wir uns gleich.« Einige Sekunden später tauchte Cara mit einem verschwörerischen Ausdruck im Gesicht wieder auf und hielt ihr Handy hoch. »Ich habe alles geklärt, wir treffen uns im UCC.«

Im UCC? Jetzt? Mitten in der Nacht?

Kapitel 21

Felix

Lilith ist kein Planet oder Sternzeichen in deinem Geburtshoroskop, sondern mehr ein Punkt. Lilith zeigt die Schattenseiten unseres Selbst, die tief in uns verborgen sind. Eigenschaften, für die wir uns vielleicht selbst nicht mögen.

Wir hatten uns vor dem UCC mit Owens Date Ranmaru getroffen und wollten von hier aus in ein Restaurant gehen, da das Kochen bei Cara und mir ausgefallen war. Cara hatte leider vorhin eine Gruppe von Menschen mit Umhängen in die Uni gehen sehen und auch erzählt, eine ihrer Kundinnen hätte etwas von einer privaten Veranstaltung im UCC erzählt. Tja, unglücklicherweise schien Ranmaru ein Fan von Mutproben zu sein und Owen ein Depp, der nicht zugeben wollte, dass er Angst hatte. Also ließen wir das Essen sausen, und wer musste das wieder büßen? Ich. Denn ich steckte als Letzter unserer Truppe halb draußen und halb drinnen in einem kleinen Kellerfenster des UCC.

»Ich weiß nicht, wie ich es finden soll, dass du überall einen Weg kennst, um in irgendwelche Gebäude einzubrechen.« Mit diesen Worten quetschte ich mich durch das schmale Fenster, das sich hinter einer Hecke zwischen den UCC-Mülltonnen befand. Kaum war ich mit dem Oberkörper durch, fiel mein Blick auf Owens besorgtes Gesicht. Ich schätzte, er wollte nur tough wirken und nicht ablehnen, weswegen ich hoffte, wir hatten das bald hinter uns.

Nächste Schlagzeile: Österreicher bleibt beim Versuch, in ein irisches College einzubrechen, stecken und wird Wochen später beim Reinigen der Mülltonnen entdeckt.

»Ich habe was mit dem Hausmeister gehabt, der hat mir erzählt, dass dieses Fenster kaputt ist. Er lehnt es an und stellt etwas Schweres davor. Um mich zu beeindrucken, hat er mich hierhergebracht. Er will es bald melden, aber ich glaube, der zwackt sich ein paar Erdsäcke und Möbelpolituren ab.« Cara zog an meinem Arm, und ich purzelte in die Abstellkammer hinein. Der plötzliche Ruck überraschte mich, sodass ich beinah mein Hustenbonbon von Owen verschluckt hätte.

»Nicht dieser Blick, Lix. Er ist nicht so alt, wie es das Wort *Hausmeister* vermuten lässt. Außerdem bin ich dreiundzwanzig und weiß, was ich mit wem mache.« Cara half mir hoch.

Deshalb hatte es derartig laut gescheppert, als Cara das Fenster aufgestoßen hatte. Den zum Geräusch passenden Farbtopf entdeckte ich auch. Diesen hatte der Hausmeister verwendet, um das Fenster geschlossen zu halten. Die graue Kammer war voll mit Lappen, Wischmops, Besen, Tuten, Rechen, Sicheln und sonstigem Kram, der nach Putzmittel, Gras, Erde, Benzin und Dreck duftete.

»Ich liebe Verbotenes.« Ranmaru kratzte sich das Babyface. *Ich nicht.* Aber was machte ich nicht alles, um eine Wette zu gewinnen. Dabei hätte ich mir Caras Kampfsporttrainer umsichtiger vorgestellt.

»Was machen wir, wenn die Abstellkammer zugesperrt ist?« Owen umfasste den Türknauf und linste hinter sich.

»Dann gehen wir wieder«, sagte Cara und deutete auf das Fenster, durch das wir gekommen waren und das ich in diesem Moment schloss.

Das ich ein wenig zu fest schloss. Denn etwas rastete ein, und der Fensterrahmen gab ein lautes Knacken von sich. »Ich glaube, ich habe das Fenster repariert.« Mein winselnder Unterton gab nicht ansatzweise meine Verzweiflung wieder.

»Felix.« Cara schlängelte sich zwischen den Farbeimern, Besen und Müllsäcken hindurch und griff an das Fenster. »Das kann nicht wahr sein. Es ist seit Wochen kaputt, und du willst das Problem gelöst haben?« Doch egal, wie heftig sie daran ruckelte, nichts geschah.

Ich zeigte auf den Fenstergriff, auf dem ein Schloss angebracht war. »Das ist eines dieser Fenster, das mit einem Schlüssel auf- und zugesperrt werden kann.«

»Du hast es mit so einer Wucht zugeschlagen, dass es eingerastet ist.« Ranmaru quetschte sich zwischen Cara und mich. »Lasst mich das regeln.«

Cara und ich suchten Blickkontakt und rollten gleichzeitig mit den Augen.

»Muskelkraft hilft da nichts.« Mit verschränkten Armen lehnte Cara sich gegen das offene Metallregal, das mit aufgerissenen Packungen voller Nägel befüllt war. Seit wann gab es so viele unterschiedliche Nägel?

»Muskelkraft hilft immer.« Caras Kampfsportlehrer spannte seine Muskeln unter dem weißen Shirt an, und plötzlich machte es mir weniger aus, dass sich Ranmaru dicht neben mich gedrängt hatte.

Trotzdem schämte ich mich und tat, als wäre alles andere in dem Kämmerlein interessanter. Owen grinste mich mit einem wissenden Augenbrauenwackeln an, und ich bedeutete ihm lautlos, dass er sich irrte, während Ranmarus stahlharter Oberarm beim Versuch, das Fenster zu öffnen, weiterhin an meinem Brustkorb rieb.

»Klappt nicht.« Ranmaru kratzte sich verlegen am Kopf, der sich vor Anstrengung rot gefärbt hatte.

»Dann können wir nichts machen. Auf zur Tür.« Cara stieg über Blumentöpfe, drückte dabei Ranmaru fester an mich, klammerte sich an Owens Oberarm und erreichte endlich die Tür. »Wer ist dafür, dass wir trotzdem kochen?« Sie sah sich mit hochgestrecktem Arm um. »Nur ich? Klasse, dann seid ihr überstimmt.« Cara begann am Türknauf zu ruckeln.

»Ähm, das wollte ich sagen, bis der Fenstergriff uns abgelenkt hat. Die Tür ist abgeschlossen.« Langsam entfernte sich Owen von der Tür – zumindest ein, zwei Schritte, bis er an einem Laubbläser ankam – und hoffte wohl, dass Cara nicht explodierte.

»Oh fuck. Vielleicht hätten wir doch einfach essen gehen und keinen komischen Leuten in Umhängen folgen sollen? Das habe ich nun wieder von meiner Neugier.« Cara kletterte wieder zurück zu mir. Dabei drückte sie Owens Wange ein, zwängte sich neben Ranmaru, den sie näher zu Owen schob, und rutschte mit dem Rücken die feuchte Kellerwand hinunter zu Boden. »Dann müsst ihr euch hier daten.«

»Hier?« Ranmaru breitete seine Arme aus und stieß dabei gegen Owens Brustkorb.

»Wir werden sterben und von der Uni geschmissen, wenn sie uns morgen finden.« Mein Einwand hörte sich laut ausgesprochen noch unpassender an.

»Nein, bitte, ich darf keine Probleme mit der Uni bekommen oder einen Eintrag«, nuschelte Owen, aber ich verstand es.

Cara umfasste meinen Ärmel, zog mich zu sich herunter und legte meinen Kopf an die Wand. »Kühl ein bisschen ab. Ich finde einen Weg raus, ja?«

Durch meinen Kopf rauschten Albtraumszenarien, wie sie uns morgen fanden und zur Direktion schleppten.

»Felix, das UCC hat Schlimmeres durchgehen lassen, ja? Wir kommen raus.« Owens Stimme drang zu mir hindurch, und gepaart mit der Kälte der Wand beruhigte sie mich. Für Owen stand mehr auf dem Spiel als für mich, und wenn er gelassen blieb, konnte ich es auch.

»Und ihr …« Cara stand auf und schob eine alte, an die

Wand gelehnte Tafel, auf die noch mit Kreide geschrieben werden konnte, hervor und machte daraus eine Trennwand zwischen Owen, Ranmaru und uns. »Datet euch.«

»Wie daten wir, ohne etwas zu trinken?«, rief Ranmaru über die Tafel hinweg.

Ich sah mich um. »Hier.« Einen perfekten Basketballwurf später flog eine Wasserflasche über die Tafel. »Und wo das herkommt, gibt es mehr.« Dabei hoffte ich, dass die noch verschweißte Sechserpackung Mineralwasser nicht abgelaufen war.

»Ist da auch kein Putzmittel drin?« Owens Bedenken gingen im Zischen der Flasche ein wenig unter.

»Nein, die stehen verschweißt neben mir.« Er schien meinen Worten zu glauben, denn kurz darauf hörte ich: »Schmeckt noch.« Owen bestätigte mir damit, dass ich mir ebenfalls ein Wasser gönnen konnte.

»Viel Spaß euch.« Cara schob ein paar Eimer, Werkzeugkästen und Kanister von uns weg, was unheimliche Gruselhausgeräusche machte. Endlich hatten wir mehr Platz. Wir breitete einen Blaumann aus, auf den wir uns setzten. »Ahhh. Angenehm.«

Hinter der Wand hörte ich Owen und Ranmaru miteinander zischeln. Ich versuchte, ihr Gespräch aus meiner Realität auszuklinken und als Rauschen wahrzunehmen.

»Wie kannst du bei solchen Sachen ruhig bleiben?« Diesen Trick wüsste ich gern.

»Du musst am Boden bleiben, Felix. Nicht alles auf der Welt verdient sofort den Panikmodus.« Es gab etwas außerhalb eines Panikmodus? »Woher kommt das, dass du dir diese Horrorszenarien ausmalst?«

Eigentlich hatten Cara und ich vergangenen Sommer in unseren Nachrichten beschlossen, nicht zu viel über Probleme zu sprechen. Jedoch schien der Sommer ewig her zu sein. Caras und meine Beziehung hatte sich gefestigt, und ich wollte reden.

Ich rutschte näher an Cara und bettete meine Wange auf die kalte Wand neben ihrem Ohr. »Ich habe meinen Eltern nie davon erzählt, was die Kinder damals mit mir im Dorf alles gemacht haben. Sie sind ohnehin enttäuscht gewesen, dass sie wegen mir zu Aliens mit dem komischen Sohn degradiert worden sind. Dementsprechend habe ich früh gelernt, ständig auf der Hut zu sein.«

»Was meinst du? Auf der Hut sein?« Cara winkelte ihre Beine an und zupfte das Loch in ihrer schwarzen Strumpfhose weiter auf.

»Ich habe zum Beispiel eine Serie geschaut, da sind Kinder gewesen, die ihre Schulprobleme verheimlicht haben, bis die Eltern dahintergekommen sind, weil sie Fehlstunden oder schlechte Noten gehabt haben. Das habe ich mir notiert und mir gesagt, ich muss zur Schule gehen, gute Noten schreiben und rausgehen, damit sie nie mitbekommen, dass ich in der Schule gemobbt werde.« Darüber zu sprechen, verpasste mir ein Globusgefühl im Hals, und ich merkte, wie sich diese Blamage in meinen Magen fraß.

»Hast du dich so früh geoutet?« Cara ließ von ihrer Strumpfhose ab, suchte nach meiner verschwitzten Hand und drückte sie.

»Nee, aber ich habe Bücher gelesen, Animes geguckt, Mangas gezeichnet und habe mich null für Traktoren und Fußball interessiert. Allein das hat mich damals disqualifiziert, Teil einer Dorfgemeinschaft zu sein. Leider ist das Land bei uns weitläufig, und wir haben trotz der wenigen Menschen, die dort leben, eine Grundschule und eine Hauptschule gehabt. Meine Eltern fanden es also superpraktisch, dass ich vom Kindergarten an bis zu meinem vierzehnten Lebensjahr in unserem Dorf in die Schule gegangen bin, statt ins Gymnasium in der Stadt zu wechseln. Je älter wir wurden, desto mehr nahmen alle an, ich wäre schwul, und die geistlosen Sprüche steigerten sich zu Prügeln. Auch von den Älteren. Eine Dorfwelt ist klein wie ein eigener Kosmos. Eine Gruppendynamik entsteht da in Windeseile.«

All diese Geschichten, an die ich ungern dachte, rasten in meinem Kopf herum. »Und wie das so ist, hassen wir, was uns fremd ist. Die Gruppendynamik hat dazu geführt, dass die Kinder in meiner Generation einen Sport daraus gemacht haben, mich zu demütigen. Wenn ich das Haus verlassen musste, switchte ich in den Panikmodus. Schließlich habe ich nicht gewusst, wo oder wann Kinder um die Ecke kommen. An guten Tagen haben sie mich nur beschimpft. Oder haben sich beim Spielplatz versteckt, sind zwischen den Bäumen hervorgesprungen und haben mich bespuckt. Haben mir in der Schule beim Werkunterricht mit der Säge in den Arm geschnitten, und ja. Vieles eben.« Mein Kinn bebte, und ich zwang meinen Körper, ruhig zu bleiben, erinnerte ihn daran, dass ich nicht in der Situation von damals war, doch allein die Gedanken daran raubten mir den Atem.

Caras Griff um meine Hand verstärkte sich. »Das tut mir leid, Felix. Wie können Menschen in diesem Ausmaß grausam sein? Und du hast dich niemandem anvertraut?«

Ich schüttelte den Kopf, den ich mittlerweile mit der Stirn an Caras gelehnt hatte. »Einmal einer Lehrerin, die gemeint hat, ich wäre selbst schuld, weil ich mich nicht anpasse. Auch die Kinder haben mich bedroht, die wollten nicht, dass in unserem kleinen Dorf ihre Eltern erfahren, was sie machen, vor allem, da ihre mit meinen Eltern befreundet waren.« Wenn ich darüber sprach, fühlte es sich an, als wäre es erst letzte Woche passiert. »Mir ist es auch peinlich gewesen, es meinen Eltern zu sagen. Ich habe alles getan, um das zu verheimlichen. Meine Oma hat geahnt, dass etwas nicht stimmt, aber sie war diese Reisende, die bei ihren kurzen Besuchen nicht im Dorf, sondern in der nächstgelegenen Stadt unterkam. Später, als sie mehr zu Hause war, wollte ich nicht darüber reden. Bei ihr war der einzige Ort in meinem Leben, an dem ich so sein konnte, wie ich bin. Und diese Unbeschwertheit wollte ich nicht damit zerstören, dass sie sich Sorgen macht, mit allen streitet – und das hätte sie getan – oder jeden Besuch mit der Frage beginnt, ob wieder etwas passiert ist. Bei ihr wollte ich diese heile Welt aufrechterhalten.« Das Bild meiner Oma tauchte vor mir auf, und beinahe glaubte ich, ihre Hand auf meiner Wange zu spüren und die alten Bücher, die überall in ihrem Haus verstreut waren, zu riechen. »Ich habe mich im Sommer stundenlang irgendwo draußen im Wald versteckt und ihre Bücher gelesen, damit meine Eltern glaubten, ich hätte Freunde oder Freundinnen, um nicht aufzufliegen.«

»Du hast welche, Felix. Die besten, die du haben kannst. Behaupte ich.« Cara wandte sich zu mir. Wir saßen an die Wand gelehnt, Nasenspitze an Nasenspitze aneinander in einem kleinen Abstellkämmerchen, das vom Mondlicht erleuchtet war. Im Hintergrund die Geräusche eines Dates zwischen zwei Männern. Ich merkte, dass ich mich noch nie so zu Hause gefühlt hatte.

Gespielt irritiert blickte ich um mich. »Wen meinst du?«

»Arschloch.« Lachend schubste Cara mich weg und drehte sich wieder zur Seite. »Mich natürlich. Nee, aber ehrlich, Felix. Diese Vergangenheit prägt dich, und diese Schweine werden dich weiterhin beeinflussen, aber ich werde dir dabei helfen, der selbstbewusste Mann zu werden, der du hättest sein können, wenn sie dich nicht gebrochen hätten, ja?«

Sosehr ich es zu verhindern versuchte, die Tränen kamen, als durchbrächen Caras Worte einen Damm, von dem ich nichts geahnt hatte.

»Ganz ehrlich? Dieses Kämmerlein ist winzig, und diese Tafel filtert euer Gespräch schlecht.« Ranmaru schob die provisorische Trennwand zur Seite und verstaute sie hinter einem Wandregal. »Diese Leute wissen nicht, wie es dir damit geht. Die leben ihr Leben und denken, ihr habt als Kinder herumgealbert.«

Schemenhaft bekam ich mit, wie Cara sich neben mir erhob. Ich blieb sitzen. Worauf wollte Ranmaru hinaus? Hatte Owen, der hinter ihm auftauchte, ebenfalls alles mit angehört? Ranmarus verhärtete Miene kam mir nicht vor, als meinte er es gut mit mir.

»Was ist dein Problem? So sieht Support nicht aus.« Cara nahm eine schützende Haltung vor mir ein.

Nein, das wollte ich nicht. Nicht mehr. Ich musste lernen, auf eigenen Beinen zu stehen. Hatte ich vergessen, was ich mir vorgenommen hatte? Schneckenhaus verlassen und so? Ich stützte mich an dem Regal neben mir ab und zog mich hoch. Meine Knie zitterten, mein Kiefer fühlte sich wieder an, als blockierte er sich selbst, da mein Körper nicht gewohnt war, sich zu wehren.

»Was mein Problem ist? Leute wie er.« Ranmaru deutete mit der ausgestreckten Hand auf mich und versetzte mir einen Stich.

Eine Erkenntnis traf mich wie der Blitz: Egal wie sehr ich versuchte, niemandem auf den Schlips zu treten und kein Rückgrat zu zeigen, damit ich die Bestätigung von Leuten bekam, die ich nicht kannte, mich konnten nicht alle mögen.

»Ich zeige euch in meinem Kurs, wie wichtig es ist, sich nicht nur im Kampfsport zu verteidigen, sondern auch mental, und der da? Der verbringt in Embryohaltung sein ganzes Leben als Opfer, statt sich auf die Beine zu stellen und erwachsen zu werden. Alles, was ich sehe, sind Ausreden, um sein Leben nicht in die Hand zu nehmen und als wandelndes Kind auf zwei Beinen wie gewohnt weiterzumachen.« Ranmaru sah zu Owen und erwartete wohl seine Unterstützung.

»Felix.« Ich hörte Caras Stimme weit weg.

Ranmaru war wie die Personifizierung meiner Vorwürfe, die ich mir selbst ständig machte, und dass ein realer Mensch diese Worte gegen mich verwendete, ließ meine Schutzmechanismen wieder hochfahren. Was, wenn er recht hatte? Wenn sie alle recht gehabt hatten? Meine Sicht verschwamm.

Die Finger von Cara glitten zwischen meine. »Du glaubst das doch nicht, oder?«

Erst das laute Krachen von Metall gegen die Wand, Eimer, die zu Boden flogen, und Nägel, die wie klingelnde Regentropfen auf den Beton prasselten, rissen mich zurück ins Hier und Jetzt. Ranmaru stieß ein heiseres Lachen aus. Owen hatte ihn gegen das Wandregal gedrängt und umfasste seinen Hals. Mit seinen Fingern fixierte er Ranmarus Kinn und drückte seine Wangen mit Daumen und Zeigefinger ein. Ranmaru hatte lediglich ein Grinsen für ihn übrig.

»Owen, nicht.« Cara löste sich von mir.

»Lass ihn doch, Cara. Ich kann mich gegen diesen Neandertaler wehren.« Cara hatte mir oft von ihrem Kampfsportlehrer erzählt, und ich ahnte, dass Ranmarus Drohungen gegenüber Owen nicht gespielt waren.

»Ist mir egal, du nimmst zuerst zurück, was du gesagt hast.« Owens Kieferknochen traten hervor. Mit seiner rauen Stimme spuckte er die Worte aus und musterte mit einem gierigen Blick Ranmarus Mund, Nase und schließlich wieder seine dunklen Augen. »Denkst du, das ist motivierend? Denkst du, das wirft Menschen nicht wieder zurück? Was bist du für ein Lehrer?«

Das Feuer der Wut – auf ihn, auf mich, weil ich nichts sagen konnte, und auf die Welt – loderte in meinem Brustkorb auf. »Lass ihn, Owen.« Auch wenn ich damit Caras Vorhersage mit der Prügelei beim ersten Date vereitelte, wollte ich das nicht, und Cara hatte mit Ranmaru und Owen ohnehin recht genug behalten.

»Aber steh mehr für dich ein, Felix. Das musst du dir nicht gefallen lassen.« Owen sah mich an und lockerte seinen Griff um Ranmarus Kopf, der diesen zur Seite drehte, um sich völlig zu befreien.

»Ich weiß.« Es tat mir leid, dass ich Owen nicht unterstützte, dabei schlug mein Herz rasend schnell für diese Geste. Wie oft hatte ich mir als Kind gedacht, warum kam niemand um die

Ecke und beschützte mich? Warum sagte nicht einmal jemand *Stopp?* Wieder fror ich auf der Stelle fest.

Owen im Schein des Mondlichts zu sehen, wie er für mich einstand, zeigte mir, dass ich an seiner Stelle für mich kämpfen musste. Dass Festfrieren keine Option mehr war.

Alle Augen waren auf mich gerichtet. Meine absolute Lieblingsposition: der Mittelpunkt. *Nicht.*

Es kostete mich ein paar Sekunden, bis ich über die Stolperfallen hinweg zu Owen gekommen war und ihn von Ranmaru wegzog. Sein Brustkorb hob und senkte sich schnell unter meiner Hand. »Danke.«

Ich machte ein paar Schritte vorwärts Richtung Tür, sodass ich zwischen den beiden stand. Owen trat einen Lackeimer zur Seite.

»Bei einer Sache stimme ich dir zu. Ich muss mehr an mich glauben. Ich weiß nur nicht, was dir das Recht gibt, über mich zu urteilen. Anscheinend brauchst du diese Oberlehrerposition, um selbst etwas zu kompensieren, aber –« Ein Klopfen unterbrach mich.

Wer war das? Wir sogen alle gleichzeitig die Luft ein, hielten unseren Atem an. Owen zuckte mit den Schultern. Cara legte die Hand auf den Fenstergriff, und Ranmaru knackte vorbereitend auf einen möglichen Kampf mit den Fäusten.

»Wer ist da drinnen?« Die Stimme klang jung.

Mein Herzschlag glich einer galoppierenden Pferdehorde, und ich spürte, wie mir ein wenig schwindelig wurde von all dem Adrenalin, das durch mich hindurchpeitschte. Mein Magen rumorte. Ich stand der Tür am nächsten, und in diesem einen kurzen, geistig umnachteten Augenblick beschloss ich, nicht mehr zu hoffen, gerettet zu werden. Ich würde mein eigener Retter werden.

»Felix, was …« Mein Kopfschütteln unterbrach Owen.

Ich legte meinen Zeigefinger an meine Lippen. »Sch. Du sollst deinen perfekten Abschluss bekommen.«

Gleich danach schob ich die Tafel hastig zwischen mich und die anderen.

»Fel–« Ich unterbrach Cara mit einem lauten Schlag gegen die Tafel.

»Aua«, sagte ich. »Ähm, ich, die Tür geht nicht auf.«

Ich hörte ein Rasseln. Ein Schlüssel drehte sich im Schloss, und die Tür öffnete sich. »Kein Wunder, wenn zugesperrt ist. Wie kommst du da rein?« Den kannte ich doch. Blonder Mittelscheitel, Poloshirt. Der Typ hatte mich an meinem ersten Tag am UCC angerempelt.

»Ich, ähm.«

»Haben dich die anderen eingesperrt?« *Die anderen?* Er sah sich um und schüttelte genervt den Kopf. »Ich habe doch gesagt, wir haben genug Umhänge.« *Umhänge?*

»J-Ja genau. Das haben sie gemacht.« Meine Stimme zitterte unter seinem strengen Blick mit den hellen Augen, bei denen ich im dunklen Schein nicht ausmachen konnte, ob sie blau oder grün waren. Mein Blick fiel auf seine Brust, die sich nicht nur trainiert unter seinem Shirt abzeichnete, sondern auf der auch eine Anstecknadel thronte. Dieselbe, die Scar, die Freundin von Yoshiko, im Community-Garten getragen hatte. Eine grüne antike Glocke mit Goldrahmen.

»Was stehst du dann so da? Komm endlich. Oder hast du vor dem Aufnahmeritual kalte Füße bekommen?« Ein süffisantes Grinsen umspielte seine dünnen Lippen.

Er ging vor. »Jetzt kann ich, Hudson, den Babysitter spielen. Ich habe ihnen gesagt, ich will nicht als Schlusslicht gehen. Warum lasse ich mich jedes Jahr auf dieses Losziehen zur Aufgabenverteilung ein?« Hudson laberte sich selbst zu und hielt dabei sein Handy als Taschenlampe vor.

»Verschwindet«, zischte ich in die Kammer, als ich die Tür anlehnte und kurz Caras besorgten Blick bemerkte, der schien, als wollte sie mir damit etwas sagen.

Ich schloss die Abstellkammertür, ohne sie wieder abzusperren, und mir sank das Herz in die Knie. *Was für ein Aufnahmeritual?*

»He.« Hudson klang nicht wie ein Mensch von der freundlichen Sorte.

»Komme. Habe die Tür geschlossen, damit niemandem auffällt, dass wir hier gewesen sind«, log ich und folgte ihm.

»Wen soll das interessieren? Die wissen doch, was wir heute machen.«

Die?

Hudson eilte eine schmale Steintreppe in ein weiteres Untergeschoss hinab. In einen noch tiefer gelegenen Keller? Eingekesselt von Steinmauern und Laternen, die orangefarbenes Licht wie Kerzenschein auf uns strahlten, fühlte ich mich, als befände ich mich in einem alten Schloss.

»Betreten wir den Zauberbereich des UCC?« Mein Witz kam bei Hudson nicht an.

Unsere Schritte hallten in dem Stiegenhaus, durch das eine Wendeltreppe hinabführte, und manchmal kam es mir vor, als wiederholte sich alles zum x-ten Mal. Nach und nach veränderte sich die Luft und wurde drückender, einengender. Von unten drangen Stimmen langsam lauter zu uns, und ehe ich michs versah, erreichten wir unser Ziel.

»Heilige Scheiße«, nuschelte ich und erstarrte mitten im Schritt von der letzten Stufe zum kunstvoll bemalten Marmorboden mit den wunderschönsten Ornamenten, die ich jemals gesehen hatte.

Ich blinzelte mehrmals, denn ich traute meinen Augen nicht. Mindestens zwei Dutzend Menschen, gekleidet in gedeckten olivgrünen, dunkelbraunen und royalblauen Klamotten, trugen dunkelgelbe Umhänge, allesamt mit dieser Anstecknadel.

An den weiß marmorierten Wänden drückten sich einige herum oder prosteten sich gegenseitig mit Weingläsern mit

Goldrand zu, in denen eine rote Flüssigkeit hin und her schwappte. *Erster Gedanke: Vampirball?*

Fackeln hingen an den Wänden über ihnen, die die Szenerie wie in Feuer getunkt erscheinen ließen. Erst auf einen zweiten Blick fiel mir auf, dass es elektrische Fackeln waren, und als Nächstes drang die Musik zu mir durch, die den Saal erfüllte. In einer Ecke stand auf einem Podest ein schwarzer Flügel, auf dem jemand spielte. Eine tiefe, melancholische Melodie, die die Schwere von sich zusammenschiebenden Wänden hatte.

»Was ist?« Hudson reichte mir seine Hand. »Ach, dein Umhang.«

Mein Umhang? Der Boden unter meinen Füßen schien zu wanken, und mir wurde speiübel. »Die, die mich eingesperrt haben, haben ihn mir weggenommen.« Zum Glück konnten schüchterne, introvertierte Menschen hervorragend lügen, da wir, um uns anzupassen, immer gern eine Ausrede bereithielten.

»Fuck, Mann. So kann ich dich nicht reinlassen, da rasten die wieder aus.« Er sah sich um. »Ah, da hängt noch einer. Deine Anstecknadel hast du doch, oder?«

Anstecknadel? Shit, die konnte ich nicht verloren haben, das wäre zu auffällig. *Moment. Scarlett.* Hektisch griff ich in meine hintere Hosentasche und ertastete mein Portemonnaie. Für einen Moment blitzte meine Hand im Community-Garten auf, wie sie Scars Anstecknadel aufhob. Mit zitternden Fingern holte ich, wieder im Hier und Jetzt, die Nadel daraus hervor und hielt sie hoch. »Hab sie.«

»Perfekt.« Von einem Wandhaken nahm er einen Umhang für mich und reichte ihn mir.

Ich warf ihn mir um und fühlte mich wie ein Zauberschüler, der einem geheimen Kult beitrat. Moment, das tat ich doch nicht etwa gerade, oder? Ich hatte erst ein Dorf hinter mir gelassen, ich brauchte keine neue aufgezwungene Sekte, die meinen Willen brach. »Danke.«

Ich betrachtete die Steinbögen, den Stuck an der Decke und die mit Fackeln bestückten Säulen, die sich bis nach oben zogen. Dort erkannte ich auch einen Kronleuchter mit weißen Kerzen darin.

»Willkommen in der *Society of the Emerald Druids.*« Hudson reichte mir ein Glas Wein, das ich perplex annahm.

Eine hohe Stimme in mir quietschte: *»Smaragdgrüne Druiden? Wie Magier? Wie Zauberer? Wie Hilfe?«*

»Danke?«

Hudson umfasste meinen Nacken, zog mich zu sich, und sein Blick bohrte sich in meine Augen. Hellgrün, seine Augen waren definitiv hellgrün. Ob er sich an mich erinnerte? Flog ich auf? Was passierte dann? Folterten sie mich? Opferten sie mich? Wer wollte mich verarschen? Wo waren die Prank-Kameras für TikTok? *Ich will weg. Ausrufezeichen.*

Nichts von alledem geschah. Hudson legte seine Stirn an meine, grinste wie ein Dämon und fuhr mit seinen Fingern unter meinen Umhang, meinen Rücken hinab und glitt unter mein Shirt. Seine warmen Finger berührten Haut, fuhren meine Wirbelsäule entlang, und was sie dann taten, bekam ich nicht mehr mit, da seine Lippen auf meinen alles andere ausblendeten.

Geschockt ließ ich es geschehen und sah mich um. Niemand schien das merkwürdig zu finden, und etwas sagte mir, dass ich keinen Aufstand machen sollte, um in Sicherheit zu bleiben.

Hudsons Kuss hatte nichts Zärtliches, Verführerisches. Im Gegenteil, er küsste mich drängend und grob, so dass meine Lippen schmerzten, bis seine Zunge fordernd und überraschend meine berührte. Er krallte sich an meinen Haaren fest, presste meinen Körper an seinen, und als ich merkte, dass nicht nur seine Mitte sich erhärtete, sondern auch meine, spürte ich etwas auf meiner Zunge. Ein kleines, rundes Etwas. Was war das? Ohne es verhindern zu können, verschluckte ich es. Er stieß mich weg. »Sieh dich ein wenig um, bis das Ritual beginnt.«

»Was war das? In meinem Mund?«

»Meine Zunge.« Hudson zwinkerte mir zu. »Entspann dich etwas.«

Oh mein Universum. Hatte. Hudson. Mir. Gerade. Eine. Droge. Verabreicht. Fragezeichen.

Stehen gelassen blieb ich zurück. Mit dem Weinglas in der Hand, aus dem ich wie durch ein magisches Wunder nichts verschüttet hatte, und den Mund mit den pulsierenden Lippen leicht geöffnet. In welchen Film war ich geraten? Ich trank mein Glas in einem Zug leer und beschloss umzukehren. Eventuell konnte ich diese Tablette noch rauskotzen.

»Felix?« Das war nicht gut. Als ich meinen Namen hörte, machte ich auf der ersten Stufe wieder kehrt und lächelte in die Richtung, aus der mein Name gekommen war.

Vor einer Wand mit schwarzen Regalen, in die antike Bücher mit buntem Leineneinband kreuz und quer gestapelt waren, stand jemand und winkte mir zu. Ich erkannte nichts und näherte mich den Leuten. Im Gehen bestaunte ich die unzähligen Ölmalereien, die ohne erkennbare Ordnung in prunkvollen Goldrahmen über den Regalen angebracht waren. Der gesamte Saal machte einem vor, Pinterest hätte sich hier drinnen übergeben.

»Was machst du hier?« Das war Scarlett. Und sie trug ihre Anstecknadel. Hatte sie eine neue bekommen?

»Ich, ich weiß es nicht.« Wieso flüsterte ich jetzt? Wirkten die Drogen schon? *Scheiße, scheiße, scheiße.* Niemand war ein größerer Drogenhasser als ich.

»Wir haben Yoshi über dich ausgefragt, und du bist auf keinen Fall hierfür in Betracht gezogen worden.« Die Art, wie sich Scars Gehabe und ihre Ausstrahlung verändert hatten, verblüffte mich. Nichts war von dem netten Mädchen aus dem Community-Garten übrig geblieben. Stattdessen musterte mich eine

Cliquenführerin aus einer billigen Highschool-Komödie mit hochgezogenen Augenbrauen und abfälligem Grinsen im Gesicht.

»Vielleicht«, ich näherte mich Scar und ihren Freundinnen, die ich noch nie gesehen hatte, »habe ich dich nicht in Betracht dafür gezogen, mein wahres Ich zu zeigen.« Mein Wispern hing zwischen uns in Form von dicker Luft, die wir hätten in Scheiben schneiden können. Die Drogen wirkten definitiv bereits.

Die beiden schwarzhaarigen Freundinnen mit perfekter Modelmähne, die die Luft scharf einzogen, gehörten wohl zu Scars Gefolgschaft. Sie machten Anstalten wegzugehen, bis Scar sie mit einem Zischen einfing.

»Deine Eltern sind arm. Sonst wüsste ich, dass du hier bist.« Scar sah sich um, ob jemand unser Gespräch belauschte.

Vermutlich hatte sie Angst, sich zu irren.

In mir erwachte eine dunkle Seite zögerlich aus einem tiefen Schlaf. Die Droge? Oder doch die dunkle Fischeseite? Wenn unser Unterwassermonster aus der tiefen See hochkam, weil es jemand gewagt hatte, uns zu reizen. Ein Ereignis, das selten passierte, da wir Fische die Ruhe des letzten Sternzeichens im Horoskopkreislauf in uns trugen. Vermutlich war es die Tablette, die Hudson mir reingedrückt hatte.

»Bist du reich, wenn du es herausposaunen musst?« Ich betete, dass sich niemand in das leer gefegte Konto meiner Eltern hacken konnte, und schob meinen Umhang ein wenig zur Seite, damit sie die Anstecknadel sah. »Außerdem glaube ich, dass deine Eltern auf eine ganz andere Art und Weise arm sind.«

Ich drehte mich um und ging. Mein Mund klappte leicht auf. Hatte ich das gerade gesagt? Ein zufriedenes Grinsen bahnte sich an, weswegen ich meine Miene wieder versteinern ließ. Okay, ich musste mich beruhigen und gelassen bleiben, sonst verlor meine einmalige Bosheit ihre Wirkung.

Der Typ am Flügel spielte eine neue leise Melodie, die sich durch den Saal schlich. Von dem goldenen Tablett, das jemand mit sich herumtrug, nahm ich ein neues Weinglas. Ich wandte mich um und nahm noch ein zweites, exte das erste und stellte es wieder ab. Das zweite nahm ich mit. Das rote Gold brannte sich meinen Hals hinab, dann stellte ich das Glas auf einen antiken, dunklen Schreibtisch, auf dem geöffnete, vergilbte Poesiebücher lagen. Darauf entdeckte ich eine lila Schreibfeder, und daneben tropfte Wachs von einer Kerze auf einen Goldteller.

Ein paar Schritte weiter ging ich an zwei Studentinnen, die auf einem wunderschönen gold-dunkelvioletten Steinbrett Schach spielten, vorbei. Die lautlose Begierde, die in diesem Saal hing, nahm mich ein, während Hudsons Kuss noch auf meinen Lippen kitzelte.

Der Alkohol und die Tablette zeigten von Sekunde zu Sekunde mehr ihre Wirkung, und der Übermut ließ mich einen Typen ansprechen, der mich die ganze Zeit über von der Seite gemustert hatte.

»Hey.« Klang das männlich genug? Ich räusperte mich. »Wie geht's?«

Seine schwarzen welligen Haare hatten etwas von einem umgekippten Tintenfass, und die lockigen Strähnen, die in seine Stirn fielen, wippten, als er mir zunickte. »Hi. Dich habe ich noch nie gesehen. Bestens, und dir? Bin übrigens Oliver.«

»Felix. Megagut.« Ich riss mich zusammen. »Mir geht's phänomenal. Bin meistens für mich allein.« Sprachen Menschen, die Geld wie Heu hatten, so?

Oliver wirkte verdutzt. Vermutlich verhielten sich Reiche nicht so.

»Also unter ausgewählten Menschen, in einem kleinen Kreis. Da bewege ich mich. Die meisten, die nur ein bisschen reich sind, kreisen um uns wie Geier und spulen langweilige Phrasen ab, um Kontakte zu knüpfen, weil wir ihnen etwas bringen könnten. Meine Familie hat keine Connections nötig.« *Chapeau, Felix.*

Ein anerkennendes Nicken folgte, und Oliver erhob sein Weinglas. »Cheers, meine Worte.«

Ich hoffte, ich schüchterte ihn so weit ein, dass es ihm zu peinlich war, nachzuhaken, was meine Eltern taten.

Oliver fixierte mich mit seinen dunklen Augen über den Rand seines Weinglases hinweg. Sein Blick bohrte sich in mich hinein, und ich konnte nicht verleugnen, wie scharf Oliver war. Meine Sexualität machte mir ohnehin oft zu schaffen. Nicht die Tatsache, dass ich auf Männer stand, eher, diese Tatsache zu unterdrücken, und die Scham, die damit einherging. Ich konnte das in meiner Teeniezeit kaum ausleben und hatte mich selbst gezwungen, von vielen Fantasien abzulassen, sodass ich mit knapp zwanzig schon bei fast jedem sinnlichen Blick auf Touren kam.

Oliver bestellte Wein um Wein, Champagner um Champagner, und der Alkohol betörte mich, während ich einmal mit ihm, dann wieder mit jemandem anderen zu den Flügelklängen, die mich an *Howl's Moving Castle* erinnerten, tanzte. Je länger die Nacht wurde, desto mehr verschwammen all die Gesichter zu Fratzen, denen der Alkohol breit grinsende Gesichter mit glühenden Augen verlieh.

Mein eigener Atem hallte in meinem Kopf nach, und ich spürte meinen Körper kaum noch. Mein Körper fühlte sich wie eine Wolke an. Ganz weit hinten in meinem Kopf alarmierte mich der ängstliche Felix, der mich nicht vergessen ließ, wo ich war. Nur, was sollte passieren? Reiche Studierende des UCC hatten mich berauscht auf ihrer Party gesehen, und morgen tauchte ich wieder in meine Unsichtbarkeit ab. In einem Punkt sprach Ranmaru die Wahrheit, ich musste leben und nicht vor allem Angst haben.

Also tat ich das: leben. Mich dahintreiben lassen. Meine Wahrnehmung verlangsamte sich erst und spulte sich gleich danach rasch vor. Im Wirrwarr der Zeit bildete ich mir ein, der Flügelspieler wechselte sich mit einer Geigenspielerin ab. Daneben trug jemand ein leises Gedicht vor, das von Flügelschlägen einer Motte, Staub im Sonnenlicht und Sporen auf Kaktusdornen erzählte. Oder war es Realität?

Eine junge Frau in einer hüfthohen braunen Stoffhose und einem dicken Hemd über dem schwarzen Rolli beäugte mich durch eine roséfarbene Brille mit verschlafenem Blick. Sie führte mich beim Tanz und drehte sich mit mir im Kreis.

»Du bist so traurig schön.« Ihr Flüstern in meinem Ohr bescherte mir ein Kribbeln auf dem Rücken, ehe sie wieder verschwand.

Ich unterdrückte meinen Instinkt, sie zu suchen, und wandte mich – nach einem Pfeifen hinter mir – um. Oliver reichte mir eine grüne Flüssigkeit in einem Schnapsglas samt goldenem Löffel, auf dem Zucker war.

Ich lächelte ihm zu, nahm sein Geschenk entgegen. Oliver tunkte den Löffel mit Zucker in das Grün, entzündete ein Streichholz, und der Zucker stand in Flammen. Er überreichte mir das brennende Stück Holz, und ich tat es ihm nach.

»Ich liebe Absinth.« Seit wann zum Teufel liebte ich Absinth? Aber es war nichts Neues für mich, dass ich mich in einer Rolle wohler fühlte, als dabei, mein wahres Gesicht zu zeigen.

Mit verschwommener Sicht tauchte ich den Löffel in den Alkohol, der Flammen fing. Ich rührte um, bis ich das Gefühl hatte, im Strudel zu versinken.

Es war, glaube ich, nicht lange, aber es fühlte sich wie eine Ewigkeit an, bis ich mit Oliver anstieß. »Auf dich.«

»Auf dich, Felix.« Wann hatte ich ihm meinen Namen verraten? Hatte er überhaupt meinen Namen gesagt?

Mein Kopf wurde dichter und dichter.

Oliver nahm mir das Glas ab, legte seine Arme um meine Hüften und zog mich an sich. So viele um mich herum hatten etwas miteinander. Glaubte ich. Von meinem Blickwinkel aus erkannte ich verschlungene Körper, die sich mit dem Prunk des Saals vermischten und Farbkleckse im alten Glamour des UCC-Kellers waren.

»Vergiss nicht, ich habe ihn zuerst gesehen.« Hudsons Säuseln schwebte eine Wodkafahne voraus, ehe er Olivers Wange küsste und dann dem Mädchen von vorhin mit der roséfarbenen Brille genauso hemmungslos seine Lippen aufdrückte wie mir zuvor.

Er streckte die Zunge gierig raus und schenkte uns einen ekelhaften Blick, ehe er weiterging und sie mit sich zog.

»Hudson. Er ist vulgär, nicht wahr?« Oliver rollte mit den Augen.

»Is' sehr dir-ekt«, lallte ich.

»Er ist ein armes Schwein. Seine Eltern leben von der Hand in den Mund mit ein, zwei Millionen.« Mir wurde bei diesen Summen schwindelig.

»Ames Schwein«, wiederholte ich. *Mehr oder weniger.* »Ich mag sie, siese, diese Umhänge.«

»Murphy, der geldgierige Arsch, sabbert zwar, wenn er Geld erahnt, aber schneidern kann er wie kein Zweiter.« Murphy? Der Name kam mir bekannt vor, doch ich konnte die Bedeutung dahinter nicht erfassen, da ein dicker, grauer Nebel meine Wahrnehmung trübte.

»Aber genug von Hudson und Murphy. Wenn wir weiter von denen reden, geht noch das hier verloren.« Oliver packte meine Hand und drückte sie gegen seinen Schritt.

Ein rascher Blick nach unten, bevor ich wieder hochsah. Bevor ich etwas hätte sagen können, spürte ich Lippen auf meinen. Wie Rosenblüten, die meine Haut streichelten. Ich gab mich ihnen hin.

Kapitel 22

Owen

Die vier Elemente stehen für das Temperament der Sternzeichen und wie ihr Handeln beeinflusst ist. Feuer brennt und zeigt sich, ist aktiv. Erde stabilisiert andere. Luft schwelgt in Ideen. Wasser reagiert, ist sensibel und intuitiv.

»Wenn Lix wüsste, dass wir mit unserer Wette zwei zu null führen«, sagte Cara, nachdem wir Ranmaru in ein Taxi verfrachtet und in die Wüste geschickt hatten. »Calix hat wieder zugeschlagen. Wegen Ranmaru – ich habe ohnehin keinen Bock mehr auf den Kampfsportkurs gehabt. Ich glaube, ich beginne einen Aquarellmalkurs.«

»Machst du dir gar keine Sorgen um Felix?« Ich setzte mich auf den Sitzsack in Caras Wohnzimmer und spürte die Kügelchen darin unter meinem Hintern.

»Doch, das ist meine Art, damit umzugehen.« Das schlechte Gewissen triefte aus ihrem Satz, und ich wollte sie dafür nicht verurteilen.

»Schon okay.«

Der Gedanke, wie es ihm ging, bescherte mir ein Gefühl der Hilfslosigkeit, und das hasste ich.

»Egal wie oft ich es auf seinem Handy versuche, er hat keinen Empfang, oder es ist aus.« Um das zu verdeutlichen, ließ Cara es noch mal mit eingeschaltetem Lautsprecher klingeln. Die Mobilbox sprang abrupt an, als wollte sie uns selbst mitteilen: *Ich würde euch ja gern helfen, aber seht her, da ist nichts zu machen.*

»Und wenn wir die Polizei rufen?« War es so ernst? Dieser Typ hatte nach einem normalen Studenten geklungen. *Hach, shit.* Ein Grummeln in meinem Magen erinnerte mich vage an das Gefühl, das ich damals gehabt hatte, als mein Bruder gestorben war und ich keine Chance hatte, ihm zu helfen oder es ungeschehen zu machen.

Meine Frage brachte Cara dazu, unruhig im Kreis zu gehen und ihre Hände zu massieren. »Ähm.« Mehrfach blinzelte sie zu mir und wieder weg, schob Dinge zurecht, die nicht wirkten, als stünden sie falsch, und räusperte sich mehrfach. Eine Welle des Unbehagens breitete sich von ihr aus.

»Cara, was ist los?«

»Wir sollten warten.« Sie setzte sich auf einen der Barhocker vor der Durchreiche, über der bronzene Teller hingen mit Abbildungen von griechischen Städten. Sie stand wieder auf. »Sonst ist sein Opfer umsonst gewesen.«

Es dauerte nicht lange, bis ich mich vor Cara wiederfand. »Cara? Weißt du etwas?«

»Ich weiß nicht, ob ich etwas weiß.« Sichtlich nervös knabberte sie den Ring um einen Planeten auf ihren Universumfingernägeln an.

»Spuck es aus.«

»Ich darf nicht.«

»Ist Felix in Gefahr?« Eine Sekunde wich sie mit ihrem Blick meinem aus. Das reichte. »Also ja?«

»Ich weiß es nicht.« Der innerliche Kampf, den Cara mit sich austrug, musste gewaltig sein. Sie drängte sich an mir vorbei und hielt mitten im Gehen an. »Ich darf nichts sagen.«

»Aber es geht um Felix. Was ist los?«

Cara legte ihren Kopf in den Nacken und schloss die Augen. »Du darfst es niemandem erzählen, ja?«

»Versprochen.«

»Okay.« Von hinten erkannte ich ein sich selbst ermutigendes Nicken, wonach sie in die Küche lief, eine Flasche Tequila öffnete, sich Zitronensaftkonzentrat in den Mund spritzte und Salz hinterherfeuerte. »Hachzeih ia Uhihersum.« Das *Verzeih mir, Universum* ging im Gegurgel unter, da schüttete sie sich schon den Tequila hinterher.

Eine säuerliche Grimasse schneidend, kam Cara zurück in das Wohnzimmer und umfasste einen kleinen lila Kristall an einer Kette. »Unter meiner Kundschaft gibt es auch reiche Cork-Menschen.«

»Okay?«

»Ich darf normalerweise nicht darüber reden, was ich mit meinen Leuten bespreche, also bitte, bitte, behalte das für dich.«

»Natürlich.« Und wem sollte ich etwas erzählen?

»Eine Frau hat mich mal gebeten, in ihrem Geburtshoroskop nachzusehen, wie es das Leben mit ihr meint, wenn sie etwas moralisch Verwerfliches mache. Zukunftsvorhersagen erteile ich prinzipiell nicht, deshalb konnte sie so eine Frage nur in diesem Zusammenhang stellen. Ich konnte es aber nicht zuordnen und habe sie gefragt, was sie meine.« Cara sah sich um, als könnte sie abgehört werden. »Angeblich gibt es so was wie eine, äh.« Cara drehte ihre Hände im Kreis und suchte nach Worten. »Geheime Gesellschaft am UCC, seit über einem Jahrhundert.«

»Was zum Fick? Und warum weiß ich davon nichts?« Das hätte ich doch mitbekommen, oder?

»Da sind reiche, sehr reiche Menschen dabei.«

Oh, das erklärte einiges. Meine Familie war zwar nicht arm, aber Millionen hatten wir keine. »Und weiter?«

»Es hat eine Gruppe von Rich Kids gegeben, die sich zu einer Gemeinschaft zusammengetan haben und seit jeher ihre Kinder an das UCC schicken. Dafür dass sie nicht in irgendwelche Privatschulen gehen, sondern dem UCC Geld spenden, dürfen sie da ihren internen Kreis aufbauen und unter sich sein.« Caras Anspannung ließ nicht nach. »Sie werden zwar belächelt von anderen Reichen, die auf Privatunis gehen, dabei bewahren sie wohl genau auf diese Art ihre Geheimnisse. Indem die Reichen an Privatunis null Kontakte zu ihnen haben und später im Berufsleben von ihren Geschäften ausgeschlossen werden. Eingeführt in diese Kreise werden sie durch ein Aufnahmeritual, wofür zuvor nach geeigneten Leuten gesucht wird. Du weißt schon, Kinder von Neureichen oder Leuten, die nach Cork ziehen, die sie brauchen könnten. An diesen Ritualtagen müssen sie eine Anstecknadel tragen. Dieser Typ, der Felix mitgenommen hat, hatte auch so eine, das hab ich durch den Schlitz der Tafel erspäht.« Während Cara sich das alles hastig von der Seele redete, fragte ich mich, was noch im Untergrund von Cork vor sich ging, wovon ich keine Ahnung hatte. Was war aus meiner friedlichen Stadt geworden?

»Das ist, wow.« Ich deutete mit meinen Händen eine Explosion über meinem Kopf an und machte das passende Geräusch dazu.

»Ich weiß.« Cara hielt ihre Kette fest im Griff.

»Aber wie streng sind die da? Netflix-*Élite*-streng oder Wir-verarschen-dich-und-schmeißen-dich-dann-raus-streng?«

Cara zuckte mit den Schultern. Dieses Schulterzucken nahm ich ihr nicht ab.

»Dann sollten wir erst recht die Polizei anrufen.« Ich holte mein Handy aus der Hosentasche.

»Nein.« Panisch sprang Cara auf und griff nach meinem Arm. »Erstens fragen sie dich, woher du das weißt, bis du mich outen musst, aber wichtiger: Diese Kundin von mir hat gesagt, dass ich niemals wissen wollen würde, wer da alles unter einer Decke steckt. Hast du jemals davon gehört, dass irgendeines der Millionärskinder am UCC eine Strafe für irgendetwas bekommen hat? Das ist eine Theorie, vielleicht hat die Polizei damit gar nichts am Hut und deine Idee, sie zu Hilfe zu ziehen, ist die richtige, aber wenn nicht, na ja …«

»Stehen wir ebenfalls auf der Abschussliste, falls wir bei der Polizei auf jemanden stoßen, der das vertuscht.« Und in Gedanken spann ich meinen Satz weiter: *Und ich riskiere meinen UCC-Abschluss.* »Das bedeutet also was?«

»Wir müssen darauf vertrauen, dass Felix aus dieser Nummer wieder rauskommt.« Das gefiel mir gar nicht. Wie konnten wir das zulassen?

Cara ließ meinen Arm los und machte Anstalten, in die Küche zu gehen.

»Tequila nehme ich bitte auch.« Ich folgte ihr.

»Das gibt's aber nur in den Mund, nicht in ein Glas. Ich hasse abspülen, und ich will weniger Wasser verbrauchen.« Sie schob die Tequilaflasche über die Arbeitsplatte und schnippte den Verschluss weg. »Vor allem mit Felix als Mitbewohner, der wie eine Meerjungfrau badet.«

»Keine Sorge, mit Flüssigkeiten im Mund bin ich Profi.«

Cara hielt inne und warf mir einen verschmitzten Blick über ihre Schulter zu, ehe sie loslachte.

»Nicht so. Na ja, nein, das habe ich nicht gemeint.« Ihr lautes, kratziges Lachen steckte mich an. »Eher, weil ich schon öfter Shots in den Mund bekommen habe.«

Cara prustete los.

»Alkoholshots!«

Wir gingen in die Küche, und als Cara mir gerade das Zitronensaftkonzentrat in den Mund tropfen wollte, hielt sie erneut inne. »Sag, kann es sein, dass du Felix damals angelogen hast?«

Kapitel 23

Felix

Unterschied Zeitschriften und detailreiches Geburtshoroskop: Zeitschriften berücksichtigen oft nur den Geburtsmonat und den Tag und auch nur das Sonnenzeichen oder den Aszendenten, weswegen es oft allgemeingültig oder komplett unpassend wirkt. Wir sind aber viel mehr als unser Sonnenzeichen.

Mein Zustand veränderte sich von flüssig zu fest. Von schlafend zu wach. Trotzdem hingen meine Augenlider schwer wie Blei herab. Mein gesamter Wille reichte nicht, sie zu öffnen. Ich bewegte meine Augäpfel von links nach rechts, aber die Lider blieben zu. Erst jetzt registrierte ich, dass mein gesamter Körper wie eingeschlafen war und es mich überall kribbelte. Eine leichte Panik stieg in mir empor.

Nach einer gewissen Zeit flirrten meine Augenlider. Sepia, schwarz, sepia, schwarz, bis ich es schaffte, sie offen zu halten. Ich blickte auf eine pompöse Deckenmalerei mit Engeln, Blumen, einem Fluss und Stuck.

Nach und nach kehrten bruchstückhaft meine Erinnerungen zurück, die sich schwerfällig zusammensetzten, bis mir endlich einfiel, was geschehen war. Mein Hals fühlte sich trocken an, und obwohl ich mich bemühte, Spucke zu sammeln und zu schlucken, war es nur ein Tropfen auf dem heißen Stein. Kopfschmerzen setzten ein, sobald ich mich bewegte oder meinen Kopf drehte.

Irgendwann richtete ich mich endlich auf und erkannte die Schlafenden um mich herum. Na ja, nicht alle schliefen. Ein paar Studierende fläzten sich halb wach auf Stühlen und türkisfarbenen Samtsofas.

»Kannst du deine Hand von meinem Arm nehmen?« Die verkaterte Stimme erreichte mich, und ich bemerkte, dass ich mich auf Olivers Unterarm abstützte.

Ich rutschte im Sitzen etwas vor. Hatte ich auf Olivers Bauch geschlafen? Mein Umhang rutschte von meiner Schulter, und ich richtete ihn, bevor ich mich erhob. Okay, das war definitiv zu schnell. Der Saal drehte sich, und ich fixierte ein vergoldetes Blatt, das auf einer Säule hing, bis mein Drehschwindel sich eingependelt hatte.

Nach und nach erhoben sich Oliver, Hudson und ein paar andere, die wach geworden waren. Der Flügel ertönte wieder. Die Treppe. Ich konnte gehen, solange die meisten noch in ihrem Rausch waren.

»Wo willst du hin?« Oliver nahm meine Hand und küsste meinen Nacken.

Für eine klitzekleine Sekunde schoss mir das Bild von Owen durch den Kopf. Ich blinzelte es weg und wollte Oliver sagen, dass ich gehen musste, wobei ich mich fühlte wie Cinderella, die vom Ball abhauen wollte.

Drei maskierte Menschen kamen von der Treppe herunter, die Umhänge am Kragen mit der Anstecknadel zusammengehalten. Sie alle gingen perfekt im Einklang zu der Melodie des Flügels, die düsterer klang als zuvor. Zu spät zum Fliehen.

»Jetzt geht's los, was?« Oliver nahm meine Hand. Was ging hier vor sich?

Die drei hielten in der Mitte des Saals zwischen zwei Säulen, und dahinter erkannte ich Scar, die mich nicht aus den Augen ließ.

»Willkommen in der heutigen Nacht der *Emerald Druids*. Unsere Vorfahren haben diese Nacht ebenfalls bereits erlebt. Und für diejenigen von euch, die neu ausgewählt worden sind, hoffe ich, ihr versteht die Besonderheit dieses Zirkels.« Die tiefe Stimme hinter der gold-schwarzen Maske klang bedrohlich.

»Ihr seid alle geprüft und für dieses Ritual akzeptiert worden, deshalb machen wir keine Kindergartenvorstellungsrunde.« Die melodische Stimme trug einen Kerzenständer mit drei goldenen Armen auf einem silbernen Gestell.

»Beginnen wir mit dem Ritual. Überzeugt uns, warum ihr wichtig für die *Emerald Druids* seid. Was haben wir von eurer Mitgliedschaft, und ich meine nicht euer Geld. Unsere Geschichte zeigt uns, wir sind auf Höheres aus. Mit dieser Anstecknadel«, begann die Letzte im Bunde und deutete auf die kleine Glocke, »erkennen wir uns, helfen wir uns und unterstützen wir uns.«

Wovon sprach die da? War ich beim *Supertalent,* oder was? Kannten die in Irland das *Supertalent?* Ich musste meine Gedanken sortieren und bei der Sache bleiben.

»Ich schlage vor, wir starten mit ihm.« Scar, die mit ihrem schlecht gemachten Fingernagel direkt auf mich zeigte, grinste mich wie eine Hyäne an. »Er hat mich die ganze Nacht über beeindruckt.«

Alle Augenpaare waren auf mich gerichtet, und meine soziale Batterie war nicht leer, sondern vorm Implodieren.

Einen letzten Funken Hoffnung gab es noch. Ich träumte. Oder war tot. Was beides besser wäre. Oder Zweiteres war ich vielleicht sogar bald. Ich linste zu Oliver. Er sah mich an. *Verdammt.*

»K-klar, gern.« Ich hoffte, dass mein Lächeln selbstsicherer wirkte als in meinem Kopf und dass meine Wangen nicht so leuchtend rosa glühten, wie sie sich anfühlten.

»Nun? Womit hilfst du uns?« Die Kerzenständerfrau bedeutete mir, mich zu ihnen zu gesellen.

Ich stellte mich vor die drei hin und dachte an all die Kraft, die meine Oma stets ausgestrahlt hatte. Einmal musste ich diese Energie aufbringen und strahlen, wie sie es tat. »Mit Astrologie.«

Ein Auflachen ging durch die Menge.

»Seid still«, sagte die Kerzenleuchterfrau. »Fahr fort.«

Oliver hatte mir geholfen, einen der antiken, schweren Schreibtische vor die drei zu schieben, und ich hatte die letzte Zeit damit verbracht, ein Geburtshoroskop von der Kerzenleuchterfrau anzufertigen. Sie hatte mir ihre Geburtsdaten genannt, und dank Olivers Handy, das hier unten Empfang hatte, stellte ich es zusammen. Ich war darin weder gut wie meine Oma noch gründlich wie Cara, aber ich hatte einiges aufgeschnappt. Mehr Fähigkeiten besaß ich nicht. Sollte ich ihnen eine selbst geschriebene Weihnachtsgeschichte vorlesen? Einen Handstand machen? Oder ihnen zeigen, in welcher Reihenfolge ich meine Skincare-Routine auftrug?

»Na, wird das noch was heute?« Scars Stimme bohrte sich in meinen Kopf.

»Wir bestimmen die Zeitgrenzen, nicht du.« *Danke, gold-schwarzer Maskentyp.* »Aber du solltest auf sie hören und dich beeilen.« *Für nichts.*

Okay, das musste reichen. Ich sah mir das Geburtshoroskop an, das ich provisorisch aufgemalt hatte. Der Kreis war nicht richtig rund, doch die Notizen darunter sollten mir einigermaßen helfen. Unnötigerweise hatte ich in meiner Nervosität die Unterlagen mit hässlichen Herzen vollgemalt.

Kerzenleuchterfrau hatte sich als Einzige getraut, mir ihr Geburtsdatum, -ort und -zeit zu verraten, und deswegen stellte ich mich direkt vor sie.

Meine Nervosität schluckte ich hinunter, blendete den Saal, die Leute um mich, die Säulen und all die Absurdität aus und konzentrierte mich auf sie. Mir war bewusst, dass ich die Leute beeindrucken musste, weswegen ich die Interpretation ihres Skorpion-Sonnenzeichens wegließ, das mich an Robin denken ließ, und direkt zum Spannenden überging.

»Dein Lilith oder Black Moon Lilith ist ein Punkt in deinem Geburtshoroskop, der Schattenseiten von dir, Dinge, die du selbst an dir nicht magst oder noch nicht kennst, aufzeigt. Bei dir steht es im dritten Haus, dem Haus, das die Kommunikation zu anderen regelt, und trägt das Zeichen Steinbock. Du hast am zehnten November Geburtstag und bist um sechs Uhr fünf morgens in Cork geboren. Bei dir sehe ich im Lilith Einsamkeit, die dich in eine Finsternis zieht, die du für dich behältst und anderen nicht zeigst. Du hast zu früh deine Ausbildung abgebrochen?« Letzteres kam in dieser Verbindung oft bei Caras Gesprächen vor.

Lautes Lufteinziehen ging durch die Reihen.

»Kann doch jeder wissen«, rief Scar.

Es stimmte also. Durch die Maske der Kerzenleuchterträgerin erkannte ich keine Mimik, nur ihre braunen Augen, die auf mir ruhten.

»Ähm, hast du eine Knie- oder Wirbelsäulenverletzung?« Ich Depp hätte damit nicht anfangen sollen. Diese medizinischen Dinge konnte ich schwer rauslesen, und selbst Cara machte das nie, aber ich musste sie beeindrucken, um rauszukommen.

Sie wich meinem Blick aus, öffnete ihren Umhang und schob ihr Hemd hoch. Ich kämpfte gegen den Drang an, meine Kinnlade runterfallen zu lassen. Sie trug ein Korsett, was auf einige Wirbelsäulenerkrankungen deuten konnte. Skoliose oder so.

»Weiter«, sagte sie und schloss ihren Umhang hastig, als die Leute um uns zu tuscheln begannen.

»D-Dein Chiron – also der symbolisiert deine, ähh, Träume und so, ich meine Traumata. Das ist ein Punkt auf der Karte deines Geburtshoroskops, der sich mit deinen innerlichen Wunden beschäftigt. Du scheinst eine unheilbare Wunde durch deine Eltern davongetragen zu haben. Aber ich sehe bei dir auch, dass das darauf zurückzuführen ist, dass du ebensolche Traumata mit Lehrern, anderen Verwandten und Leuten hast, die über dir in einem Machtgefälle standen – und deine Eltern haben dich dabei nicht unterstützt. Deine Schwester steht auch irgendwie über dir, oder? Und du hast es bis heute nicht geschafft, dir eine richtige Privatsphäre aufzubauen.« Warum konnte ich meine eigenen Notizen nicht mehr lesen? Ich drehte das Blatt, um fortzufahren, als ich unterbrochen wurde.

»Es reicht.« Schniefte sie etwa? Und waren das Tränen, die hinter der Maske in ihren Augen waberten?

Meine Worte waren wie in Rage aus mir herausgeflossen, sodass ich nicht registriert hatte, wie die Leute sich uns näherten. Was tat ich denn da? Ich machte sie vor allen lächerlich, und sie würde nie zugeben, dass …

»Du kannst gehen.« Sie unterstrich ihre Worte mit einer Handbewegung, die fließend zur Treppe hinaufzeigte.

Die beiden neben ihr schenkten ihr einen flüchtigen Blick und nickten daraufhin.

Was bedeutete das? *Gehen* im Sinne von *Du bist raus, du hast es verkackt?* Es schien etwas Gutes zu sein. Denn nach ein paar verdutzten Sekunden erklang Applaus im Saal. Applaus und Pfiffe, die in meinen Ohren klingelten und mich erleichtert seufzen ließen. Sollte ich gehen? Glücklicherweise erkannte ich in der Menge Oliver, der mit geweiteten Augen eine Kopfbewegung zur Treppe machte.

Sofort schlich ich zur Treppe. Dabei gab ich mir größte Mühe, nicht wie ein verängstigtes Kind wegzulaufen, das zufällig einen Horrorfilm anmachte, sondern mit Würde die Treppe zu besteigen. Zumindest bis ich um die erste Rundung der steinernen Wendeltreppe herum war. Ich hielt, warf einen Blick über meine Schulter, und als ich niemanden entdeckte, sprinte te ich los. Mein Sportlehrer in der Unterstufe, der mich nicht leiden konnte, weil ich seine Leidenschaft für Fußball nicht teilte, wäre beeindruckt gewesen.

»Felix.« Mein Name zischte wie eine geflüsterte Gefahr durch den Keller.

Ich beeilte mich, doch die Person zur Stimme war schneller. »Felix.« Oliver keuchte und stützte sich an seinen Oberschenkeln ab. »Alkohol raubt einem die Kondition, was?«

Meine Antwort? Ein belustigtes Schnauben. Meine Maske bröckelte, und lange konnte ich nicht mehr den reichen, abgebrühten Felix mimen.

»Wer bist du wirklich?«

Scheiße.

»Was meinst du?« *Sorry fürs Gaslighting, Oliver.*

»Du bist keiner von uns.«

»Ähm, doch? Und ich gehe jetzt.« Mit Zeige- und Mittelfinger deutete ich eine Gehbewegung an – oder eher eine Rennbewegung – und war dabei, mich umzudrehen.

»Ich will dich gar nicht auffliegen lassen.« Dieser Satz glich einer Geisterhand, die mich festhielt. »Ich will dich warnen.«

»Warnen?« Ich drehte mich wieder um.

»Dieser Zirkel der Reichen ist echt abgefuckt. Mir bleibt nichts anderes übrig, als dabei zu sein. Mein Uropa war schon Mitglied bei den *Emerald Druids.*« Zwischen Olivers buschigen Augenbrauen lag ehrliche Sorge.

»Was hat mich verraten?« Jap, da hatte ich mich gerade selbst enttarnt.

»Niemals würde jemand in diesem Ton mit Jasira sprechen. Ihr kurzer Ausschluss vom UCC letztes Jahr war einmalig. Normalerweise bestraft die Leitung nie jemanden von den *Emerald Druids.*« So weit hoch ging dieses Wissen über all das? »Offiziell wurde verkündet, sie sei in einem Auslandssemester. Wie konntest du dann das mit der der abgebrochenen Ausbildung ansprechen?«

Wow. Ich hatte das richtig gedeutet? *Notiz an mich: Das meiner Oma auf Whatsapp schreiben.*

»Astrologie.«

»Krass.« Oliver richtete sich das weit offene Hemd und grinste verlegen. »Warum willst du unbedingt ein Teil von uns sein?«

»Ehrlich gesagt will ich das gar nicht. Ich bin zufällig reingestolpert, weil ich mich mit meinen Leuten ins UCC geschlichen habe. Hudson hat uns entdeckt, und da bin ich mit ihm mit, um den anderen Zeit zum Verschwinden zu geben.«

»Du willst also gar nicht bei den *Emerald Druids* sein?« Okay, gut dass er mich unterbrochen hatte, sonst käme wieder einer von meinen berühmten ewig langen Monologen, in denen ich mich immer wieder im Kreis drehte, um keine Missverständnisse aufkommen zu lassen.

»Beim Universum, nein. Das ist mir zu düster und unheimlich.« Na toll, da ging meine Coolness dahin.

»Das ist blöd. Du hättest nicht so lange gesehen werden dürfen.«

»Ich regle das.«

Oliver und ich hielten beide gleichzeitig die Luft an und starrten uns ertappt in die Augen. Ich linste über seine Schulter. Zuerst erkannte ich sie nicht, weil sie keine Maske mehr trug. Ich sah die geflochtenen, schwarzen Haare und ihr wunderschönes Gesicht mit den bronzefarbenen Ornamenten darauf.

»Jasira?« Spätestens bei Olivers hohem Piepsen, als er ihren Namen aussprach, verlor ich den restlichen Funken Gelassenheit.

»Mir kann niemand etwas vormachen. Selbstverständlich habe ich gemerkt, dass du keiner von uns bist. Und wie Oliver gesagt hat, niemand spricht in diesem Ton mit mir. Nicht einmal meine Schwester Regina.« Jasiras weiche, tiefe Stimme, die wie flüssiges Gold in meine Ohren floss, machte mir Angst. »Aber es ist herrlich erfrischend gewesen, dass mir jemand den Spiegel vorhält. Dass mir jemand sagt, was ich sonst unter Alkohol und Drogen verdränge, Felix. Und das ist der Punkt, diese berauschende Party geht noch bis in die frühen Morgenstunden. Wenn du beschließt, du willst kein Teil von uns sein, gewähre ich dir das.«

Jasira tat *was?*

»Hä?« War ich im falschen Film? »Dein Ernst?«

Jasira schenkte mir ein gebrochenes Lächeln. »Ja.« Sie schlug den Umhang um sich, der ihr perfekt stand, als wäre sie eine Königin. »Die meisten sind berauscht, die vergessen dich, wenn du dich nie wieder bei uns blicken lässt, und erinnern sich nicht an dein normales Aussehen.« Letzteres klang wie eine Beleidigung.

»Ich kann sagen, er war ein Cousin von mir, der sich einen Spaß erlaubt hat«, wandte Oliver ein.

»Aber Scar. Sie kennt mich.« Dieses Detail würde mir definitiv noch Probleme bereiten.

»Ach, Scar. Die ist frivol. Und ein Mitglied, weil irgendeine Ururoma Teil der Clique gewesen ist, die die *Druids* gegründet hat. Wenn sie hört, was Oliver und ich sagen, wird sie uns nicht widersprechen. Sie muss sogar dem Schneider unserer Umhänge aushelfen, damit sie einen besseren Status bei uns hat.« Deshalb hatte ich Scar mit Murphy zusammen gesehen.

Von unten drang laute Flügelmusik hoch. Die Party ging weiter. »Aber warum solltet ihr das für mich tun?«

»Es ist angenehm, einmal nicht diese Businessgespräche zu führen, in denen jemand auf tolle Freundschaft macht, nur weil wir noch mal von Nutzen sein könnten. Ich habe einiges zu überdenken dank dir. Und in unseren Kreisen wissen wir eines ganz genau.« Jasira deutete zu Oliver.

»Sei niemals jemandem etwas schuldig«, beendete Oliver den Satz.

»Danke. Ich kann nicht mehr sagen. Euer Geheimnis ist bei mir sicher. Ich werde meinen Leuten erzählen, Hudson hat sich im Keller Bier geklaut.« Ich legte den Umhang und die Anstecknadel ab und reichte sie Oliver.

»Das wäre ihm sogar zuzutrauen.« Oliver lächelte, was sein markantes Kinn ein wenig freundlicher wirken ließ.

»Das stimmt. Aber ich habe gar keine Angst um unser Geheimnis, weil ich denke, du weißt, was geschehen würde, wenn du es ausplauderst.« Jasira zwinkerte mir zu, und mit diesem Wort der Warnung drehte sie sich geschmeidig um und schritt die Treppen hinab.

»Danke, Oliver. Bye.« Ich drehte mich um und visierte die Tür zur Freiheit an.

»Felix, ähm.«

»Hm?« Ich wandte mich nicht mehr zu ihm um.

»Ach nichts. Bye.« Wir wussten beide, sobald ich diese Tür durchschritt, lebten wir wieder in zwei unterschiedlichen Welten und durften nicht mehr miteinander sprechen, um niemanden auf mich aufmerksam zu machen. Trotzdem war ich ihm dankbar für seinen Kuss, denn er hatte mir definitiv einiges klargemacht.

Völlig durchnässt vom Regen stand ich im Wohnzimmer und tropfte auf den Holzboden. *Tropf, tropf, tropf.* Ich hatte niemanden angerufen, und Taxis ließ ich stehen. Ich war den ganzen Weg gelaufen. Nur so konnte ich meinen Kopf freibekommen. Besser so. Keine Ahnung, was ich in meinem aufgewühlten Zustand jemandem in einem Taxi erzählt hätte. Im Endeffekt wäre es auf die nächste Schlagzeile hinausgelaufen. *Österreicher dringt in die irische Elite ein und deckt Skandal auf.*

Sekunden verstrichen, in denen Owen und Cara mich wie einen Geist anstarrten.

»Felix.« Cara fiel mir um den Hals.

»Hi.«

»Hi?« Sie schob mich von sich, sah mir zornig in die Augen und umarmte mich wieder. »Wir denken, du bist in Schwierigkeiten, und du kommst mit einem *Hi* an?«

Meine Aufmerksamkeit galt dem Tequila, dem zerquetschten Zitronensaftkonzentrat, dem Salz und den Chips am Wohnzimmertisch. »So groß kann eure Angst nicht gewesen sein.« Belustigung schwang in meiner Stimme mit.

»Das, das hat der Ablenkung gedient.« Ein Schatten der Schuld huschte über ihre Augen, und Cara eilte zum Tisch, um die Krümel wegzuwischen.

»Und dir geht es echt gut?« Owen trat an Caras Stelle vor mich.

»Ja.«

Er wich mir mit seinen Augen aus, die stürmisch wie der Regenschauer wirkten. Wasser tropfte von meiner Nase auf seine Socken, so nahe standen wir uns. Ich folgte mit meinem Blick seiner Hand. Die blauen Adern schimmerten durch. Ich folgte ihr weiter. Sie schob seine Ärmel hoch. Ich fixierte seine Unterarme. Als sich nichts mehr tat, sah ich zu Owen hoch. Und der Kuss mit Oliver blitzte in meinem Kopf auf. Owen atmete erleichtert aus und nahm mich in den Arm.

»Felix.« Mein Name klang wie eine Drohung, so ernst sprach er ihn aus.

Sein Herz pochte gegen meine Brust. Die kalte Nässe durchdrang mich, doch ich nahm sie kaum wahr. Als legte er seine Wärme um mich. Die Kraft seines Körpers, seiner Muskeln, alles hüllte mich mitsamt seines herben Dufts ein, bei dem eine deutliche Tequilanote mitschwang. »Felix.« Nun klang mein Name anders. Wehmütig? »Deine Nähe macht mich unsicher. Hör auf damit.« Er tippte gegen meinen Rücken.

»Womit?«, stieß ich erstickt hervor.

»Mich dazu zu bringen, dich zu mögen.«

Die Sternzeichen standen still. Die zwölf Häuser hielten die Luft an. Die Planeten erstarrten.

»Äh.« Was antwortete ich darauf? »Okay.« *Okay? Okay?* Was war los mit mir? »Sorry.« Das machte gar nichts besser.

»Seid ihr dann fertig, ich will nämlich Details.« Cara klopfte auf den Tisch, und die Welt funktionierte wieder, als hätte sie gegen einen Plattenspieler geschlagen, damit er wieder lief.

»Genau, was ist passiert?« Owen löste sich von mir und setzte sich zu Cara. Ohne seine Umarmung fühlte ich mich wieder kalt und halb. Aber das war gut so. Wir passten nicht zusammen. Owen und ich. Das ging nicht. Astrologisch gesehen. Wie meine Beziehung zu meinen Eltern. Stimmte es da, dann auch hier.

»Ähm, es ist so. Hudson, also, der hat Bier geklaut im Saal. Nein.« Ich zuckte zusammen und hob meinen Finger, bevor sie nachhakten. »Keller.« Ich brauchte ein heißes Bad, Pralinen und eine Folge *Sailor Moon*, in der nichts Schlimmes passierte. Also keine Nordpolfolge. Wie der Nordpol fühlte ich mich selbst gerade.

Ich schnappte die Decke, die auf der Lehne des Sofas hing, und legte sie mir um. »Und dann hat Hudson –«

»Jaja, scheiß auf Hudson. Wie war die Gemeinschaft der Reichen? Haben sie dich gezwungen, Wachs auf deinen Körper träufeln zu lassen, und dann mit deinen Nippeln gespielt?« Cara deutete eine komische Bewegung mit ihren Fingern und meinen Nippeln an, dass es mir einen Phantomschmerz verpasste. Schützend bedeckte ich meine Nippel über meinem nassen Oberteil. »Oder dir einen Ball in den Mund gesteckt und gesagt, du sollst für sie bellen?«

»Nein, Cara.«

»Haben sie dir den Bauch mit Schokosoße eingerieben und du –«

»Nei-en. Ich glaube, du bist auf irgendeinem Entzug.«

Enttäuscht rutschte Cara tiefer ins Sofa und verschränkte die Arme.

Moment. »Woher wisst ihr davon?«

»Cara hat eine Kundin, die ihr das erzählt hat, und sie hat ihre Verschwiegenheitsklausel gebrochen und es mir erzählt, damit ich nicht die Polizei rufe.«

»Owen.« Cara warf ihm ein Kissen an den Kopf.

»Sorry. Ich habe gedacht, ihm darf ich es sagen.« Owen hielt das Kissen seitlich vorm Kopf, damit Cara ihn nicht sah, und zwinkerte mir zu. »Aber wie ist es dort gewesen?«

Ich setzte mich in den Schneidersitz auf den Boden und erzählte Cara und Owen die ganze Geschichte. Na ja, nicht die gesamte Story. Was Hudson, Oliver und ich getan hatten, blieb mein Geheimnis. Zumindest so lange, bis ich irgendwann meine Memoiren schrieb. Nach meiner Karriere als weltbekannter Weihnachtsbuchautor, dessen Bücher weltweit verfilmt worden waren. Also nie. Das mit der Droge ließ ich ebenfalls weg. Sie würden besorgt sein, und vielleicht war es nur ein Minzbonbon gewesen, mit dem Hudson sich einen Scherz erlaubt hatte?

»Das ist heftig.« Cara war zu mir auf den Boden gerutscht. »Wow. Wieso erlebst du so was in Cork und ich nicht?« Sie rieb über meinen Oberarm, als könnte mich das über irgendetwas hinwegtrösten.

»Schlimmer ist es, dass ich nichts mitbekommen habe.« Owens Gesicht blieb regungslos. Vermutlich konnte er nicht fassen, was sich neben ihm abgespielt hatte.

Was ich auch niemandem erzählt hatte, war, dass Murphy und Quinn darin involviert waren. Oder vielleicht nur Murphy. Quinns Dad schien nicht jemand zu sein, der seinem Sohn so was anvertraute. Obwohl Quinn auf die Erwähnung der Umhänge leicht nervös reagiert hatte. Egal. Das würde ich demnächst mit ihm allein klären.

»Aber wie wir aus jeder guten Serie wissen, gibt es auf solchen Partys Orgien. Felix, bitte. Gib mir irgendetwas, womit ich mir heute eine Fanfiction in meinem Kopf spinnen kann, wenn ich schlafen gehe.« Ein paarmal hatte Cara erwähnt, dass seitdem ihre Eltern fies zu ihr waren, blöde Witze zu machen ihr Mechanismus war, um das durchzustehen. Deshalb nahm ich ihr die Reaktion nicht übel.

»Ja, die Leute haben da rumgemacht. Zufrieden?«

Cara warf die Arme in die Höhe. »Yes.«

»Du auch?« Okay, das kam unerwartet von Owen. Seine Miene veränderte sich wieder. »Ich meine, ist mir ja egal.«

»Na, wenn's dir egal ist, behalte ich es für mich.«

»Gut.«

»Gut.«

»Wie ein altes Ehepaar, Jungs. Also, wenn's dir gut geht und du keine Traumata davongetragen hast, würde ich gern schlafen gehen. Ja?« Cara erhob sich und gähnte demonstrativ.

»Mir geht es gut. Irgendwie hat es mir sogar ein wenig Selbstbewusstsein verliehen. Glaube ich. Bis morgen.« Obwohl mich noch ein paar Tage Verfolgungswahn begleiten würden. Was, wenn die mich doch aufsuchten?

»Dann sind wir ja alle glücklich.« Cara tätschelte meinen Kopf und verabschiedete sich ins Bett. »Vergiss nicht die Aubergine, falls noch was passiert.«

»Das wird nicht nötig sein«, rief ich Cara hinterher.

»Aubergine?« Owen erhob sich und zog seine Jacke an. »Nicht wichtig. Was ich noch sagen wollte, ähm.«

Ich stand ebenfalls auf.

»Ich habe in ein paar Tagen wieder ein Date. Cara hat vorhin jemanden in eurer Sternen-App gefunden.« Diese Info überrumpelte mich. Cara hatte das im Alleingang gemacht?

»Oh. Fantastisch.«

»Bist du sicher, dass es dir gut geht?« Owen räumte den Tisch ab und verstaute alles in der Küche. »Brauchst du noch etwas?«

»Ja, ein Bad und mein Bett.«

»Gut, das findest du allein, oder?« Owen lächelte mich an und schloss den Hängeschrank. »Oder soll ich dir helfen?« Er zwickte die Augen zusammen. »Nicht so helfen.«

Ich lehnte mich seitlich gegen den Durchgang, der in die Küche führte, und nickte. »Jap, danke. Finde ich alleine.« Oh, da brannten meine Wangen wieder. »Was ist mit Ranmaru?«

»Ach, ja. Ihr führt zwei zu null.«

»So schlimm?«

»Nach dem, was er zu dir gesagt hat …« Owen fixierte das Spülbecken, als fände er darin die Lösung für alle Probleme der Welt. »Und im Taxi hat er sich über Cara lustig gemacht, wegen eurem Astrologiezeug. Keine Ahnung. Blöder Typ.«

Ich strahlte in mich hinein. »Verstehe. Vielleicht ist dein nächstes Date besser?«

»Vielleicht.«

»Gute Nacht, und danke, dass du gewartet hast.« Ich machte den Weg für Owen frei.

»Danke, dir auch, und erhol dich.« Owen drängte sich an mir vorbei und hielt abrupt an.

Wir standen nahe voreinander im engen Flur. Also richtig nahe. Ich-spüre-seinen-Atem-nahe. »Du hast mir und meinem Abschluss den Arsch gerettet.«

Ich mochte seinen Arsch. *Moment, was?* Was dachte ich da? Shit, der Alkohol klammerte sich mehr an mich, als ich vermutet hätte.

»Ich weiß, wie wichtig dir dein Abschluss ist. Und England. Und deine Keine-Nähe-schon-gar-nicht-mit-UCClern-Regel.« Mit meiner letzten Wortkreation löste ich einen Schleier auf, der sich über Owens Augen gelegt hatte, und er blinzelte mich an.

»Du hast das klasse gemeistert, Felix. Ich weiß nicht, ob ich da hätte mitspielen können.« Warum lobte er mich wie ein emotional instabiler Vater, der seine Gefühle nicht ausdrücken konnte, weil die Gesellschaft ihm eingetrichtert hatte, Gefühle sei ein Synonym für schwul?

»Okay? Danke, Daddy?« Belustigt ging ich in die Küche zurück und öffnete den Kühlschrank, aus dem ich eine Weinflasche holte, in der noch mein Metallstoppel mit der Son-Gohan-Figur steckte. »Langsam muss ich mein Leben selbst in die Hand nehmen.« Noch mehr Alkohol war nicht zwingend die beste Idee, aber es war eine Idee.

»Das tust du doch. Ich meine, wie viele Leute reden vom Auswandern und machen es nicht. Und du? Du ziehst allein nach Cork.« Bei letzten Satz bemerkte ich, dass Owen es wirklich ernst zu meinen schien.

»Danke.«

»Glaub an dich. Ich tu's auch.«

»An dich glauben? Wer hätte das gedacht.« Der Wein lief ins Glas und gab glucksende Geräusche von sich. Und ja, genau das brauchte ich jetzt.

»Witzbold. An dich glaube ich.« Mir war klar, was er gemeint hatte. Ich wollte es nur aus Owens Mund hören.

»Danke. Sag, schreibst du mir? Also wenn du in England bist.« Ich nahm einen Schluck von meinem fruchtigen Wein, der auf meiner Zunge bitzelte. »Keine Ahnung, würde es schade finden, wenn wir uns komplett aus den Augen verlieren.«

Eine komische Spannung baute sich zwischen uns auf, und Owen sagte eine Zeit lang gar nichts, als focht er einen inneren Kampf mit sich aus.

»Okay, okay, verstehe.« Klasse, wieder eine Blamage mehr, die ich in meinen imaginären Bettpfosten ritzen konnte.

»Ich schreib dir.« Das platzte so rasch aus Owen heraus, dass er selbst erstaunt den Mund offen stehen ließ. »Ich schreibe dir.«

»Auch Briefe?«

»Übertreib es nicht, Felix.«

»Hätte ja sein können. Vielleicht habe ich dann schon einen Freund, der deine Briefe eifersüchtig abfängt und mich zur Rede stellt. Ich stelle mich ahnungslos, er nimmt meinen Arm, als ich ihn toxisch nenne und weglaufen will. Dann geht *I See Red* auf dem Handy los, das Blinklicht an der Decke wird rot, er drückt mich gegen die Wand …«

»Felix, bist du sicher, dass du diesen Wein da noch trinken solltest?« Nein, sollte ich nicht mehr. »Du musst echt Autor werden.« Owen verließ lachend den Flur Richtung Haustür, und ich lief ihm nach.

»Das werde ich.«

»Ich weiß.« Owen zog die Tür hinter sich zu.

Kapitel 24

Owen

Was sagt die Stellung der Planeten zueinander aus? Sextil (60°) und Trigonalaspekt (120° voneinander entfernt) bedeuten etwas Gutes. Quadrate (90°) und Gegensätze (180°) sind Herausforderungen. Eine Konjunktion (0°) blendet einen anderen Planeten, je nachdem, welche involviert sind, ist es positiv oder negativ.

Die Geschichte mit Felix und den reichen Leuten ging mir seit Tagen nicht aus dem Kopf. Wie konnte ich von all dem nichts mitbekommen haben? Hatte Felix mit diesen Typen da etwas gehabt? Das wäre mir selbstverständlich egal. Aus mir sprach die reine Fürsorge, denn einlassen sollte er sich mit denen nicht. Die letzten Tage wollte ich mich in meine Höhle verkriechen und die letzten Abgaben fürs UCC fertig machen. Betonung auf *wollte.* Stattdessen suchte ich im Internet nach diesen *Emerald Druids,* als ginge es um mein Leben. Leider fand ich kaum Ergebnisse, bis auf Infos über Absolventen und Absolventinnen des UCC, die sich bis heute in Hotels trafen, Kontakte hielten und zusammenarbeiteten. Mit dem Wissen, das ich dank Felix und Cara hatte, ergab das einen bitteren Beigeschmack. Seitdem mein Wecker vor einer halben Stunde geklingelt hatte, dachte ich wieder darüber nach. Viel zu intensiv, sonst hätte ich beim Verlassen meiner Wohnung nicht meinen Regenschirm vergessen.

Der Nieselregen, der in einem sanften Rhythmus weich auf den Boden prasselte und Cork benetzte, störte mich normalerweise nicht, heute schon. Denn ich musste ausnahmsweise in das Bürogebäude meiner Arbeitsstelle und hatte keinen Bock, wie ein nasser, roter Pudel daherzukommen. Dass meine Frisur trotzdem gelitten hatte, schmeckte ich an dem Haarspray, das mir der Regen vom Kopf über die Nase auf die Lippen getröpfelt hatte. Um noch ein bisschen was zu retten, schob ich die Stoffkapuze meiner Jeansjacke hoch. Tja, keine gute Idee, wenn ihre Enge meine Haare nun platt drückte.

Genervt massierte ich meine Augenlider. Die Menschen um mich liefen mit ähnlich dicken Augenringen, ausdruckslosem Gesicht und dem innerlichen Wunsch, aus dem Alltag auszubrechen, herum.

An mir zogen die immer selben Gebäude vorbei. Auswendig konnte ich sie aufsagen. Drei Schritte nach dem schwarzen Kaugummi, den Tausende Füße für die Ewigkeit auf dem Gehweg festgetrampelt hatten, folgte der rote Barbershop, den ich manchmal aufsuchte, wenn der Typ in meinem Lieblingsladen keine Termine frei hatte. Nach der Laterne mit dem uralten Sticker eines sprechenden Kaktus tat sich ein längliches Wohnhaus mit türkisfarbener Tür auf, und gleich danach, hinter dem Betonmülleimer, auf den jemand einen Schwanz gesprayt hatte, ein Restaurant, das alle drei Monate die Besitzerinnen wechselte – heute war es ein veganes Restaurant in Neongrün, und davor stand Felix. Neben ihm war dieser retro Plattenladen. *Moment. Felix?*

Im Gehen hielt ich an und machte zwei Schritte zurück.

»Hey, Owen.« Er war es.

»Hi. Was machst du hier?«

»Was machst *du* hier?« Felix drückte sich gegen die Glasfront, als wäre sie seine gesamte Existenz, um unter dem winzigen Vordach nicht vom Regen erwischt zu werden.

»Ich arbeite in der Nähe bei einer Krankenversicherung, und du?«

»Ich treffe mich mit Robin, dem Typ von der Astrologie-Dating-App.« Felix steckte die Hände in die Taschen seines Hoodies. »Du hast mir doch selbst diesen veganen Laden empfohlen.«

Robin, was für ein blöder Name, oder? Batman und Robin. Robin und Barney. *Pfff.* »Stimmt. Ach, der Skorpion. Und warum so früh?«

»Wir verpassen uns oft, deshalb habe ich gefragt, ob er vor seiner Schicht Zeit für ein Frühstück hat.« Frühstück klang perfekt, hätte ich auch dran denken können.

»Bekomme ich dich nur im Doppelpack?« Robin unterbrach unser Gespräch und schenkte Felix ein schiefes Grinsen.

»Er ist auf dem Weg zur Arbeit.« Hatte Felix Angst, Robin könnte etwas missverstehen?

»Felix?« Was war los? Noch jemand?

»Yoshiko?« Felix sah hinter mich, und ich tat es ihm nach.

»Robin?« Yoshiko schien Robin zu kennen.

»Yoshi?« Robin nahm seine Hände aus den Taschen seiner Baggyjeans und winkte ihr zu, wobei seine goldene Uhr im Ärmel seines dunkelgrauen Pullis verschwand, auf dem in Lila und Türkis ein Pfirsich abgebildet war.

»Wird das ein Gemeinschaftstreffen?« Yoshiko umarmte dabei kichernd Robin und Felix. »Ihr kennt euch?« Dann sah sie zu mir. »Und ihn?« Ihre böse Musterung entging mir nicht.

»Wir haben uns vertragen.« Felix' Arme sausten wie eine Barriere zwischen Yoshiko und mich.

»Ich kann für mich allein reden. Hi, Yoshiko.« Ihr breites Grinsen schrie förmlich: *Ich kann niemandem was zuleide tun.*

»Ach, wenn das so ist. Ähm. Was macht ihr hier?« Yoshiko schlüpfte neben Felix unter das Vordach und rieb sich die Arme. Wenn ich sie neben Felix betrachtete, merkte ich sofort, wer aus Cork kam und wer nicht. Yoshiko im kurzen T-Shirt versus Felix mit Hoodie und Mantel.

»Wir gehen frühstücken.« Was fand Felix an diesem Typen mit den verschlafensten Augen der Welt? Okay, heute brauchte ich nicht zu reden, meine standen seinen vermutlich in nichts nach.

»Oh, kann ich mit?« Auf Yoshis Frage wechselten Robin und Felix einen Blick.

Belustigt wartete ich ab, ob jemand der beiden sagte, dass sie ein Date hatten.

»Ähm, klar.« Welch ein Wunder, Felix traute sich nichts zu sagen und hielt die Stille nicht lange aus.

»Klasse, dann komme ich auch mit, habe noch Zeit.« Ich spannte meinen Körper an und drückte meine Zunge gegen den Gaumen, um ein Grinsen zu unterdrücken.

»Klasse, ich lerne gern *einen Freund* von Felix kennen.« Wie Robin die Worte *einen Freund* betonte, als würde er mir reinwürgen wollen, dass Felix und ich nicht mehr … *Tzzz.* Egal. Als wollte ich mehr von Felix.

Wir betraten das Lokal durch die Glastür voller Fingerabdrücke, und eine Glocke kündigte uns an.

»Wenn du gemein bist, fliege ich dir nach England nach und hacke mich in deinen Browserverlauf, um ihn in deinem Forschungsinstitut auf die Hauswand zu projizieren.« Felix' Zischen war leise, aber umso bedrohlicher. Irgendwie hatte ich die Befürchtung, dass Felix das wirklich machen würde, und meinen Verlauf dürfte auf keinen Fall irgendjemand auf dieser Welt sehen.

»Ich bin nett.« Nahm ich mir vor, auf meine Weise. Felix hatte *nett* nicht definiert.

Nur zwei der vielen runden Tische waren besetzt. Wir nahmen an dem neben dem Fenster Platz, und das gelbe Sitzkissen fühlte sich wie eine Wolke unter mir an. »Ich habe noch nie vegan gefrühstückt. Wie ist das so?«

»Besser als Leichen.« Robins Spruch kam knallhart. Mir verschlug es die Sprache.

»Ähm, vermutlich.« Wow, was für ein finsterer Kerl. Ich vergrub mich hinter der Karte und blendete Yoshikos Lächeln aus.

»Ach, lass ihn doch. Wenigstens probiert er es aus.« Felix rettete mich? Mich? Ich linste hervor. Robin mit peinlich geweiteten Augen zu sehen, liebte ich.

»Ja, klar, is'n Joke gewesen.« Robin verhüllte sich ebenfalls mit der Karte vor mir.

Ein Pling richtete meine Aufmerksamkeit auf Yoshiko, die von der Karte aufsah und über ihr Display wischte. Von jetzt auf gleich änderte sich ihre Haltung, ihr Gesicht erhellte sich. »Alarm. Es gibt eine neue Podcastfolge von Brodie.« Yoshiko gab ein unterdrücktes Kreischen von sich und wedelte sich mit den Händen Luft zu.

»Oh mein Universum, ich liebe diesen Astrologie-Podcast und diese Stimme.« Die letzte Aussage von Felix fand ich etwas übertrieben. Was sollte an einer Stimme außergewöhnlich sein? Obwohl … Felix hatte eine angenehme Stimme.

»Mein Bruder Takeru mag ihn auch, und seitdem er in Tokio ist, hören wir die neue Folge oft gemeinsam online über Discord.« Stimmt. Felix hatte erwähnt, dass Yoshiko ihren Bruder vermisste und dass sie sich freute, sobald er wieder nach Cork kam. »Vielleicht können wir kurz reinhören?« Yoshiko hielt sich die Hand vor den Mund, als hätte sie etwas Verbotenes gesagt. »Oder wäre das unpassend bei unserem Frühstück?«

»Also von mir au-«

»Ja«, unterbrach mich Robin. »Dieser Typ nervt mich so. Hört den zu Hause.« Er rieb seine Hände mehrfach aneinander, biss an seiner Unterlippe herum und fixierte dabei die Karte, ohne uns anzusehen.

»Oookay.« Felix bedeutete Yoshiko, das Handy wegzulegen, und wir befassten uns alle wieder damit, was wir bestellen wollten.

Ein, zwei Minuten Funkstille vergingen, bis Yoshiko diese endlich durchbrach.

»Woah, ist es zu früh für einen Couscous-Salat mit gebratenen Bohnen, Salat, Avocado und einem Gemüsemix? Oh. Sogar gegrillte Wassermelone und veganer Schafskäse.« Yoshiko tippte mit ihrem Finger mehrfach auf die Karte. »Das klingt gut. Wahlweise mit Sesam. Was für eine Wahl? Den lasse ich doch nicht aus.« Aufgeregt rutschte sie auf dem Stuhl herum.

»Es gibt kein zu früh bei Essen.« Felix beugte sich zu Yoshiko. »Zeig her, das klingt gut.«

Zaghaft linste ich zu Felix und beobachtete sein strahlendes Gesicht. Beim Lächeln kräuselte sich die Stelle an seiner Nase zwischen den Augen. Yoshiko deutete auf den Erdbeerhafer-Milchshake und fragte, ob sie wohl kotzen müsste, wenn sie den auch noch bestellte.

»Nimm ihn doch, wenn nicht, trinken wir ihn«, sagte Robin.

»Ja, irgendwer hat immer noch Platz für die Reste. Ich zum Beispiel«, fügte ich hinzu und entlockte Yoshiko ein freudiges Nicken.

Räuspern erklang, und ich sah zu Robin, der mich mit einem angepissten Gesicht musterte. Er sollte nicht das Gefühl haben, dass das ein Wettkampf war. Ich wollte nichts von Felix, nichts von niemandem. Ich grinste ihn entschuldigend an. Felix sollte die Chance haben, jemand Nettes zu daten, und bald war ich weg, und er vergäße mich ohnehin.

»Was nimmst du, Robi-di-rob-rob?« Das war too much von mir. *Definitiv.*

»Ähm, schwarzen Kaffee, ein Mineralwasser mit stillem Wasser gemischt und den Bananenjoghurt. Esse nicht viel morgens.« Robin stützte sich mit dem Arm am Tisch ab und lehnte seine Wange auf seine Hand. »Und du, Felix? Du nimmst bestimmt den Avocadotoast und den Beerensmoothie, richtig?«

»J-Ja, woher weißt du das?«

»Du hast geschrieben, deine Oma hat dich gezwungen, Beeren zu essen, weil sie der Meinung war, die halten Krankheiten fern – und Avocado, komm, du kochst jeden zweiten

Tag diese Nudeln mit Avocadosoße und den gebratenen Nüssen. Muss bei deinen Storys das Handy so nahe …«, Robin hielt sich lachend sein Handy vors Gesicht, »… vor meine Augen halten, um zu erkennen, ob du nicht jedes Mal dasselbe Bild postest.«

Yoshiko lachte auf und klatschte in die Hände. »Ich auch. Ich auch. Derselbe Teller, der vor diesen bunt gemusterten Kacheln steht.«

»Also, ihr, das ist gemein. Ich lege Einspruch ein. Die Chilisoße darüber verteile ich anders. Außerdem ist es manchmal grüne Spargelsoße und keine Guacamole.«

»Mmmmmm.« Robin wackelte skeptisch mit seiner flachen Hand in der Horizontalen. »Weiß nicht, ob ich das glaube.«

»Ich hasse euch.« Felix schnaubte belustigt. »Finde ich bisschen nett, dass dir das auffällt.«

»Na, klar. Wofür chatten und schicken wir uns denn sonst so oft Sprachnachrichten? Und natürlich die Bilder, die wir uns hin- und herschicken.« Robin kratzte seine Nase und schielte zu mir. »Stundenlang.« Danach legte er für ein, zwei Sekunden seine Hand auf Felix' und strich über seinen Handrücken.

Ja, das war schön, dass Felix jemand Nettes kennenlernte. Schön war das. Das freute mich für ihn. Sehr freute mich das. Das war schön. Hatte ich erwähnt, wie schön ich das fand?

»Studierst du am UCC?« Schließlich hatte ich Robin noch nie da gesehen. Na ja, ich wusste auch nichts von einem geheimen Club der Reichen. Hieß also nichts.

»Nein, ich arbeite im *Royal Hotel Cork.*« Wie Robin das sagte und mich dabei anfunkelte, meinte ich, etwas Falsches gesagt zu haben.

»Wow, liebe die Inneneinrichtung des Hotels. Sehe das manchmal auf TikTok-Videos. Hast du Promis getroffen?« Ich schien das Ruder herumgerissen zu haben, da sich Robins Miene erweichte, nein, sich sogar erhellte.

»Ja, tatsächlich. Letztes Jahr ist Damiano David da gewesen.«

Felix und Yoshiko schmachteten gleichzeitig auf, und Robin grinste verlegen. »So reagiert fast jeder, wenn ich das erzähle.«

»Willkommen bei *Vegalicious,* habt ihr irgendwelche Allergien oder Ähnliches?« Eine Kellnerin mit einem Namensschild in der Form eines Blatts, auf dem *Inés* stand, tauchte neben mir auf.

Kollektives Kopfschütteln folgte auf ihre Frage.

»Sehr gut.« Sie tippte auf ihrem Tablet herum. »Habt ihr gewählt?«

Während alle aufsagten, was sie wollten, hatte ich mir die Karte noch gar nicht richtig angesehen. Zum Glück hielten sie die übersichtlich. »Ich bekomme den schwarzen Kaffee und den bunten Frühstücksteller.«

»Perfekt. Danke.« Inés ging zum Glastresen und reichte die Bestellung weiter, wobei sie den Hängetöpfen mit den gelben Blumen ausweichen musste, die zum gelb-grünen Logo passten. Sie war komplett in Weiß gekleidet, und ich fragte mich, ob ihre Arbeitsuniform den ganzen Tag fleckenfrei blieb. Róisín würde es auch gefallen. Ehrlicherweise vermisste ich sie. Seit sie bei ihrer Familie auf dem Land lernte, schrieben wir mehr, dennoch fragte ich mich, wie das in England werden würde. Bei mir ließ der Stress langsam nach, da ich mir damals ein Extrasemester genommen hatte, um jede Prüfung perfekt abzulegen. Außerdem waren die Plätze am Institut in England da belegt gewesen.

»Ich geh zur Toilette.« Robins Stuhl kratzte über den Boden, und beim Aufstehen stieß er mit dem Kopf gegen eine Hängeblume. Ein wenig Erde rieselte vom Topf auf seine Mütze.

Felix verfolgte Robin mit den Augen, und als er die Toilette betrat, schnellte sein Blick zu Yoshiko. »Wusstest du von Scar?«

Yoshiko beäugte Felix, dann mich. »Was meinst du?«

»Wir haben nicht viel Zeit, bis Robin wieder da ist. Scar. Anstecknadeln. Saal.«

Yoshiko sog scharf die Luft ein und untersuchte den Laden

noch mal genauer. »Felix. Ich habe keine Ahnung.« Sie rutschte auf ihrem Stuhl hin und her.

»Hast du mich für sie ausgehorcht, ob ich infrage komme?« Es wunderte mich, wie beharrlich und direkt Felix war, das sah ihm nicht ähnlich.

»Ich …«

»Nein, Yoshiko, ich will die Wahrheit. Weißt du, wie oft ich in Österreich von Leuten belogen worden bin? Das brauche ich nicht mehr.« Felix' Worte schnitten meinen Magen entzwei. Ich hatte nie darüber nachgedacht, was ich mit meiner Familie und meinen Leuten für ein Glück hatte.

Yoshiko atmete ertappt auf und massierte ihr Gesicht. »Wie kommst du darauf?«

»Ich bin dort gewesen. Im Saal. Beim Ritual.«

»Was?« Yoshiko näherte sich Felix bis zur Nasenspitze. »Deshalb hat Scar mich wegen dir ausgefragt. Ich habe ihr gesagt … Na ja, dass ich glaube, dass du weder Geld hast noch hochbegabt bist.«

»Wie bitte?«, entfuhr es mir.

Yoshiko schüttelte den Kopf. »Es tut mir leid, ich habe nicht gewusst, dass Scar das deshalb wissen will. Ich weiß von … dem Ritual und allem, aber ich hätte nicht gedacht, dass Scar mich benutzt. Bitte, glaub mir. Ich habe gedacht, sie will dich auch besser kennenlernen.«

»Keine Ahnung, ob ich das glauben kann.« Felix schnaubte verbittert auf und verzog sein Gesicht zu einer enttäuschten Grimasse. Er sah nach draußen, und sein Blick schweifte ab, als schien er für sich selbst geheime Schlussfolgerungen zu ziehen. »Bist du ein Mitglied?«

Ein Zucken ging durch Yoshikos Körper. Sie strich sich durch die Haare und guckte dabei zur Seite, kratzte sich am Nacken, um zur anderen Richtung zu linsen, wohl im Wissen, dass sie über diese Dinge nicht sprechen sollte.

»Mädchen, mach dein Maul auf.« Das musste raus, ich hielt

dieses Versteckspiel nicht mehr aus. Felix verdiente die Wahrheit.

»Nein. Ich habe zufällig über Scar davon erfahren. Wir kennen uns schon lange. Genau deshalb hätte ich nie gedacht, dass sie mich aushorcht. Sie kann, also sie ist sonst echt nett.«

»Scar?« In Felix' Gesicht spiegelte sich seine Ungläubigkeit wider. »Als ich sie im Saal entdeckt habe, hat sie nicht wie ein Engel gewirkt.«

»Ich weiß, Scar kann problematisch sein, aber sie hat ein weiches Herz und ist eher so, wie du sie im Community-Garten kennengelernt hast. Sie leidet darunter, dass sie kaum ernst genommen wird, und ihre Familie sieht in Scars Kontakten zu den Kindern anderer Reicher die einzige Chance, ihr schwindendes Vermögen zu retten. Sie bekommt da viel Druck.« Yoshiko erschrak ein wenig, als Inés ihr die Bestellung brachte, wofür diese sich entschuldigte, ehe sie das Essen abstellte.

Der Glasstrohhalm in Yoshikos Mund wurde rosa dank ihres Erdbeersmoothies. »Sie wird sich gedacht haben, was du da verloren hast, wenn doch ihr eigener Platz gefährdet ist, obwohl ich ihr gesagt habe, du hast kein Geld.« Sie wollte sich weiter um Kopf und Kragen reden.

»Du hast mich also nicht wissentlich ausspioniert?« Felix breitete die Arme aus. »Oder ist das alles gefaked? Dieses Treffen hier? Unsere Gespräche?«

Yoshikos dünne, herzförmige Lippen verzogen sich zu einem gekräuselten Kreis. »Natürlich nicht.«

»Natürlich.« Die Skepsis triefte aus meiner nachgeäfften Bemerkung.

Das bescherte mir einen bösen Seitenblick, den ich gern einsteckte.

»Ich – Sch. Robin.« Felix fokussierte Robin, der sich die nassen Hände an seinem Pulli abwischte und sich setzte.

»Ich bin nicht …«, Robin sah uns alle eindringlich an, »… Kacken gewesen.«

Gut, dass wir das alle nun wussten.

»Das freut mich für dich?« Was sollte ich sonst entgegnen?

»Robin, Schatz, es hat keiner daran gedacht, wie lange du auf der Toilette gewesen bist«, sagte Yoshiko und sah grinsend zu Felix, der keine Miene verzog.

»Irgendetwas ist während meiner Abwesenheit passiert, oder?« Robin beäugte uns skeptisch und rutschte näher an den Tisch.

Essensduft breitete sich um uns aus wie eine Wolke, die zusammen mit dem bunten Tisch für einen herrlichen Morgen hätte sorgen können, wäre da nicht diese *Druids*-Sache.

»Nichts ist passiert.« Ich strich Margarine auf das Toastbrot, und das Messer kratzte über die gebräunte Oberfläche. »Und bei dir auf der Toilette?«

»Nichts.« Robin knabberte an seiner Unterlippe und warf einen beschämten Blick zu Felix. Ich folgte diesem und erkannte, dass Felix wieder weit abgedriftet war. »Alles gut, Felix?«

Ich trat ihn unterm Tisch.

»Hm?« Felix blinzelte sich zurück zu uns. »Oh, ja. Ja. Alles gut. Bis auf die Tatsache, dass Yoshiko unsere ganze Freundschaft geschauspielert hat.«

Mein Mund klappte auf.

Robins Mund klappte auf.

Yoshikos Mund klappte auf. »Felix, ich, ich habe gesagt, dass das nicht stimmt.«

»Es tut mir leid, dass das aus mir rausgeplatzt ist. Die Nacht war kurz.« Felix fuhr sich durch die Haare und trank aus einem kleinen Wasserglas, das Inés vor ihn gestellt hatte. »Ehrlich gesagt glaube ich auch nicht, dass du mich anlügst. Keine Ahnung. Reden wir später noch mal darüber, ja?«

»Ich habe geahnt, dass etwas im Busch ist. Yoshiko?« Robin wandte sich an Yoshi, die ihm jedoch keine Beachtung schenkte.

»Misch dich nicht überall ein«, blaffte ich Robin an, der mir daraufhin ein herausforderndes Lächeln schenkte, sich zurücklehnte und die Arme verschränkte.

»Ach, wieso nicht?«

»Owen, bitte. Er kann nichts dafür.« Felix hielt zu ihm, obwohl ich helfen wollte, dass die ganze Sache nicht aufflog?

Nein, das brauchte ich nicht. »Ich werde gehen.« Ich kippte mir den zu heißen Kaffee rein, bei dem ich mir selbstverständlich nicht anmerken ließ, dass er mich gefühlt von innen verbrannte, legte Geld auf den Tisch und stand auf. »Meine Schicht beginnt sowieso bald.«

Keine Ahnung, wie ich diesen beschissenen Tag in der Versicherung überlebt hatte. Nach ein paar zusätzlichen Telefonaten schaffte ich es, rechtzeitig zu meinem Date in die Seitengasse des *Stargaze Lane Inn* einzubiegen. Sobald ich die enge Straße in der Nähe des englischen Markts betreten hatte, schüttelte ich den Alltag von mir. Von nun an zählte nur noch die Nacht.

Ich liebte diesen kleinen Pub mitten in Cork. Gerade einmal zwei bis drei Menschen passten nebeneinander in die Seitengasse. Die Guinness-Stoffmarkise überdachte den Bereich vorm Pub und schlug Wellen im Wind. Die bunte Glühbirnenkette, von Hauswand zu Hauswand gespannt, malte Schatten auf den Steinboden. Kletterpflanzen zogen sich zwischen den Rohren an der Wand entlang wie lebendige Schlangen. Ich bestaunte die Malerei an der Hauswand, und wie jedes Mal fielen mir neue Details auf. Leute tratschten über die verschiedensten Menschen im Bild. Darüber, welch tieferen Sinn sie hinter den dort abgebildeten Musikinstrumenten vermuteten oder was die übergroße Hand und der gigantische Fuß seitlich der Corkszenerie bedeuten sollten, und selbst über die Autos auf der Corker Brücke im Hintergrund wurde sinniert. Ich begrüßte die, die ich kannte, quetschte mich danach an ihnen vorbei und betrat den Pub.

Die Atmosphäre nahm mich sofort ein. Okay, es war ein wenig schäbig im Inneren, aber der Kerzenschein zauberte daraus eine düstere Kuscheligkeit. Ich strich über die gemusterte Tapete, bis ich zum Barbereich kam. Leute ließen sich an der dunklen Bar von Jamie die irische Geschichte erklären, und er pries mit stolzgeschwellter Brust seine Craftbeer-Verkostung an.

Kopfschüttelnd lächelte ich ihn an, und er warf mir ein belustigtes Nicken zu. Der weiß-schwarze Fliesenboden wechselte sich mit Holzboden ab, und ich hatte Glück, denn mein Lieblingsplatz war frei. Ganz hinten in der Ecke war ein kleines Fleckchen Ruhe. Niemand saß an der Wand mit der dort angebrachten Sitzcouch, die sich durch das Pub zog. Ich setzte mich an den winzigen Holztisch, auf den uralte Flaschen mit Kerzen darin als Deko gestellt worden waren. Das Wachs hatte sich lavagleich über den Flaschenhals ergossen. Ich tippte mit dem Finger darauf herum und drückte das Wachs ein. Der Schein der Kerzenflammen um mich lullte mich ein.

»Hey, Owen, nicht wahr? Ich bin hinter dir reingekommen.« Der Typ mit den kurzen türkisen Haaren blieb stehen und hielt inne. »Das klang falsch. Ich bin dir gefolgt.« Er kratzte sich am Hinterkopf, und ich erkannte seine schwarzen Fingernägel. »Das auch.«

Ich schnaubte belustigt. »Schon gut. Du bist Idan, oder?«

Er nickte und zeigte mir ein breites Grinsen, wodurch ich einen kleinen Kristall auf einem der Schneidezähne erblickte. »Gut vorbereitet.« Idan setzte sich neben mich und legte die Füße auf den Holzhocker vor uns. »Cara kommt nicht, sie ist nicht fit.«

»Ach echt? Die Arme.« Von wegen. Das machte die doch mit Absicht. Na ja, war mir ganz recht, ich war sowieso lieber alleine, und Felix hatte sich ohnehin abgemeldet, weil er jemanden treffen wollte.

»Aber find ich übel nett, dass du dich da auf ihr Experiment einlässt.« Cara schrieb den Leuten, was wir mit ihnen vorhatten, was ich fair fand. Ich hätte mich wohl nicht darauf eingelassen, wenn ich nur das Experiment von jemandem wäre. Idan schien das mit seiner extrovertierten Art nicht zu kümmern. Er genoss es offensichtlich, Bekanntschaften zu machen. Was hatte Cara noch über Idan gesagt? Wir würden uns niemals als Liebespaar verstehen, weil Idan mir aufzeigen würde, woran es mir fehlte, und damit könnte ich nicht umgehen. Er sollte wohl auch mir ein Leben vor Augen führen, das mir bildhaft zeigte, wie wenig ich von dem wahren Owen an die Oberfläche holte. Deshalb wäre ich sogar toxisch für Idan. Hm.

»Du lässt dich ja auch drauf ein.« Etwas unsicher spielte ich an dem Wachs herum.

»Stimmt.« Idan schnappte sich die Getränkekarte. »Haben die Sekt?«

»Bestimmt. Und du, na ja.« Ich linste auf mein Handy, das ich ein wenig aus meiner Hosentasche zog, um zu sehen, ob Felix geschrieben hatte. Oder sonst jemand. »Glaubst an das Astrologie-Ding?«

»Schon. Denke ich. Ich meine, es hilft mir. Ich konzentriere mich auf mein Leben, reflektiere alles, denke über meine Vergangenheit nach, und es gibt mir Halt. Reicht das nicht? An irgendetwas muss ich glauben, sonst drehe ich in dieser Welt durch, oder?« Idan kniff die Augen zusammen, um die klebrige, ausgeblichene Karte lesen zu können. »Ich würde auch gerne einen Club aufmachen, so richtig groß mit Tanzen, tollen Cocktails, und alles unter dem Motto Astrologie. Damit ich den Leuten eine schöne Auszeit von dem Chaos überall schenken könnte.«

»Wenn, dann glaube ich an die Medizin, an unseren Körper. Die Wissenschaft. Bei der Astrologie gibt es mir zu viele Ausflüchte, wenn etwas nicht zutrifft.« Ich hielt meinen Finger über die Kerzenflamme und näherte mich ihr. »Das mit dem Club solltest du aber trotzdem machen.«

»Gibt es doch in der Medizin auch. Jemand hat eine Diagnose, aber mit anderen Symptomen als üblich, und dann heißt es doch auch, ja, es gibt Abstufungen, und dies und das trifft nicht auf jeden zu.« Idan warf mir von der Seite aus einen neckischen Blick zu.

»Und trifft dein Sternzeichen auf dich zu?«, hakte ich nach.

»Hallo?« Idan nahm die Füße vom Hocker und drehte sich zu mir, wobei er ein Bein auf die Polsterung der Sitzbank legte und mich gegen die Wand zurückdrängte. Sein Büroklammernohrring wackelte dabei gefährlich hin und her, als würde die zweite Büroklammer gleich rausfallen. »Geht es mehr Löwe als bei mir?« Er beugte sich noch weiter zu mir vor. »Findest du nicht sogar, dass dieses Muttermal hier«, Idan tippte auf den braunen Fleck neben seiner Nase, »wie ein Löwe aussieht?«

Ich inspizierte ihn, mein Medizinergehirn dachte jedoch lediglich daran, dass er einen Muttermalcheck durchführen lassen sollte. »Kann sein?«

Idan lehnte sich mit leicht runtergezogenen Mundwinkeln zurück. »Spielverderber.« Er zog seine Weste aus, und sein Croptop offenbarte mir einen Blick auf seine Bauchmuskeln und den behaarten Pfad abwärts.

»Logisch gesehen ist es trotzdem besser, auf alles vorbereitet zu sein, dann trifft einen die Realität weniger hart.« Meine Aussage wurde mit einem Furzgeräusch kommentiert, das Idan mit der flachen Hand an seinem Mund nachmachte.

»Hä, was für Logik, Junge? Bist du weniger enttäuscht über eine schlechte Note, wenn du sie dir vorher einredest? Oder wenn jemand mit dir Schluss macht? Du redest dir selbst ein, dass du es geahnt hast, beschissen ist es aber trotzdem. Da kann ich genauso gut vorher träumen und vor allem eines: leben. Wenn ich nichts mache aus der Panik heraus, ich könnte enttäuscht werden, dann kann ich gleich aus einem Flugzeug springen und meinen Fallschirm *vergessen.*« Idan setzte mit seinen Fingern Gänsefüßchen um das Wort *vergessen.*

Die Worte, die Idan gewählt hatte, trafen mich. »Was weißt du schon«, wehrte ich sie mit dem einzigen Schutzschild ab, den ich besaß: Verdrängung.

»Nicht so viel wie du vermutlich.« Die Art, wie Idan sich im Lokal umsah, zeigte mir, dass er meine Worte ohnehin nicht ernst nahm – leicht gelangweilt, mit einem Hauch von: *Den können wir nicht mehr umstimmen.* »Aber vermutlich lerne ich deutlich mehr Menschen kennen als du und habe vor allem mehr positive Erfahrungen mit ihnen. Jede megaschöne Begegnung gleicht mindestens fünf schlechte aus. Für mich zumindest. Gibt es in dem Laden eine Bedienung?« Idan stand auf und schnappte sich das Bier von einer jungen Frau am Nachbartisch. »Darf ich, Bestie?«

Zuerst beäugte sie ihn kritisch, nickte aber dann doch. »Ja, nimm, ich kann sowieso nicht mehr.«

»Habe ich mir gedacht. Du nuckelst die ganze Zeit daran herum, dabei sehe ich im Kerzenschein, dass die Flüssigkeit deine Lippen gar nicht berührt.« Idans Zwinkern brachte die Frau mit der Lockenmähne zum Lachen, und sie zog ihre Hüftjeans höher.

»Mein Date. Er ist Bierfan.« Sie rollte mit den Augen und hielt nach ihm Ausschau. Wahrscheinlich war er aufs Klo verschwunden. »Nur deswegen hab ich auch welches bestellt.«

Idan zog eine angewiderte Schnute. »Hier, fürs Bier.« Er packte Geld aus seiner Hosentasche.

»Nee, der zahlt.«

Idan hob seine Hand, und sie schlug ein. »So muss das sein. Ähm, meld dich, wenn du niemanden zum Feiern hast.« Er hielt sein Handy hoch und fotografierte einen QR-Code ab, der dann sofort ihren Kontakt inklusive Nummer und Name in seinem Handy speicherte.

Noch bevor der Typ zurück an den Tisch kam, exte Idan das Bier und stellte sich in Sichtweite seiner neuen Freundin an die Bar.

Deutlich hörte ich den Typen. »Wow, schon ausgetrunken? Liebe Frauen, die Bier mögen.«

Idan schenkte ihr von der Bar aus ein Lachen. *Beeindru-*

ckend. Er hatte etwas riskiert. Nun musste ich mitgrinsen. Kaum zu glauben, wie Cara das auf den Punkt getroffen hatte. Mein Blick huschte erneut zu Idan, und mein Grinsen verging mir. Hinter Idan erkannte ich Felix. Zusammen mit Robin.

Ich holte mein Handy raus, um mich abzulenken. Das Display leuchtete auf, und ich dimmte die Helligkeit, da erkannte ich eine Benachrichtigung. Eine Mail. Vom MICD in England.

Das Pub mit seinem Lautstärkepegel machte es mir schwer, mich zu konzentrieren, also überflog ich die E-Mail kurz.

Was?!

Diese neuen Infos reichten, um mir den Magen umzudrehen. Ich brauchte Ablenkung. Dringend.

Sofort begab ich mich zu Idan hinüber. »Du hast recht, lass uns weniger nachdenken. Lust, richtig zu feiern?«

»Ich wollte dich mit einem Fake-Anruf von meiner Schwester abblitzen lassen, aber das klingt mehr nach mir. Bin dabei.«

Wir drängten uns an Felix vorbei, der mich nicht registrierte, durch die größer werdende Flut an Gästen hinaus in die frische irische Luft.

Kapitel 25

Felix

Was bedeutet es, wenn darüber geredet wird, dass ein Planet jetzt rückläufig ist? Je nachdem, wo sich dieser in unserem Geburtshoroskop befindet, beeinflusst er jede Person anders. Rückläufig bedeutet, es SCHEINT, als bewege sich ein Planet in eine andere Richtung. Deshalb gilt oft ein rückläufiger Merkur als gefährlich, da er die Kommunikation beeinflusst und das für viel Trubel in der Gesellschaft sorgen kann.

Noch nie in meinem Leben hatte ich das getan. Mit meinem Finger fuhr ich über die eingeritzten Sprüche im Holz der Bar. Einer lautete: *Does anybody love me?* Darunter waren unzählige Striche eingeritzt von Leuten, die hier gesessen hatten, um Liebe zu schenken. Selbige Frage stellte ich mir oft. Mich selbst, Mister Unselbstbewusst, in dieser Lage zu finden, erschütterte meine Seele.

»Was willst du damit sagen, Felix?« Robin schob sein Whiskeycolaglas zu mir und stieß gegen meinen Mojito, der nach Minz- und Zitronensirup schmeckte. Bye, bye, natürliche Frische, die das Markenzeichen eines Mojitos sein sollte.

»Egal, wie perfekt unsere Geburtshoroskope zusammenpassen, und egal, wie sehr ich dich mag.« Ich sah zu Robin. »Oder wie gut du aussiehst, e-es fehlt dieser Funke für mehr.«

Keine Ahnung, wie oft ich diese Sätze mit Cara in meinem Bett trainiert hatte. Natürlich erst, nachdem sie sich versichert hatte, dass ich mich nicht selbst sabotierte. Leider kam es bei mir oft vor, dass ich etwas nicht mehr wollte, sobald es greifbar war. Bevor jedoch irgendetwas zwischen uns passierte, wollte ich ehrlich sein. Zuerst hatte ich mir überlegt, mir Mut anzutrinken, aber Robin verdiente meine volle Aufmerksamkeit, und ich musste endlich erwachsen werden. »Es …«

»Bitte sag nicht, es tut dir leid, das ist …«, Robin griff sich an sein Herz, »… der Todesschuss des Mitleids.«

Ich hob meine Hände. »Sorry, das wollte ich nicht.«

»Kein Ding, Felix. Es ist okay, und ich sehe es auch. Ich fand die Zeit mit dir extrem spannend, habe aber auch bemerkt, dass da etwas fehlt. Ist okay.« Robin drückte meine Hände runter und nahm sein Glas wieder. »Auf uns, trotzdem?«

»Auf uns. Trotzdem.« Ich stieß an und trank den ekligen Mojito aus. Nächstes Mal würde ich auf Robin hören und keinen Cocktail in einem Irish Pub bestellen.

Robin tat es mir mit seinem Drink nach und sog die Luft ein. »Scharf.« Sein Whiskeyatem drang in meine Nase, und ich musste auflachen.

Es fühlte sich gut an, Verantwortung übernommen zu haben. Meine Angst überwunden zu haben. »Schade, dass wir uns nicht mehr sehen werden.«

»Also von mir aus können wir ruhig in Kontakt bleiben. Ich meine, wir sehen es beide ähnlich, wir hatten nichts miteinander. Nichts, das es zu bereuen gäbe oder die Sache komisch macht. Also für zukünftige Partner.« Da sprach Robin die Wahrheit.

»Ja.« Die Vorstellung erheiterte mich, und ich merkte abermals, dass all meine Horrorvorstellungen wieder umsonst gewesen waren. »Ja, wäre großartig.«

Robins Hände trommelten gegen die Bar. »Finde ich auch. Also keine Sorge wegen mir, okay?«

Ich nickte.

»Ich habe es gar nicht exklusiv gesehen. Also unser Dating. Habe auch andere getroffen.« Dieser Satz ließ die Stimmung in mir kippen.

»Verstehe.« Ich fühlte mich hinters Licht geführt. War es unfair von mir, so zu empfinden? Ja. Schließlich hatte Robin recht. Wir hatten nie Exklusivität ausgemacht. Diese schnelllebige Datingwelt täuschte vor, es gäbe ständig jemand Besseren oder wir verpassten etwas. Außerdem war da noch diese Sache im Saal mit Hudson und Oliver. Allein deshalb durfte ich nicht meckern, auch wenn ich das für mich eher als *Ich spielte eine Rolle, um nicht in einer komischen Sekte aus Reichen für eine Geldgöttin geopfert zu werden* interpretiert hatte. Trotzdem breitete sich dieses blöde Gefühl in mir aus, wieder nicht genug gewesen zu sein.

»Hast du gedacht, na ja, wir daten exklusiv?« Robins Miene, eine Mischung aus Belustigung und Sorge, traf mich völlig unvorbereitet.

»Ich? Was?« Ich zeigte auf mich. Gut, dass ich immer eine Ausrede parat hatte. »Bitte dich. Das Leben ist kurz. Das habe ich nun wirklich nicht gedacht.«

»Wie du meinst.« Was sollte das? Robin sah verschmitzt auf seinen leeren Drink hinab.

»Was soll dieses blöde *Wie du meinst*?«

»Wie ich's sage, wie du meinst, was willst du? Soll ich heulen, weil der Protagonist in seinem eigenen Film *Felix* mich nicht will?« Robin redete laut. Andere sahen zu uns, und ihre Blicke trafen mich wie in Brand gesetzte Pfeile.

Um nichts Folgenschweres zu sagen, das mir leidtat, leckte ich mit der Zunge über meine Lippen, sog diese dann ein und presste sie aufeinander. Sosehr ich mich zusammenriss, niemanden zu verletzen, sosehr konnte ich beleidigend sein, sobald es mir zu viel war. Und ich hasste diese Seite an mir. Ich schluckte all meinen Ärger runter. »Stimmt, Robin. Tut mir leid.« Mir doch egal, was er dachte. Ich hatte keine Lust auf eine

Diskussion. »Ich werde …«, der Hocker gab am Boden Schleifgeräusche von sich, als ich aufstand und mir noch kleiner vorkam, »jetzt auch gehen.«

Kurz vor dem Ausgang rief mir Robin hinterher, und ich drehte mich um. Wieder sahen einige zu mir, und ich wäre am liebsten in einem Treibsandloch untergegangen. Ich hatte so was von keinen Bock mehr, diesen Tag weiterzuleben, und wollte in meine Betthöhle. Ich sagte nichts, starrte Robin nur an.

»Deine Mojitos.« Meinte Robin das ernst? Nicht dass ich nicht selbst zahlen wollte. Ich erinnerte mich an den ewig langen Whatsapp-Verlauf, in dem er gebettelt hatte, mich einladen zu dürfen, und nachdem ich fünfhundertdreiundfünfzig Mal Nein gesagt hatte, hatte ich zugestimmt. Jetzt das?

»Oh.« Mit dem Blick zum weiß-schwarzen Kachelboden im Schachbrettmuster huschte ich zu Robin, legte Geld vor ihn und eilte endlich nach draußen.

Die kalte Luft, auf die ich mich gefreut hatte, blieb zunächst aus. Ein Heizstrahler mit orangefarbenem Licht ließ mich wie in einem zu engen Minibackofen stehen.

Die Menschen, die heiße Luft, das Gelächter, das hollywoodfilmmäßig lauter und lauter in meinem Kopf wurde, die Gesprächsfetzen, die mich verfolgten, ja, all das verengte meinen Brustkorb. Ich schluckte, stolperte durch die Leute nach vorn zur bunten Straßenmalerei und stützte mich an der Wand ab. Ich konnte nicht ausatmen, und mein Herzschlag beunruhigte mich. Dieses ungleichmäßige Rattern, das sich bis in meinen Kopf zog, und meine verdammt beschissenen glühenden Wangen. Ich konnte nicht mehr. Diese Überwindung, mit Robin zu reden, diese Blamage, die Blicke der Leute, das Grinsen in seinem Gesicht, die Menschen. Ich war zu überfordert, um einen klaren Gedanken zu fassen, und doch gab es da ein Licht in dem Strudel aus grauen Bleistiftstrichen, die einen unsauberen Wirbelsturm in meinen Gedanken zeichneten. Owen.

Warum dachte ich ausgerechnet an ihn?

Jemand griff an meine Schulter, und zunächst verstand ich nichts, bis sich die dicke Zuckerwattemauer lichtete und ich ein »Geht es dir gut?« wahrnahm.

Nein.

»Ja.«

Ich machte kehrt, torkelte in die andere Richtung, hinein in eine Seitengasse. Von dort aus in die nächste enge, dunkle Straße. Endlich gelang es mir, die irische nächtliche Kühle aufzusaugen. Das feuchte Wetter auf meiner brennenden Haut zu spüren, brachte mich runter.

Ich fischte mein Handy hervor.

> Hi, Oma, habe ich dir nicht letztens irgendwas von *Ich werde jetzt erwachsener und scheiße auf die Meinung von anderen* geschrieben? Tja, das war Bullshit. Ich werde die nächsten Tage darüber grübeln, was sich die Leute im Pub gedacht haben, als Robin mir irgendwelche Sachen zugerufen hat, die den Leuten sowieso egal sind. Warum bin ich so?

Ich beschwor meine innere Cara. Was sollte ich machen?

»Ruf mich an, Depp«, sagte Caras Stimme in mir.

In der Nähe hörte ich Stimmen, Gekicher und lautes Atmen. Vergnügte sich hier jemand in der Nähe? *Egal.* Ich ging weiter und verlor mich im Seitengassenlabyrinth Corks. Sollte ich sie anrufen? Aufwecken? Wegen mir?

Immer wieder stieß ich mit meinen Schultern einmal rechts, einmal links gegen Steinmauern, Graffitiwände, Klimaanlagen oder Mülltonnen. Lautlos brüllte ich mich innerlich dafür an, dass meine Nerven mit mir durchgingen und ich wie betrunken herumtorkelte.

Nach der nächsten Ecke wischte ich Caras Namen zur Seite, sodass er grün aufleuchtete, ich gerade noch die Lautsprechertaste erwischte, ehe sie vor mir verschwamm und es piepte. Die Keuchgeräusche, die ich vorhin gehört hatte, verwandelten sich vor mir in zwei Menschen, die kicherten. Mein Kopf spielte mir einen Streich, und ich glaubte, Owen zu erkennen. Ein erneuter Piepton kam aus dem Handy.

Beide sahen erschrocken zu mir.

»Sorry, ich wollte nicht stören. Hab mich verlaufen. Weitermachen. Bin schon weg.« Im Schein des Mondes erkannte ich Owen. Ich schüttelte den Kopf. Kein Streich meiner Gedanken. Er war es. Die Zeit blieb stehen.

»Felix?« War ich tot? Drang Caras Stimme zu mir rüber ins Jenseits?

Nein, es war mein Handy. »Felix, alles gut?« Ihre Stimme war schlaftrunken belegt.

»Felix?« Owen machte einen Schritt auf mich zu, während der Typ mit den türkisfarbenen Haaren mich neugierig musterte.

Keine Nähe also, ja? Ich prägte mir sein Gesicht ein und verleugnete nicht, dass mein Herz sich zusammendrückte. Wie konnte das sein? Cara hatte gemeint, Owen und der Typ würden null Komma null zusammenpassen. Nun bereute ich es, dass ich Cara nicht gefragt hatte, wo Owen sein Date traf, nachdem ich wegen Robin abgesagt hatte.

»Felix?«, sagten Cara und Owen im Chor.

»Owen?« Caras Stimme hallte in der Seitengasse wider, und ich legte auf.

»Sorry.« Ich lief los.

Meine Beine trugen mich über Steinböden. Die Umgebung verschwamm. Oder war es wegen der Tränen, die meine Sicht trübten und meine Wange wie Lava hinunterliefen? Oder beides? Warum weinte ich überhaupt? Dazu hatte ich kein Recht. Owen und ich, das war ein Ding der Unmöglichkeit.

Das Herz raste, der Verstand rumorte, und meine Lunge zwickte. Doch ich hatte es zur Hauptstraße geschafft und lehnte mich gegen die Tür eines geschlossenen Strickladens, der neben mir Wolle im Regenbogenmuster im Schaufenster gestapelt hatte. Ich presste mich fest gegen die Tür.

»Felix?« Owen eilte an mir vorbei.

Ich kniff die Augen zusammen wie ein Kleinkind, das dachte, er könnte mich so nicht sehen. »Du stehst vor mir, richtig?«

»Ja.«

Ich öffnete die Augen. »Woher wusstest du, wo ich hinlaufe?«

»Es gibt nur diesen Weg raus, und Cork ist mein Revier, ich kenne alles.« Owen reichte mir seine Hand. »Setzen wir uns?«

Sollte ich die Hand berühren? Ich tat es.

Owens Miene erweichte sich, und wir steuerten nicht die erstbeste Parkbank an, sondern eine der zartgrünen vor dem River Lee.

Das mondlichtgetränkte Blätterdach über uns raschelte im irischen Wind, und die Kühle schlich sich mit einem angenehmen Gefühl unter meine Kleidungsstücke. Die größte Lichterkette der Welt tat sich über uns auf. Der Nachthimmel. Die Sterne erstrahlten, begleitet von der Melodie des rauschenden Flusses. »Tut mir leid, dass ich deinen Typen verschreckt habe.«

»Ach, macht nichts. Wir waren ohnehin zu verschieden und haben auch nichts miteinander gehabt. Wir haben nur eine Abkürzung zum nächsten Club genommen.«

»Also doch?«

»Also doch?«, wiederholte Owen.

»Na, dass ihr euch nicht verstanden habt. Dann passt Caras und meine Einschätzung.« Das beruhigte mich.

»Ernsthaft, Felix. Ganz ohne Spaß.« Owen setzte sich schief hin, legte seinen Fuß auf den Oberschenkel und sah mich an. »Warum ist dir das wichtig? Ist es nicht scheißegal, ob mein Geburtshoroskop mit seinem zusammenpasst oder nicht? Und ob wir uns dementsprechend verstehen?«

»Nein, ist es nicht.« Ich stand auf und lehnte mich über die Absperrung zum Fluss.

»Das ist doch alles …« Owen schob sich neben mir in mein Blickfeld.

»Was, Owen? Was ist es?«, fuhr ich ihn an.

»Übertrieben?« Er konnte das Wort ruhig hoch aussprechen, es blieb unpassend.

Neue Tränen kündigten sich an. »Für dich vielleicht. Ich muss daran glauben. Es muss stimmen.«

»Aber warum?« Owen fasste an meinen Unterarm und zwang mich, ihn anzusehen.

»So eben.« Ich riss mich los und wollte abhauen, als Owen vor mich schnellte.

»Ich lass dich nicht wieder vor deinen Problemen weglaufen, Felix. Sag mir, warum du darauf beharrst?«

In Owens Gesicht lag kein Spott, kein Hohn, kein Grinsen. Eher etwas … Furcht?

»Was interessiert dich das? Du willst doch keine Menschen in deinem Leben, oder? Und deine UCC-Regel? Probleme anderer anhören, gehört da auch dazu.« Ich wich aus.

Owen ließ mich nicht vorbei.

»Ich will niemanden bei mir haben.« Owen sagte noch ein Wort, das in einem erstickten Ton unterging. Ein Räuspern später holte er tief Luft. »Bis auf dich. Jetzt.«

Owen presste die Lippen aufeinander, als wollte er nicht noch mehr sagen, und ein kurzes Flackern zuckte durch seine dunklen Augen, als schämte er sich selbst für seine Worte.

»Sag mir, was ist das mit dir und diesem Zwang, dass da alle in dieses Astrologieschema passen müssen?«

»Weil, weil …« Mein Kinn bebte, meine Nase kitzelte, und ich zwang mich, nicht zu blinzeln, was die Tränen nicht zurückhielt, sondern sie nur zu einer dicken Mauer vor meinen Augen aufbaute. »Wenn ich nicht daran glaube, warum sollten meine Eltern mich dann nicht mögen?«

Die Tränen und der kalte Wind stachen in meinen Augen, aber ich wollte nicht blinzeln. Ich wollte nicht weinen.

»Was meinst du damit?« Owen umfasste meine Schultern mit seinen Händen.

»Meine Oma hat mir bei jedem Streit mit ihnen die Geburtshoroskope meiner Eltern und mir vorgelegt und mir anhand ihrer Interpretationen erklärt, warum wir stritten. Als ich ihnen von meiner Sexualität erzählt habe, ist es anfangs schlimmer geworden. Ich habe mich wie ein eingesperrtes Alien bei ihnen gefühlt, das in ihrer Gegenwart auf Eierschalen läuft und draußen die Maske eines anderen Menschen aufsetzt, um sie nicht zu blamieren.« Zack, da kamen sie doch, die Tränen.

Genervt über meine eigene Schwäche wischte ich sie grob von meinen Wangen. »Danach hat meine Oma mir eingebläut, ich sei nicht schuld. Meine Mutter ist nicht mit der offenen Lebensweise meiner Oma klargekommen. Und siehe da, auch ihre Geburtshoroskope passten nicht zusammen. Sie hat mir jedes Mal gesagt, dass die Sterne noch nicht wollen, dass wir uns verstehen. Dass ich damit gezwungen bin, aus diesem ignoranten Kreis auszubrechen und meine Stärke zu entwickeln. Wenn du mir sagst, hm –« Meine Kehle schnürte sich zu. *Nein, nicht heute.* Ich zwang die Worte aus mir heraus. »Wenn du mir sagst, dass ich aufhören soll, daran zu glauben, soll ich also einsehen, dass meine Eltern mich tatsächlich einfach nicht akzeptieren? Dass ich dieser Pechvogel bin, dessen Eltern ihr Kind nicht bedingungslos lieben können? Aus keinem ersichtlichen Grund? Oder soll ich einfach hinnehmen, dass es ihnen wichtiger ist, was eine Dorfgemeinschaft von ihnen hält, als wie es mir geht?«

Ich sah von Owen weg. Vermutlich dachte er, ich wäre völlig übergeschnappt. »Mein Ex-Freund war ein Zwilling mit tausend Luft- und Feuerzeichen. Auch nichts für mich, und deshalb lief es genauso beschissen. Doch ich war froh, gemocht zu werden. Sonst tat es niemand. Und ich bin nicht gerade jemand, der eine Auswahl hat.«

»Felix.«

»Und du?« Ich sah ihn wieder an. »Wir passen nicht zusammen, hat Cara gesagt. Deswegen hältst du mich von dir fern.«

Owen unterbrach mich damit, dass sich sein Kopf direkt vor meinen schob. Unsere Nasenspitzen berührten sich.

»Du wolltest gerade jemand anderen küssen und … Also, du kannst machen, was du willst. Ist nicht meine Sache. Ich kann das nur nicht.« Meine Nasenspitze verlor den Kontakt zu seiner, dabei wollte ich das nicht, wollte den Kontakt halten.

»Idan und ich haben uns echt nicht geküsst. Auch sonst nichts. Wir haben getanzt, getrunken und sind dann abgehauen, weil ihn jemand als Schw–, na ja, kannst du dir denken, als was beschimpft hat. Draußen habe ich mich über den Typen lustig gemacht und mit Idan weitergetanzt, um ihn auf andere Gedanken zu bringen. Vielleicht hat das nach außen hin anders geklungen oder gewirkt.« Nach seiner Geschichte ließ er den Abstand zwischen unseren Nasenspitzen verschwinden.

»Ich werde dich jetzt küssen, Felix Novak.« Owen schnaubte, als kostete es ihn Überwindung, sich zurückzuhalten.

Perplex nickte ich, und im nächsten Moment lagen seine Lippen auf meinen. Sein Bart kratzte über meine Haut. Mir wurde schwindelig von all der Leidenschaft und Zärtlichkeit, die in diesem Kuss lagen, der laut und deutlich schrie: *Ich will Nähe zu dir. Zu dir. Zu dir. Zu dir.*

Owen umfasste mit seinen rauen Händen mein Gesicht. Sanft, als hätte er Angst, mich zu verletzen. Seine Lippen, die meine Oberlippe umschlossen, verwandelten sich in lebhafte, feste, animalische Gewitterwolken, die mich stürmisch eroberten. Der Kuss wurde intensiver, und ich merkte, wie ich Owen an mich drückte. Wir fielen zurück, landeten im Gras neben dem River Lee, lachten kurz auf und machten weiter.

Owen auf mir. Mit seinem Körper auf meinem. Mit seiner harten Mitte auf meiner. Ich legte meine Arme um ihn, spürte seinen muskulösen Rücken und presste ihn noch stärker an mich, bis es mir den Atem raubte. Nachdem ich eine Sekunde zum Luftholen hatte, spürte ich seine Zunge auf meiner. Mit meinen Händen wanderte ich höher, spürte feine Härchen auf seinem Nacken, bis ich seine festen, welligen Haare ergriff. Ein scheues Stöhnen stolperte über meine Lippen, das mir etwas unangenehm war. Mein gesamter Körper sehnte sich nach diesen Berührungen.

»Felix?« Owen, eingerahmt von Mondlicht, stemmte sich ein wenig hoch, und sein Gesicht über mir wirkte wie ein verbotener Traum.

»Ja?«

»Willst du mit zu mir kommen?« Meine Hand lag seitlich an Owens Hals, und ich spürte seinen Herzschlag unter meinen Fingern. Nach jedem seiner Worte hatte es schneller gepocht.

»Ja.« Meine Zustimmung stolperte erstickt aus mir heraus.

»Geh schon auf.« Owen wiederholte das zum fünften Mal. »Verfickte Tür.« Auch das sagte er zum fünften Mal.

Seine Schlüssel klimperten aneinander und kratzten über das Metallschloss.

»Hey.« Ich legte meine Hand auf Owens Rücken und glitt danach seinen Arm entlang hinab zu seinem Schlüsselbund.

Owen zu berühren, einen Typen zu berühren, fühlte sich aufregend an. Wie gern würde ich ein Portal in die Vergangenheit zu meinem zwölfjährigen Ich öffnen und ihm sagen: *Siehst du das, Felix? Es wird alles besser. Bitte halte durch. Hör nicht auf die Leute, die sagen, du bist krank. In ein paar Jahren stehst du vor der Eingangstür eines heißen Iren, der die Tür nicht rasch genug aufbekommt, weil er scharf auf dich ist.*

Ich steckte sofort den passenden Schlüssel ins Schloss, und die Tür öffnete sich.

»Danke, du Schlüssellochexperte.«

»Owen, warum klingt alles falsch, was wir zueinander sagen?«

Owen realisierte wohl, wie *Lochexperte* rüberkam, lehnte seine Stirn gegen meinen Oberkörper und schnaubte belustigt auf. »Sorry.«

Er nahm meine Hand und zog mich hinein. Drinnen angekommen presste er mich gegen seinen länglichen Wandspiegel, stieß die Tür mit dem Fuß zu und drückte mir seine Lippen erneut auf den Mund. Sein Biergeruch vermischte sich mit meiner Mojitofahne, und von draußen drangen die Lichter Corks in die Wohnung. Blaulicht erhellte die Finsternis. Sirenenklänge durchschnitten die Stille. Alles vermischte sich mit Owens feuerwerksähnlichen Berührungen.

Nach jedem längeren Kuss entledigten wir uns eines weiteren Kleidungsstücks. Die Schuhe polterten auf den Boden. Gürtelschnallen schlugen gegen Regale. Shirts landeten lautlos irgendwo neben uns. Owens heißer Atem an meiner Nase. Seine Augen nahmen jeden Winkel von mir unter die Lupe.

»Felix.« Wie er meinen Namen aussprach, *Shit.* Wie eine elektrische Melodie, die sich steigerte, meinen Bauch massierte wie ein lauter Bass und zu irgendetwas führte, das mich nervös machte, ohne dass ich den Grund kannte. »Niemanden hätte ich lieber in meiner *Nähe.*«

Die Melodie hielt an. Alles stoppte.

»D-danke.« *Danke?* Universum noch mal, schick mir bitte ein Hirn. Eines ohne Anxiety.

Owen grinste, zog dabei einen Mundwinkel frech nach oben, trat einen Schritt zurück und musterte mich. Nicht scheu oder unauffällig, sondern richtig. Er sah mich. Wie ich da stand. In der Dunkelheit, eingehüllt von den schwachen Lichtern Corks. Er bestaunte meinen Körper. Den Körper, der oft geschlagen, getreten, bespuckt, beschimpft und für durchgeknallt erklärt worden war. Deshalb schämte ich mich für ihn. Fühlte mich unwohl unter Owens Blicken, da ich dachte, er müsse gleich erkennen, was alle anderen früher erkannt hatten, was auch ich irgendwann über mich selbst geglaubt hatte: Dass ich mit meiner bloßen Anwesenheit in diesem Universum schon alles falsch machte.

»Fuck, du bist so hot.« Owen entkam ein rauchiges Lachen. »Sorry.« Er atmete lange aus.

Alles in mir zog sich zusammen. Was hätte ich vor Jahren dafür getan, das zu hören? Wieder bei ihm, küsste ich ihn. Dieses Mal drängte ich ihn durch seine Wohnung, vorbei an unzähligen Pflanzen, die von der Decke hingen, sich über die Wände schlängelten oder in den Ecken platziert worden waren. Wir hielten vor einem schwach beleuchteten Bücherregal, in dem Gießkannen statt Bücher drapiert waren. Ich ließ von Owen ab. Aus dem Flur drangen leise Klänge meiner Dark-reading-hour-Playlist, die aus sanften Melodien bestand und sich wohl eingeschaltet haben musste, als mein Handy samt meiner Hose auf den Boden geknallt war.

»Wow.« Das hatte ich noch nie gesehen.

»Das ist für meine Pflanzen. Komisch, oder?«

Erst nachdem ich mich um meine eigene Achse gedreht hatte, registrierte ich die Pflanzen völlig. »Ich liebe es.« Wieder bei Owen angekommen, lag ein stolzes Grinsen auf seinem Gesicht. »Ich meine, es ist komisch, aber ich liebe es.«

Keine drei Sekunden später klebten wir wieder aneinander. Owen lotste mich zu seinem Bett. Rückwärts fielen wir in die Laken. Ich auf Owen.

Seine Hände hinterließen eine prickelnde Spur auf meiner Haut, als er sie den Rücken hinab auf meinen Hintern gleiten ließ. Zuerst auf meine Unterwäsche. Gleich danach stahlen sich seine Finger darunter. Sein Griff wurde fest, seine Nägel bohrten sich in meinen Hintern, und der sanfte Schmerz drängte mich fester an ihn.

Die Zeit um uns hörte auf zu existieren. Ihre Geradlinigkeit verwandelte sich zu einem Strudel, in den wir mehr und mehr hineingezogen wurden. Irgendwann ertappte ich mich wie einen Außenstehenden dabei, Owens Shorts runterzuziehen, um ihn danach zu beobachten, wie er mir meine Unterwäsche auszog.

Seine Haut, seine Haare, alles von Owen O'Hickey fühlte sich so stimmig, so für meinen Körper gemacht an. Keine Ahnung, wie lange es dauerte, bis wir uns unseren unteren Regionen gewidmet hatten, aber verdammt, ich liebte es, Owen zwischen meinen Beinen zu sehen. Genauso scharf war es, seine roten Locken noch weiter runter verschwinden zu sehen. Ich fuhr mit meinen Fingern zwischen seine Haare und krallte mich darin fest, bis wir den Platz wechselten. Owens Haut, seine Bewegungen, seine Geräusche. Ich schickte ein Stoßgebet ans Universum, diese Nacht nicht enden zu lassen.

Er zog mich hoch, sodass ich auf ihm saß, und reichte mir ein Kondom von seinem Nachtschrank.

Ich öffnete die Packung, stieg von ihm, rutschte zwischen seine Beine, legte sie auf meine Oberschenkel und zog es mir über.

»Warte, was machst du da?« Owen stützte sich auf seine Ellbogen auf.

»Was? Du hast mir doch das Kondom gegeben.«

»Ja, ich dachte, du machst es mir drüber, weil du …«

»Weil ich was?« Mein skeptischer Ton verunsicherte Owen sichtlich, der nun vermehrt aus dem Fenster und wieder zu mir zurückblickte.

»Ähm, na ja, du, mh. Ich dachte, na ja, du siehst. Du weißt schon.« Owen redete sich um Kopf und Kragen.

Ich ließ mich zu ihm vorfallen, packte sein Kinn und zwang ihn, mich anzusehen, ehe ich ihn küsste. »Wenn du irgendwelche Schlüsse ziehst, weil ich kleiner und schüchterner bin als du, würde ich spätestens jetzt damit aufhören.« Woher nahm ich diesen Mut für all das?

»Das ist sauheiß.« Owens Bart kratzte über meine Haut, die deswegen schon ein wenig wund war. Er suchte nach meinem Kuss. Leicht biss er auf meine Unterlippe, zog sie weg, bis sie zu mir zurückschnalzte. Dann ließ er sich auf den Rücken fallen. »Dann zeig, was du kannst, Felix Novak.«

Oh, shit. Ich musste mich zusammenreißen. Mein Körper musste sich zusammenreißen. Mein verfluchter Schwanz musste sich zusammenreißen. Owen vor mir zu sehen, brachte mich um den Verstand. In diesem Moment hasste ich es, nicht mehr Erfahrung zu haben, um diesem Mann gelassener entgegenzublicken.

»Was? Angst?« Owens verschmitzter Blick und der diebische Funken, der durch seine Augen huschte, machten es nicht unbedingt besser.

»Nein, es ist nur, ich, ähm.«

»Felix?«

»Weißt du, ich musste meine Sexualität lange unterdrücken, auch vor mir selbst. Ich habe alle Gedanken an das …«, ich deutete auf Owen, »verdrängt und mich, bis ich meinen Ex-Freund übers Internet kennengelernt habe, nicht damit beschäftigt.« Jetzt redete *ich* mich um Kopf und Kragen.

»Du hast Angst, dass du nach dreißig Sekunden kommst?« Ein unterdrücktes Lachen lag auf Owens Lippen.

Meine Wangen brannten, aber ich bejahte seine Vermutung. Owen stemmte sich zu mir hoch und umfasste meinen Hinterkopf mit einer Hand. »Sieh mich an.«

»Mach ich doch.«

»Bitte, Felix, lass mir meine Bad-Boy-Sprüche.«

»Okay, okay.«

»Ist doch egal. Wir haben die ganze Nacht vor uns, und ich hab einige Sachen, die ich ausprobieren möchte, wenn du fertig bist.« Seine Worte erleichterten mich ungemein. Mein Ex-Freund hatte mich deshalb oft verarscht, dass ich mehr und mehr Panik bekommen hatte. Das Ende vom Lied? Meine Hemmungen wuchsen, und das Vergnügen endete noch zügiger.

»Danke.«

Den Morgen danach hätte ich mir anders vorgestellt. Wir lagen nebeneinander. Wach. Starrten die Decke über uns an. Die Morgensonne leckte über unsere nackten Körper und wärmte meinen Bauch. Wenn ich meine Augen Richtung Owen bewegte, lag er da wie zuvor. Den Blick auf die Pflanzenranke über uns, die sich um einen Holzbalken gewickelt hatte.

»Was haben wir getan?« Owen drehte seinen Kopf zu mir.

»Ich weiß es nicht.« Owen und ich, was hatte ich mir dabei gedacht?

Das passte nicht.

Das würde in einer Katastrophe enden. Außerdem wollte ich nicht der Grund sein, weswegen er seine Regeln brach, und ihm eine Last sein.

»Können wir so tun, als wäre das nie passiert?« Es war ein Fehler gewesen. Doch Owens Bitte glich einer Lanze in einem dieser Ritterturniere, in denen sie in großem Tempo aufeinander zu ritten. Nur dass meine Rüstung längst löchrig, eingedellt und rostig war und mich die Lanzenspitze mit voller Wucht ins Herz traf.

»Ja, ja, klar.« Ich sprang auf und zog mich an, wohl wissend, dass Owens Blick auf meinem nackten Körper lag. »Natürlich.«

Ich griff nach meiner Socke unter seinem Bett, wo ich eine riesige Kiste mit der Aufschrift *Owens Weihnachtschaos* entdeckte. *Hä? Egal.*

Im Anziehen fischte ich meine zweite Socke vom Regal, von der ich keine Ahnung hatte, wie sie diese Entfernung hatte zurücklegen können. Darauf entdeckte ich eine CD von Alexz Johnson. Warum hatte er eine CD meiner heimlichen Lieblingssängerin? Mein Shirt schien verschollen, weswegen ich eines von Owen vom Boden aufklaubte. *Egal.* Kopfschüttelnd kleidete ich mich fertig an und eilte zur Tür.

»Felix?«

»Ja?« Ich sah ihn nicht an.

»Wegen deiner Seminararbeit fürs UCC können wir demnächst ein paar Orte abklappern, ja?« Wow, Owen konnte von null auf hundert gehen, wenn es darum ging, Sachen zu verdrängen.

»Ja.«

Ich schloss die Tür hinter mir, und als ich das erlösende Klicken hörte, rannte ich nach unten, hinaus, die Straße entlang, bis ich eine Stelle in Flussnähe fand, an der ich einen Abhang hinunterrutschen konnte. Am Fluss setzte ich mich auf das erdige Ufer und atmete durch. Ich wollte mich verkriechen, allein sein und alles mit mir selbst ausmachen. Bloß niemanden mit meinen Gefühlen stören. Die Präsenz meiner Oma umfloss mich wellengleich, und mit ihr dieser Satz: *Lern aus den Schwächen deines Geburtshoroskops, mein Liebling.*

Also verbot ich mir, zu viel nachzudenken, holte mein Handy hervor und schickte eine Nachricht an mehrere Leute.

Kannst du bitte kommen?

Danach schickte ich meinen Standort mit.

Ich habe gerade eine Krise. Eine Katastrophe ist passiert. Nee, trifft es nicht. Ein Problem? Nein, ich habe einen schwulen Nervenzusammenbruch. Zerfließendes Emoji.

Ich legte mein Handy neben mich und verlor mich im vorbeiziehenden Fluss. In den kleinen Wellen. In den Wasserpflanzen. In dem Rauschen.

Können wir so tun, als wäre das nie passiert?

Owens Worte trafen mich. Ich wollte das nicht vertiefen,

aber diese Worte erinnerten mich an das Gespräch mit meinen Eltern. Mein Vater, der darauf beharrt hatte, meine Lebensweise sei eine Phase, weil ich stumpfsinniges Zeug im Internet sehen würde und mich ausprobieren müsste. Wir sollten das doch vergessen. Meine Mutter, die mich tausend Mal fragte, warum ich keine Frauen mochte, und dann der Satz: *Wir vergessen das alles wieder.* Und irgendwann, nachdem alle um mich beschlossen hatten, mein wahres Ich vergessen zu wollen, hatte auch ich angefangen, mein Innerstes am liebsten vergessen zu wollen.

Nach und nach tauchten meine UCC-Freunde und -Freundinnen auf, und das rief mir ins Bewusstsein, dass ich nicht mehr allein war. Dass ich nicht mehr der Dorfjunge war, der einsam irgendwo draußen saß und alles mit sich selbst ausmachen musste. Zuerst erschien Cara, die sich über Owen beschwerte, um danach mit einer Umarmungsarie zu starten. Wie eine verblasste Erinnerung, die zurückkehrte, tauchte Nala neben mir auf und legte mir ihre Hand auf die Schulter.

Kurz nach ihr erschien Quinn, den ich noch mit einigen Fragen löchern wollte, aber nicht gerade jetzt. Er bettete seine Stirn auf meinen Hinterkopf und flüsterte mir ins Ohr, dass er wisse, wie ich mich fühlte. Und als Letzte kam Yoshiko zum Fluss, setzte sich neben mich und nahm meine Hand. Ich glaubte ihr mittlerweile, dass sie mich wirklich mochte und sie nichts von der Spionageaufgabe für Scar wusste. Seit unserem Streit hatten wir öfter geschrieben und Sprachnachrichten verschickt. Sie wollte mich ernsthaft kennenlernen.

So saßen wir zu fünft da und schwiegen. Nichts hatte mir jemals zuvor mehr Kraft in meinem Leben gegeben als diese stille, queere Unterstützung.

Kapitel 26

Owen

Kardinale Zeichen setzen etwas in Gang – Krebs etwa Emotionen. Fixe Zeichen helfen, weiterzukommen – Skorpione etwa mit emotionalem Support. Veränderliche Zeichen passen sich Veränderungen an – Fische etwa bringen Visionen ein.

Felix' Flucht – oder fairerweise sein Verschwinden nach meinem indiskreten Rauswurf – verdaute ich schwer. Zwar hatte ich es zu verdrängen versucht und wollte fortfahren wie bisher, bedauerlicherweise funktionierte meine Psyche anders. Bevor ich durchdrehte, beschloss ich, Unterstützung aufzusuchen.

»Was bist du für ein Esel?« Fergus sprühte ein durchsichtiges Fragezeichen mit einem neuen Rosenduft vor mich, und Eileen stand abseits, um nichts davon abzubekommen.

Sie hustete trotzdem provokativ, da sie Fergus' und meinen Parfümhype nicht nachvollziehen konnte. »Recht hat er. Du unsensibler Kerl.«

»Ihr seid mir eine Unterstützung. Solltet ihr nicht zu mir halten?« Ich entfernte mich von Fergus und nahm auf dem Vintagestuhl mit weißem Stoff und Rosenmuster Platz. Meine Vorstellung von Support traf offenbar nicht die von Fergus und Eileen.

»Aber nicht, wenn du Mist baust.« Was machte Eileen eigentlich bei Gus?

»Fergus?« Ein letztes Mal wandte ich mich hoffnungsvoll an meinen alten Freund.

»Vergiss es, Holzschädel.« Er stellte seinen Rosenduft zurück in die Vitrine mit den neuen Düften und schüttelte beständig den Kopf.

Seufzend strich ich meine Haare zurück und massierte mit den Handballen meine Augen. Ich hatte Cara versprochen, Felix meine Lüge vor der Wette zu gestehen. Nach unserer gemeinsamen Nacht fiel mir das schwer. Zu schwer. Ich war überrumpelt, und das Gefühl überkam mich, dass mit Felix zu schlafen schlimmer war, als nicht mit ihm zu schlafen. Felix in meinem Leben zu haben, hatte zu plötzlich meine Komfortzone platt gewalzt.

»Warum fällt es dir schwer, zuzugeben, dass du ihn magst? Scheiß auf die Regel mit dem UCC. Du bist bald weg.« Wenn Eileen ahnte, dass die Regel oft eher ein Vorwand war, um sicherzugehen, dass ich nach One-Night-Stands niemandem wiederbegegnete …

Eileen stellte sich zu Fergus, die mich beide mit verschränkten Armen ansahen.

Nein, ich wollte darüber nicht reden. »Ihr versteht das nicht.«

Ganz unkluge Idee, mir von alten Leuten Hilfe zu erwarten. Der Stuhl glich einem Nagelbrett. Ohne zu überlegen, erhob ich mich und umfasste die Türklinke mit der Hand. Fergus' Stimme hielt mich auf. »Du wirst es eines Tages bereuen, all die Brücken abgefackelt zu haben.« Er sagte das, als wüsste er, wovon er sprach.

»Nein, weil ich erst gar keine Brücken zu irgendwem baue.« Die Tür hinter mir knallte zu.

Ich machte an meinem Handy Musik an – *Yours* von Conan Gray – und entdeckte eine Nachricht von Felix, die ich unbeachtet ließ.

Wir schrieben seit dem Vorfall verkrampft witzige Nachrichten auf Whatsapp, um so zu tun, als wäre das nie passiert. Und das war gut so. Trotzdem merkte ich den feinen Unterschied im Ton unserer Texte. Falsch und aufgesetzt, ja beinah übertrieben fröhlich. Unsere Treffen hatte ich einige Male verschoben. Heute konnte ich nicht mehr ausweichen. Ich hatte Felix versprochen, ihm zu helfen, Cork besser kennenzulernen, damit er für seine Seminararbeit mehr Vergleiche zwischen Irland und Österreich ziehen konnte.

Auf meinem Weg zu unserem Treffpunkt lief in mir ständig der Film von Felix' und meiner Nacht ab. Er auf, über, hinter, unter und in mir. Auf die Menschen und den Verkehr um mich achten? Unmöglich. Sogar die passive Rolle beim Sex hatte ich eingenommen, und *fuck,* hatte sich das gut angefühlt. So gut, dass ich sogar ohne Berührungen an meinem Schwanz dabei gekommen war. Das war mir noch nie passiert. Ewig hatte ich niemandem mehr derartig vertraut. Bei Felix hatte ich mich sicher gefühlt, und das machte mir Angst. Sicherheit war ein Trugbild, das sich rasch zerschlagen konnte. Sicherheit war wie eine Droge, und davon wollte ich nicht mehr abhängig sein, um gleich danach in den kalten Entzug geschickt zu werden.

Ich erreichte das weiße Gebäude mit den orangefarbenen Türen, und in derselben Farbe stand darüber: *Cork Butter Museum.*

»Hi.« Felix' verwuschelte Haare waren das Erste, das ich erkannte, und danach sein scheues Grinsen. Er knetete sein Ohrläppchen. Wieder blitzte Felix nackt vor mir auf, und ich blinzelte ihn weg.

»Hi.«

»Das Buttermuseum ist nicht vegan, oder?« Felix lachte auf und deutete auf die Tür.

»Sorry, Geschichte ist nicht sonderlich vegan.« Ich breitete meinen Arm aus und wollte ihn scherzhaft über Felix' Schultern legen, um ihn zum Eingang zu ziehen. »Trotzdem musst du da durch.«

»Dachte ich mir.« Rasch machte er einen Schritt vor und wich mir aus. »Wer als Erster drinnen ist.« Hatte er das absichtlich gemacht?

Wir schlenderten durch die neutral gehaltenen Flure mit den braunen Böden zu den schlichten Glasvitrinen, in denen die verschiedensten verrosteten Werkzeuge ausgestellt waren. Auf Hinweistafeln lasen wir Texte über Butterfässer, Pfannen, Siebe und andere Gegenstände zur Butterherstellung.

»Was ist das mit euch und der Butter?« Felix wandte sich zu mir, und die Art, wie seine Haare sich bewegten, erinnerte mich schon wieder an *die* Nacht. Ich hatte ihn mit dem Rücken gegen die Wand gedrückt, hochgehoben, und er hatte die Beine um meine Hüfte geschlungen. Seine Haare lagen verschwitzt auf seiner Stirn, und … *Stopp.*

»Ähm, was?«

»Butter? Irische Leute? Cork?«, wiederholte Felix.

»Ach, ja. Cork ist so was wie das Zentrum des Butterhandels gewesen.« Ich deutete auf einen alten Zeitungsartikel. »Und die ganze Region hat davon gelebt.«

»Warum gerade Butter?«

Gute Frage. »Ähm.« Ich kratzte mich am Hinterkopf und las heimlich ein Schild seitlich von uns ab. »Vermutet wird, der Grund ist das satte, grüne Gras auf den hügeligen Orten. Die Kühe haben das gefressen und den geilsten Scheiß erzeugt.«

»Ich gebe dir ein *D* dafür. Du hast abgelesen, gespickt, aber in eigenen Worten gesprochen.« Felix deutete auf das Schild neben mir und schlenderte unschuldig mit auf dem Rücken verschränkten Händen zum nächsten Bereich.

»Das war eine Falle? Felix? Warte? Das ist gemein.« Mit ihm fühlte sich der Tag federleicht an, und ich durfte ich selbst sein, wie ich es nicht mal mit mir allein schaffte.

»Ich muss wissen, ob ich mich auf dich verlassen kann.« Gespielt abgehoben trug Felix seine Nase hoch und nahm eine abweisende Haltung ein, ehe er loslachte. »Schließlich baue ich deine Infos in meine Semesterarbeit ein.«

»Warte, höre ich da Geringschätzung und Missachtung für die Familie O'Hickey heraus?« Mein Benehmen switchte zu einem königlichen Gebaren, hielt aber nicht lange, da ich wissen musste, ob er mir traute oder nicht. »Und? Wie ist das Ergebnis? Kannst du dich auf mich verlassen?« Vor einer Vitrine mit verschiedenfarbigen Tonschalen holte ich Felix ein.

Ein trauriger Blick huschte über seine Miene. »Weiß ich nicht, sag du es mir?« Er grinste mich kaum merklich an und ging weiter. Sprach er noch über unsere Tour, oder …

»Ich fasse zusammen, Ow. Cork liebt Butter. Österreich auch. Aber nicht so hart. Check. Was steht als Nächstes auf deiner Liste?« *Ow.* Hatte Felix mich *Ow* genannt?

Ich verdrängte meinen Wunsch, das zu klären, und rief meine imaginäre Liste ab. »Hast du Lust, die Glocken läuten zu lassen?«

»Wieder so ein unpassender Satz.« Felix huschte neben mich. »Ich dachte, das vergessen wir«, wisperte er mir ins Ohr und hakte seinen kleinen Finger in meinen. Mir wurde heiß. Shit, warum war Felix so unglaublich verführerisch? Gänsehaut breitete sich auf dem zugehörigen Arm aus. Gleich danach ließ er meinen Finger wieder los.

»So habe ich das nicht gemeint. Es gibt den Shandon Bells Tower. Die haben dort die Glocken der St.-Anne's-Kirche, und die dürfen Besuchende als einige wenige Glocken weltweit selbst läuten lassen. Aber zuvor gibt es da drüben, äh, hallo?« Erst jetzt merkte ich, dass Felix' Blick neben mir abgeschweift war. In seinem Gesicht erkannte ich eine leichte Veränderung. Irgendwie geschockt.

Ich drehte mich zur Seite, um ein paar der alten Milchbehälter von früher zu begutachten und einen unauffälligen Seitenblick nach links zu werfen. Sofort erkannte ich, was Felix aus dem Gleichgewicht brachte. Eine Gruppe von Kindern warf uns belustigte Blicke zu. Vermutlich hatten sie uns mit ineinander verhakten Fingern erwischt. Mich störte das kaum, aber laut Felix' Erzählungen warfen ihn diese Blicke und das Gekicher um Jahre zurück. Die Jungs hatten die Sorte Schulblöcke in der Hand, die jeder Mensch, der in Cork aufgewachsen war, kannte. Sie machten diese Schul-Schnitzeljagd, in der sie Hinweise in kleinen Museen suchen mussten, um irgendeinen Preis zu gewinnen. Vermutlich einen Wecker.

»Was is' mit euch Pissern?« Ich machte einen Schritt auf sie zu. »Sind eure Eltern scheiße zu euch, dass ihr euren Frust an andere weitergeben müsst?«

Die drei Jungs in Uniformen rissen ihre Augen auf. Die braunroten Haare gleich gestylt und die Hemdknöpfe rebellisch eins zu weit offen. Sie erstarrten. Gegenwind bekam ihnen wohl nicht.

»N-nein.« Der Mittlere schien aus seiner Trance aufzuwachen.

»Dann haut ab, weil wenn ihr zu blöd seid, den riesigen Hinweis über euch zu übersehen, wird das mit euch eh nichts mehr.« Ich glitt mit meinen Händen in meine Hosentaschen und näherte mich einen Schritt.

Der linke Junge drehte sich um, machte ein Bild von dem riesigen pinken Post-it, das von der Schule auf den Rahmen eines Bildes von Buttermarktleuten geklebt worden war, und rannte dann mitsamt den anderen nach draußen.

»Alles okay?« Ich ging wieder zu Felix.

»Das hättest du nicht machen müssen. Es bringt doch nichts.« Geknickt lag sein Blick auf dem langweiligsten Teppichboden der Welt. »Wir werden die Aliens bleiben. Die, die maximal toleriert, aber nie normal, egal oder dazugehörig sind.«

»Hey.« Mein Ausruf mit erhobener Stimme brachte Felix dazu, mich anzusehen, und das dumpfe Licht glitzerte in seinem Tränenschleier.

»Warum kann ich nicht einfach mein Leben leben?« Felix unterdrückte ein Schluchzen. Doch seine Brust, die schluckaufartig hochzuckte, verriet ihn. »Ich habe es so satt, diese Fressen zu sehen, in denen in Großbuchstaben *widerlich* geschrieben steht, wenn sie mich sehen.«

Mir fehlten die Worte. Halfen Worte in diesem Fall? Ich wollte Felix' Hand nehmen. Er schreckte zurück. Sofort danach sah er sich um, ob jemand im Raum war. Was musste dieser kleine Kerl durchgemacht haben? Das war unfair. Gleichzeitig fragte ich mich, ob ich all das nie erlebt hatte, weil ich ohnehin keine allzu tiefen Beziehungen zuließ, seitdem mein Opa an Parkinson gestorben war. Weil ich mit meinem Umfeld Glück gehabt hatte und mich unterbewusst dazu zwang, mich männlich zu geben, wie es von mir erwartet wurde? Oder hatte sich unsere Welt gebessert, und Felix malte sich diese zu düster aus?

»Egal, sorry. Peinlichkeitsmodus beendet. Lass uns die Glocken läuten gehen, ja?« Ohne mir die Chance zu geben, etwas zu erwidern, lief er voraus, und ich folgte ihm.

Wir eilten den O'Connell Square entlang und erkannten den Shandon Tower bereits. Vorbei an bunten Häusern, eine Seitenstraße entlang, und da erreichten wir ihn in unter einer Minute. Felix bestaunte ihn, hielt die Hand wie einen Sonnenschirm über seine Stirn und blickte hoch zur gold-schwarzen Uhr des Steinturms mit den halbrunden, länglichen Kirchenfenstern.

»Felix? Alles gut?« Achtsam schritt ich auf ihn zu, um ihn nicht zu verschrecken.

»Ja, sorry. Manchmal habe ich Flashbacks, und dann überkommt mich alles. Ich habe das Gefühl, ich bin zu jung dafür gewesen, um all das Mobbing auszuhalten. Leider habe ich auch keinen, äh …«, Felix spielte am Stoff meines Shirts herum, »Owen gehabt, der mich beschützt hat, keine fancy queere Gang zum Lästern. Es hat nur mich gegeben. Mich und das Internet. Die Jahre in der Oberstufe in der Stadt haben mich zwar wieder auf Kurs gebracht. Trotzdem. Ich habe mich da unauffällig verhalten, um Ärger zu entgehen, und keine richtigen Freundschaften geschlossen. Ein wenig habe ich das Gefühl, mich noch nicht wirklich gefunden zu haben. Aber wie gesagt, sorry, ich will darüber gar nicht reden.« Felix deutete mit dem Kopf hinter sich. »Ich will die Glocken sehen.« Wie er nach diesem Satz für eine Millisekunde zwischen meine Beine linste, trieb mir den Schweiß auf die Stirn.

Drinnen im ersten Stock angekommen, bestaunte Felix die Seile, die zu den Glocken hochführten. Sie waren zur Decke gespannt und befanden sich hinter einem Metallgitter. Acht davon nebeneinander und ein Holzschild auf Augenhöhe, das sie durchnummerierte, beginnend mit acht. Auf dem davor befindlichen Notenständer tippte ich auf die aufgeschlagene Folie und lockte Felix damit her.

»Da kannst du dir einen Song aussuchen. Zum Beispiel *Amazing Grace,* und dann ziehst du an den Seilen in der Reihenfolge, wie sie im Folder angezeigt wird. Dann hört Cork, wie du die Melodie mit den Glocken spielst. Na ja, wir sollten Rücksicht auf die Leute nehmen und nicht zu heftig an den Seilen reißen.«

»Wow, das ist genial.« Felix zeigte mit seinem Finger auf die erste Liedzeile von *Amazing Grace:* »Also läute ich für die erste Zeile die Glocken so: Acht, fünf, fünf – Pause – drei, vier, fünf, drei – Pause – drei, vier, fünf – Pause – und dann sieben, acht. Und so weiter?«

»Exakt.«

Felix legte seine Hand auf den Gummigriff, der um das Seil gewickelt war, damit sich niemand verletzte und die Seile länger heil blieben. Der uralte Holzboden knarrte, als Felix an den Glocken zog und dabei etwas in die Hocke ging. Ich lehnte mich an die weiße, unebene Mauer und hörte den Klängen zu.

»Wow.« Felix' Ausruf und sein begeistertes, herzerwärmendes Lachen, das nichts von dem Kind in ihm eingebüßt hatte, ließen mich ebenfalls grinsen. Sein Lachen war wie warmer Sonnenuntergangsschein, der das Wohnzimmer an einem gemütlichen Sonntagabend ausfüllte.

»Ich läute *fucking* Kirchenglocken, Ow.« Mein Herz schrumpfte und vertrocknete zu einer Rosine, bevor es wieder losschlug und Leben durch meine Adern pumpte. *Ow.* Colin hatte mich früher *Ow* genannt.

Diese Mal musste ich es ansprechen. »Wie hast du mich genannt?«

»Sorry, ist das blöd?« Felix beendete sein Läuten.

»Nee, nee.« Ich winkte ab. »Ist schön.« Aber auch traurig. Es rief mir wieder meinen Bruder in Erinnerung und wie schnell ein geliebter Mensch einem entrissen werden konnte.

»Ähm, und dieses Seilsystem da, was ist damit?« Felix folgte den Schnüren mit seinem Blick hoch zur Decke.

»Das ist ein Ellacombe-Apparat. Ein Mechanismus, um das Klingeln dieser Glocken zu ermöglichen. Da werden die stationären Glocken mit Hämmern geschlagen. Ist nicht der volle Effekt wie beim Läuten im Vollkreis direkt oben, aber trotzdem.«

»Ladies and Gentlemen: Doktor Streber Ow.« Felix verbeugte sich knapp vor mir.

»Hey.« Ich rempelte Felix sanft. »Du willst doch etwas Brauchbares für deine Arbeit haben, oder?«

»Stimmt schon. Die Funktionsweise wäre meine nächste Frage gewesen. Können wir ganz rauf? Falls du willst.«

»Felix, Junge, halt den Mund und rauf mit dir.« Ich schubste Felix vor und folgte ihm.

»Ist dieses *Junge* nicht sexistisch? Warum sagt niemand *Mädchen* am Satzende?« Über Felix' Aussage hatte ich noch nie nachgedacht. Es gehörte einfach zu unserer Sprache.

»Hm, gute Frage.« Es kostete mich Überwindung, nicht ständig auf seinen Arsch zu starren, als er vor mir die steilen Stufen emporschritt. Beim penetranten Nicht-Hinsehen erkannte ich mein Shirt, das Felix sich letztens geschnappt hatte und das er nun unter seinem Pulli trug. Das entlockte mir ein Grinsen. Er trug mein Shirt, und seines hing noch über meinem Hocker.

Erleichtert atmete ich die frische Luft ein, die nicht mehr nach altem Stein roch, und begutachtete die sattgrüne Landschaft mit den schwarzgrauen Dächern, dazwischen ein paar rote oder grüne, wie eine ausgebreitete Pralinenschachtel.

Apropos Pralinen. »Felix. Hier, für dich.« Ich holte aus meiner Hosentasche eine Packung.

»Wieder Hustenbonbons?« Felix drehte seine Handfläche nach oben vor mich.

»Nein. Bei uns gibt's auf der Arbeit vegane Pralinen in kleinen Papierpackungen. Weißt schon, Nachhaltigkeit und so.« Ich hob sie hoch. »Ist etwas matschig mittlerweile.«

Die Packung lag verbeult auf Felix' Hand, und er grinste sie an. »Was du dir nicht alles merkst.« Er öffnete sie und schmiss sich die Praline in den Mund.

Irgendwie kam ich mir blöd vor, sie mitgenommen zu haben. »Und?«

Felix kaute. Und kaute und kaute, bis er sich irgendwann auflachend wegdrehte. »Sorry, Ow, die ist ekelhaft.«

Nun musste ich losprusten und zog ein Taschentuch hervor. »Hier, bitte.«

»Du denkst an alles, oder?« Felix würgte laut die Praline hinunter. »Schon erledigt, aber danke.«

Belustigt steckte ich das Taschentuch wieder ein und neigte meinen Kopf hoch zum Himmel. Die Wolkendecke wirkte so nahe, dass ich glaubte, den Flausch beinahe ertasten zu können. Ich streckte meinen Arm aus.

»Was machst du?« Felix sah neben mir hoch.

»Hab versucht, eine Wolke zu ertasten.«

»Oh. Ich mach mit.«

So standen wir da. Wie zwei Deppen, die sich am Shandon Bells Tower auf die Zehenspitzen stellten und nach den Wolken griffen. Die letzten Jahre hatte ich mich auf meine Karriere konzentriert, mich gezwungen, erwachsen zu sein, da tat dieser Moment des Kindischseins verdammt gut.

»Warte, nimm mich auf deine Schulter, vielleicht klappt es dann.« Felix strich sich die Haare zurück und ging in die Hocke.

»Ist das nicht gefährlich?«

»Ich soll doch nicht alles zerdenken. Außerdem vertraue ich dir.« Felix vertraute mir.

»Alles klar. Bereit für den Abflug?« Ohne auf eine Antwort zu warten, drehte ich mich um, ging in die Knie, und Felix setzte sich auf meine Schulter. »Okay, festhalten.«

Felix hielt sich am Dach des Turms fest, was ich im Augenwinkel erkannte, und ich stand mit ihm auf. Erst jetzt wurde mir bewusst, dass ich Felix' Schwanz im Nacken hatte. Klar, durch seine Hose, aber irgendwie machte es mich nervös.

»Und, erwischst du etwas von der Wolke?« Kurz linste ich hoch und erkannte Felix, wie er sich streckte.

»Nee, sorry. Klappt nicht.« Felix legte seine Hand auf meine Stirn, was einem Stromschlag glich.

»Siehst du da oben den goldenen Fisch an der Spitze?«

Nach meiner Frage spürte ich, wie Felix sich etwas zurückbeugte. »Ja.«

»Das ist Goldie Fish. Der Hit der Corker – oder wie es früher hieß – Corcaigh-Skyline. Es gibt viel dazu zu sagen, angeblich wurde er um 1750 angebracht. Ich mach dir eine Sprachnachricht dazu. Es hat natürlich was Religiöses damit auf sich, aber es ist auch eine Art Statement, wie eine Flagge, die sagt: *Wir sind hier.* Es gab außerdem eine berühmte Fischerei unten am River Lee, dort bin ich oft mit meinem Vater gewesen.« Ich liebte diese Stadt. Sie war mein Safe Space, nachdem ich in meinem Heimatort Carrigaline Schmerz durch den Tod meines Bruders, meines Opas und durch die Erkrankung meines Vaters erleben musste.

»Hat dein Dad das mit der Krankheit von alleine bemerkt, oder wie?« Felix' Frage überraschte mich nicht, mein Vater war nicht alt, und die Diagnose kam nicht überraschend, nicht bei unserer Familienhistorie, sie kam eher zu früh für uns. »Er hat sich regelmäßig kontrollieren lassen. Aber auch so. Sein Geruchssinn nahm ab, was oftmals ein Zeichen sein kann, sein Gesicht veränderte sich.«

»Gesicht?«

»Es wird dann oft etwas puppenhaft, wie Wachs. Seine Unterschrift wurde winzig plötzlich, er wurde müder, und seine Schritte wurden langsamer, kleiner, steifer.« Ich musste an meinen Opa denken, bei dem ich das Ganze auch schon mitgemacht hatte. »Ich erinnere mich noch an meinen Opa, der später in seiner Erkrankung oftmals gestürzt ist, aber zu stolz für eine Gehhilfe oder Halterungen war. Manchmal ist er auch so in seinem schnellen Gang gewesen, als hätten wir ihn kräftig angestupst, dass er dann zwar normal gehen, aber nicht mehr anhalten konnte.«

»Das tut mir echt leid, Ow.«

»Muss es nicht. Sehen wir uns lieber weiter Cork von oben an, ja? Wie gefällt es dir?«

»Spannend. Findest du es nicht auch aufregend, wenn du alte Sachen siehst und du weißt, das ist alles schon seit Jahrhunderten da? Meine Oma hat das jedenfalls geliebt. Irland und vor allem Cork war einer ihrer Lieblingsplätze, weswegen ich auch versucht habe, hier einen Platz zu bekommen.« Ich liebte Felix' Euphorie für Geschichte. Es fehlte noch eine goldene Vintagebrille, und er erinnerte mich an einen Intellektuellen aus diesen italienischen Kunstfilmen. Außerdem rechnete ich es ihm hoch an, dass er meinem Wunsch nachkam, das Thema zu wechseln.

Felix trommelte leicht gegen meine Schädeldecke, bis ich ihn wieder abgesetzt hatte. Wir lachten über diesen skurrilen Moment, bis unsere Blicke sich etwas zu lange kreuzten.

Felix lehnte sich zurück gegen das moosbewachsene Gestein

und ließ den Ausblick auf sich wirken. »Ich lebe in Cork. Wie krass ist das, oder?«

»Ja. Da kannst du stolz sein. Ich weiß nicht, wann ich das letzte Mal Cork überhaupt verlassen habe.« Das lag schon eine Weile zurück. »Ich würde noch das Cork City Gaol, ein altes Gefängnis, besuchen. Dann haben wir das auch hinter uns, und du müsstest genug zusammenhaben.« Ich wollte mich auf den Weg nach unten machen, aber Felix versperrte mir mein Ziel.

Verwundert zog er die Brauen zusammen. »Wie: *hinter uns?* Ich habe dir tausendmal geschrieben, du musst dich hierzu«, er breitete die Arme aus, »nicht verpflichtet fühlen.«

»Ich habe es vorgeschlagen, dann bringe ich es zu Ende.« War ihm meine Führung nicht mehr gut genug?

Felix leckte über seine Lippen, nicht verführerisch, sondern verärgert, als ob er sich zurückhalten müsste, und lachte verbittert auf. »Weißt du was, Owen? Ich geh allein, wenn ich eine lästige Aufgabe bin, die du hinter dich bringen musst.«

Meinte Felix das ernst? Ich machte das doch gern. Oder? Was dachte ich da? Meine Gedanken verwirrten mich selbst.

»Ähm.«

»Schon gut, wenn du so lange überlegst, sagt das alles.« Felix machte auf der Stelle kehrt und verschwand im Inneren des Turms.

Ich blieb zurück. Allein.

Meine Gedanken waren unendlich laut, und ich hasste es, sie nicht abstellen zu können. Ich hasste mich dafür, dass ich Leute vor den Kopf stieß. Ich hasste es, dass meine Tränen mein weißes Bettlaken anfeuchteten. Ich hasste es zu weinen. Ich hasste es, dass ich mein Handy neben mir liegen hatte und es trotzdem nicht schaffte, irgendjemanden zu kontaktieren. Ich hasste es, dass wir in unserem Leben Menschen verloren. Deshalb wollte ich nichts mehr haben, das die Welt mir nehmen konnte.

Argh, scheiße. Einen heftigen Ruck später schlug ich mir meine Decke über den Kopf und brüllte in mein Kissen hinein. »Fick dich, Owen.« Ich merkte, wie mich dieser finstere Schatten an den Fußknöcheln packte, den ich aus der Zeit nach dem Tod meines Bruders kannte. Wenn ich nichts dagegen tat, würde er meinen Körper hochlecken wie eine kalte, raue Zunge und mir die Lust nehmen, aus dem Bett zu steigen.

Ich stieß mit meinen Füßen die Decke runter auf den Boden, schüttelte den Schatten ab und griff nach meinem Handy. Das Display leuchtete mir ins Gesicht.

Es dauerte, bis ich den Mut fand, TikTok zu öffnen, und noch mal eine Weile, um Felix' Account anzuklicken. Sein Profilbild tauchte auf, und mir wurde flau. Es war Tage her, dass ich ihn gesehen hatte. Alles raste an mir vorbei. Die Zeit, die Lichter draußen. Bis mein Leben eine Vollbremsung machte und meine Organe durcheinanderschleuderte. Felix' grüne Augen starrten mich von seinem Bild aus an, durchdrangen meinen Körper, hin zu meinem Herzen, und berührten es. Ein paar blonde Härchen hingen ihm vor den Augen, und darunter erkannte ich seine Sommersprossen auf der Nase.

Ich öffnete eines seiner drei TikToks. Im Hintergrund erklang das Lied *Heart Turns Black* von Alexz Johnson, und Felix filmte sich von unten im Bus. Den Kopf an die beschlagene Scheibe gelehnt. Draußen zogen die Lichter der Straßenlaternen und von bunten Logos vorbei. Sonst nichts. Am liebsten hätte ich ihm die finsteren Gedanken genommen. Ich schluckte und wollte auf sein Gesicht zoomen, bis ich mir lächerlich vorkam. Ich wischte runter zum nächsten Video. Felix lag auf einer Wiese vorm River Lee. Er las ein Astrologiebuch, und der Wind spielte mir in die Karten. Denn er wehte einen Luftzug unter Felix' Shirt, und ich erhaschte einen Blick auf seine Hüfte. Keine Musik im Hintergrund. Nur das Rauschen des Flusses, der Wind und das Umblättern der Buchseiten. Im letzten TikTok auf Felix' Profil tönte mir wieder ein Song entgegen. *Wildest Dreams* von Taylor Swift. Eine Collage von Bildern von ihm in

Cork. Mit Cara, Leuten, die ich nicht kannte, und ihm. Lachend, die Wangen leicht gerötet, seine Grübchen scheu wie er, und die Augen beim Lachen leicht zu Halbmonden geformt. Der Song wurde langsamer und tiefer gemacht in diesem Mix, bis er sich mit *Irrelevant* von Lauren Aquilina abwechselte. Es folgten Bilder von Felix früher. Die Haare kürzer, mit versteinerter Miene, und sein natürliches Strahlen wie unter einem Graufilter versteckt. Ein verquollenes rotes Auge aus einem halben Gesichtsausschnitt in seinem Bett. Ein Bild von ihm im Spiegel. Seitlich. Er hatte sein Shirt hochgezogen. Schürfwunden unter den Achseln. Das nächste Bild zeigte seinen Unterarm. Zunächst erkannte ich nichts, bis ich das TikTok aktualisierte, wieder auf die Stelle wartete und pausierte. Sah aus wie Spucke. Im letzten Bild war Felix mit seiner Oma zu sehen. Das einzige Foto, in dem er ebenso glücklich wie in Cork wirkte. Sie stand neben ihm. Pausbäckig lachte sie in die Kamera, ihre kleinen Zähne lagen dabei auf ihrer Unterlippe, und goldrote Locken umspielten ihre Ohren. Sie trug einen roten, samtigen Umhang und wirkte wie eine zuckersüße, nette Hexenoma aus einem Fantasykinderfilm.

Aus.

Danach öffnete ich die Suchmaschine meines Vertrauens und gab ein: *Geburtshoroskop, gratis, online.* Ein paar Daten später hatte ich angeblich Felix' Geburtshoroskop vor mir.

Sehnen sich nach Sicherheit. Hängen der Vergangenheit nach. Irgendwie schräg. Opfer vom eigenen Selbstbetrug und von Selbsttäuschung. Wissen nicht, wer sie sind. Trauen sich nicht, Hilfe zu suchen. Verpassen Chancen.

Und noch mehr Dinge, die ihn perfekt beschrieben.

Ich öffnete Instagram und zoomte in das neuste Foto von Felix hinein. Er lag auf dem Boden im Wohnzimmer auf Caras Bauch. Sie sahen sich an, kicherten. Um die beiden lagen Mangas, Cocktailbücher, Chipstüten und Decken. Ich machte einen Screenshot, ging hinaus, zoomte weiter in sein Gesicht, und da war es. Eine Melodie in meinem Kopf, die sich langsam beschleunigte, wie ein Herzschlag, ein hektischer Atem, der sich zur Hyperventilation steigerte, und dann ein Donner samt Blitzeinschlag. All der Nebel in meinem Kopf lichtete sich, und mir war alles klar.

Ich setzte mich auf, öffnete Whatsapp und schrieb meiner Mam:

Es tut mir leid, Mam. Ich wollte nicht so scheiße sein. Können wir uns treffen?

Und meinem Dad:

Hey, Dad. Wie geht es dir? Ist bestimmt alles nicht leicht für dich. Mam und ich vermissen dich. Melde dich mal.

Nach dieser Nachricht wählte ich Caras Nummer. Sie hob ab, und ich legte mein Handy neben mich, bis sie mich fertig angeschrien und beleidigt hatte. Wobei *scheiß Wichser, blödes Arschloch* und *dreckiger Schweinesaumann* – keine Ahnung, woher das kam – nur die harmlosesten Verwünschungen waren. Indessen nahm ich meine Pflanzen unter die Lupe und glaubte, ihre Zustimmung zu bekommen, ihren Platz in meiner Nähe mit anderen teilen zu wollen.

»Fertig?«

Cara schnaubte laut aus dem Handy. »Ja.«

»Kannst du Felix bitten, sich mit mir zu treffen, damit wir reden können?«

»Nein. Frag ihn selbst.«

»Cara.«

»Nicht: *Cara.*« Sie machte meine Stimme nicht richtig nach. Oder? Ich klang doch nicht so?

»Bitte. Außerdem weißt du besser als jede andere, dass Felix Telefonieren hasst, sein Sternzeichen ist Fische.«

»Erwischt. Du bist trotzdem ein toxisches Monster.«

»Bitte.«

»Du hast mir ein bisschen was über dich erzählt, als wir beide auf Felix' Rückkehr von den *Druids* gewartet haben«, sagte Cara nach längerer Pause, und es klang nach einer Drohung.

»Ja?«

»Mach einen Ausflug mit Felix, er muss für seine Seminararbeit nicht nur die Stadt Cork, sondern auch das County Cork richtig verstehen. Und sag ihm die Wahrheit. Über die Lüge, die du ihm aufgetischt hast. Ich hoffe, du hättest auch vorgehabt, ihm davon zu erzählen, hätte ich dich nicht bei unserem Abend darauf angesprochen.«

Wie, Ausflug? Außerhalb von Corks Stadtgrenzen? Corks Verkehrsnetz war nicht schlecht, aber die schönen Orte, die konnten wir lediglich auf eine Art erreichen: mit einem Bus, einem Taxi, einem Auto oder was auch immer.

Allein der Gedanke glich einer imaginären Hand, die meinen Hals zuschnürte.

»O-okay. Aber nur, wenn du mit ihm redest.«

»Ich überlege es mir.« Cara schnaubte.

Ich wusste, sie würde es ihm sagen.

Und dann müsste ich in ein Fahrzeug steigen.

Was tat ich hier nur?

»Oh, und Cara?«

»Ja?«

»Bei einer Sache musst du mir noch helfen.«

Ein wenig gelang es mir nach dem Telefonat mit Cara abzuschalten. Bis mein Handy eine neue Nachricht anzeigte und ich zu dem Gerät hechtete, als wäre es ein Heilmittel für chronische Ignoranz.

Hey, gut, ich helfe dir. Habe alles vorbereitet.

Danke. Wirklich.

Jaja, dank mir nicht zu früh. Ich hasse es, Felix nichts sagen zu dürfen, aber ich verstehe, dass es eure Sache ist. Versau es nicht.

Ich?

Owen.

Ich fühle mich attackiert.

Ich fühle mich überfordert mit euch zwei komplizierten Deppen.

Du weißt, dass du mich mögen musst, jetzt, wo du die Wahrheit kennst.

Darauf antworte ich nichts.

Du weißt es so gut wie ich.

Darauf antworte ich auch nichts.

Cara schickte mir einen ganzen Schwung Fotos mit Felix bei einer der berühmten Geistertouren oder im Theater.

Sieh dir die Bilder an und überlege dir, ob du wirklich willst, dass ich ihm die Papiere gebe. Wenn du ihn verletzt, dann manifestiere ich, dass du nur noch schlechten Sex hast. Auch mit dir selbst.

Mist, der letzte Satz hat mich gekillt. Du denkst an alles.

Immer.

Kapitel 27

Felix

Das Geburtshoroskop gibt einen Baukasten vor, ob wir dann auch danach handeln, hängt einerseits von uns ab, andererseits von unserer Umwelt. Wird ein umtriebiger, selbstbewusster Widder von seinen Eltern unterdrückt, wird er auch eher zurückhaltend auf seine Außenwelt wirken, bis er sich seines Innersten wieder bewusst werden würde.

Zusammen mit Quinn und Nala schlenderte ich nach unserer Schicht durch die Innenstadt und warf die Verpackung meiner Eistüte weg. Das vegane Pistazieneis schmeckte wie direkt von einer Eisgöttin an die Erde gesandt.

»Und du bist sicher, dass dein Vater nichts mit den *Emerald Druids* zu tun hat?« Vielleicht wusste Quinn nichts davon. Rechenschaft schuldete er mir auch keine. Trotzdem. Wir freundeten uns mehr und mehr an, da brauchte ich die Gewissheit, dass er mich nicht anlog und er nicht mit diesen Leuten unter einer Decke steckte. Wenn ich mir vorstellte, wie er eventuell mit diesen Typen hinter meinem Rücken über mich lachte, weil ich das nicht checkte … Nein. Das waren nur wieder meine Unsicherheiten. Ich sollte Quinn vertrauen. Erst mal.

»Felix, ich habe dir gesagt, mein Vater macht Umhänge und liefert sie dorthin, wo er sie hinliefern soll, ohne Fragen zu stellen. Scar hat ihn öfter darum gebeten, sich mit ihm zu treffen, damit es keine Aufzeichnung gibt, wohin die Umhänge gehen.« Jedes Mal, wenn ich das Thema anschnitt, reagierte Quinn völlig genervt, als dächte ich, er wäre ein böser Mafiaboss. Okay, die Vermutung stand im Raum. »Er weiß davon, weil unsere Familie ewig schon die Umhänge macht und mein Ururopa mit einer von dort was hatte. Seitdem: ein Familiengeheimnis, okay? Also bitte, belass es dabei. Es ist nicht deine Sache. Sei froh, da raus zu sein, ja?« Quinn würdigte mich bei seiner Ansprache keines Blickes.

Irgendetwas verschwieg er mir. Vielleicht lag es daran, dass er eingetrichtert bekommen hatte, nicht darüber zu sprechen. Es nun mit mir zu tun, machte ihn wohl nervös. Ich beließ es dabei und winkte Nala zu, die nach der Arbeit noch einen Frauenarzttermin gehabt hatte.

»Hey, ihr zwei.« Nala umarmte uns beide und biss in Quinns Eis. Ja, sie biss hinein. Wer biss in Eis?

»Nala. Ich habe extra das kleine Stück übrig gelassen, in dem sich die dunkle Schokolade mit Zitrone schön vermischt hat.« Sein trauriger Unterton bildete eine perfekte Einheit mit dem flehenden Blick auf die Stelle, an der gerade noch sein Eis gewesen war. »Pass lieber auf, wenn du das nächste Mal eine anonyme DM bekommst. Nicht dass da ein Spoiler für *Bridgerton* drin ist.«

»Wenn du das machst.« Nala war eine von denen, die zuerst die Bücher von irgendetwas lesen wollten, bevor sie die Verfilmung schauten. Ich auch, mit dem Unterschied, dass ich dann die Nacht durchlas, bis ich fertig war, und Nala es ständig vor sich herschob, bis sie es als Letzte guckte.

»Jaja. Wie war's bei dem neuen Arzt?« Quinn warf sein Eistütenpapier in den Mülleimer und wirkte immer noch enttäuscht über das verlorene Eis.

Memo an mich: Quinn Eis mitbringen.

»Ein blöder alter Sack, der mir einreden will, dass ich mir

meine Schmerzen einbilde und ich nicht so empfindlich sein soll.« Nala verschränkte ihre Arme hinterm Kopf und trottete neben mir her. »Wobei das vielleicht auch ein wenig unfair ist. Mein allererster Frauenarzt ist echt einfühlsam gewesen, aber leider sehr bald in Rente gegangen. Jedenfalls … Meine letzte Frauenärztin wollte mich auf Endometriose untersuchen, bevor sie umgezogen ist. Und laut Internet – ich weiß, keine Symptome nachforschen – passt das zu meinen Schmerzen. Aber ohne offizielle Diagnose kann ich nichts machen, also muss ich mir wieder jemand Neues suchen.«

»Und was ist das genau?« Quinn beugte sich vor mich im Gehen, um Nala anzusehen.

»Eine Unterleibskrankheit. Irgendwas mit Gewebe, das wie die Gebärmutterschleimhaut ist, nur dass es sich irgendwo anders in meinem Körper ansiedelt und Probleme macht. Also fast wie Heteros.« Nala sagte das eiskalt, und ich liebte ihr Bitchface dazu.

Ich lachte auf, obwohl ich nicht gern verallgemeinerte. Es war trotzdem lustig. Ich schielte zu Quinn, der ein wenig bedrückt wirkte, was er aber sofort wegblinzelte. Ich hatte des Öfteren gemerkt, dass es ihm schwerfiel, über seine Sexualität zu sprechen. Auch wenn er andeutete, nicht hetero zu sein. Aber es war nicht an mir, ihm das zu entlocken.

»Tut mir leid, dass du da solche Probleme hast. Ich kann dir beim Suchen helfen. Vielleicht finden wir in Foren passende Ärztinnen?« Mein Vorschlag hätte besser sein können, aber ich wollte, dass Nala wusste, ich war für sie da.

»Danke. Das ist echt lieb, Felix. Was ist mit dir? Geht es dir gut?« Nala hakte sich bei mir ein.

»Ja, danke. Alles gut.« Eine Lüge, die mir leichter über die Lippen ging, als sie sollte. Warum logen wir Menschen überhaupt? Klar, das Konzept dahinter verstand ich, aber es machte Dinge im ersten Moment leichter, verkomplizierte sie jedoch danach.

»Hm, okay. Falls ich Owen in den Bauch boxen soll, ruf mich an.« Nala deutete eine Telefoniergeste mit ihrer Hand an.

Wir liefen durch die Stadt, zeigten uns dabei neue Songs, redeten über die aktuellen Onlinekapitel einer Graphic Novel, der wir folgten, machten Trendtänze auf TikTok nach, die wir nicht hochluden, und holten uns einen dieser Cocktails-to-go aus einem kleinen neuen Laden, den wir überall auf Social Media entdeckten.

»Die sind ganz okay, oder?« Ich saugte an meinem Metallstrohhalm.

»Felix, bitte«, sagten Nala und Quinn gleichzeitig gespielt genervt.

»Die sind eklig. Hör auf, auf die Gefühle einer Cocktailbar Rücksicht zu nehmen.« Nala hielt ihren Cocktail im durchsichtigen Becher hoch und machte ein Foto. »Die sind nur für Fotos zu gebrauchen«, fügte sie hinzu und zeigte auf den Farbverlauf.

»Aber sie geben sich Mühe. Vielleicht sind die nur heute nicht gut.« Ich sah zurück und hoffte, sie hörten Nala nicht.

»Felix, das schmeckt nach buntem Abwaschwasser mit Zucker ohne Alk.« Quinn verzog angewidert den Mund und öffnete den Deckel des Bechers. »Ich kann den nicht trinken.«

»Ach komm, probieren wir es morgen noch mal, ja? Ich lade euch ein.« Ich trank noch mal und merkte, wie sich ein Würgen ankündigte.

»Felix, es ist nicht deine Aufgabe, die zu verteidigen.« Nala leerte den Inhalt aus und entsorgte den Becher. Den Metallstrohhalm packte sie in ihre Tasche.

»Na gut.« Ich tat es ihr nach und Quinn ebenfalls.

Durch Cork zu spazieren, fühlte sich richtig an. So richtig, dass es wehtat. Wenn ich hingegen an meine Heimat dachte, jagte es mir nur einen unangenehmen Schauer über den Rücken.

»Was sagst du, Felix?« Quinn stupste mich an, und ich legte seinen Arm um mich. »Hörst du mir zu?«

Ich erschrak. Diese Gedanken an meine Heimat und Quinns Arm um meine Schultern verpassten mir einen Flashback an früher. *Blöde Sprüche in den Gängen. Gelächter. Ein Typ, der seinen Arm um mich legte. Mir zeigte, dass er der Mächtigere war – der, der mich dominierte. Wenn ich wegwollte, verkrampfte sich sein Griff um mich. In meinem Kopf der Wunsch, jemand würde: »Stopp! Hör auf!« rufen.*

Es kam nichts.

»Felix?« Mein Name drang wie durch eine Wolke zu mir.

Ich blinzelte mich zurück nach Cork, und Erleichterung erfasste mich.

»Sorry, was?«

»Wir wollen uns noch dort hinten von dem neuen Snackstand ein paar Süßkartoffelpommes holen, bist du dabei?« Nala zog Quinn zu sich, als merkte sie, was sein Arm um mich ausgelöst hatte, und drückte ihm Geld in die Hand. »Bestellst du für uns alle?«

»Ähm, ja, wenn Quinn redet, komme ich mit dorthin.« Ich holte mein Portemonnaie hervor.

»Ich lade euch ein.« Nalas breites Grinsen erhellte meine Stimmung sofort.

»Das musst du nicht.« Demonstrativ suchte ich in meinem Portemonnaie nach Geld.

»Ich weiß, dass ich nicht muss, aber ich will«, unterbrach sie mich.

Statt etwas zu erwidern, nickte ich. »Hat der Stand vegane Soßen dazu? Ach, egal, ich kann die auch ohne Soße essen.« Jetzt kam ich mir blöd vor, gefragt zu haben.

»Also die Inhaberin vom *Gourmetbanger* hat neben ihrem Würstchenstand am Granary Theater einen veganen Süßkartoffelkartoffel-und-Blumenkohlwings-Stand aufgemacht, den sie *GourmetVanger* genannt hat. Sonst würden wir dort nicht mit dir hingehen.« Quinns letzte Worte streichelten mein Herz. Ich hatte wirklich Menschen gefunden, die mich akzeptierten, wie ich war, auf mich Rücksicht nahmen und sich nicht sofort über mich lustig machten, weil ich *ich* war. Womit hatte ich das verdient? Ich. Früher hatte ich sofort jede Person idealisiert, die mir ein wenig Nettigkeit geschenkt hatte – und wenn es ein Kellner im Burgerladen war, dessen Job es war, nett zu sein. Es war mir fremd.

»Dann auf zu den Kartoffeln.« Mein Jubel hielt sich in Grenzen, da mir die Sache mit Owen nicht aus dem Kopf ging, weshalb ich wieder meine neue Heimat Cork begutachtete. Das half meistens, mich besser zu fühlen.

Nala hüpfte in mein Sichtfeld. »Dort soll es echt lecker sein.«

»Ja, bestimmt. Vielleicht können wir danach ja noch zu dir gehen und einen Film schauen? Was sagst du, Quinn?«

»Ähm … Wieso eige–«

»Nein, nicht zu mir«, platzte es aus Nala.

Sie erkannte wohl mein Fragezeichen im Gesicht und fuhr fort. »Ich habe nicht aufgeräumt und so.«

»Oh, okay, ja, dann überlegen wir noch, was wir machen könnten.« Meine Aufmerksamkeit lenkte ich wieder auf die Umgebung um uns.

Die bunt gestrichenen Häuser in Pink, Lila-Gelb und dieser alte Baustil! Ich liebte alles davon. Über uns war eine Schnur gespannt, an der blaue Flaggen hingen für irgendein Fischevent, das bald stattfand, und viele Menschen aus allen Teilen der Welt liefen an uns vorbei, scherzten in unterschiedlichen Sprachen. Wieder kam dieser Wunsch auf, alles später meiner Oma zu erzählen. Sie verschwand allerdings aus meinem Kopf, als ich einen Laden mit Geschenkideen entdeckte. Ich lief über die Straße.

»Hey, wo rennst du hin?« Quinn rief mir hinterher.

»Kommt.« Mit einer Armbewegung bedeutete ich den beiden, mir zu folgen.

Ein Krimskramsladen namens *bric-a-brac by Welson and Wring.*

»Oh, hier könnte ich mich totkaufen. Jede Woche haben die im Schaufenster ein neues Motto, und diese ist es wohl …« Nala sah sich um.

»Geschenke für Studierende«, beendete ich den Satz und nahm den Kram in der Ecke für die Medizinstudierenden unter die Lupe.

Ich lief hinein und kaufte eine Tasse, auf die *Vertrau mir, ich bin Arzt* und verschiedene anatomische Begriffe in Pastellfarben gedruckt waren. Außerdem ein Stethoskop, das mit Bonbons gefüllt war. Ich hasste Owen zwar, bedanken für seine Führung wollte ich mich aber trotzdem, sonst hätte ich ein schlechtes Gewissen gehabt.

Wieder draußen erwarteten mich eine böse dreinguckende Nala und Quinn, die Hände in die Hüften gestemmt.

»Was?« Ich versteckte die Tüten hinter meinem Rücken.

»Die sind doch nicht für Owen O'Hickey, oder?« Nala hatte mich durchschaut.

»Nur als *Danke* für seine Führung. Er hat sich trotz allem Zeit genommen, und vielleicht … und –«

»Schluss.« Quinn packte mich an beiden Schultern und funkelte mich böse an. »Du bist an gar nichts schuld, Felix. Du kannst nichts dafür, dass er irgendwelche Komplexe hat, ja?«

Ich bejahte.

»Gib ihm das, wenn's dir damit besser geht, und dann vergiss ihn.« Nala rettete mich aus Quinns Griff und hakte sich wieder bei mir ein. »Wir suchen dir jemand anderen.«

Ich musste an Robin denken und hoffte, ich hatte ihn nicht zu früh abgeschossen. Aber auch wenn das mit Owen nichts werden würde, wäre es nicht fair, Robin bei Laune zu halten, damit ich jemanden in der Hinterhand hatte.

»Ihr habt recht, und außerdem, ähm –« Mitten im Satz stoppte ich, da ich jemand an einem Stehtisch vor einem Hotdog-Stand erkannte. »Owen?« Wollte mich das Universum verschaukeln?

»Wo?« Quinn eilte von hinten vor und sah sich wie ein gefährlicher Kampfhund um.

»Da.«

»Nala. Zeig nicht so auffällig hin.« Ich drückte ihre Hand runter.

Ich drehte mich von Owen weg, und wir blieben im Kreis stehen. »Ich gehe hin und gebe ihm das Geschenk. Dann kann ich abschließen.«

Quinn starrte mich mit einem eingefrorenen Blick an, der sagte: *Verarsch uns nicht.*

»Wirklich.« Meine Stimme wurde hoch, was meine Absichten nicht unterstrich.

Quinn hob skeptisch die Augenbrauen.

»Doch, ehrlich.«

Quinn zuckte mit den Schultern. »Viel Spaß, aber das wird dein Untergang.«

»Mach doch, wenn du das machen willst.« Nala schob Quinn vorwärts. »Wir warten am Theater auf dich, ich schick dir den Standort.«

Beide verabschiedeten sich von mir, und ich ging zu Owen und erkannte, dass er nicht allein war. *Oh, Mist.* Ich sollte ihn nicht stören und wieder umdrehen, oder? *Ja, besser ich …*

»Felix?«

Na toll, ich stand schon vor ihm. »Äh, hi.«

»Wer ist dein Freund?« Eine ältere Frau lächelte mich an.

»Das, das ist Felix. Wir gehen beide ans UCC.« Owen blinzelte mehrfach, als glaubte er, dass er träumte, und sah zwischen uns hin und her. »Das ist meine Mam.«

»Freut mich, ich bin Deirdre.« Oh, wow, der Name klang toll. *Dia-drah. Memo an mich: zu Hause herausfinden, wie ich den Namen schreibe.*

»Felix.«

»Ich weiß.« Ich bin blöd, Owen hatte mich vorgestellt.

»Stimmt, sorry.« Hinter den beiden erkannte ich Eileen und

Fergus, die sich etwas bestellten und wegen irgendetwas wild gestikulierend diskutierten. Wobei Fergus mit seinem geblümten lila Hemd und dem rosa Stofftaschentuch, das aus der Hemdtasche ragte, weniger bedrohlich als Eileen wirkte.

»Schön, jemanden von Owens Freunden kennenzulernen.« Deirdre strich sich ihr dünnes Haar hinter ein Ohr und lächelte Owen an. »Wie ist er so. Mein Owen?«

Ein Arschloch. Ein Nähe hassender Fledermausdämon. Saugut im Bett. Okay, Letzteres strich ich. *Scharf.*

»Er ist –«

»Wir kennen uns kaum«, warf Owen ein, und seine Mam nickte verständnisvoll.

Wir kennen uns kaum?

Ich kam mir dämlich vor. Als wäre ich irgendein Depp, der sich zu einem Halbfremden und seiner Mutter dazustellt. Mein Körper wurde zu einem brodelnden Vulkan, der sich mehr und mehr aufheizte. Ich stellte meine Tüte auf den Tisch. »Stimmt, tut mir leid, dass ich Ihnen nicht mehr über Ihren Sohn verraten kann, aber ich wollte dem Unbekannten trotzdem das hier geben.« Ich schob sein Geschenk zu ihm. »Für deine Hilfe beim Lernen. Viel Spaß euch noch.«

Ich machte kehrt und biss meine Zähne zusammen.

»War das nicht dein Freund Felix?« Tja, blöd, wenn Eileen vor seiner Mutter zeigte, dass sie mich kannte. Hätte zu gerne gewusst, wie Owen das wohl erklärte.

Mit dieser Aktion sollte ich Owen aus meinem Herzen verbannen.

Ich hatte Nala und Quinn Bescheid gegeben, dass ich nicht mehr zu ihnen stoßen würde. Dank Owen hatte ich schlechte Laune, und mit dieser wollte ich den beiden nicht den Abend versauen. Ich verstand Owen nicht. Wenn wir gedatet hätten und er nicht geoutet gewesen wäre, hätte ich Verständnis gehabt. Niemals sollte jemand zu einem Outing gezwungen werden, zu dem er nicht bereit war. Aber Owen hatte selbst erzählt, seine Familie sei, was das anbelangte, eine Stütze.

Während ich einen Fluchtweg aus der Innenstadt zu mir nach Hause suchte, kam mir ein Gedanke: *Es liegt an dir. Du bist peinlich. Du bist eine Blamage. Sieh dich an. Dich lacht jeder aus. Wer will dich seinen Eltern vorstellen? Du bist schlaksig und klein, kein Mann.*

Ich schüttelte die gemeinen Sprüche ab. Wie ich damals in meiner – nach zwei Sitzungen überstürzt hingeschmissenen Therapie – gelernt hatte, fokussierte ich mich auf meine Atmung und auf das, was da war. Die Nacht. Die laute Stadt. Die bunten Lichterketten über einem Pub. Etwas weiter unten entdeckte ich Plakate, die den baldigen Weihnachtsmarkt GLOW ankündigten und eine Jubiläumsfeier mit dem Namen *Starlight in Our Dreams*, die ich mir nicht genauer durchlas. Verdammt, so lange war ich schon in Cork? Dass so was nicht mal mehr mein Interesse weckte?

Hinter dem Plakat stand jemand, mit der ich eine Rechnung zu begleichen hatte. Cork war ein scheiß Dorf.

»Hi, Scar.«

»Felix? Alles okay?«

Ich zog die Nase hoch. »Ja, danke.«

»Wegen dem Aufnahmeritual.« *Shit.* Sie war nicht betrunken genug gewesen, um mich zu vergessen.

»Weiß nicht, was du meinst.« Meine Zeigefinger rieben nervös gegen das Nagelbett meiner Daumen, weswegen es oft gerötet oder aufgekratzt war.

»Wie du willst. Jedenfalls, ich habe mit Yoshi geredet. Es tut mir leid, dass ich fies war.« Scar war völlig ungeschminkt. Die Haare hatte sie hinter die Ohren gestrichen. Sie trug eine einfache Jacke mit mehreren Taschen und eine weite Jeans, die aus mehreren Jeansstoffen mit neongelben Fäden zusammengenäht war.

»Tut mir leid, dich vor deinen Leuten bloßgestellt zu haben.

Ich hatte Schiss davor, ich könnte auffliegen und Probleme bekommen.« Dass ich mich jemals wieder mir Scar unterhalten würde, hätte ich nicht für möglich gehalten.

»Es ist wie eine süchtig machende Spirale. Sei froh, dass du da raus bist. Kaum jemand hat über dich geredet oder erinnert sich an dich. Nur Hudson fragt oft nach einem blonden Typen, aber nachdem ihn jemand schwul genannt hat, hat er aufgehört.« Scar sah um gefühlt zehn Jahre jünger aus, und ich erkannte violette Augenringe, die sie sonst abdeckte. »Was Yoshi betrifft … Sie hat dich nicht ausspioniert. Nicht wissentlich. Ja? Bitte, glaub ihr.«

»Also, an dem Abend«, ich sog die Luft ein, »den es natürlich nicht gegeben hat, schien es nicht, als hätte jemand ein Problem damit, schwul zu sein.« Schemenhaft tauchten Hudsons näher kommende Lippen in meinem Hirn auf, und ich spürte seine Lippen auf meinem Hals wie einen sanften Windzug, bis sich Olivers dazugesellten. Zu Yoshi sagte ich nichts mehr, da wir ohnehin wieder miteinander schrieben und das geklärt hatten. Warum sie Scar trotzdem noch mochte, verstand ich nicht.

»Die Feiern sind wie Parallelwelten. Das zählt nicht.« Scar riss für eine Sekunde ihre Augen weit auf und sah zu Boden, als erinnerte sie sich selbst an ein paar schräge Dinge. »Jedenfalls: Denk nicht mehr darüber nach, ja?«

Dasselbe hatte Quinn mir geraten. Ich nickte. »Klar.«

Scar schien mehr sagen zu wollen.

»Bye.« Nach einem scheuen Winken auf der Höhe meines Bauchnabels wollte ich weitergehen, bis mir etwas einfiel. »Oh, und Scar?«

»Hm?«

»Sei etwas netter zu Yoshiko. Ich glaube, sie ist die einzig wahre Freundin, die du hast.«

Scar lächelte traurig.

Ohne auf eine Antwort zu warten, setzte ich meinen Weg nach Hause fort. Ich steckte meine Kopfhörer in die Ohren und hörte *abcdefu* von GAYLE. Musik manipulierte meine Stimmung jedes Mal aufs Neue perfekt. Als der Beat umschwenkte und der Refrain startete, spürte ich meine aufrechtere Haltung, meinen selbstbewussteren Gang und dass meine Nase geradeaus und nicht mehr dem Boden zugeneigt war.

Zu Hause angekommen, streifte ich nicht nur meine Schuhe ab, sondern auch meine Schutzschilde. Mein Zimmer war endlich vor mir, und als ich in meinen sicheren Hafen reinstürzte, schlug ich die Tür zu. Auf dem kuscheligen Teppich in der Mitte legte ich mich auf den Rücken. Straßenlaternenlicht stahl sich durch die Fenster, und meine Brust hob und senkte sich langsam.

Im Ruhemodus tauchte er wieder in meinen Gedanken auf: Owen.

Wie scheinheilig war ich eigentlich? Stieß Owen von mir weg, weil unsere Geburtshoroskope nicht zusammenpassten, und war dann sauer, wenn er dasselbe tat und seine Keine-Nähe-Regel einhielt. Trotzdem hasste ich ihn im Moment.

Ich steckte mein Handy an meine Bluetoothboxen und spielte Ashlee Simpson mit *Catch Me When I Fall* ab. Ihre Musik verband ich mit den Samstagnachmittagen aus meiner Kindheit, in denen ich mit meiner Mutter auf MTV irgendwelche Realityshows geguckt hatte.

Danach öffnete ich Instagram und ging zu den neuen Benachrichtigungen.

Eine neue Followerin: Scar_Ozzzzz.

Ich klickte die Kamera an und machte ein Bild von mir auf dem dunklen, kuscheligen Teppich mit dem Straßenlaternenlicht und dem Schatten des Fensters in meinem Gesicht. Ein wenig bearbeitete ich das Bild und lud es mit dieser Bildunterschrift hoch: *Bewertung meines heutigen Tages: 1 von 10 Punkten – Can't recommend.* Tja, solche merkwürdigen Nächte in Cork konnte ich tatsächlich niemandem empfehlen.

Sofort erhielt ich den ersten Like samt Kommentar von Cara.

Meine Fresse, du scheiß Drama Queen, komme gleich.

Ich grinste und aktualisierte. Ein Like von Owen. Aktualisierte noch mal. Der Like war weg. Augenrollend sperrte ich mein Handy und legte es zur Seite.

In solchen Momenten dachte ich normalerweise darüber nach, was ich alles gäbe, um nicht ich zu sein. Doch das nervte mich. Warum fragte ich stattdessen nicht nach Akzeptanz? Nein, nicht einmal Akzeptanz. Ich wollte den anderen einfach scheißegal sein und mein verficktes Leben leben. Ohne Angst zu haben, falsch gekleidet zu sein, ohne Panik, jemand könnte mich mit einem Date erkennen und uns in der Öffentlichkeit beleidigen.

Wieder einmal musste meine Oma herhalten.

Hallo, ja, ich bin's wieder. Kannst du bitte zurückkommen? Ich meine: richtig real, im Ernst? Ich hasse gerade alles.

Ich wurde von einer Nachricht meines Vaters unterbrochen, die oben am Display auftauchte. Die Vorschau war verstörend. Herzrasen setzte ein. Sie begann mit *Bin so stolz …*

Was zum Universum?

Ich öffnete sie hastig.

Bin so stolz, wie du das in Cork meisterst. Wir haben gerade deine neuen Bilder von Cork gesehen. Ich könnte das nicht. Melde dich, wenn sich das ausgeht. Deine Mutter ist auch stolz, soll ich dir sagen.

Ich lachte auf. *Wenn sich das ausgeht.* Wie ich diese Phrase vermisste. Zeit fände ich, um mich zu melden. Ich wollte es nur nicht. Doch diese Nachricht trieb mir die Tränen in die Augen.

Mein Vater hatte seit Ewigkeiten nicht mehr gesagt, er wäre stolz auf mich. Selbst meine Mutter? Ich blinzelte, und die Tränen rollten meine Wangen hinab. Dicke, feuchte Tränen. Ich setzte mich auf.

Meine Eltern waren stolz auf mich. Mich? Mich. *Wow.* Hatte sie unser Abstand verleitet, mich zu vermissen? Ich drückte mein Handy an mein Herz.

Cara klopfte leise und öffnete die Tür. Das Licht aus dem Flur fiel kegelförmig auf mich. »Felix, was ist?«

Ich sah sie durch einen dicken Tränenschleier an, der sie wie ein verzerrtes Monster aussehen ließ. »Meine Eltern. Sie sind stolz auf mich.« Meine Mundwinkel zuckten nach unten, und mein Kinn bebte. »Stolz auf mich.«

Cara fiel vor mir auf die Knie und mir in die Arme. »Sch.«

Ich nickte in Caras Schulter. »Ja.« Sofort presste ich meine Lippen zusammen und biss von innen mit den Zähnen darauf, damit mir kein Schluchzen entkam.

Meine Nase lief und tropfte auf Caras Rücken. Sie streichelte über meinen Hinterkopf und umarmte mich, als würde sie versuchen, mich zusammenzuhalten, damit ich nicht zerbrach. »Ich liebe dich, Felix.«

»Ich dich auch, Cara.«

»Felix?«

»Ja?«

»Ich muss mit dir über Owen reden.« Nach diesem Satz wand ich mich aus der Umarmung und rutschte im Schneidersitz etwas zurück.

»Warum?« Ich wischte mir die Tränen weg.

»Du musst dich mit ihm treffen.« Cara drückte sich ebenfalls mit dem Mittelfinger ein paar Tränen aus dem Augenwinkel.

»Ist das ein Scherz?«

Cara schüttelte den Kopf. »Ich wünschte, es wäre einer.« Ihr Kopf bewegte sich von rechts nach links und wieder zurück. Dann noch mal. Sie meinte es ernst. Sie schüttelte den Kopf. Cara scherzte nicht.

»Glaub mir, ich will es selbst nicht wahrhaben, dass ich das sage, aber: Triff dich mit ihm. Ich kann dir nicht sagen, warum, aber tu es.« Ihr gigantischer Cardigan in seidenem Lila mit den Sternzeichenbildern darauf hing schief von einer Schulter. »Er hat dich in einem wichtigen Punkt angelogen, und ich glaube, du solltest dir wirklich anhören, was die Wahrheit ist.«

Sofort beugte ich mich vor, schob Caras Pony hoch und griff an ihre Stirn. »Du hast kein Fieber.«

»Felix.«

Ich setzte mich auf meine Beine und untersuchte Caras Augen, schob ihre violetten Lippen auf und inspizierte ihren Mund, keine Ahnung, was ich gedacht hatte, dort zu finden, bis auf ihr Tattoo an der Innenseite ihrer Unterlippe, und gab es auf. »Wie kannst du das von mir verlangen? Er hat mich heute verleugnet. Ich habe ihn mit seiner Mam getroffen, und sie hat gefragt, wie ihr Owen so sei, und er grätscht dazwischen mit: *Wir kennen uns kaum.* Oder so.« Mittlerweile könnte ich mit meinen Owen-O'Hickey-Imitationen auf Tour gehen. Owen O'Hickey. Was war das überhaupt für ein Name? Klang nach Schluckauf.

»Was?« Mit ihren Zähnen, die alle ein wenig Abstand zueinander hatten und nicht perfekt in einer Reihe standen, knabberte sie an ihrem Nagelbett herum. »Blödes Arschloch.«

»Willkommen in meiner Owen-Welt.« Ich zog mein Notizbuch unter meinem Bett hervor. Es war rot, mit Blüten, Pfauen und einem goldenen Farbschnitt. »Denkst du, ich könnte das schaffen? Die Schreibgruppe am UCC?«

»Ich habe dir öfter gesagt, dass dein Geburtshoroskop quasi *Künstler* schreit, weil es vor Inspiration trieft. Wenn du den Mut finden würdest, deine innere Muse zu beschwören, könntest du viel erreichen.« Ihre Hände bedeckten meinen Blick auf das Notizbuch, da sie mir meine Haare aus dem Gesicht strich. »Die Welt braucht ein Weihnachtsbuch von dir. Und keine hässlichen Herzchen mehr, die du überall hinzeichnest.«

Alles an Cara erinnerte mich an meine Oma. Fast, als wäre ein Teil ihrer Aura in Cara. »Triffst du dich mit Owen?«

»Hast du mir zugeredet, damit ich hingehe?«

»Na klar, und jetzt sag zu, du Esel.« Cara stand auf und reichte mir eine schwarze dünne Mappe, beklebt mit Astrologiestickern, Monden und Sonnen mit melancholischen Gesichtern. »Öffne das, wenn Owen dir die Wahrheit gesagt hat. Ich vertraue dir, dass du es nicht vorher tust.«

»Cara.«

»Doch, du gehst hin.« Sie zwinkerte mir verschwörerisch zu. »Ich weiß es«, sagte sie und zeigte auf ihre Tarotkartenkette. »Er wartet auf dich nach dem College morgen. Habe ihm von deinem Seminar erzählt.«

Mit meinem Fuß stieß ich die Tür hinter ihr zu und lag ein paar Minuten nur da. Sollte ich es machen? Owen treffen? Cara würde mir niemals etwas raten, das mich verletzte. Was könnte Owen mir sagen wollen? Zu viele Fragen. Ich beschloss, noch mal nach draußen zu gehen, zog mir meinen türkisen Wolkenmusterpulli über, auf dem in Grün *Head in the Clouds* stand – was mich treffend beschrieb –, und schritt nach unten. Vor Caras Tür hielt ich inne. Stimmen drangen aus ihrem Zimmer. Telefonierte sie mit Owen?

Ich lauschte.

»Papa, ich, lass mich ausreden. Mittlerweile verdiene ich echt viel Geld mit meinem Job, sieh es dir an und frag nicht wieder, ob ich etwas Richtiges mache. Ich …« Sie stritt wieder mit ihrer Familie. »Fang nicht mit meiner Schwester an. Nein, ich spreche nicht Griechisch, weil mich das an euch erinnert und ihr mich wie Scheiße behandelt. Scheiße noch mal.« Sie zog die Nase hoch. »Doch. Genau in diesem verfickten Ton.«

Mein Herz sank in meine Magengrube und wummerte gegen die Bauchdecke. Sie tat mir leid. Ich würde morgen mit Owen reden.

Draußen nieselte es. Der feine Regen kitzelte mein Gesicht, und ich dachte über meine Weihnachtsgeschichte nach. Nach langer Zeit hatte ich den Kopf ein wenig frei dafür. Stellte mir vor, wie meine beiden Hauptfiguren sich endlich küssten, unter den Tausenden, bunten Lichtern des Weihnachtsbaums vor all den Menschen denen der Love Interest trotzte. Und dass er stolz war, meinen Protagonisten als seinen Freund bezeichnen zu dürfen. So stolz, dass es die Angst vor den Reaktionen der anderen aufwog.

Wäre ich nur auch so mutig und stolz.

An jeder zweiten Ecke standen Straßenmusiker, die das Stadtbild prägten wie der Eiffelturm Paris. Zu ihren Füßen befanden sich offene Gitarrenkoffer voller Hoffnung auf den erleichternden Geldregen.

Betrunkene Teenager rangelten, stießen sich gegen heruntergelassene Rollläden von Shops, lachten, grölten, bis zwei junge Frauen beinahe in den kleinen Brunnen fielen, über den gebeugt sie sich gerade küssten.

Eine Dreiergruppe betete dahinter zwei Wodkaflaschen an. Auf der anderen Straßenseite drehten sich zwei Frauen in knappen schwarzen Kleidern mit herunterhängenden weißen Jäckchen im Kreis und hatten Zigaretten locker im Mundwinkel hängen. Dazwischen Autos, Gehupe, alte Häuser, bunte Türen, Leute, die vor alten Pubs an hohen Tischen mit Barhocker saßen und philosophierten. Und irgendwo: ich.

Keine Ahnung, wie lange ich gelaufen war, bis ich an einem Club hielt, vor dem bunte Lichterkreise hingen, die gemeinsam ein Unendlichkeitssymbol in Regenbogenfarben ergaben. Davor erkannte ich Robin. Knutschend mit einem Typen, den er gegen einen Busch drückte, bis beide halb darin saßen. Stimmt, Robin hatte in seiner Instagramstory erwähnt, dass er heute ins *Sailors & Soldiers* ging.

Ich musste grinsen. In Cork fand ich gefühlt hinter jeden Ecke einen mir bekannten Menschen. Freude stieg in mir hoch. Robin lebte so, wie ich es mir manchmal wünschen würde, es mich zu trauen, und dabei behielt er diese unverschämte Coolness bei. Hatte ich gerade das Wort *cool* verwendet? *Ugh.* Ich musste nach Hause. Nach Hause und aufhören, an Owen zu denken. An Owen und sein Lächeln. Seine tiefblauen Augen. Und alles, was sich abwärts befand. Manchmal wünschte ich, ich könnte die Wärme, die Owen ausstrahlen konnte, in einem Marmeladenglas einfangen und in Caras Vorratskammer aufbewahren.

Bevor es nach Hause ging, legte ich einen Abstecher zur *Venus Fire Bar* ein. Die paar Seitenstraßen konnte ich auch noch mitnehmen. Vor der Bar angekommen, die mich an Owens und mein Aufeinandertreffen und unseren Grilltag erinnerte, lugte ich durch das Fenster hinein. Es schien einer von Eileens berühmten Abenden zu sein, an denen Musiker und Musikerinnen auftreten durften.

Durch das gekippte Fenster drang der Gesang nach draußen. Eine wunderschöne sanfte Frauenstimme sang *Mamma Mia*-Songs, aber auf eine melancholische, düstere Art und Weise. Die zerbrechliche Stimme ging mir durch und durch und bescherte mir eine Gänsehaut. Sie coverte *Lay All Your Love on Me,* nachdem *Money, Money, Money* geendet hatte. Dazu die Klänge des Keyboards ihrer Partnerin. *Wow.*

Das Lied endete, und die Leute drinnen applaudierten. Endlich schaffte ich es, mich von ihren geisterhaften Erscheinungen zu lösen, und schaute rüber zur Bar. Zu Eileen. Zu Eileen, die mir mitten in die Augen sah.

Ich hob meine Hand und winkte ihr. Sie winkte zurück. Sie sagte nichts, sie bat mich auch nicht rein, trotzdem kam es mir vor, als verstand ich ihre Gedanken: *Triff dich mit ihm.*

Kapitel 28

Owen

Die Liebeskompatibilität wird nicht nur durch die beiden Sonnenzeichen berechnet, sondern durch das gesamte Geburtshoroskop, deshalb ist jedes Detail entscheidend.

Der Tag war gekommen. Der Tag der Wahrheit. Bevor ich mich Felix widmen konnte, hatte ich noch eine Sache wiedergutzumachen. Meine Mam.

Sie lief gerade neben mir her und bestaunte das UCC.

»Danke, dass du mich mitnimmst, Schatz.« Sie klang begeistert und begutachtete die alten Räumlichkeiten vom Flur aus durch die offenen Türen, als besuchten wir ein Museum. Obwohl, irgendwie war das Hauptgebäude des UCC das ja auch.

Zum Glück hatte ich mich gestern mit meiner Mam ausgesprochen und ihr die Sorge genommen, ich gäbe ihr die Schuld, dass Dad dieses Mal so lange wegblieb oder sie mich an meine Ängste erinnert hätte. Niemals hätte ich sie dafür beschuldigt, doch sie quälte sich offenbar genau damit. Da erkannte ich wieder, wie jeder Mensch in seiner eigenen Realität, mit eigenen Ängsten lebte. Mir war natürlich klar, dass mein Dad ebenfalls eine schwere Zeit durchmachte. Er hatte seinen Vater an eine Krankheit verloren, die ihm ebenfalls diagnostiziert wurde. Das lag nicht an uns. Dass er im Moment seine Zeit alleine brauchte. Er war noch nie der Mensch gewesen, der über Gefühle redete. Daher war es eben sein ganz eigener Weg, damit umzugehen. Obwohl ich nicht leugnen konnte, dass er mir fehlte. Ich leugnete es natürlich trotzdem. Umso mehr war es mir ein Anliegen, Mam zu treffen und ihr persönlich ein gutes Gefühl zu vermitteln.

»Freut mich, dass du dich freust.« Ich hasste dieses freudige Schlagen meines Herzens. Denn es bedeutete, ich machte mich gegenüber meiner Mam wieder verletzlich. Ich hasste es, wie schwerelos und lichtdurchflutet mein Körper dahinschwebte. Der Fall aus dieser glückseligen Höhe würde schmerzhaft werden.

Ihre Wärme, ihr Geruch, ihre Stimme, alles hatte mir gefehlt, kein Geheimnis, aber all das jetzt zuzulassen, verlangte mir einiges ab. Ständig blitzten Erinnerungen an Colins Beerdigung vor meinem geistigen Auge auf. Oder die Besuche im Pflegeheim bei meinem Opa, in dem er mehr und mehr gelitten hatte, bis er wie ein mit Haut überzogenes Skelett dalag, jedes Mal mit salziger, eingetrockneter Tränenspur an den Augen und verkrampften Parkinsonarmen in der Höhe. Und wir. Wie Fremde für ihn.

Ich schüttelte den Kopf. Dennoch konnte es so nicht weitergehen, und mir wurde schlecht dabei, wenn ich daran dachte, wie ich Felix gestern beim Hotdog-Stand behandelt hatte. Der Schock, die Enttäuschung in seinem Gesicht, fraß mich auf.

»Mam?«

»Ja, mein Schatz?« Sie sah mich nicht an, sondern inspizierte im Vorbeigehen alte Pokale hinter Glasvitrinen und die dazugehörigen Schwarz-Weiß-Bilder. Meine Mam liebte diese Familiengenerationsdramen und schrieb sie selbst aus Spaß gern. Ich stellte mir vor, wie sie anhand der Namen auf den Pokalen irgendwelche Geschichten knüpfte. Sie würde Felix lieben.

Apropos Felix. Ich wollte über ihn sprechen. »Felix von gestern.«

Sofort hielt sie inne und schenkte mir ihre volle Aufmerksamkeit. »Ja?«

»Ich kenne ihn doch ganz gut.« Ich fühlte mich wie damals, als meine Mam mich auf meinen Internetverlauf angesprochen und ich ihr gestanden hatte, dass ich auf Männer stehe.

»Aber Owen.« Ihre Hand schnellte hoch zu ihrer Brust, und die Empörung schwappte wie eine heiße Welle bis zu mir. »Wie konntest du ihn so ruppig wegschicken? Der arme Junge. Seid ihr zusammen? Hast du dich vor mir geschämt? Habe ich dir jemals das Gefühl gegeben, du könntest nicht offen mit mir reden?«

»Nein. Ich habe mich nicht geschämt.« Ich stoppte mitten im Satz, als zwei Studierende an uns vorbeigingen, und wartete, bis sie abgebogen waren. »Ich habe dir gestern erklärt, ich habe dich nicht gemieden, weil ich dich und generell unsere Familie nicht mag, sondern weil es mir schwerfällt. Ich habe Angst, euch irgendwann zu verlieren und dass ich ebenfalls Parkinson bekomme, euch zur Last werde oder wie Dad nicht damit klarkomme.«

»Ich weiß, Owen.« Ihre Hände umhüllten meine. Dieses behütete Gefühl hatte ich ewig nicht mehr gespürt. Ich mochte es. Wirklich. Gleichzeitig machte es mich unsicher, und ich bohrte meinen Blick auf den knarrenden Holzboden. »Trotzdem ist das nicht nett von dir gewesen. Weiß Felix, wie es in dir aussieht?«

Ich schüttelte den Kopf. »Nicht wirklich.« Jetzt sah ich Mam doch wieder an. »Oh. Du meinst, er denkt, ich hätte mich für ihn geschämt, oder?« Ich hatte nur an mich gedacht und nicht daran, wie streng Felix zu sich war.

»Genau. Das ist mein erster Gedanke gewesen und ich bin mir sicher, auch seiner.« In dem schmalen Gesicht meiner Mam bogen sich die zu dünn gezupften Brauen nach oben zu ihrem hohen, leicht ergrauten Haaransatz.

»Scheiße.« Benommen schritt ich rückwärts, bis ich gegen

die Steinbänke stieß, die in das Mauerwerk eingebaut waren, und setzte mich vor eines der bunten Fenster. »Ich Arschloch.«

»Owen. Sprich nicht so.« Vorsichtig ging Mam vor mir in die Hocke und achtete dabei auf ihren Faltenrock. »Wenn du einen Fehler gemacht hast, entschuldige dich bei ihm. Magst du ihn?«

»Ich, äh, nein.« *Ach, keine Ahnung.*

»Owen.« Die Skepsis in Mams Stimme war unmöglich zu überhören. »Genauso ein Nein wie damals, als du gemeint hast, du hättest nicht nach heißen, verschwitzten Typen im Internet gesucht?«

Ich sog die Luft scharf ein. »Mam.« Meine Stimme überschlug sich, und ich sah mich im Flur um. »Bitte.« Ich vergrub mein Gesicht in meinen Händen. Irrelevant, wie alt ich war, Mam schaffte es, mich zu blamieren.

Ihr belustigtes Kichern konnte sie sich sparen. »Ich erwähne es nicht mehr, wenn du nach Hause kommst. Bald ist dein Studium vorbei, und du hast öfter Zeit, ja? Hast du einen Job?«

Ich verweilte in meiner Gesicht-in-den-Händen-Position und wäre am liebsten festgefroren. Ich hatte ihr immer noch nichts von England erzählt.

»Noch nicht, ja, mach ich.« Langsam verfloss die Scham, und ich linste zwischen meinen Fingern hindurch, direkt auf die goldene, filigrane Uhr meiner Mam. »Es ist so spät?«

Da ich etwas ruckartig aufstand, stolperte meine Mam ein paar Schritte zurück. »Ich muss weg. Aber wir sehen uns, okay?«

»Zu Felix?«

Mein Mund öffnete sich, und ich merkte, wie ich bei dem Gedanken an ihn verlegen wurde. Ich kratzte mich am Nacken, um mit meinem Arm mein Grinsen zu verbergen, und fokussierte mich auf die Pokale neben uns. »Ähm.«

»Alles klar. Hau ab, ich finde den Weg raus.«

»Danke. Für deine Geduld. Für alles.« Zunächst zögerte ich, umarmte sie dann aber doch. Mit all der Liebe, die ich mir selbst verboten hatte. Sie wieder in mein Leben zu lassen, schnitt mir die Luft ab, und gleichzeitig brauchte ich sie. Ich wollte sie nicht verlieren. Ich wollte nicht wieder diesen Schmerz des Verlusts spüren. Aber das war das Leben. Idan, mit dem ich mein letztes Date verbracht hatte, tauchte mit seinem fröhlichen Gesicht vor mir auf. Er hatte mir eine Lektion erteilt, die mir im Gedächtnis geblieben war. Es hatte mir gutgetan, jemanden wie ihn zu treffen.

»Dafür sind Mütter da.« Ihre zarten Hände strichen über meinen Rücken, bis sie aufhörte und zweimal darauf klopfte. »Und jetzt geh.«

Rasch prägte ich mir ihr liebliches, zerbrechliches Wesen ein, die dünnen Haare, von denen sie zwei Strähnen nach hinten geflochten hatte, und ihre gütigen Augen. »Bis bald.«

Ich lief los. Vorbei an einem Typen, der in gedeckte Farben gekleidet mit einer großen Brille ein altes, vergilbtes Buch las.

»Vorsicht!« Ich trennte mit meinem Ruf das küssende Pärchen, das leise das Lied *Act My Age* aus einem Handy abspielte, hetzte zwischen ihnen hindurch und verließ das Gebäude.

Im Laufen eilte ich über eine Brücke, begleitet vom Rauschen des River Lee, und betrat das alte Backsteingebäude mit dem weißen Stuck und den dunklen Fensterläden, in dem sich Felix' Seminarraum befand.

Cara sei Dank wusste ich das.

Zu spät, zu spät, zu spät. Während ich die Stiegen hochsprintete, sah ich auf meine Handinnenfläche: Raum 104.

Vor dem Raum angekommen, riss ich die Tür auf, in der Hoffnung, dass Felix eventuell gerade noch seine Sachen wegräumte. Das tat er nicht. Er saß nämlich da. Und alle anderen auch. In einem abgedunkelten Raum, in dem noch der Projektor lief und der Prof mit einem Laserpointer auf eine Folie zeigte mit dem Namen: *The Postcolonial State.*

Wie ein Eindringling stand ich da und erkannte Felix, der sich umgedreht hatte. Seine Augen weit geöffnet.

»Ich nehme an, die Seminarstunde läuft noch.« Ich stützte meinen Arm abgewinkelt gegen den Türrahmen. »Oh, und: Hi.«

»Da nehmen Sie richtig an, Mister …«

»O'Hickey. Letztes Semester *Kognitive Krankheiten.*«

»Das Seminar beende ich. Und wenn draußen eine Zombieapokalypse ausbricht.«

Ich nickte. »Damit kann ich leben – weil, dann bringt Weglaufen eh nichts mehr, schätze ich.«

»Mister O'Hickey, wollen Sie mich nerven, oder was?«

»Sorry, nein.« Ich deutete über meine Schulter. »Ich warte draußen.«

Bevor ich die Tür schloss, zwinkerte ich Felix zu.

Felix hatte mich nach seinem Nachmittagsseminar nicht ignoriert und war vor mir geflohen, sondern hatte sich mir angeschlossen. Dankbar nahm ich diese Chance wahr und sendete gedanklich eine Umarmung an Cara, ohne die das nicht möglich gewesen wäre. Ich durfte diesen Ausflug nicht vermasseln. Zuvor musste ich es erst mal schaffen, die verdammte Busfahrt zu überleben.

Der dritte Bus, seitdem Felix und ich an der Haltestelle angekommen waren, stand ratternd vor uns. Die Busfahrerin mit dem strengen Bob starrte uns an und fragte zum zweiten Mal, ob wir mitfahren wollten. Ich hatte mir fest vorgenommen, keine Angst vor der Fahrt zu haben. Tja. Daraus wurde wohl nichts.

»J-Ja, gleich.« Meine Stimme war ein Krächzen, und ich stützte mich an der Straßenlaterne, auf der auch der Busfahrplan angebracht war, ab.

Felix wusste von meiner Angst vor dem Fahren und von meinem Bruder, und er drängte mich nicht. Bei jedem Bus, den wir versäumt hatten, hatte er geduldig gesagt, es mache nichts, und sich wieder gesetzt.

»Mensch, hab keine Zeit mehr.« Die Busfahrerin brummte genervt und bewegte den Schaltknüppel. »Der nächste Bus kommt gleich. Muss meine Anschlüsse erwischen.«

Die Tür schloss sich langsam.

Ich wollte enttäuscht zu Boden blicken, da streckte Felix sein Bein aus, und der Sensor an der Bustür sorgte dafür, dass sie wieder aufging.

»Sag, wollt ihr mich verarschen? Ich rufe gleich die Polizei, und –«

»Wir steigen ein.« Ich hatte noch nie erlebt, dass Felix jemanden anfuhr. Bis auf mich.

Mein Körper bebte, und ich spürte das Zittern bis in meinen Bauch hinein, selbst meine Blase vibrierte, und mein Sack zog sich zusammen. Der Schweiß brannte heiß unter meinen Achseln, und ich glaubte, mich jeden Moment übergeben zu müssen.

Felix nahm meine Hand. Mein Herzschlag beschleunigte sich, und als ich zu ihm aufsah, bemerkte ich, wie er krampfhaft von der Busfahrerin wegblickte, damit er ihre Reaktion nicht sehen musste. Aber ich sah sie. Und sie wirkte genauso genervt wie zuvor. Felix kostete es bestimmt Überwindung, in der Öffentlichkeit meine Hand zu nehmen, wenngleich es weniger liebevoll als unterstützend gedacht war.

»Komm. Ich verspreche dir, es passiert nichts, ja? Aber wir können auch hierbleiben.« Obwohl ich Felix beschissen behandelt hatte, nutzte er meine Schwächen nicht aus, um es mir heimzuzahlen. Wie konnte jemand so höflich und nett sein?

»S-sicher?« Blöde Frage, woher sollte Felix wissen, ob wir im nächsten Moment nicht einen gigantischen Autounfall hätten.

»Ja.« Felix grinste breit, ohne seine Zähne zu zeigen. Sein Strahlen, unterstrichen von der Nachmittagssonne, die durch seine blonden welligen Haare schien, erwärmte mein Herz und verdrängte für eine Sekunde meine Angst. Zu gern hätte ich dieses aufbauende Lächeln fotografiert und aufbewahrt.

Ich stieg zuerst ein und kaufte unsere Tickets. Schließlich wusste Felix nicht, wohin es ging.

»Danke«, flüsterte ich der Busfahrerin zu, die weiterhin grimmig dreinblickte.

»Rein mit euch.«

Wir setzten uns, die Tür schloss sich, und wir fuhren los. Mit beiden Händen klammerte ich mich an den Griff neben mir unterm Fenster und presste die Augen zusammen. Ich würde sterben. Sterben. Sterben. Wie Colin. Gleich würde ich einen lauten Knall hören. Das Metall presste sich zusammen. Und ich spürte die Glassplitter, die sich in meine Haut schnitten, das Blech des Busses, das sich in meinen Körper drückte, und den Sitz, der meine Beine einklemmte. Ich stellte mir den Gesichtsausdruck meines Bruders vor. Die Sekunde, bevor er merkte, gleich wäre es für ihn vorbei. Der Schock. Die aufgerissenen Augen.

»Ow. Hey. Es ist alles gut. Wir fahren. Ich bin da.« Felix legte seine Hand auf meinen Unterarm, und sein Gesicht war nahe bei mir. Der verblassende Duft seines Parfüms strömte in meine Nase.

Ich kreiste meinen Unterkiefer, der vom festen Zähnezusammenbeißen schmerzte. »Es tut mir leid«, nuschelte ich.

»Macht nichts. Muss dir nicht peinlich sein.«

»Nicht das. Also das auch.« Wieder ruckelte es, und ich kniff meine Zehen zusammen. »Dass ich dich verleugnet habe. Beim Hotdog-Stand. Das ist eigentlich unverzeihlich.«

»Schon gut.«

»Nein. Ich weiß, du denkst dir, du hättest es nicht anders verdient, und es tut mir noch mehr leid, dass, ugh.« Der Bus bremste etwas zu scharf, wobei das wohl außer mir niemand so sah. »Ich dir dieses Gefühl gegeben habe, diesen Gedanken heraufbeschworen habe. Das wird nie wieder vorkommen. Okay?«

»Okay. Danke.« Felix sah weg, ich erkannte jedoch einen Mundwinkel nach oben zucken.

Vor dem Fenster zog Cork an uns vorbei. Der Brunnen vor Fergus' Laden, an dem auch Eileen in diesem Moment vorbeiging. Die bunten Häuser. Der glitzernde River Lee. Die Autos, die meinen Magen sich zusammenziehen ließen, wenn sie zu nahe kamen oder uns zu rasch überholten. Die Gespräche, die Musik und die knackenden Wasserflaschen im Bus. Alles war normal. Es dauerte lange, bis ich mich ein wenig entspannen konnte, aber vor allem der langsame Verkehr, der sich außerhalb von Cork Stadt verdichtete, half mir, mich zu beruhigen. Solang es zögerlich voranging, konnte kein schwerwiegender Autounfall passieren.

»Danke. Scheiße, bin ich peinlich.«

»Ach, was.« Felix zog eine Wasserflasche aus seiner Umhängetasche und reichte sie mir.

Ich drückte mir die kühle Flasche gegen die Wangen und Augen. »Danke.« Zwei, drei Schlucke später ging es meinem Körper innerlich besser.

»Du kannst stolz auf dich sein. Aber was machen wir überhaupt?« Felix beugte sich in den Gang und wagte einen Blick durch die Frontscheibe, zuckte aber mit den Schultern, da er sowieso keinen Plan von Cork hatte.

»Cara hat nichts erwähnt?«

»Nope.«

»Na ja, ich dachte, wir verbinden unser Sternzeichen-Experiment und deine Seminararbeit. Cara hat für mich, mit meiner Erlaubnis, ein letztes Date ge-nicht-matched. Soll wohl echt null passen. Quasi unser Abschluss fürs Experiment. Alles oder nichts. Wer gewinnt, hat recht.« Je mehr ich erzählte, desto mehr merkte ich, wie Felix' Gesicht versteinerte, ehe er ein knappes Lächeln aufsetzte. »Und ich zeige dir inzwischen Cork. Nicht die Stadt Cork. Das Land Cork. Es ist wie du.« Was sagte ich denn da wieder? »Also, ähm. So ruhig, idyllisch, und gleichzeitig strahlt es in sattem, hoffnungsvollem Grün.«

Felix kratzte sich an der Nase und riss mir die Flasche aus der

Hand, um sie sich gegen die errötende Wange zu legen. »Okay, danke. Heiß hier, oder? So im Bus, mein ich.« Gleich danach zog er an seinem Kragen, um sich mit der Hand Luft hineinzuwedeln. »Dann ist das also das Ende unseres Experiments, aber wenn Cara dein Anti-Match-Date ausgemacht hat, werden wir bestimmt gewinnen. Hoffe ich … Also für unsere Wette.«

Mein Lächeln verging mir, als der Bus über irgendetwas fuhr, es ruckelte und rumste. Ich wollte mich an etwas klammern und erwischte rechts von mir Felix' Hand. Ein Knistern ging von der Berührung aus, zog sich durch meinen Arm wie ein Blitz hoch und donnerte in meine Brust.

»Sorry.« Ich zog meine Hand weg und legte meine Stirn an das Fenster. »Aber ja, natürlich nur für die Wette.« Grinsend drehte ich mich weg.

»Hey. Selbstverständlich nur für die Wette. Nicht wegen mir. Mir wäre egal, ob du den magst oder nicht.«

»Okay, okay, wie du meinst.« Die Scheibe beschlug unter meinem Atem, und ich malte den Anfangsbuchstaben des Namens meines Bruders drauf. Wir fuhren die meiste Zeit zwischen Reihen aus Büschen und Bäumen durch, bis für einen kurzen Moment die Mündung des River Lee ins Meer auftauchte. Auf der gegenüberliegenden Seite betrachtete ich die Villen zwischen den Bäumen, die ich als Kind stets bewundert hatte, wenn wir diese Straße benutzt hatten.

»Ow?«

»Hm?«

»Hier.« Mit einem Auge lugte ich zu Felix, der mir einen Kopfhörer entgegenhielt. »Vielleicht hilft dir das zu entspannen.«

»Oh, danke.« Ich nahm den Kopfhörer.

Alexz Johnson. *This is Heartache.*

»Ich liebe sie.« Ihre Stimme beruhigte mich, seitdem Colin sie mir gezeigt hatte.

»Ich weiß, hab es in deiner Wohnung gesehen.«

»Oh.«

»Woher kennst du sie?«, sagten wir gleichzeitig und schnaubten beide belustigt auf.

»Von meinem Bruder, und du?«

»Von einer Serie, in der sie mitgespielt hat.« Stimmt, daran hatte ich gar nicht mehr gedacht.

Felix' hoffnungsvolle Augen beruhigten den Sturm in meinem Kopf. Konnte all das Zufall sein? Der Gedanke, dass die Sterne, egal, wo wir auf der Welt geboren worden waren, dafür gesorgt hätten, dass wir uns kennenlernen, gefiel mir. Oder? Ach, fuck, was dachte ich da?

»Du hast gesagt, du magst Weihnachten nicht, aber unter deinem Bett habe ich eine Kiste gesehen.« Felix wurde leiser.

»Was hat meine Spielzeugkiste mit Weihnachten zu tun?«

Felix lachte auf und stupste mich an der Schulter. »Nicht die. Warte, was? So eine gibt es auch?«

Sofort setzte ich meine Vortragsstimme auf. »Es ist wissenschaftlich erwiesen, dass es gut ist, auf diese Art und Weise seinen Geist zu entspannen.«

»Hm, muss ich mir ansehen.« Felix warf mir nach dieser Aussage einen fordernden Blick zu, der meinen Körper kribbeln ließ.

»Depp.« Ich hob meinen Rucksack hoch und legte ihn auf meinen Schoß.

»Ich meine die andere.« Felix blinzelte von meinem Rucksack weg zu mir.

Ich seufzte. »Ich liebe Weihnachten, okay? Es ist jedoch ein Fest, das viel aufwirbelt. Also vermeide ich es.«

»Aber –«

»Okay?«, wiederholte ich eindringlich, um das Thema zu beenden

»Okay.« Der alte Bussitz mit dem braunen Retromuster und den gelb-orangefarbenen Kreisen knackte, als Felix sich näher zu mir setzte und unsere Arme sich berührten, aneinanderklebten und über unserer Schnittstelle Funken versprühten. »Wegen der anderen Kiste noch mal.«

»Felix, stoooopp.«

Nine Crimes von The Glass Child spielte sich von selbst ab, und ich war überrascht, dass es auf Felix' Liste war. Mein Bruder Colin hatte das Lied oft gehört, und der war bekannt dafür gewesen, extra Anti-Mainstream-Zeug zu hören.

Der uralte Bus bog ab und hielt an der Bushaltestelle der Ferry Road von Butlerstown North direkt an meinem Lieblingsort in Cork County: dem Strand von Fountainstown.

Der erste Mensch, der den Bus verließ? Ich. Ob ich darauf stolz war, mich sogar noch vor einer alten Frau rausgedrängt zu haben? Nein.

Der feste Boden unter meinen Füßen und der Meereswind erdeten mich. Meine Brust lockerte sich, meine Lungen waren wieder fähig, sich ganz mit Sauerstoff zu füllen. Die Entspannung erlaubte es mir, mich an der Umgebung zu erfreuen.

Nichts hatte sich verändert. Die kleine kniehohe Mauer vor dem Strand, auf der kleine Kinder saßen und hin und her wippten. Der Parkplatz davor, wo Eltern die Essensreste von der Fahrt einklaubten. Die graue See, die sich schäumend auf dem steinigen Strand aufbaute und weiße Schlieren hinterließ.

»Das Meer.« Felix hüpfte von einem Bein auf das andere und klatschte in die Hände. »Es ist umwerfend.«

»Gar nicht zu unblau? Ohne Sand und Palmen?« Dieser Ort bedeutete mir viel, ich hoffte, Felix gefiel er auch.

»Es ist perfekt.« Seine Augen glitzerten, als er mich ansah und gleich danach loslaufen wollte.

»Warte.« Der weiche Stoff seines Pullis glitt unter meine Finger, und ich erwischte ihn noch, bevor er wie ein Erdmännchen zum Wasser lief, ängstlich den Kopf hochgereckt, um sich vor den Menschen in Acht zu nehmen.

»Was ist?« Felix knabberte unsicher auf seiner Unterlippe. »Ist erst noch dein Date?«

»Nein, nein. Ich will dir etwas anderes zeigen, bevor wir an den Strand gehen.« Salzige, feuchte Luft benetzte meine Wangen, und der irische Wind wehte mir ein paar rote Strähnen wie dünne Würmchen vor meine Augen.

Die Sonne ging gerade unter, und die Wolken verzogen sich. Langsam breitete sich ein rötlich gelbes Sonnenuntergangslicht dahinter aus. Es kündigte sich wie ein Flammenmeer an, das aber noch ein Weilchen brauchte, bevor es bei uns angelangt war.

Felix drehte sich um, wodurch sein Ärmel aus meiner Hand glitt, und linste zu mir. »Etwas anderes?«

Okay, hier gab es nicht viel bis auf den Strand sowie links und rechts zwei hügelige Landstreifen mit einigen Häusern, die weiße Tupfer mit grauen Dächern in die grüne Landschaft malten. Doch eines dieser Häuser war besonders.

»Lass dich überraschen.«

»Ich bin da kein Fan von, weil dann kann ich mich seelisch nicht drauf vorbereiten, was passiert. Muss ich mir irgendwelche Small-Talk-Themen zurechtlegen? Werden da Menschen sein, mit denen ich reden muss? Werden da viele Blicke auf mir liegen? Könnten die mich etwas Spontanes fragen, und mir fällt keine Antwort ein? Bin ich dafür angemessen angezogen? Ist –«

»Felix.« Bevor er sich den Mund trocken redete, unterbrach ich ihn lieber. »Halt den Mund und komm endlich mit.«

Kapitel 29

Felix

Dein Geburtshoroskop ist kein Regelwerk, kein in Stein gemeißeltes Instrument, das sich nicht verändert, und es soll dich nicht ein Korsett zwängen. Wenn du andere verletzt, passiert das, weil du absichtlich oder unabsichtlich gemein gewesen bist, nicht, weil dein Sonnenzeichen Widder ist. Es soll dir helfen, dich mit dir auseinanderzusetzen und zu wachsen.

Das Pflegezentrum Nievas für ältere Menschen erinnerte mich an ein Lächeln. Wenn ein Gebäude wie ein Grinsen wäre, dann dieses. Anders konnte ich es nicht beschreiben. Der große, offene Aufenthaltsraum mit der riesigen Fensterfront, die einen herrlichen Blick aufs Meer bot, tat sich vor mir auf. Überall saßen Menschen an Tischen, tratschten, bekamen Kaffee eingeschenkt oder spielten Karten. Beim Betreten linste ich hoch zur verglasten Holzdecke. Gebastelte Vögel hingen an Schnüren herab, und Pflanzen rankten sich an den Holzbalken entlang. Die Lasur glänzte frisch.

»Gefällt es dir?« Owen zupfte an seinem Hemd, richtete sich den Kragen und strich seine Haare zurecht. »Das mit den Pflanzen ist meine Idee gewesen.«

»Deine Idee, wieso?«

»Wenn das nicht O'Hickey ist.« Ein älterer Mann im Rollstuhl beendete mein Nachhaken und bewegte sich aus dem Meer von ergrauten Haaren und Glatzen zwischen den Tischen in unsere Richtung. »Wie lange bist du nicht mehr bei uns gewesen? Schämst du dich nicht?« Sein Grinsen wirkte so frech und schelmisch, dass ich mir vorstellen konnte, dass er ein Rowdy gewesen war, der seine Eltern mit dem Schalk in den Augen angrinste, während er etwas wissentlich Verbotenes tat.

Zwischen zwei Haarbüscheln schien Vicente – sein Name stand auf einem bunten Namensschild – die Sonne auf die gebräunte Glatze.

»Ähm, Vic, sorry. Ist etwas her, nicht?«

»Etwas her?« Vicentes tiefe, bebende Stimme hallte durch den Raum. »Untertreibungen sind dein Spezialgebiet.«

»Untertreibungen und Owen? Klingt nicht nach dem Kerl, den ich kenne.« Ich musterte ihn und dachte zurück an die Zeit, als er mich von seinen umwerfenden Guide-Fähigkeiten überzeugen wollte.

»Hey. Ich bin eine beseidene Perschon. Bescheidene Person.« Owen lachte auf, weil sich sein *Person* mit *bescheiden* beim Aussprechen vermischte, und fuhr fort: »Akzeptier das. Ich bin die beste bescheidene Person der Welt.« Was so ziemlich die unbescheidenste Aussage des Jahrhunderts war.

»Okay. Wow. Diese Missachtung gegenüber allen bescheidenen Menschen schmerzt. Du kannst die beiden Worte nicht einmal aussprechen.« Ich griff mir gespielt verletzt auf die Stelle über meinem Herzen.

»Den mag ich, der ist lustig.« Vicente zeigte auf mich, und seine Ohren wackelten beim Lachen mitsamt der Härchen, die aus ihnen rauswuchsen. »Wie heißt du überhaupt? Stellen sich die Leute bei euch nicht mehr vor? Ist das nicht mehr cool?« Vicente untermalte seine Behauptungen mit merkwürdigen Rapperbewegungen, wobei ich seine geschwollenen Knöchel und krummen Finger bemerkte.

»Klar, sorry. Felix Novak.«

»Du bist aber kein Ire. Dein Akzent ist anders.«

»Österreich.«

»Da bin ich gewesen, ist schön da. Ich vermisse meine Heimat Chile, aber die Liebe hat mich nach Irland geführt, und jetzt verrecke ich hier.« Er deutete neben sich. »Und die Pflegerinnen beschaffen mir keinen Rum.«

»Chile ist bestimmt schön. Äh. Ich sehe mich ein wenig um und lasse euch beide in Erinnerungen schwelgen.« Lieber erkundigte ich den Rest des Zentrums. So spontane Gespräche konnte ich nicht.

Ich hielt vor einer Abzweigung aus Gängen, die aus dem Aufenthaltsraum führten, und wählte den hinteren. Auf Pinnwänden hingen Fotos von Menschen. »Das Herz von Nievas«, las ich laut vor.

»Nievas ist der Mann, der das Pflegezentrum gegründet hat.« Die helle Stimme ließ mich zusammenzucken.

Hinter mir stand eine gekrümmte ältere Dame in einem altrosa Kostüm und mit langen weißen Haaren. »Habe ich dich erschreckt, mein Junge? Tut mir leid. Ich bin Bedelia.«

»Schon gut. Nievas, ja? Aus Argentinien?« Ich gab mir Mühe, den Namen *Niah-was* auszusprechen wie sie.

»Nicht schlecht. Du bist intelligent.«

»Nehmen gerade Namensherkünfte in der Uni durch.«

»Welche?«

»UCC.«

»Das UCC.« Bedelias milchige, trübe Augen strahlten auf. »Mensch, waren das Zeiten«, sagte sie sehnsuchtsvoll und drückte ihr Stofftaschentuch an ihre Brust.

»Sie haben am UCC studiert?« Ich drückte mich ein wenig mehr gegen die Pinnwand, da eine Frau mit Gehhilfe vorbeischlich und mit einer uralten Puppe mit Knopfaugen darauf sprach wie mit einem Baby.

»Traust du mir das nicht zu?« Sie stellte sich ein wenig aufrechter hin.

»Doch, doch. Sorry.«

Ihre Mundwinkel zuckten. »Ich bin eine richtig zickige Studentin gewesen. Habe mit allen Professoren gestritten. Ich habe es geliebt zu streiten. Wir haben in den Vorlesungen lange Zigaretten geraucht.« Sie deutete das mit ihren faltigen, blutunterlaufenen Fingern an. »Und die Jungs.« Bedelia kam näher zu mir und sah sich um. »Richtige Schweinehunde da, von wegen Akademiker.«

Ihr Kichern brachte mich dazu, mit einzustimmen, und ich stellte mir die schönen alten retro Vibes vor, die das UCC damals gehabt haben musste. *Memo an mich: Bedelia-Fanfiction schreiben.*

»Bedelia. Erzählst du den Kindern wieder Schweinkram?« Vicente kam mit Owen um die Ecke. »Diese Frau bringt mich noch ins Grab.«

»Geh mir weg, du alter Hund.« Bedelias besticktes Stofftaschentuch wehte vor ihrer Brust herum, als sie ihn mit einer Handbewegung wegscheuchte.

»Von wegen alter Hund.« Vicente hob spielerisch die Fäuste.

»Na, was? Und jetzt? Und jetzt?« Bedelia bedeutete, er solle ruhig näher kommen.

»Komm.« Owen nahm meine Hand und entfachte damit ein Feuer, das meine Wangen in Lava verwandelte. »Weg von hier.«

Wir liefen durch die Gänge, wichen Desinfektionsmittelspendern aus und Mülleimern auf Wagen und Liften, um Menschen aus Betten zu heben, und erreichten schließlich den Garten, der vom Pflegezentrum rundum eingeschlossen war.

In der Mitte stand ein riesiger Baum und vor ihm eine Tafel mit den Namen derer, die dort wohnten, sowie des Personals. Darunter eine Art Ehrentafel für Menschen wie Thiago Nievas, den Gründer, und Owen.

»Du?«

»Pah. Du klingst überraschter, als wenn du den König von

England gesehen hättest.« Was mich ehrlicherweise weniger irritiert hätte.

»Ich erinnere mich an die alte Frau, die du im Bus überholt hast«, zählte ich an einem Finger auf und hob den nächsten.

»Schon gut. Ich kann aber auch anders.« Owen deutete auf sein Bild. »Offensichtlich.«

»Das stimmt.« Ich dachte an unsere gemeinsame Nacht. An unsere erste und *letzte* gemeinsame Nacht. Denn egal, worauf es hinauslief: Owen wollte keine Nähe. Owen hatte heute ein Date. Außerdem eine Keine-UCC-Boys-Regel. Und da war noch das Owen-geht-nach-England-Ding. »Aber warum bist du ein spezieller Freund hier?«

»Der Bruder meines Opas, der auch Parkinson und Demenz gehabt hat, ist hier gewesen, und bald danach mein Opa. Irgendwann vielleicht mein Dad. Ich habe viele Tage bei ihnen verbracht. Weißt du, wie das ist, wenn du deinen Opa besuchst, und er liegt da, weint, will nach Hause, sagt: *Nimm mich mit, schieb mich mit dem Bett raus, hol die Schubkarre und wirf mich da rein.* Oder fragt, wer unterschrieben hat, ihn einzuweisen, um einen im nächsten Moment nicht mehr zu erkennen? Um wiederum danach zu schreien, dass er endlich sterben will? Ich habe ein schlechtes Gewissen gehabt, nichts für ihn tun zu können, weswegen ich dem Heim oft einen Besuch abgestattet habe, um dieses schlechte Gewissen kleinzuhalten. Irgendwann habe ich freiwillig im Zentrum gearbeitet und für Uni-Projekte die Leute hier untersucht und befragt. Oder neue Erkenntnisse, wie wir Leute mit Demenz, Parkinson und so weiter besser behandeln können, mit dem Personal geteilt.« Tränen standen in Owens Augen.

»Ist das verbreitet in deiner Familie?« Am liebsten hätte ich Owen in den Arm genommen.

»Mein Vater hat diese Diagnose schon bekommen. Das hat er bis heute nicht verkraftet. Deshalb verschwindet er manchmal einfach so ein paar Wochen, meldet sich nicht, und plötzlich steht er wieder auf der Matte. Es haben ihm immer alle gesagt, er würde es nicht bekommen. Es könnte ihn auslassen. Dasselbe, das nun alle zu mir sagen.« *Wow.*

»Das tut mir leid.«

»Mir auch.« Owen strich über sein Bild hinter dem Glas. »Mir auch.« Woran er wohl dachte?

Der Himmel hatte sich blutorangenfarben gefärbt und ergab sich nach und nach der Finsternis der Nacht. Bald legte sich alles schlafen, bereit für den Morgen. Wie war es wohl, in einem Alter zu sein, in dem wir nicht mehr wussten, ob es ein Morgen geben würde? Ein nächstes Jahr? Unwillkürlich musste ich an meine Oma denken. An all die verstrichenen Sonnenuntergänge, die sie nicht mehr miterlebt hatte. Da fiel mir wieder ein, was ich mir geschworen hatte: Mein Leben mehr zu leben. Also überwand ich mich, schaltete alle rumorenden Gedanken, die mir mein Vorhaben ausreden wollten, auf lautlos und legte meinen Arm um Owens Hüfte.

Ich lehnte meinen Kopf an seinen Oberarm und er seinen Kopf gegen meinen. »Du kannst stolz auf dich sein. Was du alles für diese Menschen machst. Du wirst noch viel mit deiner Forschung erreichen. Gerade weil du emotional involviert bist. Aber mach dich nicht zu sehr damit fertig, ja?«

Ich spürte sein Nicken an meinem Kopf. »Bist du bereit für den Strand?«

»Aber es ist gleich Nacht.«

»Perfekt.« Owen wand sich aus meiner Umarmung und wackelte mit seinen Augenbrauen.

Was hatte er nun wieder geplant?

Meine Daumen hatte ich zwischen meine Finger geklammert und beide Hände zur Faust geballt. Ich tat alles, um nicht vor Rührung loszuheulen. Ich suchte nach Worten. Atmete zum fünften Mal laut ein, um zu antworten, nur damit es mir wieder die Sprache verschlug. Niemals hätte ich damit gerechnet, dass Owen mich nach dem Zentrum hierherbringen würde.

Der Strand in Fountaintown hatte sich in eine Fantasylandschaft verwandelt. Der Weg vom Nievas zum Meer hatte gereicht, damit die Nacht den Tag verschlingen konnte. Von Weitem hatte ich den Strand und das Leuchten zwar erkannt, aber ob ich meinen Augen geglaubt hatte? Nein.

Erst als ich davorstand, realisierte ich es. »Das sieht aus wie …«

»Als ob sich das Universum vor unseren Füßen als flüssiger Sternenhimmel ausbreitete? Ich weiß, und genau deshalb wollte ich, dass du das siehst.« Owen schubste mich sanft vor. »Geh ins Wasser.«

Seine Beschreibung traf es zu einhundert Prozent. Die schwarze See schwappte umher, doch zwischen all den Wellen: strahlend leuchtende blaue Schlieren und Funken.

Ich lachte begeistert auf, schüttelte die Schuhe von meinen Füßen, streifte die Socken im Laufen ab und patschte in das eiskalte Wasser, das nach unserer Ankunft vorhin noch völlig normal ausgesehen hatte. An meinen Füßen brach sich der magische blaue Schaum. Owen folgte mir und stellte sich neben mich. Um uns erkannte ich Fotografen, andere Pärchen und Kleinkinder.

»Was ist das?«

»Biolumineszierendes Plankton. Hier ist einer der wenigen Orte, an dem wir es bestaunen können. Der blaue Schein kommt vom Plankton. Durch äußere Reize wie Druck wird eine chemische Reaktion ausgelöst, die Licht erzeugt. Es hilft, um ihre Fressfeinde zu irritieren.« Ich liebte es, wenn Owen mir etwas erklärte, das sich anhörte wie etwas Versautes, das ich nicht verstand. Was ich aber verstand: Warum meine Oma mir ständig erzählt hatte, wie sehr sie Irland liebte.

Die Intensität dieses zauberhaften Moments war unglaublich. Jede Welle spülte Hunderttausende von Funken an den

Strand. Es war wahrlich, als hätte sich das Universum mit all seinen Sternen vor uns aufgetan. Was meine Oma sagen würde, wenn sie dieses Spektakel sehen könnte? Dieser Gedanke trieb mir erneut die Tränen in die Augen.

»Danke. Was würde ich dafür geben, das meiner Oma zeigen zu können. Wenn sie nur hier sein könnte. Sie würde heulen und staunen und allen Leuten zurufen: Seht ihr das? Na gibt's denn so was?« Ich lachte auf und zog die Nase hoch. »Sie konnte sich über alles herrlich wundern.«

»Sie klingt nach einer tollen Frau.« Owen streichelte über meinen Rücken. Sofort hatte ich die Panik im Kopf, was die Leute um uns dachten, die dem Naturschauspiel ebenfalls beiwohnten, und beugte mich zum Wasser hinunter.

Ich hoffte, Owen bemerkte das nicht. Blauer Schein streifte meine Hände, und vielleicht bildete ich es mir ein, aber es war, als zuckte ein energiegeladener Schauer durch mich hindurch. »Sie war eine tolle Frau. Sogar mehr wie eine Mutter für mich als meine eigentliche.« Salziges Meerwasser spritzte mir ins Gesicht, als ich meine Hände vor den Mund schlug. Hatte ich das ausgesprochen?

»Wie ist sie denn, also …?« Owen reichte mir seine Hand.

Ich nahm sie nicht an, stand aber auf. Das blaue Licht schimmerte in seinem Gesicht und malte wellige Schatten auf seine Wangen.

»Sie ist krank gewesen. Meine Oma war kein Fan von medizinischen Untersuchungen. Vermutlich aus Angst, eine böse Diagnose zu bekommen.« Meine Stimme klang erstickt, wenn ich von ihr sprach. Dennoch schluckte ich diese Trauer hinunter. »Im Nachhinein fallen mir unzählige Beispiele ein, wie es begonnen hat: Kopfschmerzen, Knieschmerzen, Bauchschmerzen, Sodbrennen und so weiter. Alles hat sie mit einem Lächeln abgetan und eine Schmerztablette eingeworfen. Bis sie eines Tages weg gewesen ist.«

Owen wollte irgendetwas mit seiner Hand machen, stoppte aber vor meinem Gesicht. »Felix.«

Ich schniefte und konnte die Tränen nun doch nicht mehr aufhalten. »Ich vermisse sie sehr und habe oft das Gefühl, ohne sie fehlt mir die Kraft, den ganzen Daseinskampf zu schaffen.«

Das letzte Jahr hatte ich hart daran gearbeitet, stolz auf mich, meine Sexualität zu sein. Ich wollte gar nicht mehr *normal* sein – zumindest, was unsere Gesellschaft darunter verstand. Trotzdem wünschte ich mich manchmal für wenigstens einen Tag zurück in die Vergangenheit. Noch mal einen Moment mit ihr verbringen. Manchmal verließ ich meine queerfreundliche Bubble und erkannte, die Welt da draußen konnte brutal sein. Da wäre meine Oma eine große Stütze für mich.

»Felix.« Owen packte mich an den Schultern und zwang mich, ihn anzusehen. »Das verstehe ich gut, aber du hast Cara, Nala, Quinn und mich. Gib nicht auf, sonst würden doch da draußen in der Community die Leute umsonst für Gerechtigkeit kämpfen.« So hatte ich Owen noch nie erlebt. Bisher war es mir vorgekommen, als beschäftigte er sich kaum mit seiner Sexualität.

»Du hast recht.« Ich machte ein paar Schritte zurück, um das Spektakel unserer Natur zu bewundern. Da sollte mir noch mal jemand sagen, es gäbe keine Magie, keine Astrologie. Wenn unsere Flora und Fauna so Zauberhaftes zu bieten hatte. »Danke für deine Worte.«

Die Wellen um meine Füße rauschten mein Schienbein hoch, und langsam gewöhnte ich mich an die Temperatur. Dank Owens beobachtendem Blick genoss ich die Kulisse mit einem flauen Magenziehen. Mein Kopf drehte sich zu ihm, während meine Augen noch auf das funkelnde Wasser gerichtet waren. Ich wollte gerade einen albernen Spruch ablassen, da blickte ich in Owens Augen. Ja, Owen sah mich an. Aber es lag kein Grinsen auf seinen Lippen, kein blöder Witz oder ein freches Glimmen in seinen stürmischen Augen. Seine Brust hob und senkte sich verdammt schnell, und er drang mit seinem Blick in meine Seele ein. Er berührte etwas in mir. Er blinzelte kaum. Sah mich nur an.

Und ich konnte nicht anders, als es ihm gleichzutun. Das Sternenmeer drehte sich um uns. Der Sternenhimmel, außerhalb der Stadt so wundervoll, so laut in seiner Stille, vermischte sich damit und wirbelte wie ein Hurrikan um uns. Das Universum weit über unserem Horizont schrumpfte zusammen, und es gab nur noch Owen und mich. Mein Gesicht brannte, meine Füßen waren kühl, mein Herz unwissend.

Alles in mir schrie: *Er täte dir nicht gut. Du willst nur, was du nicht haben kannst. Er würde dich verletzen. Er hätte seine Prinzipien.*

Und doch war da dieser Blick. Seine geschwungenen vollen Lippen, von denen ein Mundwinkel leicht runterging, wenn er ein Lachen unterdrückte. Sein roter Bart, der auf meinem Bauch gekratzt hatte, als er mit seinen Küssen zu meiner Mitte runtergewandert war und mich glückstrunken zurückgelassen hatte. Sein Griff damals hatte mir das Gefühl gegeben, als hielte er mich samt all meiner Unsicherheiten an sich fest.

Ein Knoten bildete sich in meinem Hals, der kein Schlucken mehr zuließ. Das Pochen meines Herzens drängte von unten nach oben. Ich drohte zu zerplatzen, da beschloss ich, meinen Mund endlich aufzumachen.

»Owen, ich …« Meine Worte rissen Owen wie aus einer Trance, und er packte meine Hand.

»Lass uns gehen. Es gibt hier noch mehr zu erleben, noch mehr, das ich dir zeigen möchte.«

Und sein Date?

Kapitel 30

Owen

Die astrologische Liebeskompatibilität ist nie hundertprozentig aussagekräftig. Kommen die beiden über ihre geburtshoroskopbedingten Schwächen hinweg, passen vom Ort, Hintergrund, Vergangenheit und Alter zusammen, gilt es immer, etwas zu wagen.

Wir waren endlich an meinem Ziel angekommen. Dem Blackrock Castle. Eine uralte Burg, die wie aus dem Mittelalter gefallen dastand, als wäre keine Zeit vergangen. Das war nicht das Besondere, warum ich mit Felix hierhergekommen war. Das Blackrock Castle hatte eines der besten Observatorien, die es gab. Mit einem Forschungszentrum und dem ganzen Sternenzeug. Mitten in der Nacht erleuchteten Scheinwerfer die Burg, und das Rauschen des Wassers im Hintergrund verlieh dem Ganzen eine schaurige Kulisse.

»Da ist ein Observatorium drinnen?« Felix las einen Schriftzug über dem Steinbogen, der ins Innere führte – irgendetwas mit *Space* –, ich konnte mich darauf nicht konzentrieren, sondern nur Felix ansehen. Seine begeisterten Augen. Sein breites Grinsen. Seine rosa Wangenknochen, die sich beim Lachen hochzogen. Mein ganzes Leben hatte ich mir jemanden gewünscht, der mich so bewunderte wie ich Felix, und ich merkte, dass ich das bekam, wenn ich andere Menschen in mein Leben ließ. Aber zuerst hieß es: Das letzte Date des Sternzeichen-Experiments hinter mich bringen.

»Owen?«

»Ähm, ja. Nett, oder, was Cork zu bieten hat?« Meine Alarmglocken schrillten, und eine Roboterstimme grölte: *Achtung, Warnung, Schmerzen vorprogrammiert.*

Zum ersten Mal in meinem Leben schlug ich mit meinen Ellbogen das imaginäre Schutzglas meines gedanklichen Notknopfes ein und schaltete das System aus. Komplett. Kein Nähewarnsystem mehr.

»Ultranett.«

Wir schritten im inneren Burggarten zwischen Campingtischen eines Restaurants und an einem Souvenirshop vorbei. Überall hingen Einmachgläser mit Lichterketten und Kerzen darin. Ich salutierte zum Spaß vor Bildern von wichtigen Forschenden, die sich der Astronomie gewidmet hatten, was Felix ein peinliches Lachen entlockte.

»Gehen wir rein.« Eilig schritt ich an Felix vorbei, doch er folgte mir nicht. »Was?«

»Störe ich nicht bei deinem Date?«

»Er verspätet sich. Komm.« Ich reichte ihm meine Hand.

Er schlug sie aus und ging vor. »Ich bin Erster.«

»Hey. Wow. Du bist ein waschechter Betrüger, Felix Novak.« Sofort lief ich Felix nach, wich einer Familie mit einem Zwillingskinderwagen aus, der vollgekotzt aussah, und bremste vor ihm bei der langen Schlange von Besuchenden ab. Die dicken Steine unter uns knackten gegeneinander, und ich kam etwas zu spät zum Stehen, weswegen ich Felix gegen die Frau vor ihm drückte.

»Na, sag einmal.« Die Frau mit dem gigantischsten roten Dutt der Welt drehte sich um und baute sich vor Felix auf. »Habt ihr keine Manieren mehr?«

»Mam, bitte.« Ein circa vierzehnjähriger Junge zog an ihrem

lila Shirt. Er trug Stoffhandschuhe, aber ein T-Shirt – wie passte das zusammen?

»S-sorry.« Felix machte einen weiten Schritt zurück und stieß gegen mich.

»Lassen Sie ihn doch, es ist keine Absicht gewesen.« Ich sagte das so ruhig ich konnte, um eine Eskalation zu vermeiden. Nicht ihret- oder meinetwegen, sondern wegen Felix.

»Das glaube ich, ihr jungen Leute macht doch ständig solche Faxen.« Sie baute sich vor uns auf, vor allem aber vor Felix.

»Mam, bitte.« Ihr Sohn deutete nach vorn.

»Tz. Habt ihr ein Glück, dass wir heute unseren Familientag haben«, sagte sie, drehte sich wieder um und bezahlte ihre Tickets. Gemeinsam mit ihrer Familie betrat sie das Observatorium.

»Weißt du, wie viele schlaflose Nächte mir das bescheren wird?« Felix zählte leise mit seinen Fingern bis vier und hielt sie hoch. »Mindestens.«

Ich drückte sie runter. »Ich bin für dich da, wenn du nicht schlafen kannst.«

Felix blinzelte meinen Satz weg, blieb eine Antwort schuldig und wandte sich um. »Wir sind dran.«

Bei der Ticketverkäuferin handelte es sich um niemand anderen als Yoshiko, die uns ebenso verwundert anstarrte wie wir sie, als sie mitten in ihrem gelangweilt runtergeleierten Satz: »*Willkommen im Blackrock Castle Observatorium, heute haben wie eine Führung im Angebot …*« stockte. »Owen? Felix?«

»Yoshi?« Felix lehnte sich über die Theke und umarmte sie. »Ich habe gar nicht gewusst, dass du hier arbeitest.«

»Mammy braucht ein bisschen Geld.« Yoshiko zog sich ihre Blackrock-Castle-Mütze etwas runter. »Was macht ihr hier? Beide. Zusammen.« Yoshiko musterte mich.

»Ähm, er hat ein Date.« Felix deutete zu mir und suchte in seinem Portemonnaie nach Geld. »Ich kann das, glaube ich, bar bezahlen.«

Felix wollte ständig bar bezahlen. War das ein Österreich-Ding? Indessen schenkte mir Yoshiko ein Bitchface und sah mich an, als warnte sie mich per Telepathie: *Wenn du Felix wehtust, stecke ich dich ins Burgverlies.* Falls es hier überhaupt alte Kerker gab.

Statt etwas zu erwidern, lächelte ich sie breit an und freute mich, als Felix sein Geld auf den Tresen legte.

»Hier, stimmt so.« Felix räusperte sich und stellte sich etwas gebückt hin. »Und das Restgeld ist für dich. Aber nicht alles auf einmal ausgeben«, sagte er wie ein alter Mann, und ich verwettete meinen Schwanz darauf, dass Yoshiko das schon öfter und ehrlich gemeint gehört hatte.

»Spinner. Geht endlich.« Yoshiko lachte und winkte Felix durch.

Ich bezahlte, wich Yoshikos Blick aus und folgte Felix.

Die Gruppe von Leuten, die auf Klappstühlen einem Vortrag lauschten, da sie wohl von Yoshiko die Tour aufgeschwatzt bekommen hatten, ignorierte uns beim Vorbeihuschen. So richtig konnte ich mich nicht auf die Gesteinssammlungen an den Wänden und Videos vom Mars konzentrieren. Das kreisförmige Video mit dem großen Bildwinkel einer Fischaugenkamera zeigte in der Mitte die Aufnahmen von der Oberfläche des Planeten relativ gerade, doch zum Rand hin wurden sie immer stärker verbogen und liefen fast kreisrund zum Bildrand hin.

»Gehen wir in den …«

»Sch«, kam es von irgendwoher.

»Den nächsten Raum?«, beendete ich meinen Satz.

Ich musste gestehen, auch wenn das Universum nicht mein Lieblingsthemengebiet war, faszinierte mich die Burg. Die dunklen Räume, die Sternenprojektionen, die Lichter, einfach eine herrliche Atmosphäre.

Wir fuhren mit Magneten über einen Tisch voller Kompasse, die sich wie wild dabei drehten, um etwas über das Magnetfeld der Erde zu lernen. Danach erreichten wir eine Station mit

Lichtsäulen, auf die Besuchende drücken konnten, um eine bestimmte Sequenz des Weltalls auf einem gigantischen Bildschirm zu sehen oder hineinzuzoomen. Immer wieder erblickte ich den Sohn der unfreundlichen Frau von zuvor, der sich wenig über diesen Ausflug zu freuen schien.

»Ist es nicht verblüffend? Das Universum? Die Sterne?« Wie Felix die Sterne betrachtete, bescherte mir eine Gänsehaut. Als ob er hoffte, irgendwo dazwischen nicht nur die Antworten auf all seine Fragen, sondern auch seine Oma zu finden.

»Ja.« Felix' Charisma zog mich in seinen Bann. »Es ist umwerfend.«

Dieses Gefühl, Felix näherzukommen, mit ihm Sachen zu unternehmen, mich unter die Menschen zu mischen, mit Cara zu schreiben und mit Yoshiko zu plaudern, erdrückte mich. Und doch tat es gut, die Menschen nicht mehr wie durch ein schmutziges Fenster zu beobachten, ungreifbar, sondern wieder mittendrin zu sein.

Felix ging zur nächsten Station weiter, und ich warf einen Blick auf seinen Hinterkopf, seinen Nacken, der noch vor einiger Zeit in meinen Händen gelegen hatte, während ich mit meinen Fingern nach unten gewandert war. Seine weiche, aufgeheizte Haut. Mann, ich musste mich konzentrieren.

»Ow. Du bist erledigt.« Felix sah zu mir und wackelte mit den Brauen.

»W-was?« Hatte er durch irgendeinen Spiegel mitbekommen, dass ich ihn angestarrt hatte?

»Da.« Felix zeigte auf einen Bildschirm. »Ein Spiel. Wer gewinnt, muss nächstes Mal das Essen bezahlen.«

»Na gut, ich gewinne sowieso.« Vor dem Bildschirm las ich mir die Regeln durch.

Ein uraltes Pixelgame im 90er-Stil. Es flogen von links Gegenstände ins Universumsbild. Rechts gab es drei Spalten nebeneinander für Ionen, Staubkugeln oder Eisbrocken. Und ich musste auf den Gegenstand tippen, sobald zum Beispiel der

Eisbrocken in die Spalte für die Eisbrocken flog. Dabei gab es Abfall, den ich nicht antippen durfte, und die Geschwindigkeit änderte sich wohl dauernd.

Nachdem das Kind vor mir fast den Highscore geknackt hatte, ging ich gelassen an das Spiel heran. Ich musste ein wenig in die Hocke gehen und wärmte meine Finger mit ein paar Kraulübungen auf, bevor der Startcountdown null erreicht hatte.

»Pass auf, ja?« Im Augenwinkel erkannte ich Felix' selbstgefälliges Grinsen.

»Dein Hochmut vergeht dir bald.« Felix tippte auf den Monitor. »Drei, zwei, Los.«

»Mist.« Meine Finger drückten daneben. »Warte, gleich.« Wieder. »Muss reinkommen.« Jetzt. »Ha, erwischt. Oh. Fuck.« Mein Gehirn kam mit den fliegenden Objekten nicht mit, und meine Finger erreichten zeitversetzt die falschen Stellen. »Shit.«

Ich gab auf. Warum war ich darin so schlecht? Das Kind vor mir hatte das gemeistert. Problemlos. War das ein Anzeichen, dass mit meinem Körper etwas nicht stimmte?

»Du bist ein schlechter Verlierer.« Felix schob mich mit seinem Oberkörper zur Seite und stellte sich an den Bildschirm. »Ich zeig dir, wie das geht.«

Der Countdown startete, und Felix sah zu mir. Er erkannte wohl, was in mir vorging, und machte Platz für das nächste Kind.

»Ow? Alles okay? Du wirkst erschüttert?«

Der Kosmos um uns drehte sich. Die Sterne und Lichter wirbelten ineinander. Felix' Gesicht verzog sich zu einer gruseligen Fratze, und seine Augen flimmerten wie einer dieser alten, kaputten Fernseher von früher mit dem Störbild und dem grauen Rauschen.

»Owen?« Felix' Hand in meiner holte mich ein wenig zurück.

Er zog mich mit sich. Wir nahmen die Treppe zum Turm

und bogen in eine Galerie ein, von der aus wir nach unten gucken konnten und eine Metallkuppel sahen.

Ich atmete ein und aus.

»Geht es dir besser?« Felix streichelte über meinen Rücken. »Willst du gehen? Soll ich dir Wasser holen?«

»Ich schüttelte den Kopf. »Alles gut.«

»Aber du bist –«

»Alles gut, Felix. Okay?« Langsam entspannte ich mich wieder. Kein guter Gamer zu sein war kein Anzeichen für Parkinson. Das sagte ich mir die nächsten Minuten vor.

Nachdem ich Felix davon überzeugt hatte, dass mir nur kurz schwindelig geworden war, hatten wir die paar Stufen von der Galerie nach unten genommen und uns in die Kuppel gesetzt. Sie bildete einen kleinen Raum mit einem rundum reichenden, kugelförmigen Bildschirm. Als säßen wir in einem Computer. Um uns war das Universum abgebildet. Planeten leuchteten, und Sterne blinkten.

In der Raummitte stand Cian O'Moody, ein Astronom, der in der Burg forschte, und erklärte uns das Universum. Mit seiner Fernbedienung drehte er das 360°-Bild, zoomte glasklar in Sternbilder hinein, dass mir beinah übel wurde, weil das faszinierend real aussah. Er sprach über die endliche Unendlichkeit des Universums, dessen Ausdehnung und dass wir doch alle nur ein Blinzeln auf der Zeitachse des Universums waren.

Ehrlicherweise liebte ich den Anblick von Felix, wie er mit seinem Kleinkindblick jeden Millimeter des Fakeuniversums um uns bestaunte. Langsam verstand ich seine Faszination für all das, was über uns passierte. Ich merkte zwar, dass Felix' Begeisterung dafür meinen Horizont überstieg, aber ich genoss es, dass er mich mit seiner Liebe dafür ansteckte.

»Damit sind wir am Ende angelangt. Ich bin wieder ein wenig abgeschweift, sehen Sie mir das nach. Planeten faszinieren mich schon mein Leben lang. Gibt es von Ihrer Seite aus Fragen?« Cian O'Moody wischte sich mit einem Tuch über seine Glatze, strich sich den grauen Schnauzer glatt und zupfte das blaue Hemd zurecht, das aus seinem Pulli am Kragen hervorlugte.

Überraschenderweise hob Felix die Hand. Felix und die Frau mit der Perlenkette von vorhin. Ihr Sohn zog sich seine Kapuze ins Gesicht.

»Ja?« Er nahm Felix dran, und die Frau schnaubte verächtlich.

Felix räusperte sich. »Glauben Sie an Astrologie? An Horoskope?«

Ein paar Leute um uns herum lachten, und am liebsten hätte ich ihnen die Fresse dafür eingetreten.

»Sie mögen lachen, doch ich glaube an die Energie, die von den Planeten ausgeht, die sie ans Universum abgeben und die uns beeinflussen kann.« Es war eine diplomatische Antwort für alle, doch ich erkannte, dass sie Felix' Miene erhellte.

»Noch eine Frage?«

Ich beugte mich zu Felix. »Gehen wir nach oben?«

Felix sah zwischen Cian und mir hin und her. Vermutlich schätzte er ab, ob es unhöflich wäre.

»Komm, mach dir weniger Gedanken um andere. Du hast gehört, wir sind nur ein Blinzeln fürs Universum. Warum machst du dir das Leben schwer?«

»Ich mag diese möchtegernpoetische Seite an dir.« Felix stand gebückt auf und ging zum Ausgang.

Ich grinste stolz, bis ich mir noch mal das Wort *Möchtegern* in Erinnerung rief. »Hey, was heißt *Möchtegern*?«, zischte ich leise.

Draußen angekommen, lief Felix lachend vor, enthielt sich einer Antwort, und ich folgte ihm auf dem Weg zum höchsten Punkt der Burg.

Vor dem Aufstieg dorthin wurden wir allerdings aufgehalten.

Ein Typ mit Zopf, einem zu großem Hawaiihemd und einer

Flasche Bier. »Sorry, heute ist irgendein Jahrestag des Blackrock Castle, und ihr dürft nur mit einem Sonderticket rauf. Heute ist *Starlight in Our Dreams*-Party. Morgen könnt ihr wieder rauf auf den Turm.«

»Yoshiko hat uns gar nichts von einem solchen Ticket erzählt.« Felix zog eine Sekunde seine Mundwinkel nach unten. »Können wir nichts machen?«

»Oh, seid ihr Freunde von Yoshiko?«

»Ja«, warf ich ein, bevor Felix wieder zu bescheiden war, seine Kontakte auszunutzen.

»Na, dann mache ich eine Ausnahme. Muchos Fun.« Zopfboy machte Platz, öffnete das dunkelrote Seil, das zwischen zwei goldenen Stangen gespannt war, und wir schritten die Steintreppe hoch zum höchsten Punkt.

Nachtwind umwehte uns, und mir wurde bewusst, wie schwül es drinnen gewesen war. Ich sog die Luft ein und erkannte auch, warum es heute ein exklusiver Ausblick werden sollte. Nicht nur der Sternenhimmel über uns zeigte sich glitzernd von seiner besten Seite. Außerhalb des Turms hatten sie rundherum Laser angebracht, die sich ständig bewegten und in den Himmel strahlten. In der Mitte der Plattform des Turms war das geschlossene Dach des Teleskops, weswegen wir nur am Rand um das Dach entlanggehen konnten. Das machte aber nichts, da der Weg trotzdem ziemlich breit war. Auf dem Dach hatte jemand Sterne angeklebt, die vom Tageslicht aufgeladen grün leuchteten. Die Lichtsäulen des Lasers bewegten sich hin und her, und ich musste mich zwingen, von ihnen wegzusehen, um den Rest zu erkunden.

Alle paar Schritte entdeckte ich aufgebaute Klapptische, an denen Cocktails, Wasser mit Früchten in Glasflaschen, Chips in Papiertüten oder selbst gemachte Schokoriegel verkauft wurden. Zwischen ihnen befanden sich Konfettikanonen mit der Aufschrift: *Recyceltes abbaubares Konfetti aus Samenpapier.* »Da haben wir heute den Jackpot geknackt, was?«

Felix bestaunte die Lichter um uns, was die Szenerie wie einen Freiluftclub wirken ließ, und lief zum Tisch, an dem Bier und Mojitos angeboten wurden.

»Ich finde, da du das Spiel verloren hast, solltest du mir einen Mojito gönnen.« Felix bestellte einen und winkte mich zu sich.

»Ich habe verloren? Du hast gar nicht gespielt.« Trotzdem zuckte ich gespielt verblüfft mein Portemonnaie. »Wow, dafür bin ich also da, zum Bezahlen. Erbärmlichste Erkenntnis des Tages.«

»Du warst schlecht, da musste ich nicht mehr spielen.«

Ich reichte der Frau, die in ihre Blackrock-Castle-Mütze extra zwei Löcher geschnitten hatte, damit ihre beiden Seitenzöpfe durchpassten, das Geld und nahm mir selbst ein Bier. »In deinen Träumen, Felix.«

Wir prosteten uns zu.

»Auf die Fische.« Sein Trinkspruch ließ mich in meine Flasche kichern, wodurch der Biergeruch in meine Nase schoss.

»Gehen wir da an die Mauer, dort ist es etwas ruhiger, ja?« Ich versuchte erst gar nicht, meine Aufregung zu überspielen. Wenn ich Felix nicht verlieren wollte, musste ich ihm endlich reinen Wein einschenken. Die Angst, ich könnte ihn noch mehr mögen und ihn dann doch verlieren, jagte mit einen Schauer über den Rücken. Doch wenn ich Idans Beispiel auf Felix übertrug, hatte er recht. Die letzten Wochen hatten mich eines gelehrt: Ich brauchte Menschen wie meine Mutter oder Cara oder Felix in meinem Leben, egal wie groß die Sorge war, sie zu verlieren oder dass sie mich von sich stießen. Nach all den Wochen, die ich Felix versucht hatte, von mir zu stoßen, musste ich mich allerdings mehr ins Zeug legen, als mich bloß bei ihm zu Hause zu entschuldigen.

»Was ist denn?« Felix stellte sich neben mich ans Turmgemäuer, und wir schauten zwischen zwei Steinblöcken hindurch.

Ich stellte mein Bier ab. »Ich habe dich angelogen.«

Felix platzierte seinen Cocktail neben meinem Bier. »Wie angelogen? Wegen was?«

Wegen was? Eher *womit nicht?* Mit welcher Lüge sollte ich beginnen, wenn mein Leben sich wie eine einzige Lüge anfühlte?

»Fangen wir vielleicht damit an, dass ich nach England gehe.« Sofort hatte ich wieder die Mail im Kopf, die ich damals im Pub bekommen hatte, bevor ich mit Idan verschwunden war.

»Das weiß ich doch.«

»Ja. Nein. Ich werde nicht erst im März am Ende meines letzten Semesters gehen, wie ich dir mal geschrieben habe, sondern früher.« Ich rief mir die letzte Mail vom MICD wieder ins Gedächtnis, die ich während des Dates mit Idan bekommen hatte.

»Wie viel früher?«

»Vor Weihnachten.«

Kapitel 31

Felix

Kommen zwei Menschen zusammen und ihre Geburtshoroskope stimmen überein, ist das großartig, doch auch wenn das nicht der Fall ist, können wir mit der Hilfe unserer astrologischen Karte an unseren Schwächen arbeiten.

Vor *diesem* Weihnachten?« Ich trank noch mal von meinem Mojito. Dieses Mal ohne Strohhalm, was mir einen Mund voller Minze und alter Limetten bescherte. Schluckte trotzdem.

Owen schnaubte. »Ja.«

»Wieso so früh?« Ich lehnte mich zwischen die Steine und dämpfte meine Stimme, um lässiger zu wirken. »Wir haben Ende Oktober, das heißt, du gehst in ein paar Wochen?«

Es war klar, dass Owen bald weg war, dass wir vermutlich den Kontakt verlieren und er nur eine schwammige Erinnerung in meinem Kopf bleiben würde. Ich hätte mir nur gewünscht, es bliebe mehr Zeit, bevor es losging. Das Vergessen.

Der Sternenhimmel wachte über diese Situation, und ich glaubte daran, dass es vielleicht so kommen musste. Wenn Owen nicht zu mir passte, sollte er vermutlich gehen, damit ich ihn vergessen konnte. Oder? Redete ich mir da etwas ein? Ich hielt meinen Blick auf den River Lee gerichtet, der vom Meer in die Ferne führte. Durch die Burgbeleuchtung von unten erkannte ich den matschigen Erdstrand mit den großen Felsen, da die Burg an einem Abhang erbaut worden war.

»Ich habe eine Mail bekommen. Vom Institut. Sie haben sich noch mal mein Bewerbungsvideo angesehen, in dem ich darüber rede, wie verbreitet Demenz und Parkinson in meiner Familie sind, und ich kann früher kommen. Nicht nur, um zu forschen, sondern auch, weil sie mich untersuchen wollen, ob es irgendwelche Zusammenhänge gibt. Das ging hauptsächlich von mir aus. Ich habe gefragt, ob ich nicht bei diesem neuen Test, den sie entwickeln, mitmachen kann. Er soll zur Früherkennung von Parkinson dienen.« Owens Stimme klang belegt.

»Würdest du das wissen wollen?« Jetzt drehte ich mich doch wieder zu ihm.

»Du nicht?« Hinter uns erklang leise Musik aus angebrachten Boxen.

»Ich glaube nicht. Was wäre dann? Dass ich warte, bis es losgeht? Dass ich aufgebe, weil es eh egal ist?« Ich biss mir auf die Unterlippe. »Aber was weiß ich. Ich kann leicht reden, wenn ich nicht in der Situation bin. Vielleicht wäre ich, wenn ich du wäre, ähnlich. Keine Ahnung.«

»Ja, keine Ahnung. Die habe ich auch nicht.« Owen und ich lehnten nebeneinander an der Mauer und sahen hoch zu den Sternen.

»Ich freue mich für dich, trotzdem. Vermissen werde ich dich Esel aber schon.« Ich boxte Owen in die Seite. Er setzte zu einer Erwiderung an, die ich unterbrach. »Du musst nichts sagen. Es ist okay. Also dass du Bindungsangst hast und mich nicht vermissen wirst. Unsere astrologischen Daten passen ohnehin nicht zusammen.« Ja, vermutlich klammerte ich mich an diese Dinge, um Abweisung zu vermeiden. Die Nachricht meines Vaters hatte mir gezeigt, es war möglich, diese Dinge zu überwinden. Den Komfort, meine Probleme mit Menschen auf die Astrologie zu schieben, wollte ich dennoch nicht aufgeben.

»Und das ist die andere Lüge.« Owen runzelte die Stirn und

strich mit seinen Fingern zwischen den Falten auf seiner Stirn hin und her.

Mein Körper wurde unruhig. Am liebsten hätte ich meine Glieder ausgeschüttelt. Aber ich zwickte meine Zehen zusammen und beschwor mich, ruhig zu bleiben.

»Ich hab dir nicht mein wahres Geburtsdatum verraten, weil ich das ganze Astrologiezeug nicht ernst genommen habe.«

»Du hast was?« *Ciao, Selbstbeherrschung.* »Wie kannst du mich null ernst nehmen? Was ist das dann alles gewesen? Eine Verarschung?« Ich ballte die Hände zu Fäusten, weil ich nicht außer mir sein wollte, keinem auf den Schlips treten wollte, aber: Ich hatte allen Grund, wütend zu sein, und ich konnte ruhig für mich einstehen. Einmal. »Was ist dein Problem mit mir?«

»Bald ist Mitternacht und somit der 440. Jahrestag des Blackrock Castle«, ertönte in diesem Moment Yoshikos Stimme aus den Boxen, und danach dröhnte die Musik lauter als zuvor.

»Ich habe keines. Es ist blöd von mir gewesen. Tut mir leid. Ich habe nicht respektiert, wie wichtig es dir ist, und dann konnte ich irgendwann nicht mehr zurückrudern.« Owen suchte mit seinem Blick den Boden ab, als wäre der superinteressant. Er kickte mit seinem Fuß ein Steinchen weg. »Da ich nicht daran geglaubt habe, ist es mir irrelevant vorgekommen, das richtige zu nennen. Abgesehen davon habe ich es irgendwann einfach genossen, mit euch Zeit zu verbringen.«

Seine Worte besänftigten mich. »Und was ist dein richtiges Geburtsdatum?«

Owen nickte zu meiner Umhängetasche. »Hast du dabei, was Cara dir gegeben hat?«

Stimmt, hatte ich vergessen. »Ähm, ja.« Ich zog Caras Mappe raus, öffnete sie und hielt ein paar Blätter in der Hand. Den Rest verstaute ich wieder.

Auf dem ersten Blatt stand eine Notiz in einer Sprechblase, die zu einer gemalten Cara-Figur führte.

Hey, Lix. Cara hier. Owen ist ein Arsch, aber vielleicht für dich ein ganz guter Arsch? Owen hat mir sein richtiges Geburtsdatum verraten. Es ist der 7. Juli 2001 um 03:07 Uhr in Cork.

Das bedeutete …

Ich habe sein Geburtshoroskop neu berechnet und es mit deinem verglichen. Was soll ich sagen, manchmal machen ein paar kleine Veränderungen viel aus, aber sieh selbst. Und, Felix? Er mag dich echt.

Ohne aufzusehen, blätterte ich um und untersuchte das runde Diagramm zu unserer Kompatibilität. Zweimal Liebesübereinstimmungen, zweimal wichtige Schlüsselaspekte, sechsmal leidenschaftliche Kreuzungen, zweiundzwanzig harmonische Elemente und sechzehn exakte Aspekte, die komplett zusammenpassten. Nur sieben schwierige Überschneidungen und acht kombinierte Dinge, die je nach Handhabung Harmonie oder Konflikte bringen können.

Ich blätterte wieder um. Sofort fiel mir das erste Ergebnis auf. Sextil bei mir mit Wassermann in Venus und Owens Schütze im Pluto. Die Wärme von Felix begünstigt und beflügelt Owens Stärke. Felix sieht das Licht in Owen und hilft ihm, es aus Owen herauszubringen. Owen sieht Felix' Herz.

Nächste Seite. Hektisch überflog ich alles. Intensiver Sex – okay, offensichtlich wahr. Owen sieht in die Zukunft und hilft Felix, über die Vergangenheit hinwegzukommen. Wachsen gemeinsam über ihre Horizonte hinaus. Verständnis. Energiefördernd. Anziehung.

Bei den schlechten Eigenschaften stand nichts Unüberwindbares.

Noch eine Zeichnung samt Sprechblase von Cara.

Lix. Ich bin das immer und immer wieder durchgegangen. Ich habe darauf geachtet, was ich über Owen und dich weiß. Euer Alter. Owen ist dein Perfect Match. *Seufz* Das ist so kitschig, ihr ewig traurigen Wasserzeichen. Unbewusst scheint Carix wieder zugeschlagen zu haben. Liebe dich, Cara

Das Papier war zerknüllt zwischen meinen schwitzigen Händen, so sehr hielt ich mich daran fest. Es dauerte, bis ich den um mich verstreuten Mut aufklaubte, zusammensetzte und Owen ansah.

»Warum zeigst du mir das jetzt?« Mein Herz galoppierte wie eine Horde Pferde auf der Stelle, dass ich glaubte, er würde das Schlagen hören, sollte ich den Mund öffnen. Es verwirrte mich. »Du hast gesagt: keine Nähe. Keine UCC-Boys. England first. Karriere über alles. Und jetzt das?« Ich hielt Owen die Zettel hin.

Owen strich sich über den Bart, die Haare zurück, und ich merkte, wie er krampfhaft um Zeit flehte, um seine Worte zu finden.

»Owen?« Ich suchte seinen Blick, bis er sich mit meinem kreuzte.

Er griff nach meinen Händen. Ich sah mich nach den Leuten um und zog sie zurück. Sein Brustkorb blähte sich auf, so tief atmete er ein.

»Weil ich offensichtlich dein *Perfect Match* bin.« Wie schlecht gespielt lässig Owen das sagte – ich erkannte die Unsicherheit in seiner Miene.

»Du bist ein Hornochse. Hör auf mit diesen Sprüchen.«

»Na gut. Ich habe diese Regel aufgestellt, damit mir niemand zu nahe kommt.«

»Was ist schlimm daran, Menschen um dich zu haben, die du liebst?«

»Daran nichts, aber daran, sie wieder zu verlieren.« Owen drängte sich neben mich und sah nach draußen zum River Lee.

»Ich stelle meine Karriere an erste Stelle, weil sie mich davon abhält, Nähe zu finden, und um diese beschissenen Dreckskrankheiten auszutricksen. Aber ich habe Angst, Felix.«

Owens Hände klammerten sich um seine Bierflasche.

»Wovor?« Meine Frage purzelte zögerlich aus mir heraus.

»Na ja, wie ich schon kurz angeschnitten habe, davor, dass ich es auch bekomme. Parkinson. Davor, dass die Kopfschmerzen, die ich seit einiger Zeit habe, nicht nur vom Stress kommen, sondern vielleicht davon. Davor, dass jemand anderes krank wird und ich ihn gehen lassen muss. Ich will keine Nähe, weil ich Angst habe, jemanden zu verlieren. Ich habe meinen Uropa daran verloren, meinen Opa und irgendwann meinen Vater. Meinen Bruder bei dem Autounfall. Meine Mam ist zwar kerngesund, sie nimmt das aber natürlich auch mit, dass ihr Ehemann daran erkrankt ist und oft nicht damit umgehen kann. Sie weiß bestimmt, dass ich mir auch Sorgen deshalb mache.« Darum diese traurigen Augen von Deirdre.

»Owen, ich verstehe –«

»Nein.« Verzweifelt lachte Owen auf und drehte sich zu mir. Er hob seine Hand, wobei er meinen Mojito auskippte. »Fuck.« Sofort stellte er das Glas wieder auf und rettete, was ging, mit der Serviette, die sich an dem Glas festgeklebt hatte. Gemeinsam sammelten wir die Limetten und die Minze ein.

Erst jetzt registrierte ich, wie nahe wir uns waren.

Mehrfach schlug er mit der Faust seitlich auf die Mauer. »Du verstehst gar nichts. Du verstehst es nicht, wie es ist, wenn du alle wegsterben siehst. Wenn du die Todesangst in den Augen deines Vaters erkennst, nachdem er die Diagnose bekommen hat. Wenn du jeden Tag an die Panik denkst, sie selbst eines Tages zu bekommen.«

Meine Gesicht stand in Flammen vor Trauer. Ich rollte meine Lippen ein und schluckte laut. Ich wagte es nicht, Owen zu beruhren, obwohl ich ihm am liebsten alle Sorgen genommen hätte.

»Ich habe es satt, Menschen zu verlieren. Und gleichzeitig will ich niemandem zumuten, was meine Oma mit meinem Opa durchgemacht hat, die ihn mit der Kraft ihrer letzten Lebensjahre gepflegt hat, bis sie erschöpft selbst zugrunde gegangen ist, ohne ihre Zeit zum Schluss genutzt zu haben. Was meine Mam nun erlebt und mit sich ausmachen muss.« Rote Strähnen fielen Owen ins Gesicht, und sein Kopf hing nach unten. »Oder noch schlimmer: Du gehst vor mir, und ich bleibe zurück. Allein. Nein. Ich muss für mich bleiben.«

»Owen.« Was, Universum noch mal, sagte ich in dieser Situation?

»Schon gut, ich würde das auch nicht aushalten wollen.« Lieblos tätschelte er meine Hand. »Trotzdem hast du die Wahrheit verdient.«

Die Enttäuschung, die in Owens Stimme mitschwang, ließ mich realisieren, warum er mir das alles erzählte. »Sprichst du mit mir über all das …« Nein, das bildete ich mir ein.

Lass das bleiben, Felix, du bist peinlich. Als ob.

In Owens Augen funkelten die bunten Lichter, die sich drehten, überkreuzten und nun die Kuppel anstrahlten, unter der das Teleskop des Observatoriums stand. Unverhohlen starrte er mich an. Wollte er, dass ich es aussprach?

»Weil du mich magst?« Was stimmte nicht mit mir? Jetzt hatte ich es doch laut gesagt.

Die Furcht der Zurückweisung erweichte meine Knie.

Owens Schmunzeln vertrieb diese Angst ein wenig. »Nein.«

Mein Magen fühlte sich an wie eine Waschtrommel im Schleudergang. Von einer Waschmaschine, die es in alle Teile zerschmetterte, während sich die Trommel weiterdrehte.

Mit Minischritten näherte Owen sich und griff nach mir. Er hielt in der Bewegung inne und nahm die Hand zurück. Ich hasste mich dafür, dass die Welt mich zu jemandem gemacht hatte, der nicht die Hand eines anderen Menschen ohne Furcht halten konnte. »Ich glaube, ich mag dich etwas mehr.«

Jemand mochte mich etwas mehr als nur mögen. Ich wurde etwas mehr gemocht.

»Die letzten Wochen habe ich es verleugnet. Den Satz, den mein Herz gemacht hat, wenn ich deine Grübchen gesehen habe.« Da niemand in unserer Nähe war, bohrte Owen seinen kleinen Finger in mein Grübchen. »Egal, wie sehr mich deine grünen Augen fasziniert haben, die Hoffnung ausstrahlten. Hoffnung, die ich längst aufgegeben hatte.«

Sprach gerade wirklich jemand so über mich?

»Egal, wie sehr du mich zu einem besseren Menschen gemacht hast.« Owen knetete seine Hände, wohl um sein Zittern zu überdecken. Diese Offenheit musste hart für ihn sein. »Egal, wie sehr ich deinen Körper auf meinem wie einen geisterhaften Phantomschmerz spüre. Es fühlt sich an, als wärst du ein Parfüm, das sich nicht abwaschen lässt, eine Kletterpflanze, die sich um mich geschlungen hat. Fester als jede Pflanze, die ich in meiner Wohnung habe und die in den letzten Jahren wie Bezugspersonen für mich gewesen sind, weil sie immer da sind.«

Zum Glück redete Owen, ich brachte nämlich keinen Mucks hervor. Er beugte sich zu meinem Ohr. »Egal, wie sehr mich unsere gemeinsame Nacht für alle Pornos danach versaut hat.«

Wow, machte er mich noch mitten auf diesem Turm mit Tränen in den Augen scharf. Bald hatte ich alle Gefühle durch. Owen vergrößerte unseren Abstand wieder.

»Scheint, als hätten wir beide unsere Wette verloren, was?« Irgendwie musste ich diese Stille durchbrechen.

»Das heißt, wir lassen unsere Wetteinsätze beide sausen?« Owen streichelte seinen Bart. Er war nervös.

Normalerweise hätte ich dem laut jubelnd – okay, innerlich in Gedanken jubelnd – zugestimmt, aber ich wollte mich auch ändern. »Nein, das heißt, ich melde mich bei der Schreibgruppe an, und du erzählst deiner Familie von England.«

Owens Seufzen vermischte sich mit einem Knurren. »O-argh-kay. Ich hasse, es wenn du vernünftig bist.«

»Nur noch zehn Sekunden, bis wir unser Jubiläum feiern, meine Lieben«, grölte Yoshiko aus den Lautsprechern, und ich stellte mir vor, wie sie in Wirklichkeit da unten mit genervtem Gesicht saß, das Ende ihrer Schicht herbeisehnend.

Mehrfach setzte Owen an, wieder etwas zu sagen, hob die Arme, aber er stoppte. »Sorry, Mann.« Er atmete tief durch. »Also, Felix. Egal, was war. Ich brauche Bindungen, engere Kontakte, Vertrauen und Beziehungen in meinem Leben, aber ich würde auf jegliche Nähe verzichten, wenn ich dafür nur deine hätte.« Dieser Satz überraschte mich so sehr, dass all meine Tränen versiegten. Perplex war kein Ausdruck. Ich war leer. Positiv leer. So leer. Mein Gehirn konnte all die Glückshormone nicht fassen. Dafür stand Owen vor mir, mit seinen stürmischen Augen, wie ein tosendes Meer mitten in einem Gewitter, gebändigt von Tränen. »Ich glaube, ich habe mich in dich verliebt, Felix.«

»Vier, drei, zwei, eins.«

Die Laser überschlugen sich und blinkten buntes Licht in die Nacht. Konfettikanonen explodierten und regneten Papierpunkte auf uns herab, und der lange aufgebaute, sich steigernde Beat von Loic Nottets *On Fire* schlug endlich um und spielte laute Dancemusic ab. Mehr und mehr Leute drängten sich hoch auf den Turm. Sie tanzten ausgelassen, und Yoshiko feierte von unten durch die Boxen mit. »Happy 440. Geburtstag, Blackrock Castle, mögen die Sterne mit dir sein.«

Konfettistücke blieben an Owens Haaren hängen, genau wie sein Blick an mir. Keine Ahnung, woher das kam, aber eine innerliche Ruhe durchflutete mich, und ich nahm seine Hände. Ich zog Owen von der Turmmauer mit und begann, zum Rhythmus zu tanzen, zu springen, und ich reckte die Arme in die Luft. Owen hingegen blieb wie ein begossener Pudel vor mir stehen.

»Ich mich auch in dich, Owen. Natürlich habe ich das.« Mein Brüllen ging in der Melodie unter, aber Owen verstand es.

Der Bass vibrierte in meinem Körper. Ich legte den Kopf in den Nacken, die bunten Laser im Augenwinkel und den Sternenhimmel über mir.

Wie gern würde ich meiner Oma von Owen und dem heutigen Tag erzählen. Exakt als ich diesen Gedanken beendete, erkannte ich eine Sternschnuppe über uns. Ich lachte auf, schloss die Augen und folgte mit meinen Bewegungen dem Song. Ganz ohne zu bedenken, wie affig ich dabei aussah. Ich strich meine Haare zurück und erkannte danach Owen, der nahe vor mir tanzte. Sei herbes Parfüm drang in meine Nase. Immer wieder linste er auf meine Lippen.

»Was gäbe ich für einen Kuss.« Owens Brauen zuckten kurz. »Sorry, laut gedacht.«

Wir tanzten weiter zum ewig langen Remix. Ich sah mich um und erkannte den Jungen von vorhin und wie er neben seiner anmaßenden Mutter hockte. Er starrte Owen und mich so begeistert an, dass ich mir sicher war, er erkannte, dass wir mehr als Freunde waren. Er bemerkte meinen Blick und schob einen Handschuh runter. Seine Fingernägel waren lackiert, alle in einer anderen Farbe, und sie ergaben einen Regenbogen. Wieder ein Blick in die Runde. Ich schätzte ab, wer wohl der queeren Community feindlich gesinnt wäre, was ich ohnehin nie wissen konnte, und beschloss: Scheißegal, was irgendjemand dachte, ich wollte für diesen Jungen das Live-Vorbild sein, das ich gebraucht hätte.

Ich sah Owen an, blendete die Leute um uns aus und schluckte meine Traumata hinunter.

»Ich wollte dich nicht unter Druck setzen, tut mir leid«, rief Owen in mein Ohr.

Sofort, bevor ich es mir anders überlegen konnte, packte ich sein Gesicht, zog ihn zu mir und küsste ihn. Küsste ihn so leidenschaftlich, damit ich nur ihn und seine Lippen spürte, um keine Zeit zu finden, mich vor albernen Sprüchen zu fürchten.

Der Kuss dauerte eine Ewigkeit an. Menschen stießen im Tanzen gegen uns, weil wir im Weg standen. Sonst nichts. Kein Spruch, kein Lachen, keine Beschimpfung, kein Fauchen.

Owens Bart pikste unter meiner Hand, und seine Lippen pressten sich fest an meine. Alles fühlte sich intensiv an. Seine Strähnen, die meine Wangen kitzelten. Seine Zunge, die meine entlangglitt. Sein Griff, mit dem er mich an sich presste, bis wir gegenseitig spürten, wie sehr unsere Körper sich darüber freuten, endlich wieder einander zu begegnen. Meine Hände fuhren hoch zu seinen Haaren. Das Lied endete, und der nächste Remix legte los.

Ich löste mich von Owen. Wir waren beide außer Atem und prusteten dennoch los. Sofort tanzten wir weiter, denn diese Nacht, diese besondere Nacht, gehörte uns. Na ja, und den Dutzenden, die noch auf dem Turm waren.

»Aber was machen wir wegen England?«, brüllte ich in Owens Ohr.

»Na, ich bleibe.« Freudestrahlend berichtete er mir die scheinbar guten News, doch das waren sie nicht.

»Nein, du gehst.« Owens Hand in meiner fühlte sich nicht mehr verboten an, sondern angenehm, und mit ihr ging ich zurück zum Turmgemäuer. »Du gehst nach England und rockst dieses Institut, ja?«

»Aber …«

»Kein Aber. Deine Karriere ist wichtig, und ich will nicht, dass du es eines Tages bereust. Ich habe dir gesagt, wenn es Nudes von mir gäbe, wären sie ultrascharf, und was meinst du, wie es ist, diesen Body«, ich machte eine Wellentanzbewegung zum Beat, »in der Kamera zu sehen? Wir leben nicht im Mittelalter, und von Cork dauert es nicht lange nach England. Ich fliege rüber, besuche dich. Wir schaffen das.« Das letzte Mal war ich so zuversichtlich gewesen, nicht zu versagen, als ich als Baby meinen Schnuller gesucht hatte. »Geh nach England. Für dich.«

Owen streichelte mit seinen Daumen über meine Handrücken. »Das wär's dann wieder mit der Nähe, was?«

»Das ist erst der Anfang. Ich nutze einstweilen die Zeit für eine mehr als überfällige Therapie.« Ich küsste ihn auf die Wange. »Wenn wir es bis hierher geschafft haben, schaffen wir auch den Rest. Vielleicht tut es uns gut, wenn ich meine Dämonen in diesem Jahr verarbeite und du deine Verlustängste langsam abbaust. Wenn du zurückkommst, sind wir besser vorbereitet auf alles, was kommt.« Ich zupfte ihm ein Konfetti vom Haar. »Eine Beziehung kann nichts heilen, nur helfen, und diese Chance auszuschlagen, wirst du bereuen.«

»Und wenn ich eines Tages auch die Diagnose bekomme?« Ich hasste es, Owens Niedergeschlagenheit durch seinen Blick huschen zu sehen.

»Ja, deine Familie hat echt die Arschkarte gezogen, aber es gibt keine hundertprozentige Sicherheit, dass du es bekommst, und wenn, dann bleibe ich bei dir.«

»Ich mag dein neues Selbstbewusstsein, das ist verfickt heiß.« Owen legte seine Hand an meine Wange. »Bist du sicher?«

Ich nickte. »Ich bin mir noch nie so sicher gewesen.«

»Was sagst du, Felix?« Owens und meine Stirn schlugen etwas zu hart aneinander. »Wagen wir es?«

»Wagen wir es. Fester Freund.«

»Also gut, wagen wir es. Fester Freund.«

Der Sternenhimmel über uns schenkte uns eine Nacht, die wir niemals vergessen würden und die sich als Erinnerung in die Unendlichkeit der erlebten Momente des Universums einreihte.

Danksagung

Diese Danksagung zu schreiben, habe ich lange hinausgezögert. Warum? Keine Ahnung. Vermutlich, weil ich nicht weiß, was ich sagen soll. Die Zodiac-Love-Reihe bedeutet mir viel. Für euch beginnt die Reise mit Felix und Co. zum Glück erst (vor allem für diejenigen unter euch, die Danksagungen zuerst lesen! Ich sehe euch!), ich habe ihre und die Story der anderen Charaktere bereits beendet.

Felix ähnelt mir in vielen Punkten, weshalb es oft schwierig gewesen ist, ihn zu schreiben. Aber! Wir unterscheiden uns auch. So ist Felix beispielsweise doch mutiger und aktiver, als ich es bin. Denn Felix kämpft – trotz all seiner Zweifel und seinen unendlichen Runden im eigenen Gedankenkarussell – auf seine Weise für seine Zukunft und sein Glück. Viele Dinge, die Felix durchgemacht hat, habe auch ich genauso erlebt, und ich denke, nicht nur ich, sondern viele von euch.

Aber auch Owen behandelt viele Themen, die auch mir wichtig sind. Gut, die Angst vor dem Autofahren habe ich auch, aber zum Glück nur, wenn ich selbst fahren würde (wobei ich mir ein Beispiel an ihm nehmen und das mal wieder versuchen sollte). Auch das Parkinson-Thema spielt leider in meiner Familie eine Rolle. Weswegen ich seine Verlustängste auch sehr gut nachvollziehen konnte.

Felix, Owen und der Rest der Cork-Gang sind die Repräsentation, die auch ich mir oft gewünscht hätte. Wenn ich mit dieser Geschichte auch nur einen Menschen da draußen erreiche, der sich dadurch ein wenig mehr gesehen fühlt, bin ich schon happy. Wir leben in einer Gesellschaft, in der es schwer sein kann, sich zurechtzufinden. Einen Weg durch die komplexen heteronormativen Strukturen zu finden und dabei die eigenen Mechanismen im Kopf abzulegen, die wir uns antrainiert haben, um uns anzupassen, um nicht zu viel Negatives zu erfahren. Oftmals vergessen wir dabei aber eines: uns selbst. Irgendwann setzen viele von uns eine Maske auf, die der Norm entspricht, und entwickeln uns damit weiter, doch unser inneres Kind bleibt auf der Strecke, wir sperren Teile von uns in eine Schatzkiste. Teile, von denen wir nicht wollen, dass sie angegriffen werden oder zur Belustigung dienen. Teile, von denen wir wissen, es wäre nicht sicher, sie zu zeigen. Doch genau diese Teile sollten wir wieder hervorholen, weiterentwickeln und mit ihnen verbunden zu uns selbst finden. Natürlich in eurem Tempo und nur solange ihr das nötige Sicherheitsnetz dafür habt.

Ihr seid nicht zu viel, zu laut, zu merkwürdig und vor allem: nicht schuld. Nicht schuld, dass einige Menschen nicht akzeptieren können, dass es eine Welt außerhalb ihres Tellerrandes gibt.

Über das Astrologiethema zu schreiben, habe ich auch geliebt. Es ist so furchtbar spannend gewesen, es in die Story einzubauen, und hat viel Spaß gemacht. Vergesst nur nicht, es ist ein Buch, das zur Unterhaltung dient, und kein hundertprozentig richtiger Astrologieratgeber.

Danke an alle, die diese Geschichte gekauft und gelesen haben. Ich weiß, alle Schreibenden weltweit kommen immer mit: »Dieses Buch hat mir so viel bedeutet …«, und als Lesende denken wir uns oft: »Jaja, alles klar.« Trotzdem will ich auch noch mal mit dieser Floskel kommen, und ich hoffe, ihr glaubt sie mir. Denn diese Reihe zu schreiben ist für mich wirklich etwas Besonderes gewesen. Diese Reihe mit diesen Themen und diesen Charakteren schreiben zu dürfen ist eben eines noch nicht: selbstverständlich. Es hat so gutgetan, Inhalte aufzuschreiben, die ich sonst nur mit Nebencharakteren leicht ankratzen durfte.

Deshalb würde ich mich freuen, wenn ihr diese Bücher auch weiterhin kauft, empfehlt, lest, verschenkt, bestellt sie vor und rezensiert sie (es reichen wirklich ein, zwei kleine Sätze, um ein Buch mit eurer Rezension auf den Verkaufsportalen oder auf Social Media sichtbarer zu machen). Außerdem liebe ich wirklich all eure Bilder und Videos zu meinen Büchern auf TikTok, Instagram und Co. Damit macht ihr wirklich viel für meine Bücher, danke! Denn mit dieser Hilfe können wir zeigen, wie sehr solche Geschichten gebraucht werden, um sie weiterhin für uns alle möglich zu machen.

Danke an meine Agentin Eva Semitzidou, die sofort das Potenzial der Geschichte gesehen und daran geglaubt hat.

Danke an den gesamten Droemer Knaur Verlag, der meiner Zodiac-Love-Reihe ein Zuhause gegeben hat. Danke an Sabine Ley für deine Zeit, deine Mails, deine Anmerkungen und deine Anrufe. Danke auch an Jess Czerner, Hanna Pfaffenwimmer, Sarah Altendorfer, Monika Zemene und all die tollen Mitarbeitenden im Verlag, die Verlagsleitung und die Vertreter*innen. Ach, und danke für die schönen Cover!

Natürlich danke auch an Anika Beer für deine Arbeit am Text und deine Kommentare.

Ein paar Dankeschöns müsst ihr noch aushalten. Danke an meine Familie, an Stavo, PP und noch viele mehr.

Schreibt mir auch gerne auf Instagram (andreasdutter) oder TikTok (andreasdutterautor).

Euer
Andreas Dutter, November 2022

Liste sensibler Inhalte / Content Notes

- Alkohol
- Beschreibung von Verlust
- Bericht eines Suizids sowie eines Autounfalls, die beide vor der Handlung des Buchs stattgefunden haben
- Parkinson
- beleidigendes Verhalten gegenüber LGBTQIAP+-Menschen
- Probleme mit Eltern

Liebe Lesende,
falls ihr Hilfe benötigt – und Hilfe anzunehmen ist ein Zeichen von Größe –, schreibt Einrichtungen, die sich mit der Unterstützung von queeren Menschen beschäftigen. Ihr seid niemals alleine (auch wenn wir uns ganz oft so fühlen).
Euer Andreas